HUANGSE DE SHENQI HUANGSE DE RENMIN

亲历中国丛书

主编：李国庆 郭又陵

黄色的神祇 黄色的人民

（匈）李盖提·拉约什◎著

刘思嶽◎译

国家图书馆出版社

图书在版编目（CIP）数据

黄色的神祇　黄色的人民/（匈）李盖提·拉约什著;刘思嶽译. —北京:国家图书馆出版社,2015.6

（亲历中国丛书）

ISBN 978 - 7 - 5013 - 5559 - 4

Ⅰ.①黄…　Ⅱ.①拉…　②刘…　Ⅲ.①中国历史—史料—民国　Ⅳ.①K258.06

中国版本图书馆 CIP 数据核字（2015）第 052405 号

书　　名	黄色的神祇　黄色的人民
著　　者	（匈）李盖提·拉约什著,刘思嶽译
责任编辑	耿素丽

出　　版	国家图书馆出版社(100034　北京市西城区文津街7号)
	（原书目文献出版社　北京图书馆出版社）
发　　行	010 - 66114536　66126153　66151313　66175620
	66121706(传真),66126156(门市部)
E - mail	btsfxb@ nlc. gov. cn（邮购）
Website	www.nlcpress.com→投稿中心
经　　销	新华书店
印　　装	河北三河弘翰印务有限公司
版　　次	2015 年 6 月第 1 版　2015 年 6 月第 1 次印刷

开　　本	880×1230(毫米)　1/32
印　　张	15.50
字　　数	33.3 千字
印　　数	1—2000 册

书　　号	ISBN 978 - 7 - 5013 - 5559 - 4
定　　价	45.00 元

出版说明

本书是我社《亲历中国丛书》中的一种。

《亲历中国丛书》收入清末民国来华外国人的亲历纪实性著作,包括探险游历记、笔记、考察报告、出使报告、书简、日记、回忆录等。其出版肇始于 2004 年。迄今为止共计出版 19 种 19 册。其中包括:《我的北京花园》(2004 年),《窥视紫禁城》(2004 年),《帝国丽影》(2005 年),《港督话神州(外一种)》(2006 年),《穿过鸦片的硝烟》(2006 年),《五口通商城市游记》(2007 年),《我看乾隆盛世》(2007 年),《北京与北京人(1861)》(2008 年),《玄华夏——英人游历中国记》(2009 年),《清末驻京英使信札(1865—1866)》(2010 年),《西山落日——一名美国工程师在晚清帝国勘测铁路见闻录》(2011 年),《文明的交锋——一个"洋鬼子"的八国联军侵华实录》(2011 年),《一个传教士眼中的晚清社会》(2012 年),《走向没落的"天朝"——德国人看大清》(2013 年),《古老的农夫 不朽的智慧》(2013 年),《汉人——中国人的生活和我们的传教故事》(2013 年),《中国和八国联军(上下卷)》(2014 年),《清末商业及国情考察记》(2014 年),其中 2004—2010 年出版的 11 种 10 册封面设计风格一致,2011 年起设计风格做了较大调整,更加凸显了这套丛书的史料性。

揭示文献,服务学界,是我社的一贯宗旨。我们相信,通过这套丛书编译人员的共同努力，一定会把选题新、译文好的译作源源不断地奉献给读者。我们希望这套丛书的出版，能够为国人提供审视中国近代历史的另一视角，为学界提供更为丰富的第一手历史资料。

国家图书馆出版社

2015 年 4 月

译者的话

本书作者李盖提·拉约什(1902年10月28日出生于包洛绍焦尔毛特,1987年5月24日卒于布达佩斯)是匈牙利的东方学家、语言学家、蒙古学家和土耳其学家,也是作家和翻译家。

李盖提在家乡的中学毕业后,考入布达佩斯的彼得·帕兹玛尼大学,攻读古典语言学和土耳其语。1925年获得博士学位。1925—1928年留学法国,在巴黎索邦大学攻读蒙古学、藏学和汉学。

1931年,李盖提开始在布达佩斯的彼得·帕兹玛尼大学执教,教授中亚历史。从1932年起,他成为蒙古语言学教师。1934年成为该大学东亚系讲师。1939—1950年,担任系主任,并教授东方人民历史。其间,1941—1945年任匈牙利民族科学研究所所长。1950—1972年,领导彼得·帕兹玛尼大学内亚细亚教研室,并担任教授。1964—1972年,还兼任土耳其语教研室主任。在大学执教的同时,他在匈牙利科学院阿尔泰学研究所担任研究小组组长。1982年成为布达佩斯罗兰大学名誉博士,1984年则成为塞格德的尤若夫·阿提拉大学名誉博士。

李盖提34岁(1936年)即成为匈牙利科学院通讯院士,1947年成为院士。从1949年开始担任匈牙利科学院副院长,一直到1970年,其间在1956年和1957年之交任代理院长。

他主持建立了科学院东方学委员会。1969 年,他领导重组了克勒希·乔马·山多尔协会,担任首任会长,1978 年后成为名誉会长,直到去世。李盖提 1950 年创办《向东杂志》,1973 年创办《东方研究》杂志。

李盖提于 1928—1930 年到中国内蒙古地区和北满洲考察。此外,他还到过阿富汗(1936—1937)和日本(1940)。他研究东方学和考察东方,主要是因为匈牙利古代史研究的需要。他首先是作为蒙古学家享誉世界,有很高的蒙古语水平,还通晓满语,这在国际东方学界亦属凤毛麟角。他学识渊博,著述甚丰。其学术著作多与蒙古有关,但他在土耳其学研究方面也颇有建树。他写过多部东方学专著、考察笔记和游记,如《在阿富汗的土地上》(布达佩斯,1938)、《陌生的内亚细亚》(布达佩斯,1940)、《匈牙利语里的土耳其元素及其由来》(布达佩斯,第 1 册,1977;第 2 册,1979)。他是多个东方语言的匈牙利文标准译写法的创造者,还翻译过《蒙古秘史》等历史巨著。他拥有一个藏书 11000 册的私人图书馆,后来捐献给塞格德大学克莱贝尔斯伯格图书馆,创立了东方学藏书部,以推动文科系阿尔泰学和草原史的教学和研究。

李盖提在匈牙利资本主义时期生活了 40 多年,在社会主义时期也生活了 40 多年。他在各时期都倾心于学术研究,勤于东方学的耕耘。他一生获得褒奖无数:科舒特奖金(1949)、匈牙利人民共和国红旗勋章(1970、1974)、劳动勋章金质奖(1975)、蒙古和土耳其的国家奖、科学院金质奖章(1967)、印第安纳大学的阿尔泰学金奖(1968)……

与西方汉学界相比,中东欧国家来华考察者较为罕见,而深入中国腹地，走访穷乡僻壤，并且一呆就是三年，恐怕李盖提是第一人。作为一个比较弱小的中东欧国家的年轻学者，他不像西方列强的代表或传教士那样，多少抱有殖民主义文化侵略的意图，也不像某些西方学者、专家者流，打着科学考察和学术研究的旗号，从事盗窃中国古代文物、奇珍异宝的活动。这本旅行记，叙述作者在内蒙古和满洲度过的三年中的一年，即第二年的经历。正如他自己所说，"促使我走上内蒙古之旅的，不是猎奇和探险的欲望，也不是对异国情调的向往，而是那些严格意义上的学术问题。我和一个仆人前往蒙古，进行了地地道道的'巡行'，一个接一个地探访那里的寺院，并与寺庙里的人同吃同住。我看到了一般考察之旅看不到的东西：人们的日常生活起居。我见证了人们的喜怒哀乐，以及在平淡无奇、灰色单调的日常生活后面，一个宗教的衰亡和一个曾经横行天下的强悍民族的沉沦。"

李盖提怀着对东方人民的好奇心，以对科学的虔诚、痴迷和执着，不远万里来到中国。他克服种种艰难险阻，跋山涉水，甚至冒着被土匪抢劫的危险；为了研读经书，他不惜叩访破庙颓寺，在异常艰苦的条件下工作。他不顾酷暑、严寒，埋头摘录经文，晚上睡觉与虱子和跳蚤为伴……可以说，他不是走马观花、浮光掠影地猎奇，浅尝辄止，而是寻根问底，一探究竟。在发掘佛教经文典籍的同时，李盖提还深入观察、体验当代蒙古族人的生活，与他们朝夕相处、同甘共苦，忠实记录他们的宗教活动、日常起居、风俗习惯和悲欢离合，这些描述不乏生动和贴切之处。

他需要与各种人打交道：上至王公贵族、活佛高僧、省长总督和县市衙门的官吏,下至普通僧侣、士兵农民和贩夫走卒;他住过豪华旅馆、王府宅邸,也住过简陋肮脏的客栈大通铺、四壁萧然的僧房甚至残垣断壁的废墟。

李盖提不掩饰他对中国"这个世界最古老文化的摇篮"的仰慕。游记中多处提到中华文明、艺术和哲学的博大精深,由衷地赞美古都北京的名胜古迹和文物。同时,他也不讳言对当时的中国"以怪诞、扭曲的面孔迎接一个远来的异国人"的失望。

除了学术考察之外,他的游记比较忠实地反映了 20 世纪 20 年代末 30 年代初的中国面貌:"四一二"反革命政变和大屠杀后的惨烈景象,蒋介石登上权力顶峰但无法制止军阀混战,到处是无政府主义的混乱,从上到下腐败成风,灾祸连年,瘟疫横行,盗贼蜂起,民不聊生……

这本游记的独特之处在于,它以相当多的篇幅谈及匈牙利人与远东的关系。游记阐述了匈牙利东方学包括蒙古学发达的原因,特别是匈牙利主体民族马札尔人的迁徙史和与土耳其人、蒙古族人和其他远东民族的历史渊源。有关匈牙利人起源的问题,在匈牙利和欧洲研究和争论已有好几个世纪,但至今还没有公认的定论。匈牙利位于中欧,匈牙利语属于芬兰—乌戈尔语系,处在操斯拉夫语、拉丁语和日耳曼语民族的包围之中。有关匈牙利人的起源,在匈牙利学术界历来主要有两种观点,一是欧洲起源论,二是脱亚入欧论。相当多的人认为匈牙利人起源于亚洲,与历史上的匈奴族人,现在的蒙古族人、维吾尔族人甚至裕固族人有血缘关系。匈牙利的东方学家、人类学家和历史学家到远东、中国考察的"寻根之旅"不绝如缕,常被谑称为"走亲戚"。最近匈牙利总理欧尔班·维克托说"匈牙利人是半个亚洲人",又引起有关匈牙利人起源的争论。本书作者李盖提是"欧洲起源论"的主要代表,但是他不否认匈牙利的语言和文化受亚洲民族影响的史实。

　　本游记夹叙夹议,评论颇多。作者对一些历史事件、中国历史版图和行政区划的形成和变迁的叙述,受西方某些偏颇的理论和对中国及中国人的成见影响较大,特别是在汉人与中国主要少数民族蒙古族、藏族和维吾尔族的关系及其历史演变等问题上,并非完全客观公正,如有关"中国殖民者"的说法,显然是取自某些西方的理论。读者应该以批判的眼光阅读。

刘思嶽

2014 年夏于匈牙利圣安德烈市

前　言

　　一个刚开始从业的匈牙利东方学学者到亚洲进行语言和文化史考察，已差不多六十年了。其考察的目的是发掘远东的蒙古地区，一个有着伟大历史的人民的独特的、古老的文化。年轻的学者当时正迈出其独立的学术生涯的头几步，而后来成为匈牙利东方学的泰斗。他因其辉煌的学术理论著作和杰出贡献，获得所有应得的科学和社会褒奖。他把亚洲内陆学研究引入匈牙利的科学领域，创建了一个享有国际声誉的匈牙利东方研究学派——这是他一生科学事业最主要的成果。

　　他的创举和果敢勇毅的考察活动，都是在经过精心的学术准备后进行的。他在布达佩斯大学和厄特沃什学院就读几年后，又在巴黎的东方学工作室进行了数年研究工作，大大地丰富和充实了自己的精神学养。在那里，他的导师是国际东方学的巨擘保罗·佩里欧。这位巨匠，除了其无与伦比的才能外，由于命运的安排，在发掘亚洲内陆亚细亚的语言和文化中发挥了巨大作用。他的生平和学术著作，对于一个年轻的研究人员来说，本身就预示着，需要不断寻找新的源泉；同时也意味着，要用日常生活的经验来补充和深化所掌握的学术知识。

　　确实，这是他巴黎精神之行承载的最本质的因素之一；另一个因素是从匈牙利的科学精神获得的激励。

这正与对匈牙利民族的悠久和深远的东亚关系的科学考察的需要相契合。对于一个初出茅庐,但在精神上已十分执着的年轻学者来说,这是真正的、可以穷其一生追求的生活目标。他能够依靠最好的学校的精神资本,在克勒希·乔马·山多尔开辟的荆棘小道上出发,但可以更自觉地、怀抱着肯定成功的希望,为自己划定通往目的地的道路。

李盖提·拉约什在20年代末,踏上了考察中国蒙古族人的旅程,并撰写了考察报告。

让我们在此停一下,感受一下与这一时期有关的氛围。

本书作者是途经英吉利殖民帝国那些为人熟知的堡垒:塞得港、苏伊士、阿登、科隆坡和香港抵达远东的。他到达的那个中国,当时表面上执政的是孙中山革命后产生的体制和机构,但是在社会深处,已运行着其他力量。

与其说中国仍旧是列强实现其征服野心的战场,倒不如说是牺牲品。此时,该国——以历史的步伐计量——离日本的侵略战争仅有几分钟时间了。她与所有人——首先是她自己——都有冲突。无政府主义和混乱、腐败成风和盗贼蜂起就是这个国家的真实写照。

这一切是"环境的独特之处",如果我们看看科学考察的本来目的,这对于本书作者来说几乎是无关紧要的。但李盖提·拉约什的书仍给我们提供了20—30年代中国的生动写真。这是无与伦比的时代文献,是一个目光敏锐、有相当写作水平

的旅行家撰写的游记。他的评判不是受伟大的政治空话,而是
受日常生活的现实引导的。

可以毫不夸张地说,在读了这本旅行记后,我们对二十年
后人民革命给中国带来的宏大改造,理解和感受就完全不
同了。

所有这些,对于李盖提·拉约什来说——可以理解——仅
仅是一条副线。他感兴趣的首先不是中国整体,而是蒙古民族
的问题。真正吸引他的是成吉思汗的后人的语言、习俗、佛
教——喇嘛教的信仰世界。他试图把握一个很多世纪以来在
亚洲内陆和中国历史上都发挥了重要作用的文化的过去和现
在。他为描绘这一画卷搜集素材,制定了周详的计划。

他的描述,把蒙古族生活的真实而鲜明的画卷展现在我们
面前。我们循着文明和宗教的遗迹,可以看到历史的深处——
同时我们一刻也不会忘掉历史与现实的联系。这一现实影响
着那里的人们的日常生活,也规定着考察者的活动。

我在大学学习东方学的年代——差不多在本书出版二十
年后——李盖提·拉约什的这本旅行记和作者另一本出色的
书《陌生的亚洲内陆》一起,按照不成文的惯例,属于我们的必
修读物。其著作引人入胜的主题、清晰的思路和刻意强调的学
术纲领,以及犀利的文风,在当时也是令人折服的。

今天,在我为写作"前言"而通读本书时,这些往事历历浮
现在我的眼前。也许最先出现在记忆里的,是这本书对于很多
人来说起着磁石的作用:使他们与东方的文化或者东方文化的

耕耘——东方学,建立起毕生的联系。

今天——在将近四十年过去后,我在放下这本书时,感到它是一本促使人们进行不同的价值体系判断的作品。在我的心中,这个想法已凝成坚定的信念:随着岁月的流逝,作者的旅行记已成为铜绿斑斑的时代记录,已上升到历史源泉的等级。在这一高度上,本书理所当然地会引起涉猎远东的近现代历史的读者,以及从匈牙利的东方学传统思想范畴出发研究亚洲内陆地区的人们的兴趣。

豪泽伊·捷尔吉[1]

① 豪泽伊·捷尔吉:1932年4月30日出生于布达佩斯,现年83岁。匈牙利的突厥语言文学专家、东方学家。匈牙利科学院院士。

1950年中学毕业后,考入布达佩斯的厄特沃什·罗兰大学文学系博物学—东方学(突厥语言文学)专业。受教于内梅特·久洛、李盖提·拉约什和费凯泰·拉约什等著名学者。

1954年大学毕业。1956—1957年在保加利亚索菲亚大学当客籍教师。回国后在匈牙利科学院语言科学研究所做研究工作。1963—1982年期间,在柏林洪堡大学和德国科学院工作,系客籍教授。1982年当选为匈牙利科学院通讯院士,1995年成为院士。1984—1990年,任科学院出版社社长。1991年任匈牙利科学院语言科学研究所东方学工作集体科学顾问,后为研究教授。1992年任塞浦路斯大学突厥语言文学研究所所长。1991年被选为欧洲科学院院士。2002、2003年,为安德拉什·久洛布达佩斯德语大学的创办人和首位校长。

1985—1994年间,任克勒希·乔马·山多尔协会会长,后为名誉会长。1991年曾任东方和亚洲研究国际联盟秘书长。

引　言

　　发现亚洲—神秘的东方—求知欲和权力欲—匈牙利和东方学—突厥学的大本营—循着神鹿的足迹—新的匈牙利古代史研究—了解第一个"异教徒"千年生活的真谛—我们与蒙古族有何渊源—遗失的宝藏—兹奇·耶诺伯爵和中国官吏的故事—是什么吸引我去内蒙古—我的考察之旅的最初计划—莫斯科的干预—终于抵达现场—从中国的单耳桶到俄国的手提桶—大胃口的中国—他的胃口更大— 一个沉沦的世界

　　当欧洲在 18 世纪发现亚洲的时候，曾在鞑靼可汗的王宫倘佯过的第一批使团的成员，说起过奇妙的、令人难以置信的趣闻轶事。历史上，在不大知名的前辈之后，马可·波罗——伟大的鞑靼可汗的心腹和顾问，成为第一个著名的周游亚洲的旅行家。

　　他的有关中国、鞑靼人和鞑靼可汗的所有记述是如此恢弘和令人难以置信，以至可怜的他直到生命的终点，都不断受到质疑和嘲讽。人们要求甚至威胁他，要他迷途知返。然而这位"不知悔改的怪人"直到临死也不愿收回他的"荒诞无稽"的故事。

而今天，这些"荒诞无稽"的游记却成为西方有关13世纪的鞑靼人或蒙古人的最珍贵的史料，其可信度为大量波斯文、汉文和蒙古文的同时代文献和报道所证明。

马可·波罗逝世后，很多人到过亚洲。旅行者中相当一部分人，通过信函和游记等，描述了不仅在鞑靼人，而且在或远或近的其他民族那里的所见所闻。

亚洲一直是神奇的、令人难以置信的事物之乡，直到白人发现美洲并且开始用铁与火对这片大陆进行殖民征服为止。自此，欧洲感兴趣的不再是神奇的、神秘的东方，而是富饶的、到处是宝藏的亚洲及其沉睡的力量。欧洲亟欲获得新的资源，可能的话，采取怀柔的手段，必要时则诉诸暴力。欧洲人首先用暴力强迫那些戒惧异族、闭关自守的人民与他们通商、建立经济关系，继而要求得到让步和特权。最后，他们攫取土地。如果不能达到目的，则满足于获得宗主权或保护国的地位。

殖民主义的大师们很早就认识到，为达到他们的目的，了解有关东方民族的语言、习俗和历史，是比大炮、军舰更需要的、更有效的手段。因此在欧洲，产生了东方学，并很快获得长足的发展，因为它可以得到一切所需的外部帮助。须知，东方学研究是很费钱的学术事业。东方学研究需要有不断扩充的图书馆和大量书籍，需要与被考察研究的民族和人民建立持续不断的关系，要组织大大小小的考察旅行，研究与东方人民有关的地理、经济和其他方面的情况。现在没有地方在这方面舍不得花钱。在英国、德国、意大利、俄国和美国都相继建立了东方语言的学院。在大学里设立了东方学系或选修课程。在东方，则建立了专门的机构，系统地解决科研力量的补充问题。

　　我们匈牙利人从未有过殖民主义的图谋，相反我们需要与类似的图谋作斗争——我们在东方亦无商业利益，因为与东方贸易的人民首先是乘船航行的民族。一个站在远处旁观的外人，理所当然地认为，东方学与我们，就像与阿尔巴尼亚人、塞尔维亚人或罗马尼亚人一样，没什么关系。

　　实际情况并非如此。自欧洲科学界的兴趣转向东方以来，我国不断出现东方学家，研究各种不同的语言和问题，不是成批出现，而是犹如一棵棵孤立在沙漠中的大树，前无古人，后无来者。

　　东方学有一个分支，在我国，由于持续不减的兴趣和连续不断的研究工作，成为有深厚底蕴的传统学科，以其丰富的、有第一流价值的科学文献享誉世界，这就是突厥学，即对突厥人民的古代和现代语言、历史状况等进行研究的学科。在这一领域，我国在国际上处于领先地位。除了奥斯曼土耳其外，只有俄罗斯超过我们。但是不要忘记，这主要是因为经济、政治和其他利益使然，须知俄国人口中有大约 2000 万人讲土耳其语。如果我们再考虑到，在俄国，从人口比例上看，土耳其人是继俄罗斯人和乌克兰人之后第三大族群，其重要性是不言而喻的。1925 年在巴库举行的突厥学大会——我国没有代表参加——专门提到匈牙利科学界在此领域所作的贡献。基尔大学的一个教授门采尔称匈牙利为突厥学的大本营①。

　　我国这一坚持不懈、近乎狂热、获得国外科学界交口称赞

---

　　① 门采尔：《在巴库举行的第一届突厥学大会的成果》，见克勒希·乔马：《文献》第二册，第 145 页。

的对东方的兴趣,是从何而来的呢? 是什么原因激励着匈牙利的东方学者走上这条没有实惠、毋宁说是费力不讨好的研究之路的? 我要说——这也许不算什么秘密——首先是有关神鹿的故事。

在有关匈牙利人定居时代的最珍贵的文献之一、公元10世纪希腊皇帝康斯坦丁诺斯·波尔菲罗根－内托斯(Kansztantinosz Porfürogen-nétosz)的历史著作 *De Administrando Imperio* 的第38章中,我们可以阅读到,被皇帝称为突厥人的马札尔人[①]"其中一部分向东边的波斯人的地区逸去并定居下来,这一部分直到今天,按照古突厥语,被称为撒巴尔托伊·阿斯法罗伊。另一部分则随着他们的王公和首领蕾拜迪阿斯,向西方迁徙,一直到达被称为埃泰克兹的省,此时居住在这里的是拜谢涅人"[②]。

看来,把蕾拜迪阿斯的人民引向西方的新家园的神鹿多次出现,在他们的心中唤醒对久违的东方故土的怀念和一个被敌人环伺包围的孤独的人民对留在东方的骨肉兄弟的关注。正如皇帝的历史著作同一章写道:"这些迁居西方的突厥人直到今天"——公元10世纪中叶,即匈牙利人定居之后——"向上面所述的那部分移居东边的、在靠近波斯的地方定居的突厥人派去使节,就近观察他们,也常常得到他们的回复。"

有关古老家园和滞留在远方的匈牙利人的历史记载比比

①　匈牙利的主体民族,国际上称匈牙利人,在与拜谢涅人进行的一次战役中被击败,分裂成两部分。

②　《匈牙利人定居的原因》,布达佩斯,1900年,第121、123页。

皆是,那些匈牙利的多明我修士正是根据我国最古老的拉丁文编年史时代的这些历史记载,走上寻根之旅的:1232年是奥托修士、1235年是朱利安修士及其伙伴前往东方寻访滞留在那里的兄弟姐妹,并带回有关他们的信息。又是神鹿在引诱寻根问祖的人们。他们的寻根之旅大有收获,找到了要找的:马格纳—匈牙利,即大匈牙利或古匈牙利,还有懂得并且会说他们语言的异教徒匈牙利人。那些没有亲自寻根的人也有收获:13世纪的方济各会和多明我修道士,受教皇和法国国王的派遣,出使鞑靼可汗们的国家。他们在旅行日志或游记中,使用了这类熟悉的地理语汇:马格纳—匈牙利,欧洲的东部,埃提尔(Ethyl)或别拉亚河河畔等等。东方的历史文献也有马格纳—匈牙利的异教徒匈牙利人的记载。我们还可以读到波斯文、汉文和蒙古文的关于1241年鞑靼之灾以前时代的文献记载,在鞑靼军队中,有很多其他东欧民族和部落民,也有异教徒匈牙利人参加战斗。

鞑靼之灾的巨浪吞没了这些东方的匈牙利人。我们还可以读到、听到晚些时期有关他们的零星的、含糊的报道,但是这些信息的可信性难以证实。

教皇约翰二十二世在1392年,按照“亚洲匈牙利人”——他们的基督教国王耶列托米尔或耶列塔尼的愿望,还派出了主教。有关教皇诏书的这一简短信息的背后意义,我们现在难以揣度。

有关马格纳—匈牙利和消失了的异教徒匈牙利人的信息,渐渐被迷雾笼罩。最后的资料来源,有的地方称他们为“巴什基尔”,其他地方则称之为“马札尔”。不仅是拉丁人,而且阿拉伯人也这样称呼他们。有关这些匈牙利人的命运,可以说迷雾重重,史学家意见纷纭,莫衷一是。

不久之后,又出现了关于留在亚洲的匈牙利人的动人传说。在差不多150年前,开始了对古代匈牙利历史的研究。今天的古代史学研究,就是其有机发展的产物。很多有关古老家园和古代匈牙利人的古代编年史资料得见天日。作为新的朱利安们,热衷者相继投入对亚洲祖先的后裔的考察。然而,一切艰难跋涉和狂热的考察活动,都石沉大海,白白热闹一场:没有人找到确实的新信息。梦幻破灭了。然而不能说毫无所获。较明智的人省悟到,在南俄罗斯的草原和亚洲寻找的,不应该是古代匈牙利人,而应该是有关古代匈牙利人及其近亲的考古学的和其他遗迹,应该研究古代历史最忠诚的保存者之一——语言,查明那些涉及匈牙利人和与他们共同生活或比邻而居的亲戚和敌人的书面的东方语资料。

在经过很多激烈的争辩后,匈牙利民族的起源已经真相大白:这个原先从事渔猎活动的芬兰—乌戈尔语系的民族,是今天还过着原始生活的伏古尔族和奥斯佳族的最近的亲戚,被土耳其部落改造成一个从事畜牧业的、好战的、骑马的游牧民族,成为一个建立在较高的军事国家组织上的文明的一部分。她以这样的形象,于公元9世纪出现在多瑙河—蒂萨河地域。

因此我们经常被问及土耳其人民的古代史,并成为突厥学首当其冲的研究对象。

其实匈牙利人不是亚洲民族,因为芬兰—乌戈尔人的祖居地,毫无疑问是在欧洲。构成芬兰—乌戈尔人最东面一支的族群——乌戈尔人,脱离了民族的躯干,向东方迁徙,在欧洲和亚洲的交界处——乌拉尔山脉的亚洲一侧，或许是更靠东的伊希姆和托博尔河谷定居下来。大约在基督诞生前后，从亚洲奔突而来的勇悍的土耳其民族，把长期以来统一的乌戈尔人族群最东面的一支撕下、征服和裹挟而去。这一乌戈尔民族的残存部分，就是处于土耳其影响下的马扎尔人（即匈牙利人）。

不是亚洲而是欧洲的、就近而言起源于芬兰—乌戈尔人的匈牙利民族，从其独立生活的那一刻开始，就与一个典型的亚洲民族土耳其人以及一个新的亚洲文明结下不解之缘。在这一文明和生活方式的框架内，匈牙利民族生活了约一千年，直到皈依基督教为止。

为了能够深入了解匈牙利民族第一个"异教徒"千年生活的真谛，我们必须考察匈牙利文明曾经所属的那个文明的范畴，寻根溯源，找到该文明西迁前的发祥地：我们要研究古代的中亚地区。今天我们已经知道，那里不是蛮荒之地，而是高度文明的摇篮。最近30—40年的学者考察、文物发掘工作的成果，已经亮如白昼地证明了这一点。

因此在我国，中亚历史研究成为一门科学。就像古希腊和古罗马文明之于基督教的欧洲文明一样，匈牙利民族皈依基督教之前一千年的历史，应在中亚地区寻找。不，不仅如此！

匈牙利人可以接受基督教、脱离东方和古老的生活方式，不过这一脱离肯定是单方面的。欲融入西方的匈牙利人的平静生活和发展，却不断受到来自东方的浪潮的冲击：我们相继受到库曼人、鞑靼人和土耳其人的袭扰。我们民族遭受的最大两次灾难，就是东方的人民强加于我们头上的。甚至就是和平定居下来、缓慢融合的库曼人和亚斯人也都带来了亚洲的气息。

中亚是早期和晚期的民族大迁移的出发地，也是伊朗人、土耳其人及蒙古人的摇篮。

我从这些民族中挑出蒙古人作为考察的重点，因为我认为，除了土耳其人之外，这是最重要的。在我国已有人从事对蒙古人的研究，主要是他们的语言，如16世纪的胡斯蒂·捷尔吉，18世纪的贝雷格萨斯·纳吉·帕尔，更晚些的布登兹·尤若夫、巴林特·加博尔，以及最近我的语言学老师贡博茨·佐尔坦和内梅特·久洛。但总的来说，对这个民族的兴趣，无论从研究者的人数还是关注程度上看，都远远不如对其他民族如土耳其人来得大。

毋须对外国人解释，蒙古人为什么引起我们的兴趣和关注，他们自己提供了答案：我不止一次听到过——其他人可能也常听到和读到——有关匈牙利人的德文、英文和法文著作的说法：

"当然了，因为你们匈牙利人就是蒙古人。"

这种貌似无害的说法，肯定含有某种贬损的意味。无论如何有意思的是，这一观念在西方有多么根深蒂固，甚至不仅在西方，而且由西到东，远在中国也是如此。根据耶稣会士提供的资料，我们在一部1751年出版的地理百科全书《皇清职贡图》中可以发现，马札尔人（匈牙利亚夷人，按词义即"匈牙利国的野蛮人"；须知，对于中国人来说，除了中国人自己，所有人都是野蛮人）与蒙古人相似。

这一特别的名声，可能要归咎于人类学家们，至少部分如此。人类学家把"蒙古人"这个历史的及在历史上也很晚出现的名称,很不恰当地专用于指称一个东亚的种族。但是这还不足以构成怀疑我们是蒙古人的理由,因为根据人类学研究,今天匈牙利人约50%属于东波罗的海的民族成分(即芬兰—乌戈尔人部分),15%为高加索或前亚的民族成分(即土耳其匈牙利人),只有差不多4%的人属于类蒙古人种。

并不是这个问题促使我从事蒙古人的研究。

一个动因是我前面已经说过的"中亚文化共同体"。独特的是,伊斯兰教是多么彻底地毁灭了土耳其人民的古老习俗和传统。现有的相当贫乏的古代土耳其的文物很难弥补这方面的缺失。与此相反,蒙古人的古代文物与佛教相安无事,或者在佛教的总体影响下,作为一个独特的历史断层的遗迹,相当完整地保存下来。在很多情况下,当我们考察我国古代史上某一机构、某个重要人物的名字或某一习俗时,想找到土耳其的参照物是徒劳的,但在与其同根同源的蒙古文物遗存中,这样的参照物比比皆是,甚至在当代蒙古人的生活中也屡见不鲜。请看一个例子:

我们知道,在东方的文献中,定居前的匈牙利人的大公被称为"昆居"或"肯代"①。而在土耳其人那儿,我们找不到这种显贵名称。让我们转向蒙古人:这样的资料比比皆是,当然这样的名称已大大贬值,就像自古以来那些尊号、头衔的命运一样。但是它们始终存在着,在所有蒙古族部落中都能找到若干。再如,蒙古族部落被分为"箭",这也是土耳其考古文物最典型的特点。今天,这对于土耳其人来说是完全陌生的,但它

---

① 意为君主。

是蒙古族的部落组织当今活生生的、有机的部分，甚至我们确知，哪一个部落有几个"箭"组成。

迄今为止，古代历史语言学家盛赞蒙古文承载的信息提供的便利。作为语言学问题，详细分析会使外行人感到枯燥繁琐，因此我这里不予赘述。请让我用一个耳熟能详的例子来说明问题的实质。

在匈牙利语中，"ökör"（牛）这个词不属于原始的芬兰—乌戈尔语系，而是从匈牙利人定居前借用的、非常久远的语汇演变而来，源于土耳其语已消亡的一个分支。今天，这个词在所有的土耳其语族（吉尔吉斯语、克里米亚语、巴斯基尔语和查加泰语）中的发音都是öküz，以 z 结尾，只在一种土耳其语里是以 r 结尾的，就像匈牙利语一样：这就是楚瓦什语，在楚瓦什语里，该词是 veger。

今天的楚瓦什人数超过百万，在俄国东部拥有自己的共和国，首都是切博克萨雷。楚瓦什人是土耳其人在西方的一个文明程度很高的分支保加尔—土耳其人的后裔，后者当年生活的地方大体上就是其后代现在所住地区。

如果我们也注意到，当年的匈奴人与保加尔—土耳其人之间的历史关系，就很容易发现匈牙利语里的保加尔—土耳其外来语在我国古代史的基本问题上具有多么大的重要性，但也可以想象得出，有多少可能的和荒唐的假设建立在这个基础上。

有意思的是，我们在楚瓦什语和保加尔—土耳其语中，发现与属于土耳其语族的其他语言有本质区别的特点，在蒙古语中也一样。就前面的例子而言，蒙古语的发音是 üker，也是以 r 结尾，与匈牙利语和楚瓦什语一样。

也许我还应该提到,我们语言的保加尔—土耳其外来语汇中有很多例子,只能在蒙古语里找到与之准确对应的词汇,而土耳其语里没有,比如:harang(钟),ige(动词),kölyök(孩童),ölyv(隼)等,但它们又不是来自蒙古语。

我们与蒙古人也有直接的关系。这些关联——很遗憾——却不值得我们欣慰。比如鞑靼之灾。在疆域从朝鲜直到匈牙利的蒙古大帝国的历史中,在匈牙利进行的战役已经是大征伐的尾声。东方历史作家和编年史家不认为这些战役比诸如蒙古大军对奥纳姆的征伐更重要,与规模巨大的对日战争相比,更是微不足道。

即使如此,在汉文、蒙古文和波斯文的历史文献中,我们仍然能够读到蒙古人写的有关在莫西草原的战事和战后发生的血腥事件的简短报道。

在大灾祸之后,许多匈牙利的文物散落在广袤的鞑靼帝国里。我们在西方使节的报告中经常读到,他们在这里那里遇上了匈牙利人,等等。法国国王的使节吕布鲁克1253年在鞑靼人那里生活过。他的报道说,在旅途中他看到拔都汗的帐篷,帐篷缴获自匈牙利国王。在大可汗的首府喀拉库伦,他还见到过匈牙利人、匈牙利的摩尔人和库曼人。后来,在教皇的使臣里也有匈牙利人。1338年去中国的四个圣方济各会修士之一捷尔吉就是匈牙利人。著名的教皇使节马力格诺里等人,带着荐书走上险恶的中亚之旅,拜访那儿的大可汗怯伯和他的儿子塔尼伯。从各类荐书的名录中可以看到,在这些鞑靼可汗的宫廷里,有一个特别受宠的名叫埃利阿什的匈牙利圣方济各会修士,教皇就是向这个埃利阿什推荐马力格诺里及其随从人员,请求他提供庇护的。

鞑靼人从匈牙利劫掠的珍宝，特别激发了后人的想象力。随着时间的推移，围绕着这些珍宝、文献和编年史，产生了很多真正的传说。一些人欲在喀拉库伦的废墟中或附近寻找这些珍宝和文献，另一些人则到满洲的奉天考察，甚至有人要把北京翻个遍来寻找，以为北京才是真正的首都，北京人至少应该知道这些珍宝的下落。

兹奇·耶诺伯爵 1899 年第三次走访亚洲时到达北京，通过当时的奥匈帝国的使馆，向中国皇朝的外交衙门递交申请，请求批准他们就阿尔帕德时期的匈牙利的文献资料进行研究，并告知这些文献的收藏地点。

我们可以想象到那些谦和的皇朝大臣和文人学士的惊讶，因为他们正为当时北京的宫廷政变而焦头烂额。

他们到哪儿去找这个奇怪的西方大人向他们展示的奇怪的西方蛮族的文件？他们对此闻所未闻、见所未见。当然，他们受到礼义道德规范的约束，不能直言不讳地说出来。

在盖有大印和签名的信中，中国人很有礼貌地回复道：

"很遗憾，眼下我们没有可派之人完成此类任务。在短时间内，也不容易找到这样的人，因为虽然中华帝国文人学士很多，然而通晓拉丁字母和文字的学者犹如凤毛麟角。尽管如此，我们会关注这件事情，寻找这样的专家学者，如能在北京或帝国任一其他省份找到这样的人，我们将毫不迟延地委托他开始进行这方面的准确而切实的研究工作。"①

----

① 　兹奇·耶诺：《第三次亚洲之旅》，布达佩斯，1900 年，第 70 页。

　　这个兹奇·耶诺伯爵不了解中国人,如果他有其他什么棘手的问题,可能要等候一辈子,也等不到一个持有匈牙利的拉丁语文凭的研究拉丁文书的中国专家前来应聘,即使中华帝国真有这样的专家。

　　然而这次却不是中国人的过错。

　　我们只能说,就像法国的东方学家保罗·佩里欧写给奉天的寻宝者们的信中所说,在奉天的皇宫的文库里根本就没有、也从未有过出自欧洲主要是匈牙利的拉丁文书信或其他的文书,这样的遗物只存在于小说家的幻想里。

　　我们已经知道存在与匈牙利有关的鞑靼文书资料,而且数量不少。只是这些文献是较晚时期的,多为17世纪遗留下来的文书。其颁发者是拔都汗的后裔:克里米亚的鞑靼可汗们。这些可汗曾多次侵扰埃尔代伊(今罗马尼亚的特兰西瓦尼亚地区——译者)和埃尔代伊的大公们,掳掠了那么多匈牙利人当鞑靼人的奴隶。

　　蒙古族的世界,对于研究匈牙利历史及其与东方有关的苦难的人来说,蕴藏着丰富的信息资料。只是这些材料不是成品,需要人们费心费力地发掘、采撷、整理其有价值的成分。而且也不能说,其他成分都是无用的渣滓。没有什么东西是多余的,不应把任何东西排除出我们的研究范围,否则我们有可能得到不完整、不全面的印象。

　　今天的蒙古人几乎都是佛教徒。佛教! 这不会使匈牙利的研究者动心吗? 当然会!

　　让我们设想一下今天并非不可思议之事:从遥远的西藏从未见过外国人的地方,来了一个好学的喇嘛,希望我在他留学

的一两年里,向他介绍匈牙利的今天和历史,但要省略掉所有
与基督教有关的或从圣·伊士特万以来曾经有关的片段,因为
他不感兴趣。

在好奇的来访者面前,我会不知所措。我想任何人处于这
种情况,也都会如此。如果谁硬要承担这一荒唐任务,在这种
条件下描述的匈牙利很可能面目全非。

我们怎样解释一个没有佛教的佛教世界? 须知,佛教也不
只意味着宗教信条和宗教实践,它首先是一种独特的文明,是
对我们来说不寻常的、独特的观察角度和情趣:一个陌生的
世界。

正是为了解惑释疑,我前往亚洲,进行蒙古历史、语言和宗
教史的考察研究。

在巴黎,我在杰出的法国东方学家的指导下工作了三年。
我很清楚,东方学不是闭门造车的学问,要想在这个领域有所
建树,必须亲历亲为,并借助于经过现场验证的语言知识。舍
此,再幸运的和再天才的想法也只是水中月、镜中花。闭门造
车的东方学家很容易重蹈一个德国语言学家的覆辙:这位德国
语言学家不久前经过详实的调查研究,多次引经据典,考证在
一本东方语出版物上发现的特别的、迄今为止不为人知的一个
动词。他的学术论文刚刚发表,就真相大白:这个精心考证的
新动词,不过是印刷错误的产物。

当我拿出我的计划时,那些负有保存和守护匈牙利科学的
责任的人们,表示了充分理解和信任,这使我感激不尽。他们
使我的梦寐以求的计划——尽管经费不足、物质手段有限——
得以实现:前往蒙古进行考察。

　　1928 年秋,在宗教和公共教育事务部以及匈牙利科学院的赞助下,我整备停当,踏上旅程。去蒙古最短的路线是经过俄罗斯。只不过从当时来说,事情不是那么简单。所有外国人首先要到莫斯科外事人民委员会申请过境许可和签证。8 月初,我在支付了"领事费"后,经由柏林的匈牙利公所提出了申请,然后就开始耐心等待。后来我又向驻巴黎的俄国领事馆重申了我的申请。直到 10 月末,我才收到期待已久的回复。然而令人沮丧的是,回复说:"特此遗憾地通知您,我们无法给您许可。"幸好这还不意味着计划的失败。存在另一个解决办法,只是花费较大和旅行时间较长,即通过海路,绕过半个亚洲,先到中国内陆,再经陆路前往蒙古族聚居区。穿过欧洲旅行,需要 10—12 天到达目的地,而走海路,至少需要 40 天才能到北京。物质上的耗费也要大得多。不过最后这一障碍也被我克服了。

　　按照我原来的计划,要先去外蒙古度过一段时间,其后才去较不为人所知的、我的考察现场——内蒙古。但在到达中国后不久,我看到,到外蒙古考察可能会面临严重障碍。这使持有在巴黎获得的、库伦的蒙古科学协会的邀请信的我十分吃惊,因为该协会的邀请信口气友好,表示要给予充分支持。在巴黎我们得知,外蒙古是一个独立的共和国。必须就近观察,才知道事情不完全如此。

　　要理解这一状况,必须追溯较远的历史,直到 1912 年爆发的中国革命。这次革命推翻了清王朝,在中国建立了共和国。

　　满族征服者在 17 世纪取得中国的统治权:一个游牧的马上民族,一个毕竟属于蛮族的北方人民,把一个有数千年历史和博大精深文化的人民置于奴役之下。从一定程度上说，这至今是一个谜——即使我们知道征服之前的相当巧妙的外交准备和突然袭击的征战过程——一个人口寥寥无几、只有几个民族部落的满族人，是如何打败当时已有一亿以上人口的庞大的明帝国的？中国新的统治者们有无与伦比的权力欲。在占领中原后，又相继统一了已在中国旗下的西藏、新疆，并最终分几个部分统一了蒙古。

中国革命前，蒙古是指俄国、新疆、中国内地和满洲之间的面积辽阔但人烟稀少的地域。从政治上看，蒙古在这一时期分裂为二。两个蒙古的分界线大体上是西—东北方向的沙漠地带，即戈壁，不过这个界线很不固定。沙漠以南的部分，正式名称是"内蒙古"。这是与中国直接毗邻的比较肥沃的土地，慢慢地被汉人殖民者渗透。他们的足迹所到之处，丰美的草原变成耕地，散落在草原上的帐篷，被拔地而起的一幢幢房舍取代。游牧民和他们的畜群不断后退，而留在原地的人则不得不放弃原先的生活方式，向新的占领家园者归化。沙漠以北的地域被称为"外蒙古"。国土的这一较远的部分表现了较强的反抗性，以至于满族人在统治了近二百年后，尽管费尽心力，在这里仍然是"外来人"。

中国革命胜利带来的喜悦很快便被失望的情绪取代。实际上，在亚洲，一种新型的张力即民族主义开始兴起。1912年的中国革命就是在民族主义的旗帜下进行的，清王朝是被民族主义的仇恨狂飙扫除的。这个王朝的最大罪孽是，由于孱弱不振而向欧洲列强俯首称臣，被迫接受非常屈辱的条件，向暴虐的外国列强求和。

外蒙古也很快依脱离中国的榜样行事。不过下面所述事件并不只是中国及其周围民族之间的事。西方帝国主义列强如英国、俄国，还有日本，一直虎视眈眈地伺机而动。他们无不利用蒙古族和藏族初兴的民族主义热情，为自己的利益服务。他们接踵而至地插足进来，但多采取隐秘的方式，乘虚而入。大亚洲成为列强争斗的舞台。

两个蒙古几乎一开始就分道扬镳。

外蒙古在中国革命之初就与中国决裂，宣布独立。这一事件是在 1912 年由俄国驻北京的大使科罗斯托维茨向北京政府通报的，大使还补充道，根据与库伦的活佛签订的协议，俄罗斯将保护外蒙古的独立，据此，将由俄国大使在北京代表外蒙古的利益。饱受内战祸患的中国，虽然心有不甘，但无可奈何。

如此而言，外蒙古只是改换了主人，中国人的监护权被俄国人取代。

对俄罗斯的依附没有持续多久。中国抓住第一次世界大战爆发、俄国无暇他顾之机，收回了外蒙古。不过中国在《恰克图协定》中，承认和保障外蒙古的自治。在俄罗斯帝国崩溃时，中国干脆连这一字面上的、形式上的自治也取消了，计划把外蒙古划分成若干省份并入中国。但是在库伦，人们不甘心接受这类计划。活佛的盟友、男爵翁格伦－斯坦贝格和泛蒙古布里亚特的哥萨克首领谢苗诺夫包围了库伦的中国卫戍部队。狂热的计划的背后，是复辟昔日大蒙古帝国的野心。其间的 1920 年，远东苏维埃共和国成立，首都先是在维尔赤尼丁斯克，后为赤塔。苏维埃的军队击垮了谢苗诺夫。野心勃勃的计划破灭了，男爵翁格伦－斯坦贝格也被迫离开库伦。此人以嗜血成性、野蛮凶残而臭名昭著，但最后还是落入敌手，后者对他的报复也不是温文尔雅的。

远东苏维埃共和国的军队于 1921 年 7 月进入库伦，不久后承认了莫斯科中央政权，并通告中国政府，以后凡涉及外蒙古的事务，均须与莫斯科谈判。次年春天在俄国军队的帮助下，外蒙古宣布独立。

莫斯科政府在 1924 年签订的《中苏条约》——为了更长远的利益——仍然承认"外蒙古是中华民国的有机部分"，尊重中国在那里的一切主权。同时宣布放弃沙皇制度在中国的一切资本主义特权：领事裁判权，在大港口和重要商业贸易枢纽享有的治外法权，1900 年义和团运动后的巨额赔款等。他们只坚持保有中东铁路，但也充分照顾中国的利益。

由于对中国实行大规模苏维埃化的努力在上海地区遭到流血的失败，莫斯科悍然把外蒙古这一中华民国的"有机部分"作为"加盟共和国"并入了苏俄。

这一状况至今也没有改变，只有几个名称不再使用。外蒙古改称"蒙古人民共和国"。库伦改称"乌兰巴托浩特"，蒙古语的意思是：红色英雄城。还有一个情况，这个独立的蒙古人民共和国直到今天，只允许经过莫斯科批准的人入境。因此我只有库伦的蒙古人的热情邀请是不够的。

内蒙古的命运，自中国革命以来，要简单得多。中央政府镇压了其独立运动，终止了内蒙古的政治统一。其领土一部分被分割，使其夹在新设立的省份之间。中央政府采取了在亚洲并不罕见的"分而治之"的手段，把当地的多数民族变成少数民族。纯蒙古族居住地区被楔入汉族居住区。

　　请看他们是如何对内蒙古分而治之的：

　　他们把古老的中国省份甘肃的一部分划到内蒙古最西边的部分，形成新的库库诺尔省，汉语是"青海"，其首府是坐落在黄河附近的一个汉人地方小城市，宁夏（原文如此——译者注）。由此往东，我们看到的是绥远省，包括土默特和乌拉特蒙古人的土地，有七个蒙古部落的鄂尔多斯的一大部分和一个老中国省份——山西的北端。其首府是在原蒙古人生活中很有名的、现已差不多完全汉化的中心城市：归绥。在东面与绥远省毗邻的是察哈尔省。这一名称也来自一个有名的蒙古部落，该部落今天仍在这片土地和其他几个较小的蒙古部落一道生存。这里也不乏汉人的地盘：以前的北直隶省和山西省的各一部分。其首府是张家口，是面向外蒙古的最重要的贸易集散地和中转站。其转口贸易经北京直达天津和海岸。再往东，我们进入热河省，这也主要是由蒙古族人居住的地区构成的，把原北直隶省的一部分汉族居民掺和进去。其首府是一个名为承德的中国城市，亦称热河。直到今天，昔日夏宫的那些华丽建筑依然默默矗立。在很长一段时间里，这里是清朝皇帝非常喜爱的居所，是避暑胜地。居住在内蒙古最东端一隅的哲里木蒙古部落联盟，包括其所有4个部落、被并入满洲的辽宁省，其命运受该省旧都奉天支配。

　　我们知道，内蒙古行政直接受清朝皇帝掌控。但是它有6个大部落联盟，包括30多个部落，其中有很多更小的单位——箭。在这些的顶端，是诸侯和大大小小的部落首领。以前某段历史时期，行政管理、司法审判和一般意义上的所有权力，都集中在他们手里，北京的宫廷鞭长莫及。

　　中华民国的统治开始后,这一古老的、美好的世界秩序宣告终结。先是政府的警察机关在王爷的府邸附近落成。看到这没有激起强烈的反应,行政机关和其他官方机构即"衙门"也逐渐建立起来。很快,新的居民、官吏、税务官和军队接踵而至,地域的面貌一日三变。迄今为止,法律禁止蒙古族人出售或抵押其土地。满族皇帝欲如此保卫自己的人民和被视为兄弟的蒙古族人,对付狡诈的,甚至是强横的汉人,以防止轻浮的游牧部落贵族上当受骗,失掉财产。现在,不仅这一法律被废除,而且蒙古族人被迫让出他们的土地,代价则小得可笑。当然,至今新的地主们还欠着买价。这就是举世闻名的土地改革。

　　从蒙古王公和部落首领手中一点点攫取权力后,接着就是禁止蒙古人保有军队。中央政府派驻军队来"保护他们"。蒙古人很快就知道,这些军人是干什么的。这些穿着寒伧的士兵没有军饷,因此从一开始他们就"挂在牧民的脖子上"。很多军人很快就耐不住清苦的生活,不断有人开小差,成为散兵游勇,最后自成一家:变成土匪盗贼。在一直是安宁祥和的地区,生活变成地狱。继匪患而来的是饥馑和瘟疫,以及原先就十分猖獗的、春季流行的斑疹伤寒。但是有谁关心这类小事呢? 政府并不关心。

　　清朝皇帝时期,在蒙古地区除了世俗政权外,还有一个强大的权力集团:佛教教会,它具有典型的神权性质。僧侣就是一切,一切都是僧侣的。大大小小的活佛、呼毕勒罕、呼图克图和其他寺庙住持,拥有与世俗贵族相同的等级。最小的活佛的地位也相当于一个蒙古王公的地位。而且这种平等地位,相应地在权力、仪容仪表和排场,以及绝非最不重要的物质待遇上体现出来。

中华民国政府一开始就对蒙古地区的寺庙心存疑忌,认为寺庙是煽动反对汉人的巢穴。在内蒙古暴动时期,中国军队杀死了不止一个活佛,把众多寺院夷为平地。很容易想象,清王朝对寺院和僧侣的赏赐的结果如何了。在北京的大喇嘛寺——雍和宫,1925年每个喇嘛每天只能得到一分钱的国家资助。看来,政府仍嫌给钱太多,因为从第二年开始,这点钱也停发了。

在无需防备蒙古人哗变的北京和其他较大城市,如果说没有焚毁或拆毁喇嘛庙和寺院,那也要把它们改建为兵营、政府机关,最好的情况是改成学校。

在较大的蒙古族聚居中心,如归化城、朝阳、齐齐哈尔或莫日根(Mergen 的音译——译者),蒙古族也有了学校,但是那些学校什么都教就是不教蒙古语言,也不用蒙古文教课。齐齐哈尔较大的蒙古族学校里,一个汉人教师还教蒙古族孩子英语,但在这里也听不到蒙古语的读书声。

这就是我在内蒙古考察时的情况。

然而,历史也往往有其神奇的意外。中国突然遇上一个强硬的对手,这个对手无比危险,是个大的亚洲竞争者:日本。祸患的大小,实际上只有中国人自己才能感受到。不像白种人,日本的中国—亚洲情结,不是新的发明。日本不仅凶暴,而且强大、富有、残忍、无情。

我本人还没有离开内蒙古,日本和中国的矛盾就已开始激化。其结果就像演电影一样,迅速地改变了满洲和内蒙古的外交面貌。首先,日本把满洲从中国完全割裂出来,接着是热河省,最近则是察哈尔和绥远,相继从中国分离出来。这正是我三年考察期间走遍了的地区。我三年考察的目的是,在力所能及的范围内,为尽力挽救这个正在消亡的世界所有可能挽救的东西。如果各种迹象不骗人的话,这个世界确实正在终结,中国人被迫向一个更狡猾、更富于活力的民族日本,让出——也许是永远让出——这一地盘。

也许我是最后一个踏上这片早已汉化的内蒙古的外来人。

这本旅行记,叙述我自 1928 年至 1931 年在内蒙古和北满洲度过的三年中的一年,即第二年的经历。这是我在内蒙古的寺庙里度过的一年。促使我走上内蒙古之旅的,不是猎奇和探险的欲望,也不是对异乡情调的向往,而是那些严格意义上的学术问题。然而,现在我不想详谈这些问题,因为我已在另外场合介绍了我的主要考察成果①。然而我感到有必要把我的一些见闻公诸于众。我和唯一的一个仆佣前往内蒙古,进行了地地道道的"巡行",一个接一个地探访那里的寺院,并与寺庙里的人同吃同住。我看到了一般考察之旅看不到的东西:人们的日常生活起居。我见证了人们的喜怒哀乐,以及在平淡无奇、灰色单调的日常生活后面,一个宗教的衰亡和一个曾经横行天下的强悍民族的沉沦。我想谈的就是这个。然而在我开始详细叙述我的旅行之前,需要简短介绍一下我在东亚度过的第一年的惊心动魄的经历和感受,否则一切都难以理解。当我

---

① L.李盖提:《在中国蒙古的考察之旅的初步报告,1928—1931》,布达佩斯:克勒希·乔马协会 1933 年版,第 64 页。

怀着——虽非同情或热爱——崇仰和激动的心情,终于跨上一艘远洋巨轮的舰桥时,我自己也没有想到,中国——我从不认为她是玫瑰色的、理想的国度,但我知道她是一个世界最古老文化的摇篮——会以如此怪诞的、扭曲的面孔迎接一个远方来的异国人。但是我既不想写一本为蒙古族冤叫屈的书,也不愿写一纸指控中国的诉状。我要说的就是我的所见所闻,既无夸张,亦无贬损。

中国社会的改造,需要漫长的几十年时间。

1911年皇朝垮台——这本书也提到了同时发生的外蒙古独立——1912年1月1日,在孙中山主持下,宣布共和国成立。但仅仅一个月之后,北方军阀头子袁世凯接管了政权,解散了国会,企图复辟皇朝,自己称帝。

孙中山建立了国民党——由此开始了所谓的"第二次革命"——在1916年,南方几省建立了独立的联邦:其政府设在广州。当巴黎和会把山东地区转让给日本时,国民党和刚成立的共产党发起了解放的"五四运动"。其纲领是"三民主义",即:反对日本帝国主义的斗争;建立民主共和国;实现土地改革。一年后孙中山逝世,国民党的右翼建立了自己的集团。1926年的北伐解放战争,开局甚为顺利,国民政府也迁到武汉。但是1927年4月,以蒋介石为首的集团搞了一个政变。国民政府分裂了,统一战线宣告结束。共产党的工人核心几乎伤亡殆尽:仅上海一地,就有18000工人死于白色恐怖之下(此段内容有错误,原文如此——译者)。

在发生了以上事件后,一方面南京政府得到巩固,形成所谓的"官僚资本统治";另一方面,共产主义运动暂时转移到农村,建立了十个大小不等的根据地。1931 年,在瑞金举行的中华苏维埃第一次全国代表大会,建立了以毛泽东为首的中华苏维埃共和国中央工农政府,通过了新的民主宪法。同年 9 月,日本人占领了中国东北全境。这一时期实际上仍然是内战时期。国民党对最强大的两个共产党根据地,即江西和福建的根据地进行了五次围剿。其中四次围剿被粉碎,但在 1934 年的第五次围剿中,国民党占领了这些成问题的地区。自此共产党领导的工农红军开始了向中国北方进发的长征(1934—1935),其后人民军队的解放斗争全面展开,直至 1945 年战胜日本,后来结束内战和把蒋介石赶到台湾。1949 年 10 月 1 日,中华人民共和国宣告成立。

出版者①注

李盖提·拉约什的旅行发生在20年代末,即蒋介石领导的军事专政的前期。他的游记使人们对当时复杂的形势感同身受,特别是就农村和普通百姓的窘困状况而言。但是他并没有专门描绘这些历史的画面,实际上他也不可能承担这一任务,因为他的旅行目的完全不在于此。他的政治印象都是匆匆一瞥的结果。对他来说,"党"毫无疑问是指国民党——他根本就未遇上共产党人——他谈到的"改革",实际上就是被否定的孙中山的纲领。他旅行时,正逢内战造成社会的动荡和解体,军事专制政府正加紧争夺权力和经济地位的活动,而这正是这个集团的特征。

---

① 指匈牙利文学图书出版社。该社于1950年10月1日创办,是20世纪下半叶匈牙利最大的图书出版社,主要出版文学和文艺作品。1998年停业。本书于1988年由该社出版。

目 录

拉长时间的作客—如鸟兽散的麻将牌的玩家—孟被选掉—中国
式诉讼—比大汗还强—高尚的竞赛—披红被单的喇嘛—达喇嘛
的选举—小庙里的宴会—出游散心—孟，一个骗婚者—当妇女说
话管用的时候—兑现了的预言—过去的回声—我的房东学习匈
牙利语

互相竞争的喇嘛村—神圣的黄色—大殿—经书和茶碗—怎
样携带经书—喇嘛的长椅—活佛的宝座—神佛的塑像和图画—
闪光的不一定都是金子—正义之神和邪恶之神—"色魔"—阴间
之神厄尔里克汗—"雄魔"—"凶魔"—祭坛的象征—"八福"—
"七宝"—五官的象征—禁止杀生—原先是用金银制造的—何人
的头盖骨可以成为嘎巴拉—在旌旗、彩带、伞盖和宫灯的森林
里—喇嘛的乐器—当乐队的奏乐声响起来的时候—在尘封已久
的经书中间—荒野之声

荒废的寺庙—喇嘛村的新住户—布彦德尔格的租客—吃了
吗—我的中国医生朋友—哦，那些王冠—内蒙古马车是什么样
的—废墟上的帐篷村—常客—一个更常来的客人—禁止留辫
子—有关中国女人和欧洲女人的时尚— 一个女人怎能有这么大
的脚—隐秘—昂贵的蒙古语课本—被当场抓获的蛮子—喇嘛庙
的被盗日志

冬天来了—解聘孟—莽小伙裴尔切—布彦德尔格拿到钱—

中国借贷者的围攻—与寒冷搏斗—烧木炭取暖的享受—裴尔切流浪去了—一车干牛粪和一个破炕—我的新老师司喇嘛—中国的实物赌博—喇嘛教的绘画技术—莫伦拓印的传说—生命之轮—十二个尼陀那—众生六道—地狱的二十个气候—厄尔里克汗的地狱—九个炎热地狱和十个寒冷地狱—饿鬼的国度—再生的蛆虫—一只母鸡和一条蛇—第一次和最后一次与两个瑞典传教士相遇

准备上路—我带谁走—小宋—我的新仆人的过去—多伦诺尔没人愿意干的事—官方的支持—友好的挽留—老马，我的车夫—严喜奎的魔力名片—穿越沙漠的冬天之行—土匪出现在视野里—紧张的逃亡—第一个客栈—夜间访客：土匪出身的宪兵队长裴泽远—如画的骑马随从—我在玉塔豪受到的接待—新的名片护身符—惊恐的母牛窃贼—二十一号客栈—六十棵杨树旅店—宋讨价还价—中国军队是什么样的—小宋也要成为秘书—电话线—当真的把炕烧起来的时候—我的食欲旺盛的卫队—到达喀喇沁王的大庙

当介绍信不管用的时候—王爷的亲戚进行干预—我新房东的房子及其周围—墙上的可疑斑点—中国的兄弟之爱—亚林皮尔喇嘛和他的弟子—真正的沙弥纪律—亚林皮尔为什么永远祈祷—韩大老爷的千元钱—佟喇嘛，"杰出的"学问家—蒙古族邻居的礼品公鸡—茶太好了也是问题—宋耍花招—令人陶醉的成功—比成功还令人陶醉—吸鸦片的享受—宋的吸鸦片的同伙—

揭穿裴尔切

和他年轻的妻子—被诅咒的庄园

八叶达喇嘛的赤贫活佛朋友—在一个人间神祇住所里的经验—小宋发火了—"上帝都摸不到他的后背"—我的新房东爱财如命—章彦多尔吉，司喇嘛的朋友—伊什丹桑，年轻的呼毕勒罕—师父打灵童的屁股—保存活佛自己塑像的地方—圣人和照相机—汉人大海中的蒙古人孤岛—我在西府庙的访问—古老的手写本—多头的阿利亚巴洛神（十一面观音）

出发麻烦重重—由乘车改骑驴—有人跟在我后面跑，因为呼毕勒罕不让他走到我前面—逐渐毁灭的成堆的书籍和手写本—寂寞的楼阁—新房东却尔吉喇嘛—孔教和道教浅议—长生不老丹药—寺院里的中国文物— 一个真正的学者和圣贤—却尔吉喇嘛的藏学知识—全集七十册—沿着克勒希·乔马的尤加尔人的足迹—狡黠的侯喇嘛和他的好友

却尔吉喇嘛自我揭露—酒、鸦片、赌博—礼仪是大霍尔拉或神圣的事，但生意至上—寺院里的特别朝圣者—拱吧，否则没得吃—谁赢钱，主人就用棍子打—春季：土匪横行的季节— 一个中国省级银行的金融业务—红胡子下山—房子周围的可疑人—"我的朋友"李清顺，一个红胡子—被卖的妻子—妇女市场，分期付款—宋在岔路上—当土匪给人送礼的时候—人家不告诉他，要去哪儿

一座被烧毁的寺庙和一个乞讨的达喇嘛—德莱克打听我的年龄—人怎么会显得比实际年龄老 25 岁—中国士兵拒绝护送—我们走出了沙漠—中国正副警长的访问—护兵溜之大吉—经过金厂沟梁山脊—中国淘金者——旦下雨—没有向导和陪同的盲目旅程

插图目录

认识中国

在东亚的第一年

一个没有使节的使馆—阿索斯二号—告别欧洲—
各大洲的边境城堡—锡兰的经验—在东亚的大门口—
当台风减弱时—我的安南—中国和还不是中国—四不
像城市—中国官吏以何为生—革命的成果—蒋介石"建
立秩序"—沿着一个古老的字碑的遗迹— 一个人在进
入北京之前— 一个小小铁路运营事故—换钱者的天
堂— 一箱子名片—"黄风"—笼中人头—20世纪的人口
市场—黄色神祇的暮日

在当今世界，如果一个人要去外国旅行，首先想到的是护照
和签证。出于这一最基本的考虑，我在巴黎走访了中国使馆。

在一个与其说是公园不如说是简朴庭院——"巴比伦街
头"——的中央，人们指点我找到一个别墅式的建筑。当我走进
敞开的大门，只见人来人往，门庭若市。建筑的一侧是一个商店，
再远一点是一座小电影院。我想，可能走错了地方，但至少可以
问问该怎么走。我叫住一个行人，请他指路。"您别客气，您走对
了，这儿就是中国使馆。""那商店和影院呢？""哦，对，使馆的人
是靠出租建筑的收入生活。中国太远了，钱送到巴黎来，恐怕政

府都换了。"我走进使馆,还真找到了一个办公室模样的所在。在这里,一个法国助理接待了我。在我说明来意后,他把我指给一个中国秘书。我说我找大使。这个中国人彬彬有礼,但有点尴尬地笑起来。原来,已多年没有大使来此赴任了。虽然去年任命了三个大使,但没一个人接受任命。谁都不想自己掏腰包来"供养"这个开销甚巨的职务。

最后,我终于找到了我要找的人:一等秘书,也是临时代办陈先生。陈先生是个举止高雅、具有外交官气质的绅士。他立即就明白了我的需要,二话没说,开始着手办理,以使我能及时得到所需证件。几天后,一本中文的护照就到了我的手里。"兹证明,李盖提('李'是姓,'盖提'是名)在匈牙利科学院支持下,前往中国进行语言、历史和考古学考察。他有权越过任何地方:水面、山岭和峡谷,并可带行李和仆佣在中国领土任一地方逗留。有关当局应负责在其旅行期间,向他提供必要的协助和保护"。此外,我还得到三封中文介绍信,一封是致上海一所大学老师的,两封是致北京两所大学校长的。

我很难想象,还有比这更殷勤、周到的态度了。

我的到过中国的法国朋友们却对陈先生的关照颇不以为然。

"某人到中国去,哪怕是在大城市里定居或者过一辈子,也不需要任何中国护照或签证。如果这个人想深入中国内地,则在巴黎搞到的护照一文不值。"他们解释说。

在很长时间以后,苦涩的亲身经历使我省悟到,他们的话是多么正确。可惜当时这些话对我来说有点虚无缥缈,我没有在意,因为我正带着所有妙计良策、官方证件和介绍信,坐上巴黎—马赛的铁路快车,以便赶上11月16日启航的阿索斯二号轮船。

在到达目的地——港口之前不久,在阿维尼翁列车上,需要清空我乘坐的车厢,因为这节车厢和另一节车厢出了毛病。就这样,我们晚点了一个多小时才到达马赛。不过我的时间还充裕,至少有一天半,可以随心所欲地游览一下这座有趣的法国南方城市。马赛是个典型的地中海港口城市。狭窄的街巷、小酒肆、名声不佳的客栈、修理行和仓库鳞次栉比,望不到尽头。到处是垂着头慢慢踱步的水手。码头工人跑来跑去倒水桶,就倒在前面的泥地和沙子里。看来这里是从未见过石板地的海岸。这一喧闹的生活景象令人流连忘返。还有到处可见的黄种人和黑人,给城市增添了特别的色彩,更不用说南方那宜人的灿烂阳光!

不知不觉之间,出发的时间已经到了。

启程的钟声响起来了。在最后一次与旅客道别后,亲友们离船。栈桥被收起,栏杆被放回栈桥的位置。洪亮的汽笛声过后,只见成百上千的手帕扬起,两万吨的阿索斯二号轮船缓慢地、庄严地起航了,走上迢迢的远东之旅。

海岸渐渐远去,肉眼连灯塔都看不见了:我们的船已经行驶在公海上了。

阿索斯二号是法国滨海消息公司最新型号的、最现代化的客轮之一,俗称"邮轮"。虽然最远航行到中国甚至日本,但其最主要的功能是与法国殖民地的交通联系。船上几乎所有人都是法国人,只有在俱乐部才能见到一两个英国人、比利时人或俄罗斯人。乘这种船去中国的还有传教士,眼下船上就有四个传教士。几天后,其中一人向我打招呼。他是一个匈牙利遣使会神父,头发灰白,是第一次去遥远的华南传教。

我久久思索,这艘船的名字除了"阿索斯",还有一个神秘的

"二号"是什么意思。直到一个好天气的日子里,我在大沙龙里发现一个小铜牌,才知道了。铜牌上面的铭文说,第一艘阿索斯在1917年第四次中国之行的过程中,在地中海被德国人弄沉。作为赔偿,在德国的工厂里,由法国工程师监督,又建造了一艘与被击沉的阿索斯一模一样的船——阿索斯二号。后来不久,我听到有关事件的详细叙述。在阿纳姆生活了三十多年,曾无数次航行海上的杜兰先生,多次滔滔不绝地讲述这次事件,不过听众越来越少。当德国佬到来并把那艘船弄沉的时候,杜兰先生正在船上。说起来他是个挺可爱的人。他多次讲起他快乐的经历,把我们逗得捧腹大笑。

旅行并不单调,大海也一直没有发威,甚至可以说格外平静。

在我的想象中,我已不只一次地旅行到印度甚至中国,并做了旅行札记。尽管没有亲眼看见,我也知道那些迎候着不速之客的神奇美妙的风景名胜。但是当那些我认为熟悉的城市犹如宇宙中缓缓旋转的万花筒,出现在我的眼前时,我仍然是目不暇接、心旷神怡:异国情调之美、有血有肉的人和有声有色有味的鲜活世界……

离开马赛后,我们的旅程沿着科西嘉向前延伸。一边是巉岩峭壁,另一边是大海,大海……我们在科西嘉岛和撒丁岛之间穿过博尼法乔海峡。第二天早晨,那些什么美景都不想错过的旅客带着望远镜跑上甲板,欣赏笼罩在薄雾中的斯特龙博利火山岛。然后依次是勒佐、其对面的墨西拿和西西里的荒野。有好望远镜的人,次日还可看到一些希腊的海岛。我们就这样告别了欧洲。

11月21日,我们到达塞得港。拂晓时分,那座灯塔摇曳的光影便映入眼帘。靠近一点,只见各种照明灯,向我们闪耀着红色、紫色和蓝色的光。港口的入口,一座巨大的雕像,迎候着驶近的船舶。这是伟大的法国工程师费迪南德·李赛普的雕像,苏伊士运河就是他设计和承建的。这条运河拉近了欧洲和亚洲的距离。阿索斯二号在距城市相当远的地方停泊。不断有小船和螺旋桨推进器驶来,运送去城市观光的旅客上岸。塞得港是埃及最重要的港口之一,是一座人口众多的大城市,虽然它是1860年才建成的。它的重要性和富裕,当然应该归功于苏伊士运河,以及面向远东和印度的转口贸易。其居民大部分是阿拉伯人,还有很多希腊人和法国人。这座城市没什么观光游览名胜,最多有1—2座清真寺可看。一般说来,路过的旅客都在此地采购从红海开始的热带旅程所需物品:轻便的白衬衫、热带防晒软木头盔等等。不太当心的人会在这里初次领略到东方商人的德行:欺诈。

我们的船在苏伊士运河另一边即红海边的苏伊士城也停泊下来。这是一座比塞得港小得多的城市,是更古老的居民点。

稍事停留后,我们即开始穿越红海。已经走过这条路线的人,仅仅是回忆,就会使其额头放光。两边都是毫无生气的海岸,草木不生,只有光秃秃的岩石和流沙。

在沙土地的海滨、红海的出口,兀立着一座肃穆的城市:亚丁。这里也到处是荒野和岩石,气候异常干燥,降雨极少。每年的有雨季节,雨水被储存于建在荒野上的十分古老的储水池中。很久以前的某一时期,甚至在远古时代,这里曾是重要的商港。今天它也还是一个商品集散地,但是其真正的重要性在于它是一个战略要地,是从欧洲通往远东的海路的一个要冲。自然,它是英国的领地。我们立刻就能从迎接驶入港口的船舶的港务官员和英国军官的制服上看出来。似乎为了防止我们认为英国这个世界大国只是一个象征,在距我们不远处,停靠着一艘显得有点秀气、体形纤巧的披着钢铁外衣的英国军舰。

　　下一站是法国的属地:吉布提,它差不多就在亚丁对面的非洲海岸上。船刚停泊下来,一群小黑孩就蜂拥而上,很快挤满了船甲板。魔术师和兑换者钻进旅客中间。而没能登上船的人,则在小平底船上演杂耍,以娱船上好奇的乘客。

　　12月3日,我们抵达锡兰岛的港口科伦坡。16世纪时,这里是葡萄牙的殖民地。今天当然也是英国人的。差不多所有乘客都下了船。在没有生气的非洲和阿拉伯海岸以及单调乏味的水上航行之后,人人都想看看这个人间乐园。到处是华美的建筑、教堂和维护得很好的花园,一阵阵浓郁的香气充满了空气中,路边是排列成行的棕榈树,满目是浓密的南方植物,无数飞鸟啁啾鸣啭。油棕色皮肤的当地人只在腰下裹一布帘遮盖下身,而且不知鞋袜为何物。黑色的欧洲大伞是高贵身份的象征,有地位的锡兰人片刻也不离手。这儿的妇女穿着鲜艳,服饰多为红色和浅蓝色。在这里,除了在欧洲人居住区里,外人不宜太多步行外出,应该乘汽车出行。如果没有汽车则可坐人力车,这是富有远东特色的交通工具。人力车是有两个胶皮轮子的轻便车辆。一种可怜的人类即被称为“人力车苦力”的车夫,在两条长杠子之间,双手把着杠头,拉着车子跑。他们跑得飞快,令人难以置信。这种车源于日本,现在可说在整个远东地区都很普遍。西方来的旅客头一次见到像牲口一样被使唤的人,震惊之余是难以言传的怜悯之情。不过他们的人道主义心肠很快就会冷下来,因为五分钟的形同散步的旅行,需要付出五倍于乘一辆四人汽车行走一个半小时的价钱。这无疑是一种学费,是每个旅行远东的西方人都要付出的学费。

　　我从花园返回港口乘坐了人力车。当我数好"学费"，把钱塞到还不太满意的苦力的手里时，天已黑了下来。在回到轮船前，热带风暴突然降临。我躲到码头某一建筑的房檐下，等待风暴过去，以及螺旋桨推进器驶来接我上船。热带雨不是"淅淅沥沥地落下"而是"倾盆而下"，恣肆滂沱，冲刷一切。

　　泡沫舔舐着码头，地狱一般的交响乐，夹杂着滚滚雷声，使大海的咆哮更显恐怖。在不时亮起的闪电的白光下，我清楚地看到很多小船，在浪峰上狂舞。在更远处的公海上，我们的船仍旧兀自不动，若无其事，笼罩在灿烂的光华中。

　　次日凌晨，阿索斯二号起锚，继续其航程。在海上航行五天后，12月9日，我们到达了新加坡。在这儿可以直接上岸。新加坡从1819年以来就是英国的属地，这是很自然的，因为这个港口以及整个海峡，具有重要的战略地位。港口也相应地建设得十分完善，我们到达的时候，正计划扩建港口。

　　新加坡被称为"远东的大门"。这是名副其实的。不仅因为其地理位置，而且因为旅客在这里才第一次领略到远东的多彩多姿和繁华兴旺。这里有专门的华人城区。不时有宫殿式的建筑映入眼帘，还有亭、台、楼、阁、塔等中式建筑。华人商店、铺面鳞次栉比，满街都是。举目可见，到处都是汉字。或以金漆书于黑色匾额，俯视着行人；或缝在独特的、长长的白色或彩色的幌子上，在空中飘动。中国街道的无可仿效的繁华热闹气氛，就是这些五颜六色、千姿百态的随风飘舞的旗幡、幌子和宫灯所赋予的。

　　当然新加坡并不是地道的中国城市，土生土长的居民是有名的"驾船的马来人"，还有很多印度教徒。

从新加坡到西贡只有两天的路程。

这两天却显得格外漫长。

首先,我们穿过水平如镜的马六甲海峡,有一处仅有 500 米宽。第二天,我们来到一二天前刚刮过台风的地方。这艘两万吨的大船在海上可怜地跌宕起伏,就像我在科伦坡港湾看到的那些在风暴中颠簸摇曳的小船一样。客轮在横向和纵向上激烈地晃动,甚至同时在两个方向上摆动。甲板一下子空无一人。午餐和晚餐时也几乎看不到人影。餐桌上安装了细木板条作的围栏,以免盘碗杯瓶因船的晃动而掉落地上。

我们终于在 12 月 11 日日落时分安然无恙地到达交趾支那的首都——西贡。岸上挤满了人,港口欢迎缓慢而小心翼翼地驶向岸边的轮船。所有旅客都站到了甲板上,很多人用目光搜寻下面迎候的、身穿白色轻便热带服装的人群中的亲友。差不多所有旅客都下了船。在老旅客中,我们 25 人继续航行去中国。在偌大的客轮上,到处显得空空荡荡的。

只有最后一个旅客受到悲伤的眼泪的迎接:一位法国妇女的丈夫泪眼婆娑地迎候她。她带孩子到巴黎上学,返回时途中得了重病,已经发烧 11 天了。船上的医生诊断不出她的疾病。现在她发着 40 度的高烧,被担架抬下轮船。

到达的喜悦还受到另一件难堪的小插曲的干扰,使不止一个人的脸色阴沉下来。阿索斯二号刚刚驶进港口,一个从巴黎回国的安南学生扑向一个法国军士。事后人们才搞清,二人从马赛起就开始交恶,还动了刀子。万幸的是,刀子被夺下了。一个本地人即使出于某种私人恩怨,在争执中忍不住动手,在法国殖民者眼里也属弥天大罪,更甭说比这更严重的事情了!年轻的安南学生,可能没有好好上学,也没拿到文凭,但他从法国、西方回国的时候,肯定带回一样东西:对西方和白人的仇恨。他在扑击法国军人时,激动地失去理智,不假思索地吼叫道:

"À moi Annam! 安南是我的! 你是个入侵的外人!"

自然他当即被制服了。但有好几分钟,目睹此情此景的人眼中仍映现着震惊和惶惑。也许他们回想起亲身经历过的不愉快的时刻,也许是对叵测未来的莫名的戒惧使然。西贡的法文报纸以"令人惊悚"为题评论了这次不光彩的事件。这种惊悚因以下情况而火上浇油:当地的头发灰白的官员不仅没有谴责不忠的甚至是造反的行为,反而组织代表团去探望年轻同胞,向他致歉并宣布赦免他的行为。

我们在西贡逗留了三天半。就在第一天晚上,我漫步到城里,这已经是地地道道的东方。东方生活最显著的一个特点是,一切一切和所有的人都在大街上生活。另一个特点比这还要令人震惊,那就是肮脏。散发着臭味的中国和安南的小店铺夜晚也开着,招揽东方顾客。在当地人居住区的街道上,空气中弥漫着恶臭,到处是破烂、污秽和很多衣衫褴褛或只裹点布条的半赤裸的乞丐,人们远远避开他们,生怕被碰到。如果发生鼠疫或其他传染病,那就太可怕了。但是殖民主义者却说,人在这里待得久了,就会发现事情不是这么黑暗,可以习惯。

第二天早晨,我走进欧洲人居住区。在有的地方,人仿佛不是在印度支那,而是在法国漫步:良好的秩序,整洁的街道,人人都说法语。也难怪,这里最多的是法国人。妇女们个个高贵典雅。我承认,令我吃惊的是,在殖民地的她们相当漂亮。这里有剧院、图书馆、博物馆、天文台、植物园和动物园,还有医院;特别值得一看的有总督府、大教堂、两座清真寺和高塔。这诸般美好事物却因一件事儿令人扫兴:这就是西贡的可怕天气。正常的白天温度是 28—29℃,即使下雨,温度也只降到 25℃ 左右。由于酷暑,白天街道上一片死寂,只有清晨和夜晚,街道上才有点生气。这时,咖啡馆个个爆满,在阳台上也放有大电风扇,使空气不至于令人难以忍受。

西贡——正如我上面提到的——是法属交趾支那的首都,和东京一起,是法国的殖民地。印度支那的另外三个国家:柬埔寨、老挝和安南,都处于法国保护之下。这五个印度支那国家的总人口有 1650 万,总面积有 70 万平方公里,有不可估量的财富和资源,是法国永不枯竭的经济源泉之一。这里大多数地方保留了当地人的行政机关,法国人最多是当顾问。在整个印度支那之上有总督,他在西贡管理这个巨大的、复杂的和时而动荡不安的机器。

我们刚离开西贡,天气就变了。酷暑结束了,过渡性的天气十分宜人。

我们已站在中国的领海上,这就是:香港。这是第一个中国港口。这有点象征意味:一个来自西方的旅客,在前往中国的途中,首先接触到这样一个城市:她似乎大声地提醒人们注意白种人与黄种人在这些遥远的海域进行的生死斗争。

一个中国旅伴从此开始在所有的中国大港口城市,都要喋喋不休地抱怨和愤愤不平。

香港,或如在北京按当地发音所称的"香江"(应按匈牙利语音念),是英国殖民地。不是租界,不是保护地,而是殖民地。当英国在有名的鸦片战争结束的 1842 年作为战争赔偿获得这片土地时,它还是一个火山岩的荒岛。今天它是一个辉煌的、富裕的城市。这里尽是 5—6 层的宫殿式建筑,处处秩序井然、干干净净,就连华人居住区里也不见贫穷和肮脏的影子。香港的富裕应归功于它的自由港地位。其对面中国岸上的九龙是英国的租界。再往里的海湾里,广州遥遥在望,这是仇外情绪的原始巢穴。她仿佛永远在与侵入九龙和香港的洋人夷族怒目相望。

香港刚刚消失在视野里,天气就转凉了,而且越来越凉。大海也开始发威。

第二天早晨,凉风吹扫着甲板,旅客们需要穿上厚一点的衣服。轮船激烈地晃动起来,但我已经习惯了。在空荡荡的甲板上,只有我和贝夏姆普先生两个人在闲逛。从塞得港以来,我与他一起度过很多愉快而有价值的时光。话题自然总是中国和中国人。

现在回想起来,我不得不承认,我们交谈双方不是势均力敌的,因为贝夏姆普先生有二十年在中国生活的经验,而我只能以自己对中国的友好情谊和对中国文明、艺术和哲学的仰慕来应对。在这个时候,他会以先哲般的微笑看着我。他懂汉语(确实是个语言天才),甚至属于那类特殊的欧洲人之列:长期旅居中国的结果,使他们完全习惯了那里的生活和人们,以至回到原先的生活环境时会感到不自在,恨不得马上从巴黎再回到中国或朝鲜的小村庄里去。在谈到中国人时,这种特别的"思乡"情绪往往被沮丧、默默难受、不信任甚至敌对的情绪所取代。

我没有自寻烦恼,而是继续谈论我喜爱的中国哲学家的著作,甚至读给他听。听听公元前 5 世纪上半叶,杨朱是怎么说的:

生民之不得休息,为四事故:一为寿,二为名,三为位,四为货。有此四者,畏鬼,畏人,畏威,畏刑,此谓之遁民也。可杀可活,制命在外。不逆命,何羡寿? 不矜贵,何羡名? 不要势,何羡位? 不贪富,何羡货? 此之谓顺民也。天下无对,制命在内,故语有之曰:人不婚宦,情欲失半;人不衣食,君臣道息。

确实,只不过在这里,强盗、军阀和冒险家——这些人今天是中国的统治者——不要宿命论的思想,只要权力和金钱,因贪婪而紧张不安——因为他们知道,后面还有好多人急着接替他们——因此尽可能多和快地攫取。是的,人民是宿命论者,但他们是否满意、是否永远平静,您会看到的……

在海上现出一道宽宽的黄带,这是扬子江的泥沙。我们驶近了上海。阿索斯二号在驶入长江的支流黄浦江时,需要停下来,看看船帮是否沾满了泥浆。不过在中午时分,我们已经进入中国人口最多的城市和最大的港口——上海。这天是 12 月 22 日。

自我们启程后,经西伯利亚送来的最后一批邮件被送上轮船。一位中国医生走上船,郑重其事地宣读了旅客名单。大家都健康无恙,可以上岸。

海关检查。我出示了中国驻巴黎大使馆开具的文书证件。海关人员笑容可掬地示意,虽然这些东西不管用,但他们不会找我的麻烦。只见人们挤挤挨挨、乱成一团,蒸汽吊车,汽车,喧闹,鼎沸。两个苦力,头戴半锥形草帽,用长长的竹竿抬着重物,令人心悸地喊着号子,力求保持步调一致。

上海是个巨大的城市,人口有 300 多万,从美国人到皮肤颜色最深的亚洲人都可见到,各种色调应有尽有,这也适用于形容这里的建筑、街道和城区。第一印象无论如何是很独特的。驶抵这里的船舶,首先受到岸边美国式建筑的迎接,旅客仿佛来到的不是中国。公共租界和法租界的美国摩天大楼的仿造物,与毗邻的中国城区简陋、寒酸的平房或棚屋相比,显得十分怪诞。

公共租界、法租界,或如上海人所称的"外国居住和法国城区",在年轻的、曾经出过国的中国人及被他们鼓动起来的同胞的眼中,是中国遭受外国凌辱和欺压的象征之一,因此也是无明业火和仇恨的起源。

根据结束鸦片战争的1842年条约的一个条款(也就是英国人得到香港之时),英国船长贝尔福在中国城市附近建起一个小英国商人区。这个商人区处于英国治下,在中国土地上享有治外法权。当1853年爆发太平天国起义的时候,富有的当地华人迁来此地,以躲避动乱、抢劫和杀戮。他们在这里定居下来,大大地带动了新区的商业活动和发展。第一批中国人的定居具有典型性。在以后的岁月里,在中国的外国租界,不断重复这样的一幕:中国人,包括商人和政治家、富人和穷人,成批地涌入这些被咒骂的地方,因为在暴怒的中国大海中,这是唯一的和平宁静的、给人以保护的孤岛。这样的事不只一次地发生:仇恨外国的中国民族主义领袖,为躲避对手的迫害而躲进在昔日荒凉贫瘠的土地上拔地而起的富裕的、五光十色的城区。在这些城区之侧,当地人的城区变得无足轻重。同样是这些领袖,朝思暮想地企图从入侵的外国人手中夺回这些地盘,当然包括他们新创造的财富。外国人应该庆幸自己还能保住性命!

继英国人之后,美国人来了,接着是德国人、日本人,还有其他欧洲人。最初的英国租界变成国际区,受外国人的行政官员管辖。在这里的上流社会,也有富有的中国人,但他们不算是中国公民,而是国际居住区的居民。

法租界出现于1849年,但是其领地面积大大超过了前者。

这个租界的居民成分也很杂。和另一个租界一样,这里的居民中法国人可能最少,但管辖权掌握在法国人手里。

当一个人刚进入上海市,立即就会感到仇恨的气息扑面而来。这是中国人对外国人的仇恨。对此,外国人表现出某种节制和低调。他们竭力与当地人保持距离,结果这使他们和中国人之间的鸿沟更深。另一方面,为了保护侨民,还要派来军队、军舰,而这更不啻火上浇油。如果我们相信,中国人的仇外情绪也有其他动机,是不会错的:不仅是对入侵不满,而且还有社会的原因。外国人中,一般只有那些能自力更生的人留在中国,其他人都被送回欧洲或被领事劝说去其他地方谋生。因此这里的欧洲人和美国人都是富人。当时,中国小学校长的薪水大约为 20 本戈(pengö 的音译,匈牙利旧币,下同——译者),而最穷的欧洲人也能挣 200 本戈。中国苦力则靠每个月 1 本戈的食物维持惨淡人生(可能用中国的墨西哥元代替本戈来计算更准确一些,1 墨西哥元大约相当于 1 个瑞士法郎)。在比较中,人们很容易得出另一个结论:中国工资水平低得令人难以置信。外国人当然充分利用这个情况。如果中国人付给中国人这样低的工资,那是天经地义的,很正常的;但是如果一个中国人从欧洲人那里拿这么些甚至更多一点工资,也会被年轻的中国人视为吸血、剥削,是"抢劫"。

这里不能不提起有关中国工薪的另一种解释。中国的国家官员,就连大学教师(中国大学绝大多数是按美国的模式建立的,毫无例外都是新式学校)的薪水都少得可怜。不过我这话说得还太轻巧了。因为即使这样微薄的工资,也不能按时领取或者不能全部领取,甚至我们的东方邻居这样的事例(大家都能想得到是谁),未发的工资干脆就勾销了。很少有人能达到"不为五斗米折腰"的操作高度,即由于靠正常收入难以谋生而毅然辞去公职,另谋出路。大多数官员留在岗位上,但热衷于搞"第二职业",即业余时间通过不大正当的手段获得补充收入。通常有两种办法:或者向服务对象、当事人收取"善意费",或者克扣下级送来的官费、税款,只上交一部分。更有本事的人则两种方法一并使用。当然,很多事情也取决于当什么官。很多个人的贪赃枉法和国库的经常性空虚"同恶相济",形成恶性循环。比如一个偏远的省份的省长欲向全省征收一定数额的税。经过中间几层官吏,通知下达到税吏时,纸面上的收税额已经至少增加了一倍,因为人人都把自己的小九九打进去了。当秋天来临时,出售鸦片和其他上税产品所得收入的应纳税金,通过相同的途径上交省长,和下达征税通知时一样。只不过钱在经过每个"歇脚点"时,逐次减少。如果谁要想,这些钱——经过层层扣除后——从省长手里流进中央国库,就大错而特错了。可我们也不必过分气愤。在民族狂热的最初阶段,曾有一些省的首长,在扣掉自己的百分比后,把收上来的税款上交,一次,两次。但是没有任何回音。该省上交的钱,没有一分钱以任何名目返回省里。

在一段时间里,我是这样想的:这可能是旧世界的腐朽堕落的可悲遗产,民族主义者、曾去过西方的年轻人会厌而弃之。一年后,一次偶然的机会我遇到一位巴黎的老熟人韩(Han 的音译,下同——译者)先生。他在巴黎,不仅像最多的中国人和印度支那人那样,光顾或考察拉丁区和蒙帕纳斯的娱乐场所和小咖啡馆,而且还工作。他还在索邦获得博士学位,是中国文学博士。在不期而遇时,在互相表示很高兴见面之后,我获知,韩先生得到上帝的垂青。他正要动身去中国内地,一个最古老和最富裕的省份——河南就任政府教育专员。这一职位相当于一个小国的教育部长。在我追问下（在中国，人人好打听），他告诉我，他的薪俸是每月120墨西哥元。我还了解到，薪俸并不重要，不仅是由于常常拿不到，而且由于，"如果一个人足够精明"，他每月可从副业中得到3万墨西哥元。这是他今天刚听其前任说的。

中国纳税人（中国漫画）

　　在离大港口没有几公里的地方，在中国内地，不仅在财政领域，而且在交通和公共安全方面，这样的怪事也屡见不鲜。

　　使极端民族主义的中国年轻人怒恨交加的是，美国人、英国人和其他西方人特别喜欢打听和谈论这些怪事，当然大多是为了证明租界保护的必要性，按他们的说法，实际上中国应该感谢他们，至少在他们管辖的地方，保存了秩序和正常的生活。比较清醒的人很清楚，有利于中国的真正的爱国主义表现，不是否认这些现状或者充耳不闻，而是实行根本性变革的意志和行动。

　　在很长一段时间，民族主义只在大港口和其他大城市里盛

行。学生、到过西方的年轻人,以及在革命前后雨后春笋般出现
的秘密帮会,都极力煽动民族主义情绪。民族主义等于仇外,而
仇外不仅基于感情因素,而且还建立在其他东西上:在大街小巷
上的行人眼中,拿走外国人的所有东西,劫掠,捣毁一切等等,至
少与此等值同价。

　　自从中国革命胜利、在清王朝的废墟上建立起共和国,即
1912 年以来,内战连绵不断,民不聊生。省长、督军、大将军,还有
出身盗匪的大帅等等,或明或暗,你争我夺,为的是决定谁当国家
的主宰。然而,没有人能聚敛起足够支撑几十年内战开销的钱
粮,也没有人能在获得小胜后不给自己造成大批竞争对手或不使
老盟友由妒生恨另结誓盟反对自己的。又是新的胜利,新的对
手。西方的报刊读者还来不及记住新统治者的名字,又出来一个
更新的名字。新旧交替,连绵不绝。那些抱怨不知中国发生什么
事的人恐怕想不到,就是身临其境的人也不能总是准确理解,因
为这些事件在时间和空间上都是变幻莫测的。

　　1927 年下半年和 1928 年上半年,看起来中华民国的颠簸起
伏的大船终于驶进了平静的港湾,内战的祸患可以结束了。一个
新的大人物冒出地平线,这就是至今默默无闻的将军、华南的蒋
介石。他与俄国人结盟,靠着共产党人的帮助进行征伐,后来又
背叛盟友,占领了上海。他残酷镇压迫害以前的同志。在占领上
海时,对他们进行了血腥屠杀。我在上海散步时,在买卖废旧报
纸的地方,看到这些日子的令人发指的恐怖照片。有被残酷肢解
但还活着的人,有遍体鳞伤流着血的牺牲者。中国店铺的主人冷
血无情、甚至很专业地叙述事件的细节。见证人的叙述不仅验证
了这些照片的真实性,而且有过之而无不及。法租界的警长谈

到,进城后,他看到被杀害者的尸体中,有不少军事教官的俄国女人被尖头竹棍穿过的尸体,就躺在大街上。

在城市被围困的这几天,对于所有人来说都是一场噩梦。上海港挤满了外国军舰,不是要征服新的领土,而是——至少——保护其侨民的生命安全。上海的匈牙利人社团的成员,其中有医生、工程师、商人,也收到停泊在港口的荷兰军舰舰长的通知(我们的军舰在哪儿!),让他们时刻准备好,把最必要的东西装进手提箱,接到信号立即转移到军舰上,以躲避可能的杀戮和劫掠。幸好没有出现这样的情况,但在我到达上海时,所有人,包括外国人和中国人,都还能感受到事件后的紧张气氛。

蒋介石的政纲和旗帜不是新的,而是历史最悠久的革命党的。这个党是由"革命之父"孙中山创立的。继上海之后,北京也被占领。被视为满洲的无冕之王的张作霖被打败,后来死了。这些使蒋介石和国民党似乎在一段时间成为全中国的主人。这就是北方和南方的有名的统一,更确切地说是北方被南方人打败,紧接着是迄今为止的首都北京被降格。甚至城市的名字也被改成"北平",中国话的意思就是:被平定的北方。新首都设在华南的南京。

蒋介石和他的国民党现在公开要求废除"不平等条约"。诚然,他们没有实力单方面废除条约或强迫外国签约者解约,但可以尽量找外国人的麻烦,至少让他们——不管是个人还是公司企业——日子不好过。

在上海待上几天就能够感受到不同世界和种族的这一争斗。无须太多时间,人就可以确定他面临着什么样的问题。

在上海逗留的第二天,我走访了贝夏姆普博士。我对他说,我想到中国城区去看看,因为那儿有座塔,里面有古蒙古文的碑刻,是1294年蒙古人统治时期留下来的。我想去拓印下来,如果它还在的话。我的老朋友却显得很冷漠,还极力劝我放弃这个打算。他说,所有外国领事馆都特别警告其工作人员,不管在什么情况下都千万不要进入中国城区。而我,居然还想深入其中心地带! 为了更好地说服我,他带我到窗户那儿。我们谈话的地方是法租界。在眼前,港口里停泊着大约20艘外国军舰。但是军舰不像我在亚丁或香港看到的那样恬静,连炮口都被盖住。这里军舰的大炮正对着中国城市方向,裸露的炮管在阳光下闪着夺目的光亮。这还不足以说服我吗? 他又领我走到法租界和中国城市的分界线。距领事馆不远处,有配着机关枪的警卫队,保卫这个城区的安宁。我还是坚持要去。这时来了一个领事馆的中国官员,要给我带路,但是预先说好,如果受到不友好的对待,马上就返回。

　　我们坐上两辆黄包车,前往中国城区。街道越来越窄,也越来越肮脏,并且令人难以置信的曲折。中国人有意这样建造街道。房屋的格局也很特别,进了大门后不能直接去住房。如果没有其他方式,则在院子里,在入口大门的迎面建造一堵墙。据我的陪同者当时的解释,这是为了挡住邪魔恶鬼的路,因为鬼怪只能直行,不会拐弯,在弯曲的道路间会迷失。现在看来,鬼怪倒不一定能被挡住,而独自误入的外国人毫无疑问会面临鬼怪的命运,至少就走错路而言。我们刚走到塔前,就被人群包围了。塔里有个学校,中国小学生们正在上体操课。门房很不情愿,嘟嘟囔囔地接待我们,断然拒绝我们进去看任何东西。多亏我的向导的极力坚持和小费,他最终放我们进去了。我们走进一个类似棚屋的所在。周遭满墙都是载有状况相当不好的刻印文字的碑碣。这儿不是这些碑碣的原始所在地,碑碣是从别的地方运来嵌到墙上去的。很多碑碣残缺不全,还有的只是断片。看来,我要找的碑石已在修复或装嵌入墙的过程中遗失了。这里真的找不到了,就像劳费尔也没能找到其踪迹一样。再说,也没什么时间让我们仔细研究和考察。在门房的一再催促下,我们结束了寻访,开始返回。

　　正当我不无感动地想到"这些中国人还真不错"的时候,我们的后面和左右响起很多人的喊声,有孩子、军人和行人。用在我身上的最温和的称呼可能就是"西洋鬼子"了。此后我不止一次地有过这样的"荣幸"。他们可能怀疑我没听懂他们说什么,干脆向我扔土块和垃圾,以免我误会他们的情感。

　　这第一次不太温馨的经历却并没有使我灰心丧气,因为我能理解,说到底,中国人不大喜欢欧洲人是有道理的。我只是后来才意识到,对于他们来说,你是法国人还是匈牙利人没有区别,就像在我国,我们看到两个迎面走来的中国人,也不会分辨哪个是四川人、哪个是河南人一样。那只是两个黄种人,我们才不管他们彼此是爱还是恨。我还要经历另一件事。我们匈牙利人常常抱怨,我们遭受了莫大的屈辱和不公。这是因为我们对正义、对公平的人和民族的良知的诉求。可是对于中国人来说,这是某种不可知的东西。他仇恨外国人,但是又害怕外国人,因为他知道后者比他强。而对他不必害怕的人,就藐视、轻贱,因为他知道后者更弱小。这多少有点奇怪,因为在反对"不平等条约"的斗争中,中国也经常援引"世界的良知"。亚洲人的心灵有多么特别的秘密啊! 对他来说,只有他认定的真理才是真理。每当我在谈话中提到我来自哪里时,中国人就会条件反射似的问我,有几万个匈牙利人(中国人讲的大数以万为单位)?我说,有1200万。对此,与我谈话的中国人,不管是普通农民还是上过大学的现代中国人的反应都是:这肯定不算多,要知道我们中国人有四万万。

我在此地逗留一两天后,决定继续北上,去北京。我找到旅馆的法国服务员,让他给我订票,如果可能的话,我明天就动身,乘蓝色快车去北京。我万万没有想到,如此简单的请求竟引这么大的惊诧。服务员几分钟说不出话来。看到我茫然不解的样子,他不声不响地递给我几份前一天的英文的地方报纸。在第一份报纸的头版,这样的大字标题映入眼帘:匪帮攻击了上海—北京蓝色快车。旅客被劫掠一空。有200人被作为人质押进山里。等等,等等!现在轮到我吃惊了。服务员见状,又似乎是安慰我似地说了下面一番话:

"如果你无论如何都要去北京,确实不能耽搁,那也不用绝望,还有一个办法。你可以不走陆路,而走海路。是的,时间可能要长一些,比如说长一倍。但这应该是明智的抉择。当然,在海上可能遇上海盗,特别是在山东半岛一带。不过这种可能性很小,那一带已有很长时间没出过事了。现在干什么事都要冒点险。"

尽管更悲观了,但我还是决定上路,继续我的旅程。不过为了避免有人说我鲁莽(须知劝我不要去上海的中国城区寻访也是有一定根据的),我走是走,但是走海路。

就在当天,我便拿到一张"奉天号"轮船头等舱的票。这是一艘在上海和天津之间来往的英国小轮船。船在航行中遇上了风暴。我们都祈望,船只是略有颠簸,但是祈望落空了。船像是发了疯一般地在海上跳舞,以致我的英国旅伴的高尔夫球器械,一件件地从船舱的一面墙飞到另一面墙,发出卡啦卡啦的声响。我的一个箱子和打字机也一样。乘客们都躲进了船舱,只有一个船员,听到紧急铃声,在两个病人之间来回跑。同行乘客中,两个意大利海军军官大声诅咒、骂街。只有从聊天室不时传出一个英国老妇的笑声。她正在一个船上官员的陪伴下,啜饮着她的掺了威士忌的苏打水,若无其事,谈笑风生。只是到了目的地,这个可怜的老妇人乐极生悲:她从英国带来的两个装满东西的皮箱,经过中国苦力的手不翼而飞。

第四天,我们到达目的地。在正常情况下,目的地应该是天津。然而一段时间以来,海港被淤泥堵塞,轮船不能进港。由于天气寒冷,我们没有进入以前上海来船的停泊处大沽,而是到了对面的塘沽。早上我醒来,向窗外望去,乍然间以为来到了北极。海水大半结冰,"奉天号"在浮冰之间破路前进,发出很大噪音。岸边是沉郁的、光秃秃的岩石,天地间唯一的饰物是积雪。夜晚得在船上度过,因为最后一班火车也已经开走了。次日中午,来了一个巨大的驳船,接我们旅客及行李,把我们直接送到火车站。我们立刻上车。两点钟时,火车开动了,一直穿越天津,于晚上七点到达北京。

我在北京待了两个月,准备去蒙古人聚集地区的行程。

这段时间过去后,在一个美好的日子里,我请旅馆的侍应生打电话问西直门火车站,去归化城方向的火车几点开。他电话打了一次、两次,但是没有回音,联系不上。我没有灰心,叫了一辆黄包车,让侍应生到车站去了解情况。由于西直门在城市的那一边,他要跑不少路,坐黄包车去西直门至少需要45分钟。两个小

时后,那个中国侍应生回来了。他脸色发青,结结巴巴地说:

"先生,我没、没有害怕……"

我立刻意识到,肯定是发生了什么事。闹了半天他根本没有到达火车站。火车不开,是因为北京城里发生了战争。中国当地卫戍部队的司令张宗昌发动了暴乱。暴动者的计划是,占领北京,搞独立运动,就像蒋介石上台前时兴的那样。不过张宗昌的部队,在暴动一开始就受到机关枪火力的"迎接",这使士兵的士气大受影响。暴动军队的相当一部分临阵倒戈。暴动的失败早已注定。

第二天,我从北京的法文和英文报纸了解到,昨天确实发生了战乱,被打败的将军已经逃到日本去了。不过数日后,我仍然未能联系上西直门火车站。

由于没有来自任何地方的新的坏消息,我决定不再等候。再说,本来也不能指望内战很快就会结束。我乘坐吱吱嘎嘎作响的中国老式公共汽车前往火车站。道路令人难以想象的糟糕,先是齐膝深的泥泞,后是为修整路面而撒放的尖利碎石覆盖的、没有完工的路面。

一幅战争的画面展现在我的面前:被切断的电话线耷拉在铁轨上,左右都是武装的士兵。士兵?不如说是衣冠不整的、像土匪一样的乌合之众更贴切。他们的脚上是用破布拼接起来的平底鞋,身上穿的是经过风吹雨打的又脏又破的军装,头上戴着翻毛帽,其由多股黑色绳带编成的护耳垂挂到肩上。军服样式繁多,颜色甚至剪裁式样都各不相同。可以说,几乎没有两个穿着完全一样的士兵。似乎为了不显得单调,士兵们配备的武器也是五花八门。在这样的情况下,他们怎能统一行动完成共同的任务,对他们的弹药供应又是怎样解决的,对我来说至今是个谜。所有军阀都有一个相同的武器:宽刃的中国式短剑,连同剑鞘系在背上。显然,连抽出来都不大容易,更甭说必要时使用了。不过有一点是毫无疑问的,这就是:佩戴短剑可以大大增加他们的威严。

在火车站,有很多汉人和蒙古族人在候车。其中不乏身穿彩色袈裟、头戴皮帽的喇嘛。这是很长一段时间以来第一次发车,人人都想先乘为快。在吹哨、敲钟和其他音响的提醒后,小火车喘着粗气驶进车站。车厢小而破旧,还有装牲口的专用车厢,按数量看,也是五个。在新的信号发出后,旅客们争先恐后地蜂拥而上,抢占车厢和座位。在冬末的阳光下,只见很多久经风雨的中式服装如羊皮袄和棉袄,交错晃动、腾起灰尘。我也不得不卷入"近战",否则上不了车,走不了。我不能不挤这趟车,因为第二天又不发车,而且今后几天何时发车还是未知数。我总算挤上了车。满车都是中国人,拥挤不堪。座位早已坐满,长椅也都坐满了。不过看来没人在乎这个,大家都舒坦地坐在地板上自己的包裹行李上。在经过短暂的踌躇后,我也学着他们的样子坐下了。要知道,这可不只是一两个小时的路程。坐在我旁边的是一个牙齿稀缺的人(他也戴着车站士兵那样的有垂着的护耳的皮帽)。他看到我坐得不大舒服,就友善地笑了笑,走到我的背后,与我背靠背地坐下。他想让我坐得舒服点。我一时有些惶恐,但很快就意识到,最好还是听天由命,顺其自然。既然是在中国,就让我就近看看她的未加掩饰的真面目。

夜里,火车到达终点站——大同府。城门早就关了,进不去。在城外,我下榻于一家中国的小恰尔达(Csárda 的音译。恰尔达系带有酒店或餐馆的客栈。下文里均译成"客栈"——译者），等候下一趟车。客栈老板挺友好地接待了我。他问我从哪里来，即我是哪个西方国家来的人。我说是"马札尔欧尔萨格"（Magyarország），中文就是"匈牙利国"。他脸上现出很自得的样子，微笑着说，呃，他知道这个国家在哪儿：

"就在那儿，"他用手指着一个方向，"西伯利亚，匈奴人的土地。"

我又累又困，没有吱声。我没有心思纠正他。但我又不想违背自己的意志，误导一个突雷尼主义①的狂热信徒。说心里话，我觉得这个聪慧的中国客栈老板不是因为有意无意地发现了亲缘关系而感到高兴，而是认为这是炫耀其历史和文学修养的机会。一般有常识的中国人，都知道或听说过，亚洲的匈奴人公元前2世纪时生活在中国的北面，是中华帝国的危险对手。在汉语里，"匈奴"的第一个音节与马札尔人的中文叫法"匈牙利人"的第一个音节完全一样。其实后者与前者并没有关系，须知"匈牙利"是拉丁文"Hungaria"的汉语谐音的写法。

当时我不得不放弃了辩驳的机会，因为我很饿，又不想破坏刚刚形成的友谊。

我请客栈老板拿一把刀子来，因为我的刀子找不到了。另外还要了一杯茶。一分钟后，他把一壶冒着热气的茶水放到我面前。他没有拿刀子来，而是给我一把小斧子。我有点为难地说，这可能太大了，是否给把小点的。他冷冷地说：

---

① 突雷尼语族：一个假定的语族，包括非印欧语系和闪含语系的几乎全部亚洲语言。

"没有。"

然后悻悻地走了。

幸好，没过多久，西去的火车开动了。又经过一番"搏斗"，我坐上了车。在类似的旅客中间，我走上西行之路，继续我的行程。

但是我差点忘掉了另一件可笑的事情。我的不算太长的旅行途经中国的三个省份，即河北、山西和绥远。每个省的省长都是一个地地道道的小国王，每个省都有自己的关税区和自己的货币。

中国的货币历史和杂乱的现状，可害苦了我。香港的货币在上海不能用，必须吃点亏换成上海钱。行，这还好理解，因为香港毕竟是英国的殖民地。但是上海的钱要换成天津的钱和北京的钱，却令我惊诧莫名。在大同，人们不接受我的北京货币，客栈老板给我换了一些当地的纸钞。到了下一个省份后，我的大同纸币又不能用了，因为它不如绥远的钱价值高。我在中国的三年，就这么折腾来折腾去地换钱，不胜其烦。多伦诺尔有自己的货币，换成热河的钱要受到一定损失，而热河的钱又只值奉天货币的一半。奉天的钱比北京的钱还贵。哈尔滨的中国元和齐齐哈尔的中国元兑换率也不一样，诸如此类。实质问题是：每次换钱都要抽关税。

除以上所述怪事外，中国的每个省都有自己的军队和警察。我每到一省，都有新的军事和警察当局的人检查我的证件文书。不止一次，我遇到的检查"官员"是全文盲或半文盲，需要我自己把证件、护照上的汉语文字一个字一个字地念给他听。检查结束后，他向我要名片，当然是中文的。这部分是出于核查的目的，部分是出于好奇的原因。检查证件的军人一般很少见到外国人，很想知道他见到的外国人是何许人也。从北京到绥远途中，我发了大约五十张名片，以为这是规矩。后来我变得聪明点了，只有官员才发。他们出于礼貌，也把自己的名片给我，"礼尚往来"。我从中国回来时，带了一箱子中国精英的名片。

军人和海关人员终于放我过关。夜晚降临了，火车里只点着一根小小的动物脂油蜡烛，发出微弱的光亮。这是一个热心的中国旅客点燃的。所有人都躺在车厢地上。睡眠和打鼾。车厢里弥漫着不太浓郁的大蒜味。黑夜降临时，"黄风"刮起来了。风起于黄河之岸，直卷北京。这是蒙古族人和汉人都害怕的。黄风所到之处，空气中黄沙弥漫，人们的视界里一片昏暗。动物和人纷纷逃避。我们的破旧不堪的车厢因各部分衔接不紧，黄风一来，不断从缝隙中钻进车厢。半夜我们到达绥远时，手上、脸上都蒙着一层细沙，人一动衣服里就会飞出沙子。

在绥远，打着灯笼火把的客栈伙计和车夫们等候着火车旅客。他们一拥而上，为了争生意，几乎把客人都拉散了。最后我胡乱挑选了一家客栈，义无反顾地坚持去这家。我坐进一辆所谓的"小车"。这是一辆用铁皮箍得很结实的两轮篷车。车篷是伞状的，车身是木质结构，照例外包深蓝色的染布，前面是可以放下的门帘，以使乘客可以避开路人好奇的、甚至不怀好意的目光。这种车一点儿也不舒适，一般用骡子拉。从未坐过这种车的人，往往像被耍弄一样，颠得够呛。特别是在像从绥远去归化城那样的路上。首先，车厢摇晃得很厉害，拐弯时会把你甩到另一边，撞到坚硬的木柱子上，然后再把你甩回来。在你还没有缓过气来的时候，前面又出现了沟沟坎坎，车厢上下颠簸，使你的头上撞出中等大小的包。如果到这时你还没有咬破舌头，你就什么都不用怕了。

归化城①的蒙古文名是"库库和屯",即"青色的城市",曾是蒙古族人重要的生活中心。其鼎盛时期是在 16 世纪,其时阿勒坦汗(Altan kan,即俺答汗,下同——译者)的战无不胜的军队击败了邻近各部落,还成功地发动了对西藏地区的征伐。通过引入佛教,他为自己赢得比其政治业绩更为恒久的名声。在对西藏边界地区发动的一次战役中,他在阿姆多地区俘虏了维吾尔佛教僧人和喇嘛。阿勒坦汗回来后,接受这些喇嘛的劝诫,皈依佛教当时新诞生的教派即黄喇嘛教(这一名称取义黄色的僧帽,是新教派喇嘛所戴以示与老教派喇嘛红色僧帽的区别)。阿勒坦汗成为新教派的狂热信徒,在其治下人民中不遗余力地推行新教,为维护新教,制订了严苛的法律,残酷迫害旧教派。他大力推行黄教的结果是,直到今天所有蒙古族人都是黄教的信徒,红教现在只在西藏的一些地区还有信奉者。阿勒坦汗迎请达赖喇嘛,建立了很多寺院,招来很多喇嘛到库库和屯,并坚持不懈地劝说一个高贵的活佛——未来佛弥勒的转世化身索南嘉措,将其寺院设在库库和屯。还有一些较小的活佛也把自己的住所设在这里。

昔日的富裕城市归化(因经此地去新疆和库伦的商队而得此名),逐渐衰落式微。在清朝,距此城市几公里的地方,新建了一座满汉城市,官吏和行政管理中心:绥远。新的民国政权把两座城市合并,合并后的城市新名称为归绥。

看来,我到归化城和绥远来得不是时候。城市的面貌,看去像是被检疫隔离似的。街道上是惊恐戒惧的人们。在老式的、厚

---

① 今呼和浩特市。

重的中国城门上方挂着一个箱笼,里面装着一件不寻常的事物:
一颗被砍下的人头。这是由车把式变成强盗和将军的陈德胜
(Csen Teseng 的音译,下同——译者)的头颅。此人被捕获杀头,
头颅挂在这里示众,以儆效尤。不过看来这没起到什么震慑的作
用,因为离城市很近的地方,就有很多土匪安营扎寨。一般是一
二十人的团伙,多者有 200 人之众。在我来前不久,曾有过一个
2000 人的匪帮。该匪帮后来"改邪归正":在经过长时间的谈判
后,其成员都被编入中国的国民军。土匪的大小头目都得到相应
的官职,匪首甚至当上了将军。附近的村庄早已被洗劫一空,对
于这里的土匪来说,已没什么可抢的了。现在土匪们主要是埋伏
在路边,袭击倒霉的行人。他们常常劫持、掠夺行人,还将他们扣
为人质,向其家属亲友勒索赎金。如果亲属的动作不够快,土匪
会割下被劫持者的一只耳朵或一根手指送到亲属门上以示警告。
当他们从可怜的、贫穷的农民身上再也榨不出油水,就会斩断后
者的手或脚,放掉他们。我在绥远的比利时传教士的医院里,见
过多少这样不幸的人啊!

　　乡村的贫穷超过人的一切想象。收成不好又加上匪患,农民
们被洗劫一空。省长认为对盗匪采取措施是其职责所在,派兵剿
匪。结果匪没剿着,乡民幸存的一点财产又被大兵们吃光或毁
掉。严酷的冬天到了,无情的"亚洲饥馑"爆发了。

　　人们像秋天的苍蝇一样纷纷死掉。有时你走到路上会绊到
死人。不想死的人,卖儿卖女,甚至把老婆卖给从较远的富裕省
份来的人口贩子。省长又发善心了。他认为,应该想法解决这个
困难问题。不久,他颁布命令,对这奇特的人口买卖制定了合法
手续,使其规范化。其饬令登载于中国报刊,还被译成法文转载

到传教士们在罗马出版的报刊上。省长有点慌了神,马上又收回了这"高尚的条例"。无论如何,这将成为20世纪的人类一份令人哭笑不得的文献,内容有:1. 只有体面的人才能购买妇女和儿童;2. 一次只能购买一名妇女,诸如此类。

当情况已经变得令人无法忍受时,会发生什么事? 也许凭自己的力量互相帮助? 在邻近的省份,多余的粮食用来喂家养动物。不,人们去向被仇恨的外国人乞讨。听到他们的求助声,在北京、绥远和闹饥荒的乡镇,相继成立了美国的饥荒救济组织(Famine Relief Comission)。北京和天津的报刊也大篇幅地报道这些边远地方发生的人间惨剧。中国人自己搜集资料编印的、由许多照片组成的小册子,名为"绥远的灾民",里面都是中国人以最冷静、最无情的现实主义拍摄的镜头:吊挂着的和横陈路边的尸体……有的尸体只是一段僵直的躯干,其他部分都被野狗吃掉了。下一页的照片是正被野狗争食的残缺不全的尸体,根本无需读者发挥其想象力。

在黄河畔看到的场景,我难以一一描述,不仅是因为篇幅有限,而且亦因为我的目的不在于此。我之所以写出这些,是为了在第二年的旅行之前,我在开始旅行时获得的印象不致有太多遗漏,以免不了解情况的读者对我后面所叙述的印象感到突兀、惊异。

我还要补充一句话! 我首先感兴趣的是蒙古族人的事物。我采访了准噶尔蒙古族部落的官府,就是"衙门"。他们是为了躲避土匪,从鄂尔多斯逃难来的。我访问了衙门的头头,也就是部落首领。他像一个鸦片烟鬼似地迈着猫步走来,两眼无神,面无生气。简直就像个行尸走肉,没有意志,对什么都无动于衷。在他的身上,我看到正在走向消亡的内蒙古氏族的第一个悲惨的例证:一个被判处死刑的黄种人。

我的另一次旅行是走访古老的库库和屯最美最大的喇嘛寺——五塔寺。这座寺庙之所以出名,是由于1664年,中国的大皇帝在征讨厄鲁特人途中,访问了这里的蒙古活佛。活佛仗着自己尊贵的身份,竟然坐着接待皇帝。皇帝的军队洗劫了寺庙,把这座敬神礼佛的华丽庙堂摧毁过半。此后,这一带地方再也没有一个喇嘛。怎么可能有呢? 巨大的佛像已被推倒,砸成数块,散落在寺庙院子里。这些躺在泥水里的巨大的、色彩艳丽的陶制佛像,笑容扭曲诡秘,显得那么怪诞! 到了夜晚,成群的乞丐蜷缩在寺庙里。他们在寒风中瑟瑟发抖,或不声不响,或呻吟不绝,注定要冻饿而死。次日早晨,还活着的人急忙逃离同伴的尸体。

黄色神佛们可悲的暮日!

在北京

准备内蒙古之行

北京颂歌—古老的城市—今日北京—虚掷的宝
藏—书籍、珍宝、首饰、寺庙—苦力车夫的梦—这里究竟
谁吃香—北京人民—主子和奴才—中国礼节—中国烹
饪—"红事"和"白事"—遭天谴的鬼魂—无主的宫殿—
准备内蒙古之行—意外的麻烦—一个中国的"学者"
团体

即便整个中国是邪恶的和凶残的（就像我们知道的，她不
是），就凭她有着像北京那样美好的东西，也应该宽恕她。我在中
国度过了不少艰难时光，但我一想到北京，就把一切都忘了，因为
我对这个大城市怀着某种折磨人的怀旧情感。在她宽阔的街道
上，代表着西方先进的汽车和电车往来行驶，但是旧世界亦未被
湮没。又高又瘦的、羸弱的人力车苦力，互相争揽客人，直到精疲
力尽。在他们的身旁，从旧世界的大门哈德门进来的口外的骆驼
队缓缓行进。一头头骆驼高昂着头，迈着有节奏的步伐，摇摇晃
晃，旁若无人，每个动作都伴着清脆的铃声。啊，那些北京的夜
晚，挂着宫灯的商店，狭窄的胡同！东方生活热闹喧腾，但并不扰
人，而是刚好使人迷迷糊糊，渐入梦乡。

谁看过她一眼,就会爱上她,永不再忘记。

北京是一座很古老的城市。公元前 2000 年左右,在这里,或大约在这里,就兴起一座小城市。在中国,一个个朝代接踵而来,又相继而去。古老城市的一部分,显然是在这不断的政治地震中毁灭了。在北京的地界上,距今日城市的中心或近或远的地方,在已经湮灭的城区土地上,又冒出新的城区。不过城市今日的规模,是在蒙古人统治时期开始形成的。

伟大的蒙古皇帝、成吉思汗的后裔忽必烈,完成了雄图大略的第一个大汗开创的光荣使命:使整个中原落入蒙古人之手。1260 年,蒙古可汗登上了中国皇帝的宝座。由蒙古族而成为中国皇帝的忽必烈,不仅作为一个成功的征服者,而且作为一个成绩卓著的组织家、治国之才而载入史册。他的统治是中国近代史上最辉煌的篇章之一。他在各地保留了原来的吏制和人才俊彦。他深谙攻心之术,以获得广泛的效忠。在可能的地方,他对已经过时的、锈蚀的机构予以改良,用生机勃勃的新兴力量充实行政机关,加强中央集权,并由他的心腹蒙古人、维吾尔人和其他游牧民族的人监督国家管理机构的运转。

忽必烈在正式称帝很久以前就已成为中国的统治者。1267年他把蒙古可汗的首都由古老的喀喇库伦迁至北京。北京这时汉语称“大都”(即伟大的首都),但是马可·波罗和其他西方旅行家仍然主要用突厥语称她为“可汗巴里克”(即可汗的城市)(Kan balik 的音译,下同——译者)。我们从马可·波罗的游记中看到有关描述,也可用一个波斯的世纪同龄人拉什杜丁的小说加以验证。此人曾撰写了蒙古族的历史。

当然,马可·波罗想写的都写下来了,如康巴鲁克十二大门,其华美的柱子,居住在其中的许多人民,大汗的纸币等等,但是在威尼斯,人们根本就不相信,谈起来就摇首不止。

这座城市在 15 世纪,即继蒙古人之后登上皇位的纯粹汉人的朝代——明朝时期,具体说就是 1409 年改称今名。"北京"的意思就是:北方的京城。明朝有两个首都,除了位于北方的北京之外,南方还有一座京城:南京,即南方的京城。在很短时间里,这里建起了煌煌宫殿,在城墙上修复了楼阁,墙壁上贴上陶瓷装饰。城市更美了,其某些部分翻建或扩建,但最初的设计和规划没有改变。我们看一眼北京今天的平面图就可发现,这座城市是一个巨大的、石造的鞑靼人营帐。规范的几何线条、城墙和城门,外面又围着新的城门和城墙……

所有一切都围绕着一个核心:即被中国人称为"天子"的皇帝的宫殿。围绕着皇宫的是紫禁城,有 6 华里长(大约 3.5 公里)。从南面,可经午门进入城中,迎面是高大的太和门,直通接待大殿。在中国,南面代表主要方向,所有建筑都坐北朝南,即使大门不得不朝东的院落,里面的所有房屋建筑也都是朝南的。紫禁城四周的城墙各有一个大门。如果不是从书本上而是去现场游遍所有的建筑,那是一件非常累人的事情。

紫禁城又被另一个也是四面有围墙的城市环抱其

北京。通往紫禁城(天子宫殿)的太和门

中,这就是皇城,也就是"皇帝的城市"。当年这里住着皇帝的近侍、扈从人员。到今天,虽然有很多变化,但其天然之美仍然一如昨日:风景绝佳的"三海":北海、中海和南海,以及令人难忘的绮丽的煤山。在煤山上,1644年明朝末代皇帝被农民革命逼得上吊的那棵老树还在。

北京哈德门,把鞑靼城和中国城连在一起

皇城周围,也有墙垣拱卫的城区:内城。其真实意思是"里面的城",但是外国人一般都称其为"鞑靼城"。这是过去满人的居住区,在北京的外国人错误地把他们称为鞑靼人。北边城门中特别值得一提的是安定门,北京最大的喇嘛庙——雍和宫就在其附近。旁边有一家不大起眼的藏蒙文书店和图书印刷所。在南北方向上,东部是一条宽阔的马路:哈德门路。所有来到北京的外国人都很熟悉这条路。南端是崇文门,或者说哈德门。鞑靼城的东北部,是有围墙的"公使馆附近"(Quartier des Légations),即外国使馆区和银行区。当年奥地利—匈牙利的使馆就设在这里。由于造反的匈牙利人的抗议从未延及这里,直到今天人们仍然习惯地称这些建筑是"奥地利使馆"。但在与中国签订的各种条约和有关确保租界地位的官方文件中,奥地利—匈牙利也都被称为奥国,即"奥地利",显然是为了使称呼简短一些。旧的奥匈使馆所遗建筑,现在住着流亡的俄罗斯人。在大使官邸,一名叫霍尔瓦特的俄罗斯将军、满洲的俄—中铁路原总经理,搞了一个小旅馆。更远处,是原使馆守卫队军官团的驻地,现在由杰出的俄罗斯佛教学家施塔尼尔—赫尔斯坦因男爵和美国哈佛大学北京佛学院一同使用。

鞑靼城之南是南城,或如一般人所知道的"中国城"。前面提到的哈德门也是通向那里的。现在我们不想一一列举这些城区及更远的外城所有的胜景。这一切必须亲眼去看。

南京的国民政府剥夺了北京的首都地位,改变了其名称,政府机关及很多很多人迁离。北京开始像一座死城。皇城的城墙开始被拆除,因为人们发现,"城墙妨碍交通"。城墙的锃亮的黄色和蓝色的琉璃瓦被揭下,卖给疯狂抢购的美国人,其中一部分流入博物馆,另一部分被私人收藏。连墙砖也被拍卖,要知道,决大多数城砖背面刻着

北京战前的奥地利—匈牙利使馆大院里的卫兵(哈尔同摄,北京)

其嵌入城墙的日期:这可以证明买者购买的是北京城的文物。皇宫被改造成博物馆,拥有以前皇室的尚存的收藏品。这些博物馆每天只有一两个厅堂开放,但收取全世界最贵的门票价格。我第一次参观博物馆是刚到北京之后,那还是冬天。展厅里冷得要命,只有一两个外国人敢于进入这个"冰窟"。每个参观者都有一两个看守陪同,寸步不离。我说"看守",谁也不要联想到布达佩斯的或巴黎的博物馆的敬业的、看管展品的残障人士。北京的博物馆的看守是士兵,荷枪实弹地"陪着"参观者,就像监狱看守一样。

然而,中国的新统治者们无法把这座被贬抑的城市的精神价值,那些活在墙壁、砖石中的历史和艺术宝藏,以及卷帙浩繁的图书典籍都运走。北京是书籍之城,有些城区整个区里只能买书,所有大房子里面都有书店。美国人的收购热情(只要还在持续),也在很大程度上促进了北京另一大特色的形成:有些街道,每两个商店中就有一个是古董店或古玩店,用的是英文字号(Curio-shop)。在这里可以买到中国的古董真品,包括青铜器、汉代的丧葬器物和所有可以激发文物收藏者想象的东西,应有尽有。中国的土地埋藏着丰富之极的古代文物。当然不光是那些吸引外国人特别是妇女的珍奇古玩。众多的丝织制品:中国式的真丝旗袍,广州的围巾;精致的木雕和象牙雕刻小饰件,如笑弥勒佛像、辟邪物和护身符;手绘的或镶嵌的屏风;中国画——从简单的小山水画到古老的、艺术价值极高的几千美元的画作;精雕细刻、极具艺术性的中国小矮桌;手绘宫灯;黄铜和景泰蓝制品;各种扇子;更不用说那些琳琅满目的宝石和半宝石做的首饰!还有用从浅黄色到墨绿色等各种色调的玉石——中国特有的宝石——雕制的流光溢彩的饰品(一件这样的女式玉石项链,如其材料没有瑕疵,可值好几千美元),然后是土耳其玉、紫翠玉、水晶、玛瑙和许多只有中国名字的宝石制品。

在北京有几百座庙宇:中国孔夫子庙,道观,佛教庙宇,几座蒙古喇嘛寺,还有一个庙,曾是满族的一种宗教举行仪式的地方。都是值得一看的地方! 各个参观点的已经习惯于来访者的门房,从大门的观察孔看到一个外国人,就以机械性的动作,取出圣地的大钥匙,默默地引导参观者在里面转一圈。在参观快结束的时候,他又以同样的机械性动作伸出手来,等着给小费。

北京街道的最令人难忘的亮点是牌楼。这是主要设于街道交叉口、由涂成红色、带有龙饰的立柱组成的类似凯旋门那样的门楼。其前后都有斜柱支撑,以免沉重的黄色或绿色琉璃瓦顶塌下来。

不管刮风下雨,北京街头绝不可少的一道景观是人力车①:拉车的苦力坐在斜垂着臂杠的人力车踏板上。人力车夫是万事通,谁都认得。在不到两个星期的逗留期间,我有一次——就像很多人无数次遇上一样——在大喇嘛寺就是雍和宫那儿叫了一辆黄包车。那儿离我的住所有约半个小时的路程。我刚想跟车夫说我的地址,他就点点头说,他知道。人力车夫是北京的独特的地下社会。有的人出人头地,脱离其队伍,成为服务生、侍者之类,接近实现其梦想,即开个小店! 做买卖! 这是普通中国人的最大欲望。不过绝大多数人力车夫的命运是,不知何时倒毙在人力车旁,就像古代的奴隶或囚徒死在划桨的帆船上一样。他的所有钱财、收入都花在茶馆里的浪女身上。在一个大晴天,他消失不见

---

① 又称黄包车。

了。他到哪儿去了？没有人找他。但是这个地下世界也会爆发出可怕的力量。在北京有6万多人力车夫。自从北京不再是首都，人力车的拉客生意也日益清淡，收入减少了。不是大米少了——因为人力车夫本来就很少吃上大米——而是咸菜和饼子少了。在天气很好的一天，我们被很响的嘈杂声吵醒：在哈德门，人们把电车推翻、砸烂。人力车夫暴动了。很快，警察和军队就来了，抓了一二十人，把其他人驱散。没有调查和监禁，也没有冗长的庭审，一个小时后，被抓的苦力都被砍了头。

北京如果没有那些街头流动商贩，就不是东方了。在北京，汉语称为"胡同"的小街巷里，一个个商贩从街头走到巷尾，一路吆喝。他们很少单纯吆喝自己要卖的东西，而经常是念唱广告式的短诗或歌谣般的句子。有的人还用两个铜镲有节奏地互相击打，或用两个木器皿敲打发出某种声音来吸引买主。中国的家庭主妇们在紧闭的大门里面，不见其人就能知道，是什么人经过大门口：卖糖果的，理发匠，或者大汗淋漓地推着吱吱嘎嘎的独轮车、努力保持平衡以免水桶翻倒的运水工（不可否认的是，北京还不知下水道为何物），或者推着差不多一样的车子拉大粪的人。他们就在光天化日之下，不是拉水而是拉着装满大粪的车子，摇摇晃晃地走街串巷。

不仅是流动商贩，胡同里固定地点的商店老板们也竞相用浅显明白、通俗易懂的招牌和幌子招揽顾客。除了在空中摆动的大字招牌和幌子外，到处都张挂着一个个用纸、木头和布头制作的标记物，使懒得念文字的人或者忘了念书识字的人，一眼就能看出这里卖的是什么：宫灯、煤油、糖果，还是用劣质烟草作的哈德门牌香烟。

　　可以肯定地说,在北京生活是相当舒适的。这里的中国人个子长得高一些,开朗,爽快,亲切,不像矮个子的阴险、凶横、好吵架和仇恨的南方人。外国人和北京当地人也较易互相理解,不像中国其他任何地方。如果说,这里有时也会出乱子,搅动人们的情绪,但很快就会平息下来,恢复安宁和和谐。在这里定居的欧洲人,开始时对北京人的别致的习惯和自高自大也感到好笑,不过慢慢就习惯了,甚至如果有一天他忽然发现不再是这样,倒会感到奇怪甚至惋惜。可以说,在中国南方绝无仅有而在这里是再平常不过的事,就是:大多数外国人都积极学习中文,以便于与中国人接触、交友。在北京,上流社会的中国人和在这里定居的外国人之间的生活方式上的所有差别都在慢慢消失。

　　较富有的欧洲人和较显要的中国人一样,家里都有成批的奴仆和佣人。有专门的看门人、厨师、幼儿保姆——或如他们所称呼的"阿嬷",还要有一两个跟班或小厮。在这里也不是人人都有汽车,但所有定居在这里的欧洲人,都不会缺少典型的中国车——黄包车。可能还需要有一个总仆人,负责监管一众仆佣。有这么多仆佣,并不是因为主人太喜欢舒适,"饭来张口,衣来伸手",而且经济上也允许——要知道这些仆佣大多数都是分散守在房子周围或院子里,整天无所事事——而是由于"脸"的原因。如果有谁认为,养活这么多人需要花很多钱,那他就错了。中国主人每月只付给仆佣少得可怜的工钱。仆人们的主要收入不是工钱,而是通过各种巧妙途径搞到的钱。例如:为主人购物时节省钱。对此,主人是不能予以指责的,因为"脸",就是颜面禁止这样做。喔,因为"脸"是魔咒,是探索中国人心理的一把秘密钥匙。用匈牙利语直译过来就是:面孔;更自由地翻译过来是:外表;用

诗人的语言翻译就是:威望。在中国,人人都要"脸",主人和仆人
都不例外。谁触犯了这个,谁就冒了天下之大不韪,这个人就完
蛋了,没救了。但是如果"节省"到了太过分的地步,那么仆人或
厨子也触犯了"脸"的定律,需要惩处,不容分说地把他(她)赶出
大门。被赶走的仆人或厨师,不仅丢了脸,丧失了威信——这本
身就是很大打击——而且很难再找到工作。另一个例子是客人
给小费。给小费不是正式义务,甚至是不宜谈论的话题。让我们
设想一下:一个毫无经验的欧洲人有事求助于一个中国大老爷。
第一次没办成事,他走时想,明天再来办。他在离开时,没有关照
一下,甚至更严重——没有给门卫小费。第二天他再来的时候,
叩响大门上的铜环,对开门的门卫说要找老爷,后者则一再鞠躬,
"遗憾地"告知:老爷不在家。就这样,两三天重复往还,也见不到
老爷。如果这位毫无心机的外国人在户外偶然遇到他要找的人,
向其抱怨"该死的门房"总跟他说老爷不在家,他就又做了第二件
蠢事。在最好的情况下,他得到的回应是无动于衷的沉默。那个
老爷会自忖,遇上一个不懂规矩、没有教养的人。

　　同样,由于脸面的要求,一般有点身份的中国人都会摆宴席
请客吃饭。越要显得有权威,摆的谱就越大:在第一流的餐厅(中
国人一般不在家里请客,只有极特殊的情况和招待最好的朋友例
外),以丰盛的菜肴,招待尽可能多的尊贵客人。确实,被邀请者
也要显示权威,如果在这方面落到主人后面,他会感到羞愧难当。
任何地方都不像在中国这样,那些有足够金钱的人,为了维护其
权威、身份,如此大吃大喝、摆宴请客。

　　关于中国烹调,在我国流行的观念是完全错误的。首先,我
国人以为,所有中国人都吃大米、燕窝、松花蛋(特殊的发酵鸡

蛋),诸如此类。实际情况是,在中国北方,较贫穷的人很少吃到大米,一般只在节日如过新年的时候才吃。在他的眼前,时时浮现着富人的令人羡慕的吃食:大米。它是那么的高不可攀,以致穷人要表达其最大愿望时,往往会说:"要是一辈子能天天吃大米就好了。"穷人一般只能吃小米,就是小米也不能管够吃。小米用白水煮,煮熟后把水撇掉,然后就着盐腌的或醋泡的生菜、青椒吃。贫穷的中国人整年就吃这个,只有新年这一个月例外。穷人一般一天吃两顿饭:上午 10 点左右和下午 4 点左右。吃的东西也一样。但在中国也不是人人都吃穷人饭食维生。甚至在北京,连穷人吃的饭食也多少有点花样。这里只有一样东西没人认得,就是:面包。

　　让我们瞧瞧一个中等的中国宴席。先是 8—10 种前餐,装在小盘子里摆上桌子,有生蔬菜、蘑菇和其他植物食品。人人面前放一个咖啡盘大小的盘子。刀、勺和叉在这里是陌生的概念。本来也不需要,比如说刀子,因为菜都是切成一小块一小块的,没有什么需要切割的东西。叉子的功能由中文叫作"筷子"的两根木棍来承担。筷子要用三根指头操作。至于勺子为何多余,一会儿我再说。现在我们说的是前餐、冷盘。前餐之后是 4—5 道肉菜,装在一个巨大的盘子里端上来,放在桌子中央,就餐者根据自己的口味需要,随意夹取。更丰盛一点的宴席,往往还要再加上一个盘子,与较大的碗相似,上宽下窄。这是用来装米饭的,就餐者自行取食,当然是用筷子。盘子里的米饭差不多是满满的。好食者习惯于在米饭上浇上某种汁,从摆在桌子中央的大盘子里夹肉放上去,然后把饭和菜搅拌一下。吃的时候,把整个盘子端到嘴前,然后是筷子的工作:把饭菜闪电般地扒拉到嘴里。吃的肉,我要说,一般有四五种:羊肉,猪肉,禽肉,较罕见的兔肉,还有"母牛肉",中国人不大爱吃,就像不喜欢喝牛奶一样。有一样特别美妙的特色风味菜,就是"北京鸭子",一般称为"北京烤鸭"。这么好吃的东西,不仅在中国,而且在国外任何地方,我都从没吃过。当一个人随着不断有菜肴端上来,吃的东西都已塞到嗓子眼时,又上来更好的东西。是一大碗汤。你不能马上就动勺子,要先用筷子把汤里面的固体物质夹出来吃掉,然后再把碗端到嘴边,如果可能的话,呼噜呼噜一口气地喝下去。中国人好吃,也会吃。为了防止吃了这么多东西还不饱,服务员会——常常与汤一起——端上馒头,就是一种拳头大小、用发面做的团子。由于是用沸水蒸的,馒头上有一层薄皮,你要怕馒头被厨师的脏手碰过(也许没有碰过),可以把皮剥了再吃。胃口好的中国人一般至少要吃两三个馒头。后面只剩甜食了,如果谁还没吃饱,别担心没得吃,因为甜点种类很多。我最喜欢吃的是甜笋。

很自然的,吃饭时还要喝东西。中国人不识葡萄酒,也不喜欢喝。他们的饮品是黄酒即"黄色的酒",有点甜,就像黄色的巴林卡①。还有就是烧酒,"烧制的酒"。这是一种烈性酒,喝起来像刀子割一样。喝酒不是用杯子,而是用差不多一样大小的或小一点的瓷碗。瓷碗容积与我国咖啡厅里始终放在桌子上的、装三四十块方糖的金属盘相同。这样的数量很容易一饮而尽,就像中国人祝酒时喜欢呼喝的那样"干杯",即喝干杯里的酒。我以为,欧洲人的胃受不了的一样饮料是"热啤",即加热了的中国啤酒。宴会之后,中国人喜欢举行喝酒比赛。但没有人会喝得醉倒,而是

---

① 匈牙利白酒之称。

在长时间的喧闹、猜拳行令之后，"输者"要把杯子里的一点点残酒喝光。我不能不佩服的是，中国人是非常理智的民族。在我旅居中国的三年里，没遇到过一个喝醉酒的汉人。他们不像蒙古族人。不过现在且不谈这个！

人们还有其他的——是的，比较稀罕的——机会来显示名望、气派。比如婚礼和葬礼。现在只有老派的中国人才以传统的形式举办豪华的婚礼。年轻人（这毕竟首先是年轻人的事！）的婚礼已经按照现代化的、欧洲的方式办。不过在哈德门，有时还会见到老式的娶亲队伍。这样的队伍一切都罩在红色里。在中国，红色是喜庆的颜色，白色是丧葬的颜色。民间语言称结婚为"红事"，即"红色事件"，称丧葬为"白事"，即"白色事件"。

葬礼则多保留着旧时的传统方式。在一律身穿白色衣服的人组成的送殡队伍里，可看到佛教的和尚、道教的先生，常常还能见到蒙古喇嘛。该来的人都要来，不要让死者得罪任何神灵！办丧事的人都舍得花钱。送葬的队伍中常有一列用稻草和纸扎的人或物，是死者生前周围人、事的象征。这是为了使死者到了阴间不致生活得太清苦、太寂寞，也许无法忍受。富有的银行家在阳世是现代派，对旧的迷信嗤之以鼻，但是他的葬礼也会按照其最后遗愿，扎纸人和纸东西在其墓前焚化。他的现代性，只在他的送葬队伍中纸扎的汽车上体现出来，这表明他生前拥有的东西，在另一个世界也不能缺少。万一真有这样的世界呢。

当然这一切很费钱。穷人命贱，连死也要节俭。当我启程去库库和屯时，在北京城墙下，迎面来了一辆黄包车，载着一个装着死人的普通棺材，后面跟着另一辆黄包车，上面坐着一个中国妇女，搂着一个十岁左右的孩子。她的脸哭得红红的，大声号啕着，追随着棺材。我不能判断,这个葬礼有多少约定俗成的哭丧的成分,但这一幕相当不寻常:两个黄包车夫慢慢地拉着车跑,一个拉死人,一个拉送葬者,使人不由自主地注意到他们,与那些天天经过哈德门的奢华的送殡队伍和花很多钱雇的职业哭灵妇女,构成强烈的对比。

除了伟大和美丽的一面,北京也有其可怕的沉沦的一面。这里有很多乞丐一类的人,但是他们并不行乞,因为乞讨也得不到任何东西。中国人似乎根本就没有社会同情心。这些人只能听凭命运的支配,过着悲惨的生活,满身污垢,疗疮永远伴随着他们,如果不是一次猖獗的伤寒或其他亚洲传染病夺去他们的生命的话。

那些不忌惮睁着眼走访汉人居住区和外城的人,会常常以为来到的不是人间世界,而是阴间,是幽冥世界,不经意间会被受罪的幽灵吓着。我有很长时间不能摆脱第一次见到这样的可怕景象的阴影。那是我在汉人居住区的图书街——琉璃厂的体验。我在那儿看到的一个人,很长时间存在于我的脑海,挥之不去。当我看到他挂着一根棍子,拖着毫无生气的身体踽踽前行时,不由得把头转向一边。他的身上只裹着几块破布,光光的脊背上有化脓的创口,里面蠕动着小小的、绿色的寄生虫之类,成群的苍蝇紧追不舍地飞在这活僵尸的后面。

在这座大都市里,在喧嚣的、奢华的或苦难的汉人世界之外,还默默生活着另一个几乎不被人注意的民族——蒙古族。在昔日风光的时代即清帝国时期,他们住在皇城,住在天子脚下的蒙古王公、部落首领的华丽宫殿里,锦衣玉食,奴仆成群。在共和国取代了皇朝之后,他们在这砖石建筑之林开始感到不自在起来。在敌对的或至少冷漠的汉人中间,他们感到孤单、无助,便陆续返回大草原,回到他们离弃已久的部落。

蒙古喇嘛庙周围地区也安静下来。著名的雍和宫、嵩祝寺和玛哈嘎拉庙周围,在城市的围墙之外,位于盗匪出没地带的黄寺,也已人去楼空,冷冷清清。昔日,这里的大寺庙及附属的小寺庙,挤满了内蒙古的草原之子们。曾有一个活佛,即有名的章嘉呼图克图驻锡于其中一座寺庙里。今天呢?章嘉呼图克图是中国喇嘛教徒的首领,就像藏族人的达赖喇嘛和班禅喇嘛,以及库伦人的杰布存丹巴(Dzsebcun dampa 的音译,下同——译者)一样。他为了躲避汉人的敌视目光,逃到山西省的佛教圣地——五台山。佛教寺庙里的青年和尚即沙弥的数量越来越少,大部分人还俗改行,背弃了这个伟大的宗教。现在只剩下已做不了什么的、衰老的僧人,陪伴着这个日薄西山、气息奄奄的宗教。

我从库库和屯及周边地区又回到北京,已是5月。我没有立即踏上原定旅程,须知在8月前我不能远行,因为8月份我无论如何都得回北京,等待拿到第二年的考察经费。就这样,我耽搁在北京。一方面,这里的蒙古族人,他们的寺庙、书籍为我提供了足够多的工作;另一方面,我至少可以为我第二年的考察旅行做充分准备,而这本来就不是无足轻重的小事。当时的中国,处于经常性的动荡之中(直到今天也没有平息)。我在选择研究的领域、特别是通向该领域的途径时,首先要考虑到是否能顺利完成任务。要避免冒险和做出无谓的"惊人之举",因为一方面我已说过,这不是我的目的;另一方面,这样的小插曲会妨碍我的工作,即便不能完全阻止它发生。

7月份,我已完全准备就绪。我计划8月初出发去内蒙古,走访察哈尔和热河的蒙古人。然而,出现了出乎意料的障碍。

中国和俄国围绕中东铁路的争端爆发了。我已经提到过,这是苏俄没有放弃的原沙皇在中国得到的唯一利益,中国在新的条约中承认了其不可侵犯性。这条铁路是为了加快横贯西伯利亚的大铁路的交通运输而建的,起点是满洲里,直通哈尔滨,再从哈尔滨到符拉迪沃斯托克,要比从赤塔出发,在阿穆尔河后面蜿蜒前行,亦通往符拉迪沃斯托克的铁路线短得多。铁路的管理权中俄各占一半。然而东北张学良政府对苏俄放弃老的领事裁判权、租界以及自动放弃了被中国人多次称为与外国签订的"不平等条约"所赋予他们的好处,并不领情,更不感谢,甚至正相反,他们以为这是俄国软弱的表现,认为是与俄国算总账的时间到了。起初,他们采取了不大费劲的、只有短期风险的行动:逮捕了中东铁路驻哈尔滨的俄方经理、俄国领事和主要官员,把他们投入监狱。铁路则不经任何手续收归己有。

这一占领,是激发仇外情绪的一次新的机会。在上述纷争地区,随时可能发生战争,而且实际上后来也发生过战争行动。虽然察哈尔省和热河省不属于纷争地区,但无疑是战争的不可否认的第一道屏障,是"纵深地区"。因此当人们通知我,我的护照和其他证件都已失效,并劝我最好不要去这些危险地区时,我没有感到突然。但是我也没有那么容易就屈从命运的安排。我想,恐怕换成任何一个人,也不会轻易放弃精心制定的、十分详尽的计划,特别是在这样一个国家,寻求秩序和安全,本来就是奢求。

我前往荷兰使馆(在中国,荷兰人负有保护匈牙利普通公民利益的责任)。在那里,人们尽职尽责地接待了我,并为维护我的利益竭尽所能。他们给我一本中文的护照,以及致热河和察哈尔省长官的、盖有大印的介绍信。不过他们也直言不讳地告诉我,他们对这些证件、文书的有效性不抱幻想,甚至委婉地提出,鉴于目前紧张的局势,我最好不要执意进行这次旅行。幸运的是,我找到了一个合适的人,他跟北京市警察局局长韩(音译——译者)先生很熟。经过一番会商、交涉、扯皮,最终我的尝试获得了成功。我需要出示一份来自荷兰使馆的形式上的保证书,保证书证明我的考察目的。我的匈牙利科学院的法文介绍信被翻译成中文,并得到认证。我的手中终于有了一本盖有大印的中国护照,上面有我的照片和我的仆人孟广喜(Mong Kuanghszi 的音译,下同——译者)的照片。

　　为更加保险起见,我本想再从中国的科学协会搞一两份介绍信。我首先找到了只标注法文地址的"历史和语文学协会"。我到了那儿才知道,协会的人谁也不懂法文。然后,那儿的人直截了当地拒绝了我,说我对他们有什么要求,要先出示南京政府的介绍信。我很快意识到,我来错了地方。

　　近年来,很多这样的中国科学协会和委员会相继成立,成员是出过国的年轻人,他们认为利用其在科学机构中的地位,为他们的仇外情绪服务是天经地义的,正当的。其中一个私人协会——"北京文物保护委员会"特别出名。较大的考察团一个接一个地与这个出色的协会发生龃龉。南京政府后来承认,这个委员会是官方的专家组织,它对某人的工作不表赞同,就足以使那人卷铺盖滚蛋。他们对付外国考察者的办法是,首先把中国人员强加于考察团。这些中国成员当然不是什么专家学者,而且有意为考察活动设置障碍。摄像师拍摄一个梳辫子的中国人或一个裹脚妇女的小脚,就足以构成激烈抗议的理由:外国人有意羞辱中国,把中国展示成一个落后的亚洲国家。因此必须没收影带和胶卷,逮捕侮辱中华民族的洋鬼子!每次都是在上海和天津附近水域巡弋的外国军舰,使这些过于狂热的男人有所收敛。和这样的人一起工作无论如何是很难的。

被强行塞入中国工作人员的有斯文·赫定的团队。他不情愿也没有办法,只能接受。他长住北京,别无选择。客观地讲,他也有过比较成功的考察活动,比如在没有中国人的情况下旅行。围绕着罗伊·查普曼·安德鲁率领的美国中亚考察团的旅行许可问题,爆发了激烈的争吵。有关的协会和委员会宁肯容忍当地的中国人从发掘出来的考古文物中拿走原始动物骨骼去雕刻烟斗或其他"同样重要的"物件,也不允许安德鲁继续考察。他必须离开中国。而这一切都是在交换信件和报刊发表文章的情况下发生的,这些信件和文章,使古代中国"礼仪之邦"的名声蒙羞。马克·奥里尔·斯坦因的运气也不佳。也是由于这个有名的"北京文物保护委员会"的指控,他的护照被没收,他本人被驱逐出新疆。这时候,来了个大名鼎鼎的法国雪铁龙考察队。北京文物保护委员会早早地就把中国人塞进这个考察队,尽管人家推辞、婉拒。考察队刚离开北京,其法国成员就和傲慢的、专横的中国成员发生了争执。后者发电报告法国人的状,北京的委员会则立即采取措施。其结果是,南京政府发电报命令新疆的总督,务必阻止考察队继续旅行,并逮捕队长普安中尉。还好,高声恫吓并没有付诸实施。但是雪铁龙考察队的人恐怕已经没有了再次到中国考察的热情。就是这个委员会,小题大做,危言耸听,使南京政府下令禁止把书龄在50年以上的图书特别是手稿携带出中国。

在这种情况下,我感到还是不要再费劲寻求中国的科学协会之类的介绍信为好,干脆自行上路,能走多远就走多远。

张家口，内蒙古的大门

耶稣会传教士成为中国官员—现代科研者在东蒙古—被查明的区域—内蒙古的尊严—护照，护照—在张家口的大旅馆里—内蒙古的治安—传教士拉尔森—当皮袄受潮的时候—一个矢车菊色的字牌—世界的中央在哪儿—人民，或是教派—那些古怪的中国字—张家口的中国清真寺—警长撇清自己

　　我1929年8月动身去的内蒙古的那一部分，从地理上看并非不为人知的土地。因为它所在地区并不像西藏那样难以企及，而且早已不存在不许外国人进入的严格禁令。现在我们不谈13—14世纪的旅行者，因为他们的具体旅行方向我们都不清楚；更不必谈他们在这儿的经历和体验。

　　早在17世纪，就有欧洲人来此地旅行。他们已被算作现代的旅行家。毫无疑问，他们中的第一位是耶稣会传教士张诚（法国人 Gerbillon 的中文名字——译者）。他作为清朝宫廷的陪从人员，走访了东蒙古的一些地区。他两次来到这里，第一次是在1691年——这是他在中国考察旅行中的第三次——另一次是在1698年，即他第八次进行较大规模的远东之行。我们不必奇怪，西方的传教士经常和清皇朝的宫廷人员一起旅行，甚至陪伴皇帝狩猎、观看军事演练，以及参加一些较小的事件，比如对厄鲁特人

的征伐。中断了近三个世纪的工作，在17世纪之初重新开始。新来的传教士们，主要是耶稣会教士，很懂得如何讨取中国皇帝的欢心，甚至清楚如何在宫廷中确立自己不可或缺的地位。虽然他们没能使皇帝和皇族及其亲随改变信仰，但成功地做到了使朝廷对他们的工作采取善意、默许的态度，保护他们甚至拔擢他们中间的个别人当大官。法国的亚当·夏尔（Schall Adam）神父为明朝后期的皇帝铸造大炮，更晚些时的比利时的南怀仁（Verbiest）也曾为清朝皇帝造红夷大炮。不过，最能赢得中国皇帝垂青的还是他们的数学和天文学知识。在天文学领域，他们赢得权威的地位，因为他们在一次公开的比赛中，在皇家委员会面前，战胜了此前为朝廷进行天文观测的穆斯林天文学家。他们在中国编制了具有重大意义的日历，最终把国家的天文观察机关钦天监也掌握在手中。

　　两位著名的法国遣使会会士古伯察（Huc）和秦噶哗（Gabet）也是从此地，即"黑水河"畔出发的。1844年，他们由塔尔塔里亚起程，途径喇嘛庙，穿过库库和屯进入西藏，直抵拉萨。在很长时间内，西方就是在他们的多次出版的新奇有趣的旅行札记和游记里了解蒙古人、大草原，特别是喇嘛们的。这两位传教士（尽管不懂蒙古语）相当准确地观察了喇嘛们的生活，因为他们当时深入到民间，带着一个蒙古仆人即有传奇色彩的桑达钱巴（Samdadchienba的音译——译者）旅行。他们没穿欧洲的服装，也没有穿汉服，而是化装成蒙古喇嘛。

　　继他们之后来这里的，已经是现代的旅行家了：普尔热瓦尔斯基（Przse-valszki）、波兹德涅夫（Pozdneev）、布舍尔（Bushell）、多纳尔森·史密斯（Do-naldson Smith）和克劳德·卢瑟尔（Claud

Russel)等。不过他们至多只是接触到这一地区。还有弗朗克（Franke）和赫德利（Hedley），直到最近的闵宣化（Mullie），比较深入地探寻和考察了一个个地区。在他们的行列中，我们能找到的最新的人是日本的酉井（Torii），他与妻子有一年时间在喀喇沁王爷府负责教育事务。下一年则从考古学角度对整个蒙古东部进行了考察。酉井之后，还有很多日本人来此地考察，不过他们的考察，主要是受经济和政治动机的驱使。

在我之前，也有匈牙利人来过这里。

1897年，匈牙利杰出的地理学家、布达佩斯大学教授丘尔诺吉·耶诺旅行到此地，他熟识的主要是张家口—喇嘛庙这条路线。

这条路线是自然走向的路线，经过喇嘛庙到张家口，另一个方向则是通往满洲的齐齐哈尔地区。在北—东南或北—西南方向上，我们能找到通往内蒙古东部的诸多道路。很早以前，在满洲铁路建成之前，这是从西伯利亚到北京和库库和屯的交通线。今天，不只是铁路，而且新的政治边界，以及在附近出没的土匪帮伙——也许最少在同样程度上——使这些曾经繁忙一时的交通道路陷于瘫痪。从喇嘛庙出发，在东—西方向上旅行，可能我是第一个人。这条路也许还没有人走过。确实，这个地带几乎没有路。沙土、悬崖、溪流和石头山上的羊肠小道，使在这个方向上旅行的人举步维艰。

有关内蒙古东部地区的完整地图只有一份，即所谓的"日本第二军用地图"。欧洲出版的地图尺幅太小，不能满足使用需要，而中国的地图，正如闵宣化所说，跟漫画似的。不过，这整个地区在日本的军用地图上也没有标出来。例如我从敖汉的海里王府经王子庙去东南方向的贝子府这一路段，在日本地图上就没有，跟德国和法国地图的所谓军用地图一样。从王子庙到贝子府这一路段，在约翰·赫德利（John Hedley）的书所附地图上也只标着"unexplored region"，即"未查明地区"字样。

我在这一地区走访过察哈尔的蒙古族人。以前某个时期，这里的蒙古族人被分为八个旗，原先直属清朝皇帝，是皇帝禁军的一部分。八个旗以八种旗帜为标志。四个部落在黄、白、红和蓝旗下生活，另四个旗也是这些颜色，只不过旗子镶有边儿，以示与前者的区别。察哈尔人的部落是军事单位，与大多数"平民"组织的蒙古部落有根本的区别。部落首领不是王爷，只是简单的"满洲安办"。

我离开察哈尔人，去寻访喀喇沁人。喀喇沁是典型的蒙古部落，分右、左和中翼。这里需要说明的是，所有的"翼"实际上都是单独的部落，有自己的首领。部落首领的等级地位是不一样的，比如喀喇沁右翼的首领是"王"，相当于"诸侯"。左翼的部落首领则为"公"，相当于"公爵"。中翼的部落首领只是"贝子"，比"公"还要低一些。较低等级的首领职位也可能由某位王来担任，如喀喇沁的左翼的首领，但他的正式称呼是"公"。三个部落的最高决策权属最高等级的部落首领所有，其正式身份是"王"。构成喀喇沁右翼的部落的首领叫贡桑诺尔布，是一个具有深厚的古代中国文化修养的、举止做派极为优雅的蒙古王爷，他在中国的政治生活中也起着很大作用。现在，很多部落组成部落联盟，以"部落联盟长"为首。部落联盟长通常由最有威信的部落首领担任。喀喇沁人属于名为卓索图的部落联盟，其首领也是贡桑诺尔布。一个个部落的翼又分成更小的单位即所谓的"箭"。其首领称为

"苏木章京"。"箭"由若干"灶"组成,其首领是"什长",只是象征性的而不是实际的领导。像喀喇沁右翼,有44个箭。

我离开喀喇沁人,前往昭乌达蒙古人的部落。这些蒙古人只有两翼,也就是两个部落,右翼的首领是"王",左翼的首领是"贝勒"。他们与另7个部落组成被称为昭乌达(Dzsó uda 的音译,下同——译者)的部落联盟。继昭乌达蒙古人的部落之后,我又走访了敖汉人。他们与昭马达人同属一个盟,不过他们只有一个部落,其首领是"王",部落有65个"箭"。我走访的下一站是东土默特人。我们称之为"东土默特人",是为了区别于库库和屯的土默特人。他们也有两个部落:右翼以贝子为首,左翼以贝勒为首。左翼还另有一个称呼,即蒙古尔钦。土默特人和喀喇沁人一样,也属于卓索图的部落联盟。

我的内蒙古之行,也需要从著名的西直门车站出发。旅途第一站是亦为歇息之处的张家口。这座城市从名称(蒙古语"卡尔干",意为"大门")、更从其在贸易中的作用看,都十分重要,的确是内蒙古的门户,是万里长城脚下的一座要塞。长城是很早以前中国皇帝为防御经常呼啸而来、大肆侵略中国土地的匈奴人而建的。长城内是繁荣的耕地、定居的农民和经商居民,长城外则是沙漠、荒野和无边无际的草原,以及赶着畜群走四方的游牧民族:蒙古人。

陈旧的中国列车喘着粗气驶入张家口车站。这是夜间,在忽明忽暗和摇曳不定的灯光下,车站的中国士兵看到了旅客队伍中的我这个唯一的欧洲洋人,立即拦住了我的去路,冲我高声嚷叫道:"护照! 护照!"我的护照被拿走了。但这次我不得不表示抗议和采取强硬态度,否则事情更糟,因为我如果只是逆来顺受的

为防御亚洲匈奴人而建的有名的中国长城(山海关段),顶上可并行两辆车(日本人摄影)

话,还不如乘第一班去欧洲的客轮返回去。可是既然我已看到了这么些东西,那总得让我也看看其他东西吧!

我终于与他们谈妥,他们只检查一下我的护照,盖上印,第二天送到我的住处。不过当时还很难说我会住在哪儿。我向围着我的众多黄包车夫问,有没有欧洲旅馆?这时我看到,很多伸出来的手缩回去了,只剩下二三个人还在坚持揽我的生意。

"张家口大饭店!"这几只手的主人冲我喊道。

黄包车出现了,有两辆,装上行李后,我坐上一辆,我的随从、中国人孟广喜坐上一辆。大饭店的人则跟在我们后面,给我们引路。转过几条街巷后,我们来到一座中国式的平房。这就是张家口的所谓"大饭店",欧洲旅馆!

我走向旅馆。门口有一个头发蓬乱、穿着衬衣的俄罗斯人迎上来，用俄语大声说"你好！"他必定以为我是俄国人。我没有顺着他的话说，而是用英语回应。

等了一会儿，又来了一个俄国人。后来我才知道，他是一个司机，专门开沙漠大汽车，在张家口和库伦之间往来。他懂英语。在他的帮助下，旅馆的人弄清楚了我有什么要求。不一会儿，我就坐到了一个散发着友好气息的俄式小房间里。我正在电灯光下，啜饮着热气腾腾的、味道不错的俄罗斯茶，这时来了一个中国军人，他是被派来查看我是否到了地方、人还在不在的。当他看到我没有藏匿，放心地走了。

很遗憾，我不能说偶然的因素使我来到俄国人的旅馆是多么幸运的事，因为这使本来就疑心重重的中国人更不信任我了。张家口大饭店的客人大都是俄国人，有司机和商人，在库伦和张家口两地都住，但他们最多的时间是在两地之间穿梭往来，在路上。现在，俄中冲突爆发了，边界关闭了，这条线上所有生活都终止了。破旧的汽车静静地趴在车库里等候，说不定哪天可以恢复惯常的出行。这一天似乎还很遥远。俄国人耐心而无聊，除了睡觉就是在这座城市闲逛。这些人多少有些可疑，中国人一直在监视着他们的一举一动。我就被命运抛到了这里。我有一切理由不要显摆自己的俄语知识。但是，既来之则安之，我不打算在张家口的后一两天里，再到处乱跑找住处。我毋宁服从命运的安排，对在旅馆周围巡逻的士兵视而不见。我吃罗宋汤和俄式拼盘，感觉良好，只等继续旅行的一天到来。在房子里，我呆的也不闷，因为俄国人的生活赤裸裸地展现在我的面前。他们来来往往，毫无顾忌地当着我的面交谈，因为他们以为我听不懂他们说的话。我从来不必担心这种情况会被打乱，如果不是一个孩子的叫声突然打破了宁静的话。他尖叫着告诉他的母亲：

"妈妈，叔叔喝醉了！"

我什么也没看到，但是随后听到一声钝响，证明这是真的。只见一个"叔叔"倒向桌椅，最后把留声机也给打翻了。

我没有很多时间享受这种安逸舒适的生活，因为在张家口我还有些事要办。鉴于警察当局办事很慢，我先找了张家口中国盐专卖中心的法国籍主任 M. 博鲁。我在北京获得的一封介绍信就是写给他的。经过好几道门、院子和中国士兵之后，我走进 M. 博鲁先生的雅致、整洁、亲切的住宅。刚听到报告，博鲁先生就出来了，并以令人感动的亲切态度，热情地接待了我。在法国人当中度过的几分钟，是我漫长的、疲劳的东方旅行过程中最愉快、最难忘的回忆之一。简直可以说，他们是"从一只手到一只手的"把我传递进去的。使馆的人包括那些只是偶然遇上的人，对待我也都像多年的老朋友一样，特别是当我提到我在巴黎留过学的时候。在 M. 博鲁先生处，我感到仿佛突然离开了亚洲的野蛮世界，至少是在几分钟之内：我们品尝着法国开胃酒，畅谈北京和上海的共同的熟人和巴黎……

我拜访 M. 博鲁先生不只是出于礼貌。他作为盐专卖中心的主任，很了解我要去的那个地区，至少是一部分。因此他能提供对我来说有益的知识，即进行这样的旅行最需要知道的：公共安全状况。博鲁先生等人从内蒙古运盐到张家口。在多伦诺尔以外，乌珠穆沁蒙古人部落的地区，有几个盐湖。他们每年都在荷枪实弹的军队的护送下，开着大卡车去几趟该地区运盐。由此我可以得知，这儿的世界和库库和屯那边差不多。但是谁也不要认为,这样的情报在其他地方比如北京就能搞到。中国的一个最突出的特点就是,即使生活在某省边缘地区的人,对毗邻省份发生的事情也一无所知。

M.博鲁先生是从山东半岛来到张家口的山区的,他无论如何也不能适应这个新的世界。

"山东也有土匪。"他叙述道,"但是那些人是根据一般股份公司的规矩活动的。一个人可以托人找到匪首,告知要去的地方,与匪首商定价钱。付了钱,他就可以放心上路。在盗匪丛生的大路上,他用手捂着口袋走也不必担心遭劫。我只有一次被竞争的匪帮抓住过,但是我基本上毫发无损地逃过了这一劫。可是这儿的人呢?净是些卑鄙无耻之徒,地痞流氓,还有逃兵。他们根本不知道'盗亦有道'。这里的每个土匪都是一个单独的股份公司。"

无须否认,他的言辞激烈的讲述使我心凉了半截。不过我也知道,情况如果不是这样,那我就不是在中国了。

根据博鲁先生的建议,我还要走访张家口的瑞典新教传教士团的领导人老拉尔森先生。在北京时我就听人提到过他。他被人有几分戏谑地称为"张家口的传教士和马贩子"。的确,在中国传教,不管是天主教还是新教,要维持传教士团的活动,用度不菲。要在这个国家搞到经费是很不容易的,因为这儿的教徒不仅不会捐助他们的神父,反而在获得心灵的慰藉之后,还要索求物质上的支持:钱,粮食。在这里,新教传教士特别活跃。这也不难理解,因为他们都是阖家来到此地的,在这风雨飘摇的年代里维持生活。不可否认有这样的情况:有的传教士从事大规模的商业贸易活动,而且十分成功,获利甚丰,使他们原来的布道使命相形见绌，连这里的西方教士都感到吃惊，甚至让专门做生意的欧洲信徒也不胜艳羡和嫉妒。

拉尔森也搞副业。他不需要怎么查询，在这片买卖马匹的热土，生意就会自动找上门来。他每年秋天（这时价格便宜）购买一些矮小但奔跑速度快的蒙古马，加价转卖或让人到北京和天津去卖。不过谁都不要以为，搞这个行当不需要有专业知识或头脑！我就认识这里的好几个德国甚至匈牙利的马贩子，他们比拉尔森笨得多，在这个辛辛苦苦的行业里，不仅没有发财，反而把原有的钱财也赔了进去。他们在蒙古买马的花费过高，运输亦很费钱，还有住客栈或旅馆一天的费用是运输费的两倍。从蒙古回张家口至少需要 3—4 天甚至 5 天，花费可观。另外，在北京和天津，马厩的租金非常贵。我知道有一个不走运的马贩子，经过 3—4 个星期堪称不幸的滞留后，被迫以低于在蒙古购买时的价钱卖掉马匹的一部分，把 10—12 匹马留在马厩顶租金。拉尔森经营马匹生意只赚不赔，用利润在张家口建造了一座华丽的小别墅，有自己的汽车，孩子在瑞典和美国读书。他属于中国北方最富有的外国人之列。

我先就公共治安的情况询问了他，接着向他打听，知不知道可能对我的考察有特别意义的地方，记不记得在什么地方看到过比如非汉文的字碑之类（在中国这类字碑十分常见）。他考虑良久。看得出来，他正在其年轻时代的记忆中搜寻：他当年骑着马或徒步走过的、今天的年轻教士连坐汽车都不怎么光顾的地方。然而他只记起达莱诺尔。"更近的地方，很遗憾我说不出来，因为你要去的地区，由于盗匪出没，是危险地区，根本没有人到那里传教布道。"他说。

　　在我离开的时候,发现在传教士团建筑的宽敞的院子里,有一个巨大的旗杆,上面的瑞典王国的国旗在风中猎猎作响。不难看出,在外国列强旗帜的阴影里(即便是清白无辜的国家像瑞典),在中国传播上帝之道是多么不可估量的政治失策! 当时,中国人反对外国人以及所有中国人眼中的异己的事物,仇外情绪正炽烈燃烧。

　　张家口的经济重要性,早在蒙古脱离中国的时候就已黯淡了,而贸易关系早先的热劲更是风光不再。但要完全扼杀人们经商的热情也是不可能的。当我走访那里时,由于中俄交恶,贸易受到很大限制,但仍然可以感受到那巨大的、鲜活的、律动的力量。这种力量是那些真正的商业城市的不可分割的属性。

　　贩马只是张家口后面的农村地区的贸易。在张家口,蒙古马根本卖不出好价钱,因为需要马的人,费不了多大劲儿,或者亲自到现场去任意挑选马匹,或者——如果连现场都不愿去——委托一个在张家口办事的蒙古人,去给他搞来。

　　张家口的真正的大宗买卖商品是毛皮。不仅是郊区的蒙古人搞毛皮生意,而且很多牧人从很远的地方运来倒毙的或被杀死的牲畜和野生动物的毛皮。有专门的城区,所有房屋里都卖毛皮。最普通的是羊羔皮,然后是骆驼、狼和狐狸皮,这些也属于廉价毛皮一类。在这些货之外,还有大量的细软和贵重毛皮,仅仅看上一眼都会使那些嗜好毛皮的贵妇人心动不已。不过,这些华美的毛皮也有一个致命的缺陷。皮革是在这儿,在张家口鞣制的,使用的工艺相当原始。人在卖毛皮时,最多会感到有石脑油的味儿。人用毛皮为自己缝制衣服,也没有什么事。然而皮衣受潮了呢! 问题就出来了。我自己也有亲身体会,受潮的骆驼毛皮衣服——哪怕是用最好的骆驼毛皮制作的——会散发出什么样的气味! 就像一支挨了淋的骆驼队从我面前走过。张家口的,以及一般来说内蒙古—中国内地的毛皮,需要先进行"优化处理",去掉毛皮的载体即骆驼、狐狸或狼的腥膻味,才好穿着。但在这里没法解决这个问题。买天然毛皮最多的是德国的公司企业的代表,在我国卖的皮衣一般都是用在莱比锡处理的毛皮制作的,当然价格奇贵。

在这座城市最美丽的大街上,柏油覆盖大街路面,黄包车的胶皮轮跑在上面几乎没有声响,使人感到像在北京的马路上一样。在一些路口,能看到牌楼,当然比起北京的牌楼来说,逊色多了。到处都是商店。

我给自己买了一顶皮帽,然后坐黄包车周游全城。这时我才发现,张家口还有另一个"洋"旅馆,是一家日本宾馆。在中国人眼中,日本人也是洋人,外国人,就像英国人一样。很多不知道这个情况的欧洲人,因此受到中国人的误解,闹出笑话。我自己也有这样的遭遇。在后来的一次旅行中,我到达喇嘛庙。之后做的第一件事情就是打听城里是否住有外国人。在遥远的异国他乡,两个邂逅相逢的西方人,常会彼此感到亲切,同声相求。当那些中国人齐声回答"有"时,我心里高兴,露出笑容。"有一个日本人,就住在西门那边。"看到我不以为然的样子,他们露出疑惑不解的神情。他们怎么也不明白,我既然这么急着找外国人,为什么不去访问那个日本人。

张家口的日本旅馆空空荡荡的,只有一两个日本商人在里面无所事事地闲庭信步。在大门口,一个日本门房百无聊赖,直打瞌睡。在他对面的一幢巨大建筑的围墙上,大约有半米高的、用

矢车菊蓝颜料涂写的中国字,醒目地迎着路过的行人:

"打倒日本帝国主义!"

其实在这时,日中冲突连影儿都还没有呢。

在外城,蒙古族人的商店鳞次栉比。蒙古族人在这里购买向汉人裁缝订制的蒙古族服装。他们主要的装束是按汉人的样式制作的宽大长袍,只是颜色较浅,花样更多些。蒙古袍也是从右向左系扣,跟汉人一样。除了达官贵人外,很少有人穿丝绸长袍,而在汉人那儿,丝绸服装是很普通的。能马上把蒙古族人和汉人区别开来的是蒙古腰带。蒙古族人不是把深红色的——或不如说是藏红色的——有时是黄色的、拧起来在腰间缠好几圈的帆布腰带的尾端打结,而是把它直接塞进裤腰里。此外,蒙古族人不在长袍外再穿一件一般带有非常漂亮的花卉或其他图案装饰(其颜色与服装本身相同)的长袖丝绸短上衣,即人们所称的"马褂子"。

纯蒙古族装束的部件是格托尔(gotol 的音译,下同——译者),即缝制鞋底的短腰皮靴(汉人都穿布鞋)和毛帽,蒙古语是"玛尔盖"(malgai 的音译,下同——译者),冬天则是皮帽。蒙古族人只要可能就不穿内衣,不像汉人那样。他们冬天穿棉絮裤,夏天穿轻薄的细棉线或亚麻布裤子。

所有这些衣饰都可以在中国商店里买到,但贵得要命。蒙古人不知道钱的价值,这也难怪,他们在牧场上无须知道。汉人很清楚金钱的作用。为了做生意的需要,很多汉人还学会他们看不起的蒙语,尽管在张家口的蒙古人中间,很多人懂汉语。与此相应,蒙古人也看不起汉人,爱用现代文学语言中根本没有的"蛮子"一词谴称汉人。"蛮子"在 13 世纪——我们从马可·波罗的游记和其他东方文献中得知——是相当流行的一种称呼。"蛮子"原是中国名词，泛指南方的野蛮人。"蛮子"的称谓对于汉人来说是多么大的侮辱啊！须知，汉人一向骄傲地自称为"中央帝国的人"即"中国人"，因为在他们的观念里，中国位于世界中央，周围住着各种野蛮人。但我们不要以为，"中国"这一称呼他们只在家里使用，只是用于相较或自夸。不，这是在正式场合和私生活中都使用的对国家和对自己的唯一称呼。和蒙古族人生活在一起、永远吹毛求疵的少数汉人，当然不会忍气吞声地接受"蛮子"的称谓。他们最起码会把蒙古族人称为并不怎么动听的"鞑子"，而不是"蒙古人"。这是从"鞑靼人"这一词中摘出来的，是一种蔑称。他们常常还在"鞑子"前加上更为不敬的形容词。

汉人不仅与外国人、蒙古族人较劲儿，而且善于在自己种族内争斗。

观察回教徒和非回教徒中国人之间其他方面的巨大差别，也很有意思。回族比其他中国人更活跃、更有头脑、更能干也更勤劳，是更好的商人（这里我要说的是"非常好"）。还有，回教徒之间亲如兄弟，彼此相帮相扶，为尽义务，哪怕得罪他人。也许正因如此，在中国的历史上，自蒙古族统治开始（13—14世纪），回教徒始终在政治中承担重大角色。在忽必烈时期，著名的阿赫迈特（Ahmet的音译，下同——译者），即回教徒萨义德·艾哲尔（Szajjid Edzsell的音译，下同——译者）的后代，作为大臣起着差不多全能的作用。在当代，一个接一个的马姓将军执掌大权，比如马福祥。这些马姓将军无一例外都是回族，其"马"姓与"马赫穆德"这一名字的中文译名的头一个字相同。中国的回教徒中间，有很多人姓"马"，但都与动物马无关，尽管"马"这个姓与动物"马"的字形和意思都一样。

不过,它可以是"马"的意思,但只是在既定的方面!

我有一个出色的朋友,可以说是第一流的汉学家,很少有人比他更为精通中国古代文化了。因实属幸运的偶然机会,我在巴黎和北京两次见到他。在一个晴朗的天气里,为了拜访我们的一个共同熟人,他需要打电话给我。当时所有旅居中国的外国人都取了一个简短的、单音节的中文名字。我的朋友的中文名字就是"马"。电话铃响后,仆人接的电话。我的朋友以惯常的简短语言说:"我是马。"这句话在古典文学语言里可能是对的,但与汉语口头语的差别如此之大,简直就难以理解。正如我的朋友在电话里所说的,根据约定俗成的日常语言,其意思是:我是马(动物)。正确的说法应该是"我姓马"或"我的名字叫马"。

中国仆人立即就明白了,不过看来他也不愿放过这个玩语言游戏的机会,因为他随即回问道:"你是马,你怎么说话?"

我之所以叙述这个小插曲,是因为匈牙利的历史文学中也有一个马的典故。

在14世纪的某些中国历史典籍中,有关于匈牙利人的记载。这里,匈牙利人被称作"马札"。"马"这个字与前述意思相同。我国也有研究马的专家,他们剥茧抽丝,从这句话里得出一个结论:"马札"的意思就是"马很多"。其原因就是,匈牙利正是一个多产良马的国家,而中国人早就知道!不久前我又一次读到这一睿智的解释。事实是,这个"马",就像我的朋友的中文名字一样,与动物马没有任何关系。"马札"是一个外来词的中文译音写法。在同一中国历史著作中,有时这个名称是以全称"马札尔"的形式出现的。其最早出现在《蒙古秘史》中,有整整一个段落。在蒙文典籍中，写的也是"马札尔"（madzsar），与"马"没有任何关系。如此看来，有问题的"马札"其实不是别的，而是我们匈牙利民族的名称经鞑靼之灾传到东方后的汉语写法①。

在张家口，我在购物时也遇到一个马姓回民。他告诉我，他有很多同教兄弟生活在那里，有漂亮的清真寺。他很认真地向我介绍了清真寺的地址以及怎么去那儿，但却用各种借口推托，以免陪同我前往。我不得不叫了黄包车，与我的仆人一同去寻访清真寺。其中文名称是"礼拜寺"。

所有的门都是关着的。我敲了一阵子门，大门旁边的小房子的窗户打开了，现出一个寺院管理人模样的人。但他并没有把门打开，而是通过窗口与我们攀谈起来。他说，礼拜寺里没人，原来留在寺里的人，病的病死的死。对这说不上友好的接待，我们无可奈何。我们正向外走，在门槛上差点撞上一个阿訇。这个阿訇的态度好多了，乐于回答问题，甚至尽量显得很礼貌。但是他的回答也是含糊其辞，与刚才得到的回答相比也好不到哪儿去。波斯文和土耳其文的手写本？是的，是的，这里有过不少，但不久前都寄走了。寄到哪儿去了？当然是天津了。我觉得得到的信息够多了，就婉言谢绝了他请我进去的好意，动身离开礼拜寺。在告别时，我的嘴里滑出一句话"萨拉姆，阿雷库姆！"那个毛拉立即变了脸，开始用阿拉伯语讲话，嘴好像开了闸，话语奔涌而出。我的浅薄的阿拉伯语知识，在他滔滔不绝的语言瀑布面前，完全失效。我在让他感觉到我已无意恢复友好态度后，就离开了。我坐

----

① "匈牙利人"原文为"马札尔"（magyar），"匈牙利"是其他民族对他们的称呼，因为误认为他们是当年横扫欧洲的匈奴人的后裔。

上黄包车,回头瞥见,毛拉是何等惊愕地站在大门前,就是我差点撞上他的地方。我感到他怎么也不能够理解这一切。

我没有回家,因为三天时间已过,叫黄包车直接把我拉到警察局。我的仆人不大想跟我去。这有点让我吃惊:在中国,平民百姓多么害怕跟官府打交道啊!尤其是警察局。我刚刚抵达,就见黄包车夫们急忙散去。我被带进一间候见室,递上名片。我有时间四面打量了一番。

在冷冰冰、光秃秃的墙上,唯一的装饰是一幅孙中山的画像。这是哪儿都不可缺少的。房间没有规范的窗户,只有一个离地面50—60厘米、上檐差不多达到房顶的、朝向院子的中国式"窗口",透进疏朗的光线。"窗口"是一大约有 1 米半高、两米到两米半宽的大开口,装有横的、竖的,间或有横竖交叉的木棂条,组成众多四方形或更复杂形状的窗格。这些木条构成很多窗框,贴有代替玻璃的薄薄的中国白宣纸。通常在粘贴窗户纸时要涂上一层油,以防窗纸被风撕开。即使这样,刮风也是对窗户纸的考验,特别是在有通风气流的时候。房间里的摆设就是一张光秃秃的桌子、几把欧式椅子和一盏煤油灯。

无须多做解释,警察局的人就知道我是干什么来了。也许在我刚迈进房间的时候,我的护照就已经找出来了。但是护照上没有画道道。他们先是试图劝我返回来地,说时令不好,旅行危险,凶多吉少,诸如此类。当看到我没有怯意时,就询问我旅行的目的。我把一摞中文的介绍信和用旧了的护照摊到他们面前。他们拨拉了一阵,最终决定认证我的北京护照,使其生效。等了半个多小时,付了几美元之后,我终于看到了已盖上大印和签了名的护照。不过护照没有马上交到我手里,而是让我先在一个大本

子上签字，证明我拿到了护照。但我不能用中文写名字。我就用
法语签了名。一个警官把大本子拿走。又过了半个小时，警官回
来了，说："这个签名不行。请你用俄文签。"我又费了一番唇舌，
说我不是俄国人。但是他固执得很。我强调指出，我没法照他的
意思签字，因为我连俄文字母都不认识。他又提了几个刁钻的问
题，问讯一番。几分钟后，他终于不再坚持，因为警察局长本人来
了。这个局长挺有派头，但是把护照亲手交给了我。我终于可以
得偿所愿，去我准备去的地方了。不过警察局长也警告我，在张
家口—喇嘛庙一段公路上常有盗匪出没，因此他不仅不建议
我——无论骑马还是乘车——走这条路线，而且事先声明，他将
不为我和我的仆人的人身安全承担任何责任。他这是先撇清自
己，未雨绸缪，如果我不听他的劝说的话。这也难怪，要知道张家
口—喇嘛庙这条路线，只有乘专线客运大汽车旅行才是安全的。

越过长城

玛尔盖庙

　　孟秘书先生—作公共汽车用的小福特汽车—中国人如何旅行—在张家口栏杆处—山路上的岩石—认真的海关人员—王老三和盗匪的故事—倒霉的牧马人—内蒙古客栈—阿康的自然图—面对一个喇嘛寺—有关施主们的几句话—喇嘛庙是什么样子—在庭院、大门和墙垣构成的迷宫里—圣殿—藏式和汉式—傅喇嘛及其弟子们

　　我立即打发孟去了解汽车的事。孟广喜是我的仆人，是我在北京招收的。他的穿着是欧洲式的，在中国人之中显得很华贵，须知用一件欧洲西服的钱至少能买3—4件中国衣裳。另外他的举止也很有派头。他不仅懂得矜持的沉默，而且也会在有机会时显得暴躁。

　　他的任务是搞吃的以及做其他不时之需的工作。他一人兼任厨师和万能仆人，但在汉族人和蒙古族人面前，他总是以"秘书"自居，要人家这样叫他。他懂一点英语，这又增加了他的尊贵。他不放过任何机会，在一个上流社会的中国人面前，用英语跟我讲点无关紧要的事或开个玩笑。孟是个见过世面的人，周游

过美国,在旧金山的一家医院当过洗狗师。他很少公开谈他曾干过这个职业,特别是在中国人面前,更是讳莫如深。在中国人面前,他讲话经常这样开头:"当年我在美国的时候……"对于轻信的汉族店主和蒙古族喇嘛来说,他简直就是权威的化身。

人们提起他的时候就说:"孟秘书先生说……"遗憾的是,孟秘书先生不止是幼稚、好说大话和显摆自己而已。我是很迟在一座蒙古喇嘛庙里才发现了这一点。在张家口时,我还挺乐观地看待他未来的工作,以为他只是还没有机会施展其才能。目前,他的主要行当是编各种故事骗我给他钱、预支款。有一次,他的女儿病了,要送医院,还不是普通的医院而是最昂贵的医院,就是名气最大的北京日耳曼医院。然后是他留在北京的妻子,碰到必须"用钱解决"的麻烦事。后来我才知道,多年来,孟广喜在北京的生活一塌糊涂,物质上一团糟,常因欠租金而不辞而别,变换住处,但是不告诉他的新地址。

就是这个孟秘书先生去打听客运大汽车的事。

根据我的指示,他很快买了票,每张票要 20 美元,直到喇嘛庙。第二天,汽车出发了。这些汽车是一家"美国—中国"贸易公司经营的,警察局长也是公司的股东。孟立即为警察局长辩护,以免我往坏处想。据他说,他不是为了警察局长的利益建议我乘客运大汽车去喇嘛庙的。他曾与未来的旅伴谈过,他们也说这条道路不能走,盗贼和土匪很多。

本应于次日清晨六点左右出发,但是我们大大提前到了出发地点。当人们指给我看那辆将装载 22 个乘客的老掉牙的小福特汽车时,我惊愕得说不出话来。这辆车怎能装下这么多人?它好像最多载 5—6 个人就够挤的了。我很快就看到,我对这类事情太外行了。只见人们先把车厢的外壳拆掉,装上铁条,大大增加了车的载客面积。我等着,下面该安座位了,但是没有。人们先把旅客的行李什物装上去,堆了至少半米高,可能还不止。最下面是箱子和其他用坚硬的物质做的东西,上面压上其他路上用的东西,比如中国旅客必带的被子和褥子,当座位。褥子相当厚,以棉絮为里。褥子原先都是色彩鲜艳的,过了一段时间就变得脏兮兮的。中国人在旅途中睡觉时,就把它放在身下,身上则盖做工相同的更长、更宽和更厚的被子。被子也很容易变脏,因为没有床单。浅蓝色底、粉红色花朵的图案装饰,会以令人难以置信的速度变成绿色。一套床上用品的第三个物件是枕头,这也完全是中国人智慧的发明:宽度最多不超过 10 公分,长度为 50—60 公分,塞满某种干草,硬得跟石头一样,滚筒状,是做枕头用的。第一次睡觉用枕头的人,第一夜过后要伸展伸展僵硬的脖子。较讲究一点的人,要给枕头套上白布套,一年最少换一次。为防止这三件套的卧具在途中散开,它们被塞进麻布缝制的桶形袋子中,里面还装着路上用的其他一些东西。

　　车身的最上面堆的就是这样的中国床上用品。这样我们可以不用坐在硬硬的木箱子上而是坐在柔软的东西上。"美国—中国"汽车客运协会总算为旅客们的舒适做了点好事……我实在不愿与这些不卫生的东西接触,但没有选择。我要么哪儿都不去,要么勉为其难地忍受一切。孟笑着观察我的踌躇和犹豫。为了给旅行增添点乐趣,也为了表明他多么在意我的舒适,他不顾这个那个旅客的大声抗议,把几件被褥从车头部挪开,放上我在北京定做的崭新的床上用品。他自己则混在大家中间。不一会儿,旅客们都爬到这个垃圾堆上。一些人像葡萄串似地挂在汽车上,有人要靠双手抓着车沿。我不禁想到，汽车在每次颠簸后，都会甩掉点人，但看来在这方面我也错估了情况，因为人们蜷缩、移动、钻挤着，直到每个人都找到牢固的支撑点，即使不能用手抓扶，至少可以用脚撑着。当然，没有什么办法能避免在汽车拐弯时，整个尊贵的旅行团队都有节奏地一仰一俯、一摇一摆，就像在风中播种一样。

当挤满了人的"美国—中国"汽车驶出协会的大院时，时间已经不是六点而是八点了——在中国，没有人会为时间感到惋惜。汽车经过张家口的几条大街，在狗吠和街童的欢叫声中驰行。我的杰出的旅伴们尽可能地招手示意，给予回应。

还在我们上车时，一个中国海关人员过来"帮忙"。他不厌其烦地问我们，这个那个箱子里都装的是什么。看来他对我格外注意。警察局的一个人检查了我的护照和其他证件。在此之后，我才坐上了我的高处的、并不舒服的位子。

我们刚到了城边上，在城门口，一个中国武装士兵向我们示意停下。他用手指着，查点我的中国旅伴的人数，就像点圆白菜头似的。他把点出的人数记入一个大本子里。他要了我的护照看，但还不满足，又详细地询问我护照上的所有资料。我耐着性子一一回答了他冗长的询问。他先是前后翻看护照各页，然后把它拿进那间小亭子。在那里有一个书记员在工作，记录路过的汽车和其他车辆的资料。接着就是必不可少的等待。我的中国旅伴们也得陪着等。显然是因为没发现什么可疑之处，那个士兵拿回我的护照。里面一条线也没画。

中国司机回到驾驶室，车子又开动了。我们的车先是经过岩石峥嵘的狭窄山路。夹在山岩之间的道路，有的地段窄得勉强容下一辆汽车通过。孟在我背后开始解释说,你看,这就是为什么这条路只能走小型车辆的原因。刚走了一个小时,车子突然停下来。从汽车驶离张家口开始,一路上那些中国人一个接一个地讲土匪的故事。故事都是发生在这条公路上的,包括对"美国—中国"汽车之旅的袭击。现在车子突然停下,人们不由地紧张起来。司机指着汽车前面躺着的两块岩石,但没有作声。石头可能是从道路两旁山岩的某一边掉下来的,堵住了窄道。大家很快取得共识:这肯定与邪恶的土匪有关。好在司机没让大家多费思忖,他在三四个比较强壮的小伙子的帮助下,把两块大石头推到路边,然后小心翼翼地将车从石头边开过去。

车子终于开到平地上,大家放下心来。11点,我们到达了三河泊(Szanhobó 的音译——译者),中午时分则到达张北。在这里,汽车直接驶入客栈的院子里。吃午饭和休息的时间到了。可惜谁都没休息成。

不知从哪儿来了个海关人员。不要忘了,张北是另一个县的起点,而在中国,最小的行政区的边界也相当于一条严格的国境线。海关人员来检查,看有没有人走私违禁品。作为一个认真的人,他不满足于草草一瞥的"目测",而是叫人们把在张家口好不容易打点好的行李和床上用品一一打开、拆散。就连中国人也不耐烦。他们开始只是把一两捆东西从车顶上取下来。检查就检查吧,反正没什么要紧的东西。而在需要打开包装比较复杂的行李的时候,当事人相继消失在客栈的深处,把过分积极的海关人员撂在那儿。后来士兵被叫来,旅客们才意识到事情的严重性:这不是开玩笑。只见士兵们一拥而上,解开绳子,齐声喊着"一、二、三",把第一个箱子搬到地上。

海关人员出于对其工作重要性的认识,把所有的行李查了个底儿掉。看到他如此认真的样子,我产生一种不祥的预感。迄今为止,我在中国各地都受到中国官员的格外注意和检查,他们百般讯问我,就像审问一个异类。眼下难道又要发生什么事了吗?!

这个出色的男人让我把箱子和盒子一个个打开(我随身带了两个月的口粮),什么都要闻一闻,看一看,一切都要查个究竟。我必须打开我的洋铁皮的干点心盒,还要解释里边是什么,有什么好,以及值多少钱。我必须施展我的雄辩才能,说服他不要让我打开沙丁鱼罐头和水果罐头。我的欧洲服装、内衣成为单独一项检查的对象。海关人员的兴趣延伸到这个问题:在欧洲我们为何不穿中国衣服?是不知道还是不喜欢?即使在这时,他也没有跳出严肃认真、铁面无私的象牙之塔。照相机没有引起他的特别好奇心,但是照相机的可以抽出腿的黑色支架,对他倒很有吸引力。好在所有好事也都有个头儿,他终于厌倦了他的工作。跟来的时候一样,他一脸严肃,架子十足,带着一小时工作的自豪感离开了。他什么都没动。坦率地说,他工作的目的,对我来说至今是一个谜。他什么都没拿走,未对任何物品提出疑问,也没有就任何东西让我付钱,比如关税或其他捐税。不仅是我,就是其他人的东西他也没有动。白忙活一场,他就不嫌烦吗?

我拖着疲乏的步子走进客栈,至少可以喝杯茶,消消火。我的旅伴包括孟已经围在一张小桌子旁,听一个瘦瘦的、愁容满面的陌生中国人讲话,尽管周围乱哄哄的。

衣着破烂的中国人叫王(Uang 的音译——译者),是从几里外的乡下来的,要去张家口,为自己洗清"杀人"罪名。

这件悲惨的事情发生在一周前。上了年纪的王厌倦了尘世的生活。再说,他所有的东西都被土匪抢走了,只剩下身上穿的衣服。他和他的妻子忍饥挨饿,生活难以为继。他的妻子对他很忠诚。两人共同决定:一起死。王聚敛起他房子里外还可以找到的仅有的一点东西,变卖成钱。他用最后一点钱买了白面、肉和酒。

他们打算服毒自杀,并且是在最后一顿丰盛餐饮的当间儿。

在中国,"吃"不仅是一种物质上的享受,而且也许更是一种社会活动,一种礼仪。它往往准确地反映一个人在社会上的等级地位。大肚子不仅是福利而且是威望和权力的象征。与此相对,挨饿不仅是折磨人的事,而且也是一种耻辱。这种基本的观念,从属于中国人的心灵世界,甚至包括在阴间。饿死的人,在另一个世界也是饿鬼、穷鬼,永不得安生。

因此,王老三(Uang Laoszan 的音译,下同——译者)和他的妻子不想饿着肚子去另一个世界,而是试图预先改善到那边后的情况。这就需要蒙骗一下那边的神祇和鬼魂。瞧,他们在阳间是体面人,是在宴会上死的。正是这种想法,给他们带来了悲剧。

桌子上,摆着热气腾腾的肉馅饺子。这种被认为是中国北方最美味的食物,只在较大的节庆之际比如新年这个月才上桌。这时,突然传来猛烈的推门声。10 名土匪出现在门槛上。看到桌上的东西,土匪们喜笑颜开。看来来的正是时候。

他们不由分说,推开王老三和他的妻子,抢过被下了毒的饺子,狼吞虎咽地吃起来。他们还喝着美酒,调侃地表示"感谢"这顿等着他们的美味晚餐。饮宴结束后,他们心满意足地离去。他们什么都没动,再说这里也没什么可动的。当然他们走了没有多远。毒药准时发作,在离开被迫款待他们的农户几里远的地方,

10个土匪中有8个人仆倒于地。

王老三的新厄运开始了。他不仅在这个世界上已经一无所有,现在连办一次死亡之宴的钱也没有了。而且,他第二天又受到法律卫士的光顾。

"老王,你毒死了8个人,要承担责任。虽然他们是歹徒、土匪,但没有人委托你来把他们干掉。你得坐牢!"

中国人都严肃地倾听此人以激动的语调绘声绘色地描述事情的经过。可以注意到——后来我也有无数机会观察到——即使普通的中国人也有演员的天赋,可以把任何微不足道的事情讲得天花乱坠。这是一个真正善于演讲和辩论的民族!听他们讲话是一种享受。在王讲完他的事情后,另一个中国人——一个旅客——开始解释他对此事的看法。他的话简直就是一篇讼词。很遗憾,需要结束这半议会半法庭式的辩论,因为我们已经耽误了太多的时间。

院子里,"美国—中国"汽车已经掉过头来,用不耐烦的鸣笛表示不想再等下去。大家马上都回到原位上,被翻腾过的座位已不像刚来时那般舒适了。

我们又出发了。尖锐的喇叭声把张北县的黑猪和狗吓得四散奔逃。我们离开了一丝不苟的海关人员和悲戚的王老三。

现在我们已在蒙古族聚居区了。举目四望,都是平坦的草原。时有吃草的羊群和无拘无束的马群打破画面的单调。在路上,有时迎面走来整个车队。我的中国旅伴们怀疑每个迎面而来的旅人或旅队都是土匪,只有在他或他们缓缓经过,绝尘而去后,才放下心来。更为惴惴不安的人则回过头去警惕地张望远去的旅人:没准真是土匪,只不过搞缓兵之计,等到下一个转弯处再冒出来？对他们的疑虑也不能一笑置之，因为他们大多都有与土匪遭遇的亲身经历。

说起来，我是在这儿看到，马上生活的乐趣并不只是爱骑马的城里人的特权。我们的车从一个马群边驶过时，牧马人出于好奇，骑着马走近汽车，但他很快就后悔了。可能是因为靠得太近了，矮小的蒙古马由于不习惯汽车的来访，用后蹄猛踢汽车，然后从我们面前跑开。年轻的牧马人在草丛中，摇晃着拳头威胁继续前行的汽车上哈哈大笑的乘客们。

晚上八点，我们到达第一天旅行的最后一站。我们要在这里过夜，一方面是因为这一带不仅没有汽车公路，甚至连别的公路也多是共同协议的结果而不是工程师的作品；另一方面，这里的治安情况也不利于夜间行车。

我们现在歇脚的地方，就是长途汽车路线上的班车通常停驻之处，不论是去喇嘛庙还是从那儿返回的路上。这里实际上不是城镇，也不是乡村。使这里成为有人烟的地方的是一座喇嘛寺，即玛尔盖庙（Malgai-miao 的音译，蒙古语的意思是：毛皮帽寺——译者）。旁边有精明的穆斯林开的小客栈，来往汽车的乘客在这里过夜。我不想第二天早晨坐原来的车继续行程，而是想在几天后搭乘最近一趟班车走。不过总得在一个地方过夜。首先我走进穆斯林的客栈。

整个客栈只是一间小小的、空气不好的"卧室"。在油灯的微弱光线下——劣质烟草的烟雾使其更加模糊——我看到整个团队挤在一张炕上。

炕，也是比较好的中国特产之一。很遗憾，那些没有眼光的外国人很难给予它充分的评价。首先，炕只在中国北方才有，是由于天寒发明的。法语是 lit en brique，翻译成中文应为"砖床"，确切地说，这只是一种解释。因为这个发明的名称简直是无法翻译的，想描写它也不容易。虽然如此，它可不是中国住宅的次要的、可以忽略的部分。炕是床、火炉、饭桌、接待处，甚至办公室。没有炕的住宅是不能住的。

刚走进房间的人看到的炕是这样的：房间的很大一部分，即大约三分之一被窗户边上的大约50—90公分高的建筑物占据。关于中国的窗户，我说过：窗户差不多占了房间的整个一面墙。现在我还要加上一句：窗户只能朝院子开。中国房子朝向街道的一面没有窗口，至多在够不到的高度上，差不多紧靠房檐，有一个窄小的通风口或者观察口。这很难称得上是欧洲意义上的"窗户"。这个50—90公分高的设施，总是从窗户那儿开始，向房间内延伸，宽约1.9—2米，长度可变，取决于房间的大小，没有定规。炕延伸到房屋中间，其边缘装有光洁的、装饰性的木护边。炕上盖有席子，较富裕的人家要加一层毡毯。较小的房间有可够两个人躺的炕。两个躺位由放在它们之间的一张短腿炕桌隔开。人只有按中国人的方式盘腿坐着才能够到小桌。需要说明的是，穿着鞋上炕是不行的。对于中国人来说这不是什么难事，拖鞋式的布鞋很容易从脚上退下，连看都不用看，两脚互相一蹭，就可以把鞋脱掉。这种"礼节"的原则基础是这种考虑：鞋子会弄脏炕上的毡毯或衣服，而且穿着鞋跪坐也不舒服，谁不信可以试试。人们在炕桌上吃饭，也可根据需要，在上面写字或者阅读，十分便利。躺位上的用具我们已经知道了，有被子、褥子和枕头。躺在炕上的人，脚总是朝着窗户，头则朝向木制的炕沿，枕在薄薄的、不舒服的小枕头上。如果谁比较笨，夜里枕头可能会从头底下滑落到地上。到了白天,被褥——家里的床上用品也像我在旅途中所说,并非白色的(枕套除外)——被卷成或叠成筒状,放在墙边窗前。

房间里没有火炉,至多在炕上放一个铁制的火盆,把小炕桌往后推进,在火盆里装木炭生火取暖。

实际上,屋里的热量主要不是来自装满木炭的火盆,而是炕本身。因为炕是可以烧热的。或者从隔壁的门厅,或者——更讲究点——从厨房直接供暖。两者的区别是,门厅有门通向房间,而厨房没有。让我们来看看门厅是怎么回事。通常门厅里放有火炉,炉门上面有个大陶土盘子,可以烧吃的。当炉子里生火时,与火炉连通的房间里的炕,也很快暖和起来。

炕有不可估量的"好处"。如果门厅炉火烧得太旺,那么夜里睡觉的人会翻来覆去不得安生,因为他感到每时每刻都会被烤焦。同时他又可能感到,鼻子快要冻僵了或者身体不接触炕的那一面像放了冰块一样。这是因为,虽然炕可以烧得很热,让人发烧、发汗,但它不能烘热房子的整个空间。

最多的炕——由于与炉子相通——还会生烟。当炉子点火时,炕洞里也会冒出烟来。

为避免有人说我在有关"炕"的知识中遗漏了什么,我要坦言,炕的最主要特点是舒适,但也是蛆虫、寄生虫的繁衍滋生之地。一到夏天,它们就麇集在这里,有的到了冬天还在坚守阵地。

玛尔盖庙旁边的穆斯林客栈的炕也是这样的。当然,由于这里接待的多为普通人,炕上铺的是陈旧、开裂的席子。我的旅伴中,有人把自带的铺盖铺在炕上,像在自家一样,伸展腰身,躺在上面。大家都不脱光,而是喝茶、抽烟、聊天,一直到天明,根本不顾有人可能想睡觉。不过睡下的人也不怎么受干扰。就中国人来说,只有在他吃饭时不能打扰,否则他会跟你没完。

尽管我很想,但仍没勇气挤进这些黄皮肤的旅伴中间,与他们同睡。就连孟也直耸鼻子。我最后感到,还是在汽车顶上过夜更合适些。反正很多行李和包袱已被拿走。我在箱子顶上成功地布置了一个虽说不上舒适、但比客栈的"宁静"总要好点的卧铺。客栈和寺庙一带渐渐地安静下来。只有一只看家的多毛狗,在巡守寺庙时,经过汽车旁边,发出响亮但均匀的吠声。狗吠声非但没有打扰我,反而增加了我的安全感,使我很快沉入梦乡。我不相信它有胆靠近陌生人。拂晓时分,我醒过来:下雨了,是霏霏细雨,无声无息。我的仆人孟现在不知在什么地方。看来刚才他是假装不屑,其实还是认为在客栈睡觉为妙。我没有多想,整理了一下身上的雨衣,在疲乏中又昏昏睡去。

拂晓,街区苏醒了:喇嘛带来了牛奶和茶叶。我与中国旅伴们告别后,跟上一位喇嘛走。孟把我的行李一件件拿来,一起到寺庙的一个角落栖身。我们准备在这座寺庙里住三天,等下一班车到来。其他人都准备停当,乘原来的班车走了。

这是我在内蒙古的土地上,面对的第一座喇嘛庙。我终于可以开始研究一个内蒙古喇嘛庙的一切:生活的律动、秉性、制度、贫穷和富裕,品德的高峰和低谷,等等。还有更深层的东西。不久以后我领悟到,这些寺庙不仅是宗教生活的中心和草原之子的文明、文字的最主要保卫者(即便是单方面的),而且这些寺院和庙堂实际上也是一座座坟墓。它们是强悍的内蒙古人的物质财富和男子汉气概的埋葬者。在内蒙古的天空下产出的一切美好事物和财富,差不多都汇集于神佛的祭坛,或者流入活佛们的口袋,用于草原宫殿的美化、修缮上。比这还要严重的,是一种牧民家庭必须缴纳的"税",即把家庭的精华、最主要的男丁——儿子捐献给寺庙。如果一个家庭有三个男孩子,两个必须归寺庙所有。须知,一个家庭住在寺庙里为神佛服务的成员越多,该家庭的道德水平和名望就越显赫。与此同时,这个家族或氏族无论在人数上还是力量上都越来越弱,因为大批优秀男丁转入无欲求、无婚姻的出家人生活,对于任何部落或种族来说,都是不可挽回的损失,威胁到其存续繁衍。

喇嘛究竟是什么呢? 这当然是我要寻求答案的第一个问题。我需要由此出发,研究其他更具体、更有内涵的问题。

第一眼望去,可以说,所有喇嘛庙都像一个地地道道的小村庄:中间是一座或一座以上的庙堂,周围是喇嘛的住宅、房舍。所有喇嘛宿舍集中在一个建筑里的西藏样式,在内蒙古相当罕见,不过在我旅行期间,也见过一座这样的寺庙。看来,在西藏和内蒙古常见的那种老式的、与僧房连在一起的简单寺庙样式,在这里是完全陌生的。

至于寺院的其他部分,在整个内蒙古都是一个样,至少是按照同样的原则设置的。只在装修的式样和完备程度上有区别,这取决于寺院的捐助者或施主的富裕程度。

在内蒙古,按照风俗习惯,寺院是分成等级的,划分的根据是,谁是施主,谁出钱建造,谁负责维护保养。

很大一部分寺庙是所谓的"皇寺"——当然今天这些寺庙是最荒废的。清朝皇帝作为施主在很多情况下只限于敕建寺庙,维护保养的职责交给寺庙所在地的蒙古王公或邻近部落的首领。他们必须从更小的部落——蒙古语为和硕——派出喇嘛至少1—

2 名到新寺庙里。这些喇嘛也靠他们供养。不能忘记——也许这是最重要的——这些被派驻寺庙的喇嘛的住所,也靠部落或小部落出的钱建造。这些房舍逐渐形成一个个喇嘛村。

还有一种维持皇家喇嘛寺庙的方法,今天也很时兴。不是征收教会税,而是一种义务供奉,就像居住在黄河附近的塔拉蒙古人供养王公贵族那样。

在内蒙古,最使牧民家庭头疼的是解决燃料问题。在那一带,极目所见,没有任何可作柴火的乔木或灌木。就像在匈牙利的小平原地区一样,蒙古人也是用烘干的畜粪作燃料。马粪、羊粪和牛粪都有专门的名称。牛粪叫阿尔噶尔(argal 的音译,下同——译者),非常昂贵。

内蒙古的小部落或部落,被要求轮流履行供养寺庙的义务。比如,根据设想,一个部落在皇寺附近放牧其畜群,以供养寺院里的人。寺院里的沙弥即年轻的喇嘛捡拾收集牛粪,燃料就有了。部落有足够的牛奶、羊奶和奶制品,还有肉供应寺院,满足他们最基本的需要。但是,如果由于生病或冬天的严寒很多牲畜死亡的话,施主们资助寺院的活动也会受到困扰。

现在的皇寺,早已不复当年吃皇粮时的繁荣景象。中国政府要解决的最小问题都比承受这种负担为大。现在也不再强迫把部落的畜群赶到寺院的土地上生产“燃料”。只有部落供养寺院里的自己人的老义务还存在。不过,心有余而力不足,蒙古部落今天连尽此义务也很困难,因为他们的贫困化也日甚一日,不知伊于胡底。

另一种常见的寺庙类别是部落的寺庙。这些寺庙是用部落的钱建造的。但是部落往往出不起维持寺庙运转所需经费。喇嘛一般都是本部落的人,都能——如果有的话——保存其财产。这些寺庙通常建在部落的首府,和王爷府、衙门并列,自然来的人也多。在最多的情况下,王爷就是施主,除了维护寺院外,还对供养喇嘛提供资助。如果没有其他方式,王爷会召请喇嘛到王府去为他本人和家庭念经祈福,或者借信佛的蒙古人生活中的许多其他机会,请喇嘛去作法事。请喇嘛念经是要花钱的。对于皇寺那些饥肠辘辘的喇嘛来说,这也是——老实说很可怜的——收入来源之一。

最富有的寺庙是活佛格根和其他高级僧侣如呼图克图的寺庙。在内蒙古,这种寺庙已相当少见了,可能只有一两座。这种寺庙大都是虔信佛教的王爷创办的,建成后捐献给当地的活佛格根、呼毕勒罕或呼图克图。寺庙里喇嘛满员是满员了,但喇嘛们的生存却仍然要靠王爷的帮助。王爷命令一定数量的家庭成为活佛的终身奴仆。这些家庭不需要缴纳任何俗世的赋税,但是有义务照管喇嘛的生活。这些家庭被称为"沙比那尔",蒙古语意思是"徒弟"。在喇嘛庙附近也住着这样的沙比那尔,他们要向寺庙缴纳固定数额的赋税,包括金钱和活畜。穷一点的家庭,则用茶叶和钱缴税。事实证明,这些寺庙比其他寺庙更有企业精神。他们组织大型商队,承揽一些服务项目,比如在一段时间内维护邮路和驿站。有的还向部落放贷,当然不是在"利他"的基础上。在中国,20%—30%的利息都还算是较低的。这些寺庙能富起来也就不足为奇了。不过今天这种富也已成为过去。

从外面看,喇嘛寺是什么样的呢? 它的平面图是什么样的?

所有的庙堂,不管有多大——我们知道它只是寺院的一部分——都有围墙。从建造围墙的材料的好坏可以辨别出寺院的贫富。有夯土墙、篱笆墙或用砖砌的、有艺术性的墙壁。砖墙一般是红色的。

在大殿前，主大门的对面，在南面一侧，离围墙大约50米远的地方，有两根6—7米高的柱子。在盛大的节庆日，喇嘛在柱子旁边张挂灯笼、宫灯或香烛。再远一点是一根较小的石柱，或者另一边也有一根，是接纳马匹的地方。骑马来的人要在这里下马，把马的辔头拴到柱子上。要知道，不管是神佛还是王公的居所，是不能骑马靠近的。

殿堂的围墙，特别是其突出的部分，装有所谓的玛尼，即祈祷轮。这些是有50公分高的转筒围绕着垂直的铁轴转，可用垂直固定在轴上的柄推转。转筒是中空的，确切地说，里面塞满纸卷，纸卷上印着重复几千遍的通俗经文，比如梵语六字真言：唵嘛呢叭咪吽。人在前面经过时，转动法轮就等于念诵里边的经文。

在围墙内不许杀生，禁止带酒进去，女人不得在里面过夜。寺院的大门开在围墙的南面。谁都不能不经大门进入寺院。大门很少打开，只在特别重要的节庆日，如活佛降临，或在皇朝时期，皇帝莅临时才打开。普通喇嘛从大门左右侧的小门进出。大门通常是朱红色的，带有龙纹装饰。门下有四尊马哈拉扎（maharadzsa 的音译，下同——译者），即四大天王的塑像。四大天王在须弥山护持世界四大部洲，维护世界的秩序。

在喇嘛教的画像和雕塑中，四大天王是最常见的神祇形象，即使是最低等级的喇嘛——沙弥，也认识他们的状貌（但是不能认为，喇嘛们都非常了解他们的神话）。四大天王之首是南方天王。身为青色，右手持宝剑，左手拿着宗教仪式用的笏板。西方天王身体是红色的，手里握着一条盘绕的蛇。第三个天王是北方天王,体呈黄色,右手持一宝幡,左手里有一只鼠。东方天王是白色的,手弹琵琶。

一般寺庙是四大天王的彩绘图像守护入口大门。有的寺庙大门上方是多层建筑,上嵌一些小塑像、祭器和小祭坛。

我们经过为喇嘛进出服务的某一个小门走进寺院。走进院子里,面前又是新的墙和新的门。整个大院被分成几部分(通常是三进院),由东西走向的墙壁隔开,每面墙上又有两个小门供喇嘛通行,但并不是平行的。这就是说,我们在第一个小门站下时,不能马上直接看到第二个门,因为第二个门靠旁边一点。一个寺院通常有三个院落。每个院落不仅有小门,而且还有与主大门相平行的较大的装饰门,但这些门不是多层门楼。从第一道大门开始,一条带有饰纹、略微凸起的石板路向里延伸,经过另两个门,直到第三个亦即最里面的院落,就是圣殿,蒙古语称格尔苏木(golszum 的音译,下同——译者)的佛堂所在地。旁边两侧都是活佛和高僧们的住宅。在第二个即中间的院落,在"凸道"中段有凸起的座基,上有青铜或铸铁的大缸或狮子形状的香炉。每逢重大节日,香炉的炭火上都要烧些香料。通常在香炉的左边,矗立着一个约三米高的木构建筑物(也有砖制的),内有梯子通往顶端。在举行宗教仪式、呼拉尔(蒙古语 hural,指集会)前,一个喇嘛登上建筑物的顶部,吹响法螺或蒙古角,示意仪式开始。中间院落里有几幢建筑,系配殿和仓库用房。第一进院落只有两个凉亭似的建筑,里面立着有镌刻文字的石碑。字碑记载着寺院创建或修复的情况,或某个皇帝到访等其他比较有名的事件。碑文通常有好几种文字,最常见的有蒙古文、满文、汉文和藏文。在头一进院落也可能有喇嘛宿舍。

　　从建筑学角度来看,蒙古喇嘛庙主要是中国传统形制的,西藏式的建筑犹如凤毛麟角。藏式庙宇——现在就说主殿,格尔苏木——最常见的形式是正方形建筑,有的是在东西走向上略有延伸。虽是单层建筑,但体量相当高大。外面是非常简单的、涂着白石灰的墙,墙脊是平平的,没有任何装饰。除了北面,各个方向的墙面上都开有窗口。

　　按中国传统式样所建殿堂更为美观炫丽,也更丰富多彩。其形制较长,但比藏式建筑要矮一些。屋顶的边缘,像典型的中式建筑,徐徐翘起。有的寺庙是重顶的,由灰瓦或绿色琉璃瓦覆盖,凸起处有兽头装饰,多为神话动物和鸟雀,是陶瓷或烧土做的。屋顶朝南伸出的部分,在入口前面由普通红色或有龙纹的立柱支撑。其数量依寺庙建筑的体量大小而定,是4—8根。在正门前,按照中国的习俗,卧着两只守护殿堂的狮子,中间常有香炉。殿堂正面都是门,没有欧洲意义的窗。门都是木制的,有翼扇。门是典型中国式的,上部有前面介绍过的白纸覆盖的格栅窗,整个殿堂的采光都靠它们。寺庙的窗棂图案当然要比普通中国住宅建筑的窗棂图案更丰富,但基本形式一样,都是交叉状的。

　　中式殿堂最引人注目的部分是屋顶,与一般中式建筑一样,在丰富复杂的沉重的瓦饰的压力下,坐落在木架构上的建筑物岌岌可危,只要几十年不修葺,这座华丽的杰作就会自行倒塌。

　　这是我在内蒙古之行中见过的最一般的喇嘛庙,其他地方的庙宇大体上差不多,或丰富一些,或简单一些。

　　在玛尔盖庙短暂的逗留期间,傅(Fu 的音译,下同——译者)喇嘛热心地给我带路,向我介绍一些建筑物,告知其名称和用途。一个好奇的小喇嘛始终跟着我们。他名叫拉什(Rási 的音译,下

同——译者），与其说是给我们指路，不如说利用指路增长点见
识。他抓住一切机会，向我重复问一个问题：

"这里面有什么？"

他逐次拿去我的照相机、暖水壶和所有他能拿走的东西仔细
观看。

玛尔盖庙的主大门比较简单，没有门楼，但是门的两边各有
一个圆形花窗，朝着来客。两侧的入口非常宽，可容汽车通过，门
洞下面没有通常可见的高门槛儿。圣殿，也就是主殿是两层楼。
楼下是佛堂，楼上则为寺庙的藏书室，藏书包括一部珍贵的佛教
经典：一百多集的藏文《甘珠尔》。这座寺庙是建在山坡上的，主
殿就坐落在其最高点上。由此俯瞰，一副非常绮丽的画面便展现
在眼前。玛尔盖庙的为数不多的僧人就住在寺院墙内。由于这
一带土匪猖獗，寺庙只能如此。一到晚上，庙门便紧闭起来。

七湖之城：多伦诺尔

蒙古人中的帐篷住民—茶水中的干草—喇嘛国—
沙城—孟疲惫不堪—我的粮贩子房东—"万能的"党—
一个劲儿地追问—邻居的火—建筑的历史—蒙古人居
住区，汉人居住区—汉人怎么个死法—马，毛皮，点心—
两个宁静的喇嘛村—进入沙拉苏木

我在玛尔盖附近看到第一个蒙古包。蒙古族人很自豪地称
用毡子覆盖的、很容易拆运的住所为"蒙古房子"，俗名"蒙古
包"。我在拉什和孟的陪同下，走了大约一公里路，在一座蒙古包
附近停下来，为表示对草原礼节的尊重，我在一定距离外放下我
的手杖及所有容易让人误会的可击刺、切割的东西，然后让小拉
什前去打招呼，说明我的来意。我受到了很友好的接待。

主人趋身向前，向我鞠躬，表示衷心欢迎我的到来。他用汉
人的方式，双手抱拳，在胸前摇晃：

"赛音白努哦？你好吗？"

对友好的举止和亲切的问候都需要给予回应。

"恰慕儿赛音白努哦？你可安泰否？"

主人请我们进入蒙古包，帐门很矮，必须深弯腰才能进去。
刚进入帐篷，昏暗的光线使我一时看不清方向。但是过了一会
儿，眼睛就适应了，可以看清：周围一圈都是座位（这些座位到了

晚上就成了睡觉的地方）。帐篷中央是个火炉,也起照明的作用。火炉产生的烟,由洋铁皮制的烟囱通过帐篷顶上的开口,导出帐篷外。眼下,火炉上一把大铜壶正在煮茶。当然,我必须马上坐下来。等了没多久,女主人也来了。坦白地说,她既不漂亮,也不高雅。蒙古族人很特别,不怎么讲卫生。这一带大概只有喇嘛构成某种例外。女主人身上穿着粗布制的、脏兮兮的、说不上是什么颜色的衣服。看起来她好像穿着多层上衣和长袍似的裙子,显得十分臃肿。这只能用御寒的需要来解释。蒙古包的取暖很难达到让人不感冒的程度。抵御寒冷的办法只有一个,就是多穿衣服。天越冷,穿的衣服越多。

交谈慢慢开始。蒙古族人一般沉默寡言,比较内敛,不像汉人那样咄咄逼人,认识没几分钟就喋喋不休地问这问那,使可怜的、茫然的外国人不知所措。他们问起话来像一个调查法官,速度很快,被询问者一个问题还没回答完,下一个问题又来了。你打哪儿来？住在哪儿？吃什么？有多少钱？钱都是哪儿来的？只有这些？……汉人不止是提问题,还刨根问底,问话里多少包含蔑视的意味。甚至,有时询问的目的是为了验证一下,对方无论如何不如自己。

罗巴桑(Lobaszang 的音译,下同——译者)是他的蒙古族名字。他在这一带放羊,还有几头母牛。他不无自豪地指点着被烟熏得有点发黑、过去曾用黄色丝绸包裹的藏语经书,虽然他不会念,但知道其中一段经文。当我说明我旅行的目的是为了考察释迦牟尼佛祖的宗教时,他马上说：“嘚。”听得出来他很得意,因为他把“e”字拉得很长。这时茶烧好了。妇人从很多破布头中熟练地拿出一只黄色的木碗,从旁边地上捡起一个深色的、黏黏的废布团，这就是抹布。她把木碗擦干净，用一把铁制的长柄勺子把烧好的茶水舀进木碗里，然后拿出一个装着奶的木壶。壶嘴被紧紧地塞住，以免脏东西掉进去，而壶塞——很有创意——居然是用牛粪制作的。我的茶水里也倒了奶。我几乎想象我要喝英国茶了，这时我的目光落在茶水上飘着的一根干草棍上。这显然是从奶壶嘴塞掉出来的。所有人都端起差不多一样的、但不那么雅致的木器皿，开始啜饮奶茶。在 8 月末已有些冷冽的早晨，喝一口热乎乎的饮料，确实使人浑身舒坦。要是没有那根草棍就好了！放下碗不喝，是对主人的最大不敬。我总算摘出了那根草棍，然而奶茶是不能不喝的。

　　三天很快就过去了。张家口来的班车到了，车上乘客要少于前一趟车，但车子完全一样。我与傅喇嘛依依惜别，登上了汽车。

　　我们下一程的旅行是在沙漠中进行的。我们到了一块隆起的地段，必须下车，因为车轮子陷在沙子里空转。我们推车向前移动了好几米，车子才开出了沙坑。我们步行了 1.5 公里左右，因为汽车虽然能走了，但很困难，只有空车才能前行。

玛尔盖庙。身披红色褥单的傅喇嘛

上午,两座新寺庙出现在我们面前,一个是大庙,一个是小庙。显然,我们已经来到了喇嘛居住区。

之后又是沙漠,一望无垠的灰色,我一时觉得这单调的景色好像永无止境。旅伴们开始收拾东西,准备下车,"我们已经到地方了"。不过还要走一段路,才能分出城市和沙漠,因为它们浑然一色。房舍的墙壁、围墙,连城墙及房顶,都是夯土盖的。夯土干了以后的颜色与城市周围的单调景色没有任何区别。多伦诺尔,即"七湖之城",是一座用沙土建造的沙漠之城,只偶尔能见到一两座不是灰色的建筑:一座大道观和一两栋按城市方式建造的中式房屋。

在城门口(这也开在灰色的沙土墙上),有个中国士兵站岗。他叫我停下检查护照。他没有多啰唆,只记下我的姓名,以便以后容易找到我。从张家口到多伦诺尔的路还好走,再往下走就不是那么简单的事了。

在以前的旅行札记里,比如普尔热瓦尔斯基的书中,我读到过旅行者在多伦诺尔的坎坷遭遇。他们逐个走访客栈,但到处都人满为患,没有空余床位。我们到达城里时,已是傍晚了。我不顾疲乏,立即去找住宿的地方。在多伦诺尔汽车公司大院,我又一次被检查护照。我让人拿下我较大的行李,暂时托给公司的人看管——相当于付费寄存,不过没有固定价码——就和孟一起出发了。有意思的是,孟干点儿事、走点儿路就累得不行,不中用了,只会瞪着眼睛喘气。现在也是如此,什么事情都得我自己做,他只是像个傀儡似的跟着我,连两句话都说不了。

这座小城,从里面看,和城外一样,也是死气沉沉的。没有粉刷的灰色房子、墙壁,好像是没有完工的建筑。未铺石块的、不平整的道路,被厚的几乎达到膝盖的沙土覆盖(一下雨就会泥泞不堪,幸好——或者不如说不幸——这里很少下雨)。街上,各种汽车、马车、骆驼、羊群、汉族人、蒙古族人,挤挤挨挨、熙熙攘攘。不过这样的街道很少见,大部分街道空无一人。闯荡到这里的汉人大多经商。他们沿袭古老的传统,把商品摆在店铺的前面,用敞开式的店面招揽行人。沙漠中的尘土、沙砾很快光临,不一会儿就覆盖了一切,就像悲伤的眼帘。

我不必转悠太久,就在第三或第四条街,看到一间较小的汉人客栈,叫伯仁店(Pozsentien 的音译,下同——译者)。很快我就得到一间客房,当然有炕,但年久失修,破败不堪。窗户纸破破烂烂,但还没有彻底脱落,垂挂着,飘动着。窗户上可见手掌般大小的窟窿。房间的地面是土地,坑坑洼洼的,人一不小心就可能绊倒。尽管如此,精明的店主见我是外国人,马上给我开出一个高价租金,因为在中国人眼里,外国人都是百万富翁。我没有无休止地讨价还价,因为想把价钱谈下来也不可能。我找了一辆车,让把我所有的东西都拉到客栈来。我马上打开我的行军床,放到炕上,现在天气还不怎么冷,睡行军床挺舒服。是的,我也只能睡行军床,因为炕需要修理:炕下的灶膛被堵住了,不能烧。房主撺掇我修理它,说花不了多少钱,修好就可以生火烧东西了,该有多好。但是我没有入彀。从他的表情可以看出,我的固执使他很懊恼。这样就得他自己修理破炕,因为他不敢向中国客人提出这样的要求。

我安顿好了以后,买了一把锁(背面刻着"奥地利制造"的字样)。我把两扇木门用一根链子拴住,给房间上了锁,虽然房东一个劲儿地保证说,这儿什么东西都不会被偷。我和孟走进一家汉族小饭馆。这家饭馆和北京城最边缘地带的小饭馆一样。店主，也就是掌柜的，和一个小伙计迎上来。几张餐桌坐的都是中国客商。有一个空桌子，上面还摆着上一拨客人吃剩的东西。老板急忙把剩饭菜收拾掉。他使劲儿地用抹布把吃剩的肉块、蔬菜，还有酱油和酒的混合液体，一股脑扒拉到一角，发出很大声响。他殷勤地请我们上座。当然桌子上面还没摆任何菜肴。桌子前，摆着长长的木椅。我要了猪肉、羊肉、米饭、汤和黄酒，狼吞虎咽地大吃起来，因为我着实饿了。

回来时，见到新的检查护照的人在等着我。有一段时间，我对中国当局这无休无止的搅扰不胜其烦，实在难以理解。后来我逐渐意识到，这根本不是搅扰。不如说是各部门权限之间的冲突，是中国的不同部门应该互相抱怨的问题。

瞧，在几个小时之内三次检查我的护照是怎么一回事。在我刚到达时，在城门站岗的士兵检查了我的护照。他代表的是地方卫戍部队，因此自视甚高，觉得这个重要的权力非他莫属。在汽车公司的大院，警察局的人看了我的证件。谁能质疑警察局有检查护照的权力呢？第三次是县衙门的人来查。他们肯定应该知道是谁到了他们的地盘，县里发生了什么事情吧？这不是再明白不过的事吗？

至此，我自以为明白了是怎么回事。但是有一天，我突然发现，这还远远不够，甚至什么都不是。地方卫戍部队、警察局都算不了什么，连县衙门也最好保持沉默。因为在中华民国，只有一个真正的权力，那就是党，"伟大的"国民党。根据孙中山的观念，这个党是中国人民意志的产物。然而我们都知道，中国拥有专制权力的统治者、以孙中山思想的继承者自居的蒋介石却宣称：很遗憾,中国人民政治上还不够成熟,不能自觉行使其权力。需要教育人民长大成人。党承担了教育人民的工作,在此期间则对人民实行政治监护,这就是"训政"。谁都不要以为这是我在说笑。相反,这些都是非常严肃的话题,任何人都能在党的宣言和宪法草案中读到。

他们从大城市中心向全中国所有大中城市,甚至小城镇派遣了许多乳臭未干的心腹、党的书记等,组织国民党的地方支部和小组。他们不是进行耐心的组织工作,而是飞扬跋扈、横行霸道,插手和干涉其他所有机关的工作,一切都看不顺眼,动辄训斥。

我也需要好好认识认识这个党。如果说在北京、上海,甚至张家口,我都成功地避开了党的视线,在这里我已经不能隐身藏形了。就在我抵达此地的第二天,一个戴眼镜的年轻人就找上门来。他要看我的护照。他是党派来的。他对什么都要问个究竟。他比迄今为止所有进行护照检查和海关检查的人员都更吹毛求疵,包括从北京开始的各种检查到最近在多伦诺尔进行的三次检查的参加者。过了还没有一天,我就听到邻居和周围的人说:

"党部问你的情况。"

我搬到喇嘛的住处也没能避开党的好奇和关心。党总是有时间和兴致派个人来找我。因为党要知道这个外国人在这里干什么,如何度日。

几个星期后,我有机会到多伦诺尔去。我是去购物的,因为需要补充和更新我的食物储存。这天正好赶上中华民国的某个法定节日。党和所有能出动的人都拥到大街上,当然首先是学校。很多学生排成长龙,人手一面小国旗。孩子们唱歌,并在领队的示意下,齐声呼喊:

"打倒帝国主义!"

他们就是这样教化人民的。幼童们被教会呼喊口号,但他们根本不知道口号是什么意思。

我在伯仁店度过第二个夜晚。夜里两点钟左右,店主把我从睡梦中叫起。"没什么大事,"他说,"但您不妨起来看看。"我匆匆穿上衣服,走到院子里。只见前面的天空迷迷蒙蒙的,有大量灰烬向上飘飞。西面较远处的天空有些发红。大概离我们有四幢房子远,一个中国人的商店着火了。我的眼光寻找消防员或其他公职人员。但没看到任何人。

"店老板会灭火的,邻居也不会闲着,否则他们的房子也会被烧着。"一个中国人让我放心。

那些好人确实相当努力地灭火。幸好此时没有风,再者此地的中国房子的覆盖层大都为黏土或沙石所制,不容易烧着。然而,搞水却费事得多。这场火灾最终没有酿成大祸,只有商店被烧毁,邻居得以幸免。相邻的房屋顶上出现了一个个勇敢的消防队员,向火焰上喷水或撒沙子。火焰熄灭了,只还有一些火星子飞舞着,久久才散。一脸惨相的店老板和邻居们在商店的废墟旁边一直待到拂晓。

我短暂的客栈生活无论如何是相当多变的。不久以后,中国的宪兵从大草原(汉人如此称呼蒙古族的丰美的草场)来到这里。他们是从经棚(Tyingpeng 的音译,下同——译者)来的。"那一带土匪猖獗",人们解释道。看到我有些留意,他们有选择地向我叙述了一些有关土匪的故事。关于中国的治安状况,很可惜,我的看法没有多少改善。但我至少听到了一两个耐人寻味的故事。在这一带,宪兵们的日子挺清闲。他们还从未与土匪有过正面交锋。实际上五个宪兵中就有两个曾经属于某个匪帮。土匪的日子也不是那么好过的，不像他们大多数人最初想象的那样。没什么吃的，天寒地冻，居无定所。已经不只一个人向宪兵传话，愿意改邪归正，不再干土匪了。

"如果让所有土匪都当宪兵，我们怎么办？我们也没好日子过。"一个宪兵讲起他的"哲理"。他不无自豪地整理着他那脏兮兮的袖章，袖章上不仅有部队的标记，还盖着大印，证明袖章的出处和可靠性。印是必须要盖的，因为土匪也开始佩戴这样的袖章。

从他们的每句话都可以感觉到对土匪的难以言说的憎恶和仇恨。不过这种仇恨不是遵纪守法的人出于更高尚的道德观念产生的、对秩序的敌人的仇恨。不是光明与黑暗之争。这是一个企业对另一个竞争企业的恶感和嫉恨，是争夺饭碗的心理作祟。

不过看起来，即便这样，治安也能维持一时。多伦诺尔在以前某个时期曾是一座贸易城市，蒙古人和汉人在这里汇聚。十年前，蒙古人和汉人各占城市人口的一半。专门的汉人和蒙古人居住区一直保留到今天，不过蒙古人的数量和重要性日益下降。原有的商业贸易已经瘫痪了，所有通向多伦诺尔城的道路都被土匪控制着。只有那些非来不可的人才来这里，而且不敢在白天来。蒙古朝圣者也越来越少。这可能是治安不好造成的，也可能有道德松弛、信仰不彰的原因。在中国革命之后，以前最主要的权威被打翻在地，而新的权威不仅不维护旧制度的理想一面，相反，他们自己就是冒渎宗教圣地的人。

这座沙漠城市以前曾有过"圣地"之称：附近有两座大寺庙。那些从满洲去西藏、五台山或其他圣地的朝圣者都要迤逦来此。

在此驻足的还有库伦人和去库库和屯的人。

今天这一切已是过眼烟云。以前也是不能空手上路的，而礼貌也要求人们根据其财产状况，带上某种礼物上路。今天，带着路上用品和礼物的旅行者走不了多远。

朝圣者和香客用的很多祭器是在多伦诺尔制造的。这里制造的黄铜和青铜布尔罕①，以及小佛像雕刻远近闻名，最远出口到库库和屯。现在这种贸易也很萧条了，来拜佛的人少了。青铜和黄铜制的佛像比较粗糙、原始，但价格却更贵了。能去北京的人，可以买到多么美妙又多么便宜的神像啊！

蒙古居民区的很多商店惨淡经营、艰难度日。这些商店专向蒙古人出售各种商品。以前某个时候，商店可从喇嘛身上赚到很多钱。而如今，甚至一个月也没有一个喇嘛光顾。很多华丽的袈裟、节庆日穿的长袍、喇嘛戴的毛皮帽空挂在商店里，无人问津，也没什么人能买得起。就连香炉和线香也只有汉人买。蒙古人居住区开始衰落，越来越多的店铺易主，新店主则纯粹是为汉人服务，按汉人的需求布置店面和安装设备。

独特的是，混乱的时局、恶劣的气候、匪患的猖獗都没能阻碍多伦诺尔的中国居民发财致富，以及越来越多的新移民到来。在我来这里大约一年多以前，两位中国将军——满洲的绝对统治者、土匪出身的大帅张作霖和有名的"基督教"将军冯玉祥在这里打仗。张作霖打赢了，他的人洗劫了这座城市。很多中国商人遭受厄运，失去财产。我也看到了那些被炮火摧毁的房舍的残垣断壁。然而，所有躲过地狱般的几小时而侥幸存活的人，仍保留着

---

①　蒙古语，即佛祖或佛龛。

对生活的热爱和创业精神。总的说来,中国人的执着和抵抗能力远远强于我们。他们可以默默地忍受苦难,苦难刚过去,就忘诸脑后。是的,他们也往往不能吃一堑长一智。

张作霖的士兵走过的地方……

在多伦诺尔,我第一次看到公开处决。一个年轻的土匪被押送到城外。按照中国人的习惯,他被捆住双手,背上挂着一个牌子,上面记录着他的劣行:何时、何地杀害、抢劫何人等等。在游街示众的过程中,围观的人群嘲讽、叫骂,向他扔各种脏东西。而这个土匪却旁若无人地抽着烟,泰然自若,仿佛什么事都没发生。后来,他厌倦了喧闹声,开始反唇相讥,用污言秽语回击围观群众。他毫无惧色地走向死亡。

实际上,多伦诺尔的中国居民是一个"优胜劣汰"的移民社会。

这里的居民大多是从华北各省来试运气的人。这些人不为家乡所容,或者因为饥馑、匪患而逃难到遥远的地方。经商和发财,这是所有普通中国人的梦想。很多冒险家来到这里,互相竞争,难分胜负。谁都不易出人头地、得偿所愿。他们彼此很难相欺。但是这儿有蒙古人,就像幼稚的大儿童,很容易入彀。只是对于生意人来说,有时需要不辞辛苦,深入大草原,到蒙古牧民中去做生意。那里竞争不激烈,但是冒的风险却更大:冬季天寒地冻,一年四季都有匪患。另一部分人的贸易面向张家口。

多伦诺尔有两个极为重要的市场,今天也很兴旺。一个是马市。市场对敏捷、矮小的蒙古马的需求很大。不过很显然,贩马在当地不属于最没风险的行业,因为路途不安全。盗马贼、窃贼和土匪时时窥伺,待机而动。好在商贩们也找到了避祸的药方。为防不测,待售的马群不是由牧马人而是由20—30人的武装军队或宪兵护送。这类宪兵我不陌生。我在伯仁店曾结识了他们中的五个人。有多少骆驼队、马群在武装士兵的护送下,经过那古老的寺庙前面啊!当然,有护送人员使商品的成本增加,因为军队或宪兵武装护送马群不是无偿的。但这总比把马群的命运交到土匪手上划算。

早先,在多伦诺尔每年都举办一次马市。集市是和赛马活动连在一起的。现在,马市和赛马都停办了。

另一个大宗交易商品是毛皮。毛皮交易的重要性在这里不如在张家口,但仍是很多中国人可靠的饭碗。和张家口一样,这里也有很多毛皮商聚集区,不过远不如张家口那么繁荣。特别是,这里的毛皮并不很便宜。

多伦诺尔的特产,是种类繁多的中式点心。也许我应该先提一下，在汉人居住区里有专门的回民区。这个居民区不像蒙古人区和汉人区那样有明显的划分。我之所以说它是回民区，主要是因为有两条比较长的街道完全被中国回民商贩占据。这也不需要特别考察，因为所有虔诚的回教徒都挂出小牌子或者在大招牌上标明，他的店是"大清教"即"非常洁净的宗教"的信徒的店。"大清教"是回教徒对其宗教的称呼。回教徒不能卖猪肉。可能正是为了弥补他们的这一缺陷，所有的点心店——这样的店很多，因为中国人很喜欢吃点心——都由回族人经营。

在伯仁店度过一两天之后，我已看到，在多伦诺尔的沙漠中，我没什么事可做，住在这里的蒙古人很少。我在孟的陪伴下，出发去离多伦诺尔有7里即约4公里远的喇嘛寺庙。实际上，就是这些寺庙吸引我来到这里

喇嘛庙。东仓，敌对的喇嘛村
（闪光的沙原上的大殿）

的。我们走过一座不大结实的木桥，越过一条溪流之后，就踏上了大草原。我们一下子找到不是一座而是两座大喇嘛村。两者相距大概只有一里半。这两座寺庙被中国人简称为西仓（Hszicang 的音译，下同——译者）和东仓（Tungcang 的音译，下同——译者）。这两个名称是按地理方位区分两座寺庙：一个是西寺，另一个是东寺。

　　一时之间,我自己也不知道要去哪一座庙。我谁也不认识。我不能向敌对的汉人求助。我马上就察觉到,蒙古族人——如果说还有点害怕——根本不喜欢汉人。在茫然中,我去了西寺。

　　在废弃的喇嘛村,我穿过几个沙土覆盖的街道,终于看到一个穿着比较光鲜的喇嘛。我想,他应该是能帮助我的人。我叫住他,向他说明来意:我想了解释迦牟尼佛教,想在这儿住一段时间。请问谁是这座寺庙的住持,或者我应该找谁谈这事儿……

　　这个人是吴(Wu 的音译,下同——译者)喇嘛,后来成了我的好朋友。他很友善,立即带我到达喇嘛——寺庙的住持那儿去。我需要找个住处。这座寺庙,正像我说的,完全是村庄式的,喇嘛都住单独的房子。我们谈妥,他们为我找住处,找好后派人到城里通知我。

　　第二天,果真来了一个衣衫破旧的喇嘛。他是达喇嘛派来的,让他给我捎口信儿,说地方是有,只是他们不敢自行收我入住,让我从"衙门"或县长那儿搞个证明或许可。我当即就去了"衙门"。半个多小时后,我搞清楚了这件事是谁管。这属于警察局长的权限。我就去找警察局长。还好,我没费太多唇舌,就取得警察局长的首肯,条件是,我必须保证在离开那里继续旅行前,到他那里报告。

　　"不需要开具许可。"他解释说。但是为了让喇嘛们放心,他派了一个警员陪同我去喇嘛庙,口头传达许可。

　　9 月 3 日是一个星期二,天色阴沉,还雾蒙蒙的。我把我所有的东西都装上"轿子车",即中国式篷车上,在警察陪同下前往西仓寺,即西寺。喇嘛们用蒙古语称之为沙拉苏木(Saraszum),即黄寺。

布彦德尔格，我的房东

一个穿喇嘛服的库恩沙格的亲戚—喇嘛们有多少
名字—布彦德尔格之家—当"经书"捉迷藏的时候—那
些人也是无神论的蛮子—我的家—裴尔切为什么闪烁
不定—布彦德尔格的苦恼—拉长时间的作客—如鸟兽
散的麻将牌的玩家—盂被选掉—中国式诉讼—比大汗
还强—高尚的竞赛—披红被单的喇嘛—达喇嘛的选
举—小庙里的宴会—出游散心—盂，一个骗婚者—当妇
女说话管用的时候—兑现了的预言—过去的回声—我
的房东学习匈牙利语

　　我们再次经过桥梁，跨过溪流，经过锦缎般的草地，很快隐没
在喇嘛村一排排破的房舍中间。我们在穷街陋巷里转来转去，
一会儿向右，一会儿往左，到最后我们都晕了头，不知身在何处。
这时，吴喇嘛出现了。他负责给我找住房，直接带我去看一所较
大的房子。在敞开的大门前，房主已在迎候我们。
　　他头上戴着中式圆顶帽，但不是通常所见的黑色的，而是紫
色的。这表明戴帽者不是个普通人。他穿着黄色的、久经风吹日
晒雨淋的中式大褂。褪了色的、陈旧的大褂表面皱皱巴巴、凹凸
不平，显示出棉袍的布面下棉絮里子结了疙瘩。鲜蓝色的绸裤在
脚脖子处扎了起来。脚上穿的不是传统的蒙古族靴子，而是厚毡

底儿的汉式棉布鞋。他身上还套了一件曾是黑樱桃色的无袖的、立领的坎肩，即"马褂子"。由于天气原因，马褂子皱得像风琴的褶子一样。衣服上的纽扣是锃亮的黄铜做的，总有一两个没系上。衣服看来是蒙古族式的甚至汉族式的，但他的相貌却很难说。说实话，当时我简直不敢相信自己的眼睛。他长得不是一张蒙古人的脸——高高的颧骨、扁平的中国鼻子和没毛的面部——就像我天天见到的那样。恍惚间，我似乎觉得是乖张的命运之神把一个库恩沙格（匈牙利中部地区）的族人带到了这里，在这里打扮成喇嘛跟我开玩笑。但不是。一个长着有点勾的鼻子的土耳其式面孔的人站在我面前。他留着梳理得整整齐齐的山羊胡子，不停地用挂在链子上的一把小银梳子梳理。

喇嘛庙。库恩沙格人模样的布彦德尔格，寺院的德穆奇喇嘛

这就是我未来的房东，因为寺院的达喇嘛指定他的房子为我的下榻之所。

他名叫布彦德尔格（Bujan delger 的音译，下同——译者）①这个名字翻译成匈牙利文的意思是"实现天恩"。这个奇特的名字也表明，它恐怕不是普通的蒙古名字，而更可能是从藏语演变来的喇嘛名！这里我还要说明一下。一个人如果不知道每个喇嘛都有好几个名字，那他在内蒙古的喇嘛寺里会感到困扰。在这一带，就连最普通的蒙古人也有两个名字：一个蒙古名和一个汉名。其原因是，居民大都操双语，并且汉语和蒙古语说得一样好。而汉人却有个习惯，不允许使用外名，因此来华的欧洲人也不得不选用一个中国名字。

就这样，每个喇嘛都有一个蒙古名。我的房东，正如前文所述，蒙古语名字是布彦德尔格。但是他还有一个汉语名字：段（Tuan 的音译，下同——译者），再加上一个较低级的蒙古尊贵名称"德穆奇"，成为：段德穆奇。这儿的喇嘛们和汉人一样，一般都叫他这个名字。他本来还有第三个名字，是个藏语的喇嘛名，但是段德穆奇从来不使用，现在已不怎么记得了。不过其他喇嘛大多只有汉名和藏名。要习惯这么多名字实非易事。

布彦德尔格或者说段德穆奇，恭恭敬敬地迎接了我们，并引领我们走进房舍。

我们进了院门，左手是房门和窗户。这是南面，院子里正在

---

① 这种由两个词组成的蒙古族人和藏族人的姓名，如布彦德尔格、贡桑诺尔布、格瓦林钦等都是起源于宗教。在所有情况下，两个词一并构成一个人的姓名，因此从中寻找家族和个人的名称是错误的。我用小写字母标出复名的第二个词，以免引起误解。

晾晒牛粪。一个角落堆着成捆的干柴,院子被扫得干干净净。房子有两米高的土墙围护,防备好奇的目光和盗贼。院子中央,有一丛野生灌木,上面挂满了饰物。

房顶由沉重的、灰色的瓦片覆盖。前面的房檐十分突出,与两个侧墙及大体在房门前直立、起着支撑房顶作用的两根木柱,构成一个檐下走廊。房门的右边和左边的窗户下都摆着箱子。以前,太平盛世时,这些箱子装小米和房子周围有用的东西。现在这些箱子都是空的,至多装一些无用的零星杂物。老鼠在里面嬉戏。走廊的两侧墙壁上以前曾有壁画。其中在进门右手一侧的壁画已完全剥落,而在另一侧墙上,还能辨认出有关佛祖的一个传说的绘画形象的轮廓线。

房子的布局和大多数喇嘛僧舍差不多,由三部分组成。摇摇晃晃的、确系"挂"在门铰上的房门,没有暗锁,只能用铁链和锁头锁闭。此门通向一廊庑式的房间。右边和左边各有一较小的带抽屉的橱柜,里面摆着各种无用的东西。门的对面就是佛龛,有小装饰门。在中间格栅里类似圣坛的座台上,立着一尊佛像,还有圣水盘和装满香灰的铜器皿,插着铅笔般长但细得多的、褐色的线香。在节庆之时,这儿香烟缭绕,与小铜油灯相得益彰。在黄褐色的、不洁净的佛龛里,还有一两幅佛像画。

在佛龛两边有新的小阁,满是或大或小的、边已破损的、陈旧发黑的西藏经书。西藏的经书不像我们的那样,也不像中国传统的,而是长长的、矩形的手写或印刷的纸页,字行是横向的,布满页面。纸页并没有装订在一起,只是在左面边缘写的数码,表明前后纸页的衔接。然而每页纸上都只有一个数字。为了使这些分散的纸页上的经文不失连贯性而与其他经文混淆,按习惯要把独立成书的经文，特别是内容较长的经文，包裹在黄色的麻布或绸布里。当然，包裹经文的程序是很讲究的。人打开四边形盖布，抓住盖布一角铺在自己面前，把书纵放其上，使角的轴与书长呈直角，然后提起盖布朝向自己的一角，铺在书上，把角端塞到提起来的书下。把这样包起来的书，继续朝前翻卷，但不能使书离开桌面。卷到盖布相对的角端时，把盖布两边的翼角向里折，然后再把第四个角、也就是与开始包装时用的那个角相对的角，折盖在书上。这最后一个布角还挂着一条黄带，我们把它拧三四圈，把带子尾端打个结。经书如此包装有一个大弊病，就是人甭想很快找到自己想找的东西，因为从外面根本看不出里面装的是什么。

　　段德穆奇的图书馆显然处于十分可悲的境地。后来我看到，当他必须立即动身去某处诵经祈祷时，却不知道他需要的经书藏于何处。还发生过这样的情况，由于被包装误导，他带走的不是他需要的经书。遇到这种情况，他只能忙不迭地往回跑，嘴里骂着脏字，寻找那本不合时宜地与他捉迷藏的经书。

　　廊庑的右边，是主卧室。必须承认，房间的干净整齐给我留下很好的印象。仿照汉族样式，房间的墙壁覆盖着图案精美的白墙纸。天花板上也是这样的壁纸，俯视下方。天花板的壁纸有时发出声响，特别是在门突然打开或者刮大风的时候。这些房子实际上没有严格意义上的天花板，而是用贴在木条网上的壁纸充当内顶覆盖。其"长处"是，在下大雨时，特别是如果瓦顶也不正常的话，雨水很容易掉落在屋里人的脖子上。不过这种情况在内蒙古相对来说不多，因为众所周知，这一地区的年降水量很少。尽管如此，很遗憾，段德穆奇还是碰上了这样的事情。有一次，天花板一角受了潮,他试图进行修饰、掩盖,但不大成功。如果无意之间我的目光落在天花板这个污点上时,他就踮起脚来,有点羞愧地辩解,许诺很快对房间进行修缮。在我于此居住期间,他确实不止一次要找人修葺,只是多次谈判都因多伦诺尔商人的冥顽不灵而搁浅,那些人不想让段德穆奇负上还不起的债务。

房间差不多一半儿面积被炕占据。其取暖靠右面附于房子的厨房,至少原则上是这样。实际上,这里从来没有烧过炕,因为燃料很费钱。而段德穆奇即布彦德尔格没什么钱。他即使偶尔有钱,也不舍得花在让人取暖上。在炕上,一切都摆放得整整齐齐,堪称表率。炕上还铺着相当值钱的毯子。在两个铺位之间,放着一张精致的中式小桌。两侧墙边横放着又长又窄的带抽屉的柜子。其中一个柜子上摆着一帧装在中式木框里的喇嘛合影照片,另一个柜子上则有一尊挺着大肚子、俗称"笑佛"的佛像,一副伸手展脚的模样。笑佛是幸运和福祉的守护神,他的雕像常被当作护身符使用。不过现在看来笑佛也帮不了段德穆奇,甚至——这似乎有什么象征的意义——笑佛本身的青铜雕像的侧面,有很大的划痕和凹陷。我刚一张口询问,老段德穆奇就喋喋不休地抱怨起来。那些奉天的凶恶士兵在占领多伦诺尔的时候,闯进各个寺庙,其中一个不敬神的蛮子用刺刀刺佛像。我们知道,"蛮子"是一个中国蔑称。要光是这样,那还算万幸呢!

"你瞧,李先生,"他从一个抽屉里拿出一个写在中国宣纸上的长长的清单,"这些可恶的蛮子从这儿拿走了多少东西!"

用藏文字母的蒙古文写成的清单,详细列出布彦德尔格在中国战乱期间遭可恶的军队抢劫而受到的损失。我仔细地研究了一下清单。有若干喇嘛的袈裟、珍贵的毛皮和皮帽、各种用品、食品、佛像画和经书，但是没有钱。看来那时，布彦德尔格已没什么钱可抢了。

　　这一切只不过是使布彦德尔格的灵魂受煎熬的孽海之点滴。每次谈到汉人时，他就义愤填膺、怒火中烧。他无法掩饰他的痛苦。我来到这里的第一天，他就为遭到砍刺的佛像向我抱怨。后来，在我们彼此更熟悉了一些的时候，他常常提起这个话题，有时连续几个小时不断地诅咒"蛮子"。有一次，他激愤的不能自已，在经书中反复翻寻，最后找到几页藏文的手写本。是祈祷文。他坐到炕上，盘起腿来，掐捻着从不离身的念珠，开始诵读藏文佛经咒语。看起来，他多多少少已会背诵。整个祈祷文是对汉人的可怕的诅咒。念完后，他如释重负，满意地终止了唠叨，好像他一时之间对付了所有汉人，凯旋一样。

　　他的房间的主要装饰是一幅大佛像画，遮住了门对面很大一部分墙面。实际不是一幅而是三幅画像。两侧是两幅又长又窄的画面，描绘八个悉地（sziddhi，梵语 siddhi，指"成就"——译者）。中间挂着带红色的、磨平边缘的框子的主像：画的是存在的永久轮回无数苦难中的八重尘世苦难，蒙古语是"乃曼奥尤尔"（Najman ajol 的音译，下同——译者）。在我结束喇嘛庙的长时间访问与布彦德尔格告别时，他把反映尘世八苦的画赠给我作纪念。我有幸把它带回国内。今天，此画藏于布达佩斯的霍普·费伦茨东亚艺术博物馆。

　　我在布彦德尔格的房间里发现了革命性的新生事物，这是西方文化扩大影响的成果。在中国长期以来不知道玻璃为何物。虽然考古学家从公元前 2 世纪的墓冢中即发掘出了源于西方、可能是腓尼基地区的不透明的玻璃碎片，我也看到过这样的残存物,但现实是,中国人不久前才认识和使用玻璃杯、玻璃灯、玻璃瓶和玻璃窗。而且直到今天,这些东西仍需要进口。

布彦德尔格的房间有玻璃窗。所有中国人的房子——布彦德尔格的也不例外——朝向院子的部分,从地面一米高处开始直到房顶,只有一个大窗户,由木棂分割成一个个小方格(也有其他几何形状的格),上面贴上能采光、挡烟隔尘的薄薄的中国窗户纸。布彦德尔格房间的大窗户,与炕上两个铺位相对应,被一根较宽的木条分成两部分,每部分有 49 个窗格,由七根横向和七根纵向棂条交织而成。两部分的靠中间的各三个格被取掉窗户纸,去掉中间的短木条,装上框子和玻璃。这两扇玻璃窗说不上有多大,但可以透过足够的光线,使小房间内部显得很温馨、宜人。

布彦德尔格和他的弟子裴尔切(Pelcse 的音译,下同——译者)就住在这个房间里。

位于廊庑左边的客房就是我的房间,这个房间长时间以来不住人,只能当仓库使用。

我现在还十分怀念这个曾经冷冷清清的喇嘛屋,我就是在这里开始对喇嘛寺庙生活的考察研究的,并逐渐适应了他们的生活方式。我习惯了它的不舒适,能够忍受它的肮脏和寒冷。我在这一带住了整整一年,有时虽然换不同地方住,但环境都差不多,睡的都是炕。只有一次住的地方比别处更昏暗、更肮脏。慢慢地,喇嘛们低声吟唱般的诵经声,单调的鼓声、铃声、喇叭声和哨音的合奏,线香的浓郁香气,阴暗的神龛里蜡烛和油灯的光亮成了我生活的一部分,好像我一直都住在这里。深夜里,当我在油灯的亮光下埋头于经文时,我完全被这个神秘的世界所吞噬。我已浑然忘了实际上我不属于这里,也想不到我最终还要回到那个冷漠的、遥远的西方世界。

我们一整天都在工作，终于把一个当仓库用的老房子整治成可以居住的房间。老仓库里，箱子都摞在一起，大多数箱子是空的，满是蜘蛛网和灰尘。这里灰尘很多，目之所及，地面和所有东西都被灰尘覆盖。墙纸斑驳陆离，污迹比比皆是，已有二十年没有翻新过。天花板上有些黑黑的洞隙。我叫人把一些洞孔填实了，但没能彻底解决问题，因为后来我住在里面的时候，多次发生这样的情况：夜深人静的时候，从阁楼——通过天花板新的洞口或较薄较不结实之处——扑通掉下一只不够机灵的走错路的耗子。

我的房间没有玻璃窗，只有一个破破烂烂的、下垂的、由于落灰和烟熏而发黑的纸糊的窗户。我把旧窗户纸都揭下来，往棂条上贴上新窗户纸。

我房间里的炕也十分破旧，不堪使用。布彦德尔格不知从哪儿搞来一个马口铁的炉子。我们把它立起来，把它的管子从窗户引出去。有一段时间，孟就是靠这个炉子取暖。我在炕上支起我的行军床，上面有我的中国卧具，还铺上了毛皮和旅行地毯。不过没多久我就感到，这些对于抵御这里的严寒来说是不够的，我不得不弃用能给我提供安全感但冰冷的行军床，睡到污秽但暖和的炕上。

在我的房间里也挂着一幅画，但岁月和老鼠的铁嘴钢牙，已把画啃噬得残破不堪。旁边钉子上挂着一个烟袋，配着烟斗和蒙古鼻烟盒，样子像一个小香水瓶，只不过不是玻璃的。其塞子在一个色彩鲜艳的扣子里收尾，一根长长的小柄从里面伸出，插到瓶子里。

　　我也得到一个箱子,我管它叫作"食品仓库"。箱子没有盖门,因为装不进去。不过箱子也没必要锁起来,因为我从箱角也可以轻易打开。

　　我和孟就住在这里。除了互表友谊外,为了这个住处,我付给布彦德尔格一笔不算微薄的租金。布彦德尔格有义务把一部分钱交到寺庙的财务处。

　　在院子里,有两个简易房似的建筑与大房子相连。其中一个房子就是我前面提到的带厨房的住宅,布彦德尔格的炕本应由这里供暖。当时这里住了一对中国夫妇。另一面是布彦德尔格自己的厨房,绝大部分时间灶是冷的。房子上面连烟囱也没有。有时需要点火烧茶,没几分钟,小家伙裴尔切就会骂骂咧咧地跑出来。

　　他用袖子捂着眼睛,一个劲儿地揉擦,然后再回去,继续努力,试图使湿柴几欲熄灭的火苗复燃。我刚来那段时间,烧茶是很时兴的事。在烧了几次茶以后,裴尔切几个星期眼睛都是红红的,就像大白天的猫头鹰。

　　我终于安顿下来以后,就兴奋地寻找、等待,就像要探寻某种秘密,渴望了解喇嘛的日常生活,如布彦德尔格的日子是怎么过的,每天都干什么? 念经祈祷? 闭门思过、自我反省还是修身养性? 抚慰超度信众,还是进行艰深的哲学和神学的研究,就像我在国内曾研究过其生平的那些著名的喇嘛一样?

　　我无须观察很久就知道了,布彦德尔格不是那种苦行僧的类型。

　　布彦德尔格热爱生活,追求生活的乐趣,喜欢喝酒、宴乐、玩耍,还有很多其他犯禁的事。只有一件令他十分苦恼的事。在我迈进他的门槛时，他第一次发出喟叹，后来也不断向我诉苦，时而用汉语，时而用蒙古语，意思都是：没有钱！

如果不是因为他有另一个好秉性，这个无解的难题肯定会使他陷于巨大的痛苦之中。使他能够承受"没钱"的苦恼的，是他的这一特性：某种令人难以置信的不在乎和漠然态度。

"卓思伊尔森！钱找上门来了！"有一次，他眼睛发亮地用蒙古语说。转瞬之间，裴尔切已经跑向小商店，去取中国烧酒。

后来，他在我面前为他的纵欲享乐行为感到惭愧。他和他的酒肉朋友钻进后边那间小屋，跑到中国人那儿去。我听到那里传来的欢声笑语。第二天起床后，他又来了，摆出一副悔过的面孔，用食指叩击鼻子，象征掌掴自己的脸以表悔过，悄声咕哝说：

"莫，莫。不好，不好……"

每到这个时候，他就会整天不见踪影。可是没过多久，他又旧病复发，一有机会就出去喝酒。斋戒，对他来说更是难以忍受的事。使他遵守斋戒的不是自觉自愿的克制，而是比一切都有力的因素：戒律。如果哪儿都搞不到钱（借贷早已是陌生的概念），他就默默无声地起行居止，犹如行尸走肉一般。每次吃饭，他都很不情愿地蹲下来，面对千篇一律的清淡饭食：水煮的小米和青菜，连连叹息。

在我刚来时，他的日子要好过一些，因为我给僧房带来了钱。他大吃大喝了好几天。我还以为这是习俗。在第一个晚上，他就来邀请我："李先生，恰欧亚！李先生，来喝茶！"

我让孟做了晚餐，拿了一瓶朗姆酒，走进贴了壁纸的漂亮房间。布彦德尔格请我坐到主位上。我们互相客套了一番，但孟的晚餐及后来的中国茶，使气氛更友好更融洽了（这时我第一次看到可怜的裴尔切从冒着烟的厨房跑出来）。然而,友谊变得真正名副其实,是在布彦德尔格品尝了我的朗姆酒之后。他立即爱不忍释。一般来说,无论是汉人还是蒙古人,喝茶时就光喝茶,不加其他东西。但这在布彦德尔格那儿并不是金科玉律。他甚至立即就习惯了喝带有柠檬、糖和朗姆酒的茶,不愿离弃。

布彦德尔格似乎迫不及待地等待晚餐和其后的谈话结束。正要告别的时候,又来了两个喇嘛:李(Lí 的音译,下同——译者)喇嘛和司(Szi 的音译,下同——译者)喇嘛。他们点燃了挂在炕的上方一根粗铁丝上的煤油灯。铁丝安装得很巧妙。天花板的壁纸,在板条旁边开了一个口,铁丝上端的钩子通过这个口挂在板条上。煤油灯就挂在铁丝上。这两个喇嘛的穿着和布彦德尔格差不多,但更旧些。

我在告别时想,他们肯定也要睡了。但是不然,连孟也留在他们那儿。不久以后,我听到布彦德尔格房间传来低沉的声响,不一会儿又听到某种噪音,好像是玩多米诺骨牌戏。我好长时间都睡不着,过不多久就听到哗啦哗啦搅和什么东西的声音。偶尔整个房子都静下来,但一会儿又传来激烈争吵的声音。早上七点我醒来时,听到隔壁房间又在搅和东西,灯还亮着,虽然外面天已大亮。我巡视四周,没见到孟。我大声呼叫,他出现在门口,样子很疲乏,且垂头丧气,像被抽了筋儿一样。好像整宿未睡。

"我们打麻将来着。"他解释说。

喇嘛们已经散去,回房睡觉。布彦德尔格和他的弟子整理了一下房间,离开住处。他也找个比较僻静的地方睡觉去了,以免有访客来打扰他。须知,他的房间所在之处不够僻静。这时,喇嘛们和沙弥们接踵而至,要听他讲经论道。按说,喇嘛的住处应该时时保持整洁。比较规矩的喇嘛,尽管不是在各方面都遵守清规戒律,但总会注意住处内外的齐整。

直到下午三点,我都没见到我的房东。这时,他出现了,但不是一个人来的,而是和另外两个喇嘛一起来的。孟立即加入到他们一伙。不用我说,他们又坐下打起麻将牌来。由于麻将只有亲自参加才有意思,而旁观支招又是不可取的,我看了一会儿,就离开了。但过了几分钟,一个小沙弥气喘吁吁地跑进来。隔壁房间里的人,哗啦哗啦地推倒了刚摆好的麻将方阵,都冲了出来。只有孟没有跑,而是远远地跟着他们。小沙弥仍旧喘吁吁地解释说:

"李喇嘛(昨天的一个麻将牌友)和余(U 的音译,下同——译者)喇嘛在院子里用木棍打架,都要杀死对方!"

他们是因为钱上的问题反目的。说"杀死"是有点夸张,他们用木棍互殴,都受了伤,但没出更大的事。得知此情况,牌友们放了心,又回到房间。孟也回去了。搓麻将的声音又响起来。突然,裴尔切蹦进来,叫嚷着:

"达喇嘛来了!"

只见达喇嘛那苍老、佝偻的身形出现在门口。原来的达喇嘛不久前圆寂,副手被委任临时担当寺院的住持,就是这个达喇嘛。副住持是个慈祥的老人,不抽烟,不喝酒,勤勤恳恳地履行其念经礼佛的义务。但他既不神圣也不智慧。他现在是对我的第一次访问进行回访。

拜访不仅在汉人,而且在蒙古人眼中都是非常重要的礼节。比它更重要的只有另一个礼节:送礼。这需要专门学习。舍此,真正的礼节,更不用说友谊,是不可想象的。过了一定时间,这一习俗成为真正的利益交换：某人送礼给别人是因为他自己想收礼，而且是收比他送出的礼更有价值的礼，因为他是这件好事的发起者。

每天都来新的访问者。当我看到门口的来访者空着手，就会大大松一口气。

对于来访者来说，没完没了地坐在我的旁边，在暖和的房间里，询问遥远西方的事是很大乐趣，因为在其他任何地方，都只能受冻。我的锡兰茶大受欢迎，一直到存货告罄。

看到达喇嘛，打麻将的四个人马上散开。在慌乱之中，他们把罪证藏到桌下，经书的下面，尽可能掩盖起来。这天他们够倒霉的。

坦白地说，我对他们孩童般的行为暗自感到好笑，但也有点儿释然。瞧，这里毕竟还有喇嘛的纪律！两个肇事者在一个不为人察觉的时刻悄悄溜走了。这时达喇嘛被带到我的房间，孟去沏茶。只有房子的主人——布彦德尔格紧张地站在我们旁边，尽量摆出一副虔诚僧人的样子，但是不敢看我。

达喇嘛走后，我开始询问他们如此惊慌的原因。我不是直接问的布彦德尔格，而是在他离去后，问孟。这时我才知道，打麻将是被禁止的，这不是寺庙的事，而是当时中国的禁赌法律。违禁者会受到严厉惩罚。汉人和蒙古族人都喜欢打麻将——可以想象得出——不仅是因为娱乐、打发时光的原因，而是出于赢钱的欲望。在我国，人们认为这种游戏是无害的，是考验耐性的游戏。而在东方，这是众所周知的赌博。可以输掉大大小小的财富。我认识一个蒙古人，就曾把他整个的畜群输掉了。不须走很远，我也能见识这玩意儿的厉害。布彦德尔格和他的朋友们打麻将也是赌钱的。在第一个晚上，布彦德尔格输了十二元中国钱。钱虽不算多，但像他这样的喇嘛，一个月的给养也不值这么多钱。幸好这里的赌博，不管输赢多少钱，都只有字面上的意义，因为打麻将的人都没什么钱，输赢最终只是记账，减去、加上，最终大家的账平均都是负数。只有一个人赢了钱：孟秘书先生。他是一个左右逢源的北京麻将牌高手。他从孩提时代就很迷恋这种游戏。在这方面，他是战无不胜的。有一段时间，大家极力称赞他的技能，阿谀奉承以满足其虚荣心，想使他飘飘然从而产生纰漏，但他不为所动。孟不满足于每次打麻将都能增加他的进账，开始催促兑现他的赢金。由于达不到目的，他不惜使用讹诈手段。他威胁说，如果第二天中午拿不到钱，就向达喇嘛告密。他的话虽然招来一通咒骂和窃窃私语，但第二天中午他得到了钱。他不在乎被视为不受欢迎的人，没人再同他玩麻将。喇嘛们不好明着拒绝他——因为不敢——但从此以后，他们不再在家里而是到别处去玩儿。孟则逐房逐屋地寻找他们，直到突然出现在他们面前，奸笑着加入他们的赌局。喇嘛们苦笑着容忍了他——他又赢了。他参加的时候，赌局结束的异常快。接下去的几天，喇嘛们更费心地寻找打麻将的新地点，就像捉迷藏似的。

　　在中国，麻将牌（在北京和一般来说北方称"麻将"）以及赌博、牌九、下棋等都是被严禁的，只有一年中的一个月即新年第一个月除外。这时所有中国人都会发疯似的玩儿，公开地为其嗜好牺牲一切。中国人是狂热的赌徒。我无数次看到中国人打麻将，在紧张关头即"一牌定胜负"时，仍迟迟不推牌，神经绷紧直到最后一刻。他们不是用眼睛来判断决定命运的牌是"竹"还是"东"或其他对他不利的牌，而是把牌攥在手心儿里，似乎能攥住紧张。

他们用手指探觉,考虑把什么牌打出为妙。

在中国某事被禁,人们最好认真对待,小心从事。违反禁令即触犯刑律,可能会葬送一生。惩罚程序是从入狱开始的。中国的监狱是啥样子,我后面还要再谈,正好是一个不幸的喇嘛因打麻将而入狱的事例。一个人进了监狱,只要他还有财产,就不会被判决。在判决前,他的亲友要遍访低级、中级和高级官吏。每次访问都需要带礼物。因为这不是一般的礼貌性拜访和平等的人互相结交,而是拜访者有所求,需要受拜访者的善意的谅解!我们也注意到,小官只有在受到拜访后才会对某事眼睁眼闭,而大官你不能直接去找,需要通过小官的推介。这样我们就能理解,为什么在中国千万不要吃上这种官司。

因此才会有我前面写到的那种惶恐,怕打麻将被抓个正着!打麻将犯事,不光要付出"礼物",还要付罚款。因为告发者的赏金就是靠罚款,因此存在打麻将者被告发的可能。

不管是谁,在中国任何一家商店里都能买到麻将牌。买者可在一副比一副漂亮的麻将牌中挑选,其中不乏具有很高艺术性的、精美绝伦的牌。不过要把麻将牌带回家,却需要格外小心,因为路上一旦被查获,这个人就完了。

布彦德尔格及其朋友们都很清楚,为什么要秘密地玩麻将牌。

另外,在喇嘛寺的僧房中还藏有其他秘密,是人们千方百计竭力掩盖的。

其中我们发现,有的行为不是个人的堕落或失足,而是带有民族劣根性的原罪,比如纵饮无度、酗酒闹事。蒙古人一向以豪饮著称,常常醉酒狂歌。根据传说,成吉思汗本人曾试图节制他的好娱乐的人民，规定：每人每月最多可三次喝醉。一般人通常喝醉一次就够了，最好一次都不要喝醉。"然而，谁能够要求人达到如此完美的程度！"这位伟大的征服者绝望地高叫道。

以前某个时期，整个华北到处是旖旎的葡萄园，但是一个蒙古族皇帝下令把所有的葡萄都砍掉，因为葡萄酒，酗酒是蒙古族的劫难。

窝阔台是一个有名的大汗，在我国也是众所周知，称之为欧克泰或者欧果泰。就是在他统治时期，鞑靼大军横扫欧洲，包括毁灭匈牙利。根据《蒙古秘史》，就是这个窝阔台也曾如此喟叹："多么可惜，我居然让酒战胜了我！"

如此被战胜的经历，在窝阔台和其他大汗的早逝上确实起了作用。

可以指责布彦德尔格的弱点，即他也放任酒精战胜自己吗？无可否认，他常常是心甘情愿地拜倒在酒精的脚下，任其摆布。据一通古代的蒙古文手札，成吉思汗及其九个位高权重的亲信在一次狂欢的酒宴上，相继朗诵诗歌体的祝酒词，互相道贺。布彦德尔格每次喝酒时也要诵读一种散文体的祝酒词。他这个爱好，即使在只有他一个人时也不改变。当然布彦德尔格更觉得自己是群居生物，喜欢与他人分享欢乐。他有两三个朋友（其中有司喇嘛），晚上常常与他们在某个僻静的地方聚会。几个人凑到一起就开始喝酒。不过他们从不偷着喝、安静地喝，而是不时发出大声的叹息：

"嘻幺，哈幺咿！……"

而且他们还猜拳行令。划拳时一次只能两人参加，其他人旁观，给他们"加油"，并会嘲笑失败者。输的人要被罚喝酒。比如，布彦德尔格先比,他右手擎着装满酒的小酒杯,左手划拳,同时喊"一指","三指",声音之大,往往震慑对手,扰乱其心神。对手也不示弱,而是和他一起吆喝"四指"之类。其实质是,口中说出的数和实际上伸出的指数可以完全不一样。我们设想一下:布彦德尔格伸出八根手指,司喇嘛猜中,布彦德尔格就输了,他要喝干自己酒杯里的酒,表示服软认输。然后,比赛继续进行,不知疲倦,直到第二天早晨。过一段时间后,角色互换。

"在游戏过程中,怎能用一只手表示八呢?"有人会觉得奇怪。很简单。尤其是中国人都很精通,主要是在做买卖讨价还价时。如果中国人想买什么,比如说骆驼,就跟卖主讨价还价。这时,某处就会冒出一个捎客,他很熟悉这个中国人。中式外衣的袖子很长,如果放下来,穿衣人的手指甲都露不出来。两个讲价钱的人在长袖子的掩护下,用手指表示想出多少钱买或卖多少钱。捎客则在场当中间人,自始至终参加这场哑剧。用这种方式,先是与卖方、后是与买方讲价钱。捎客当然不会漏掉自己那份收益。

用一只手可以从一数到十,方法是这样的:我们首先伸出食指表示一,其他手指则握在手心。食指不动,再伸出下一根指头表示二,如此下去可数到四。也可以反着来,从小指头开始数。只有一样不行:不能用大拇指代表一,因为大拇指永远代表十。五指张开代表五,五个手指向手掌内弯曲代表六,大拇指、食指和中指一起代表七,八用张开食指和大拇指表示,九用单独的、向里弯的食指表示,而十——正如我前面说的——用大拇指表示。

布彦德尔格和司喇嘛闪电般的迅速交替选择他们的手指,首先是撤回整个手,然后用已并拢的和伸开的手指向对方打响指,两人同时叫喊并打着激烈的手势。声音如此之大,会让没见识过的人以为出了多么惊人的大事。

　　我的出色的房东不在普通喇嘛之列，他有官职：负责看管寺庙的大印。他需要办公事的时候，不专门换装，只在脖子上挂一条红色的被单，像托加（Toga，古罗马人的长袍——译者）似的。这就是诺姆图德贝尔（Nomtu Debel 的音译，下同——译者）。如果戴这样的红巾的喇嘛莅临，肯定不是来打麻将，也不是来喝酒的，而是——并非开玩笑——来履行其职责的。

　　我曾说过，我刚到的时候，正值寺庙住持更替的空位期。其间进行了选举。选举的结果，获得相邻的东仓寺的住持巴彦吉勒噶尔（Bajan dzsirgal 的音译，下同——译者）的认可。这个学者型的高僧，曾是著名的章嘉呼图克图的沙弥，这使他在学养和等级上都高于一般喇嘛。他的西藏名衔为堪布，这也表明他的学者身份。根据选举结果，西仓寺现今的副手成为达喇嘛——住持，以下的神职人员都递升一级。

　　值此机会（10 月 12 日），寺庙所有高层喇嘛，由达喇嘛率领，就像刚参加完就职典礼一样，全身盛装地来看我。在亲切交谈后，我用照相机给他们拍了集体照。达喇嘛诚邀我们次日参加为庆祝选举举办的宴会。下午，我把和孟在多伦诺尔买的中国甜点寄送达喇嘛、他的新副手和吴喇嘛，以及将成为宴会现场的小庙堂。中国人都是很实际的人。在中国送礼很普遍，差不多是每天的常事，因此卖点心的人一开始就把点心包装得好好的，装在红色的小木盒里卖。木盒用红纸包裹，上书几句祝福、祝寿的吉庆汉字。点心买了以后即可寄走。

　　第二天是星期天。下午三点，一个身着盛装的喇嘛来接我去土默特仓。人都已经到齐了。土默特仓原是东土默特部落建的，

喇嘛庙。寺院的喇嘛首脑们拜访本书作者

　　有个小庙堂,住着该部落的喇嘛。因为多伦诺尔的喇嘛寺——西仓也是皇帝敕建的寺庙,各蒙古部落都自费向寺庙派驻喇嘛。然而今天,也许没有一个土默特部落的人住在土默特仓。确实,这个部落已有多时不关心其创建的寺庙了。

　　在土默特仓,我找到了寺院的头头脑脑。我熟悉他们的每一个人,因为除了我周围的喇嘛,我也努力与寺院所有其他喇嘛搞好关系,目的是了解他们生活得怎么样,与我的出色的房东布彦德尔格相比,是好还是差。当然,布彦德尔格是不会缺席的,而是最先来向我致意。邻近的(亦为竞争对手的)寺庙,除堪布喇嘛外,所有首脑人物都来了。当地中国衙门的一个高级官员及察哈尔部落的衙门的两个身着汉装的蒙古人也来拜访我。

　　孟和一批汉人以及地位较低的喇嘛,被安排在另一个房间。

　　我们从头到尾经历了一场地地道道的盛宴。首先是丰富的前餐,然后是中式作法的禽、鱼、羊和猪肉菜肴。还有米饭,馒头,汤,最后是很多说不上名来的甜食。当然少不了葡萄酒和黄酒。达喇嘛吃得很有节制,没有喝酒,说话也不多。使我有点吃惊的是,我的喇嘛朋友们平时都讲汉语,而在宴席上却只用蒙古语交谈。

宴会结束时,天已黑了。外来的人都走了,达喇嘛和其他级别高的喇嘛也回家了。布彦德尔格却留了下来。他的一个结拜兄弟住在土默特仓。这时,他和几个最亲近的朋友坐到那个结拜兄弟桌边去。我正准备回家,就听到他的声音,正和什么人划拳:

"一指,三指……"

晚上,外来的喇嘛在我们这儿打麻将。我一个都不认识。布彦德尔格不见了,但是看来这些喇嘛并不在乎他在不在,反正有裴尔切不辞辛苦地围着他们转,伺候他们。孟也不见了,看来是和另外几个喇嘛打麻将去了。

布彦德尔格有时秘密外出,不知去向,既没打麻将,也没喝酒。他自己从来没有谈到过他的秘密出行,只有邻居和孟说过。布彦德尔格对邻居们的违规外出,却从不避讳,甚至有时还道貌岸然地予以置评。就是这样,西仓寺喇嘛外出偷情、幽会的事早已算不上什么秘密。再说,这里本来也没有保密的传统。人们对每次幽会的男女参加者都了如指掌。不管这种情况对寺院的戒律是多么严重的危害,上上下下却都熟视无睹,没人追问这类事情。这里的喇嘛,不管是个人还是全体,面临的麻烦事太多了,没工夫去理会这些风流韵事。

孟的运气不太好。他在多伦诺尔的汉人居住区,结识了一个汉族美女(陌生人平白无故的结交,在中国也是不符合规矩的,但总有人这么做）。这个女人越来越频繁地找上门来，每次都叫一个小喇嘛进来说："大门口有人等着见孟秘书先生。"

这时，孟秘书先生就嘴里咕哝着什么，向大门口走去。

末了，布彦德尔格义愤填膺地走进来说：

"这个蛮子不地道。"

更多的情况是其他的人告诉我的。孟先生否认他在北京有老婆，还对那个年轻寡妇许诺，要买她。在中国，有妻子的人娶二房，没有人会从伦理道德上予以谴责。不过，在中国养活两个女人也需要多花钱。我的喇嘛朋友们和汉人邻居之所以对孟的行为感到愤怒，是因为他们知道"秘书先生"肯定不是什么百万富翁。

刚才我说过孟先生想"买"那位妇人。在中国，包括在一些蒙古人那里，未婚夫就是"买家"。根本就没有"嫁妆"一说。男人能娶到个女人是件大喜事，还要付给女家父亲一笔钱。价钱虽然不算太贵，但对于一个穷苦中国人来说，也不是小数目：最少40—50中国元，最多的能到好几千元钱。相应的，这是妇女最后一次，也可能就是第一次有发言权的事。因为在中国，男人为娶一个女人付了钱，女人就不能再有个人的意志了。这里没有笙歌曼舞，没有舞会，没有盛装华服，没有灯红酒绿，也没有打桥牌和上剧院。妇女在任何时候、任何方面都被排在最后一位。女子是不能挥手示意的，只有没教养的阶层的人才这样做。我现在不举中国人的例子——中国正处于社会动乱之中，其新面貌还未成型——而是举日本人的例子。在齐齐哈尔俄罗斯人的宾馆里，我曾见证过那里的日本领事和一个较大的团体共进晚餐。人人都穿着高雅的欧式服装。领事的夫人、一位迷人的日本美女也在场，穿着优雅的小晚礼服。但在吃晚餐时，这位妇人被安排坐在末位——不是桌子的另一端，而是桌角。

就这样，在寺庙里，孟开始被视为骗婚者：对女人花言巧语，许这许那，却根本不履行诺言。

布彦德尔格却没这么容易被抓着。他猾得像墨斗鱼。他的欢娱、酗酒、宴乐、打麻将等等，在自己周围造成了混乱，使大家都被卷进来，谁都不能置身世外。

有时他自己也觉得太过放纵自己了。他把红色汗巾诺姆图德贝尔围在脖子上，前往大殿。他参加共同的宗教仪式，直到晚上才回来，声音都嘶哑了。这使得他显得很神圣。他打开走廊里自己的佛龛，点燃油灯、线香，继续喃喃自语地诵经。他的弟子裴尔切已经长大成人，想干什么就能干什么了，但现在这个时候，却保持沉默，甚至暗中为师傅鼓劲。因为他知道，在这道德沦丧的潮流中，最聪明的态度就是缩在一边，洁身自好。

在宗教问题上，一般我很难向布彦德尔格请教，不过这时候他偶尔也会说一二。其他时候，他则没兴趣谈论这类事，或许他所知也不多。他作为喇嘛所做的事，就是到大殿去诵经祈祷，或受私人邀请去人家里作法事。他千百遍地重复念诵那些烂熟于心的经文，但对所念经文的内容根本不过脑子。除此之外，他最多是在自己的小佛龛周围活动。他一天之中只有很少时间是在履行教职的义务中度过的。

有一次，我看到布彦德尔格在占卜。这够特别的，因为每个寺庙都有专门的"占卜喇嘛"。须知，占卜是相当繁复的专门技能。有一天，司喇嘛的兄弟，是一个非僧职人员的蒙古人，被他们叫作"哈拉混"（hara hun 的音译，下同——译者）即"黑人"来寺庙请求卜告,什么时候最适宜去草原而不会遭遇土匪。一般来说,喇嘛不愿给亲属占卜,也不为他们祈福。占卜看来很成功,因为司喇嘛的弟弟在预卜的那天去了草原,安然无恙。当然,除了听取占卜的预言外,上路前他还采取了其他防范措施。

布彦德尔格有一面,是我很长时间欲以探知而始终未果的。他虽然是从奥努特部落来的蒙古人,但我无法说服他给我讲讲蒙古人的生活,表明他对蒙古族的历史和征战功绩究竟知道多少。但我并不气馁。当我了解了他的弱点后,我的努力就容易多了,因为只要答应给他黄酒,就可以使他打开话匣子。

我终于打破了坚冰。布彦德尔格先走出去,看看外面有没有人。外面除了萧瑟秋风掠过一个个沙堆外,什么都没有。周围连个活物也看不到。他放心地走回来,关上平时总是敞开着的院门,再拉上总也关不严、朝向院子的、嘎吱作响的房门,然后在走廊里一个放杂物的箱子里翻找,直到找出一个陈旧的乐器。我们走进他的房间。他盘腿坐到炕上,两眼盯着天花板,开始吟唱一首非常忧伤的歌曲。

"成吉思博格多……成吉思陛下……"

在粗犷的音乐伴奏下,一座神圣的喇嘛庙里响起了这首异教歌曲,令人感到那么奇特。

但是他的歌没有唱完,中断了。他无言地把乐器放回原处,默默地离去。他再回来时,我求他把歌再唱一遍,或者逐字念出来,好让我记录下来,但是徒然。

布彦德尔格不再听人劝,尽管我做出各种承诺。

看来寺庙也成了民族情感的坟墓。

布彦德尔格又有两天诚心向佛。他在佛像前焚烧了异常多的香,并开始关心他的那些经书,修补和整理破损的册页。

对我来说,喇嘛庙展现的是一个新世界,而我所代表的另一个世界,对于这儿的喇嘛们来说同样也很新鲜。他们常来找我这个来自遥远西方的人,提出各种各样稀奇古怪的问题。我必须得回答,而一开始我对他们的问题很反感,因为他们问的往往是:我们那里是否有猫? 也有狗吗? 喏,肯定没有马。直到我回国后,国内的人问我"内蒙古有没有猫"时,我才暗自为我的不耐烦向他们表示歉意。

蒙古人也知道,西方有很多国家。他们听说过俄罗斯(蒙古语也称"俄罗斯")、英国、美国和法国。更有学问的人则听到过或读到过——通常是用汉语——其他西方人民,当然知道的也不多,就像我国的普通人对——比如说——今天的达斡尔人、索伦人或厄鲁特人的了解一样。

因此,我要解释我们马札尔人即匈牙利人是何许人,也不太容易。我用汉语解说了"匈牙利"的意思,也解释了"匈牙利"的蒙古语叫法(madzsar),其来源是《蒙古秘史》。然而他们一个都不知道。

对此,我只好求助于"善意的狡猾"。我找出几个匈牙利语里发音与蒙古语相似的词汇,比如,沙子:霍莫克(homok),蒙古语是胡马克(humak);蓝色:凯克(kék),蒙古语则是柯克(koke);黄色:沙尔高(sárga),蒙古语是沙拉(sara);羊群:图尔茂(turma),蒙古语也是图尔茂(turma);牛:厄克尔(ökör),蒙古语是余克尔(üker);鸨:图佐克(túzok),蒙古语是图多克(todok),诸如此类。这发生了作用。我没有向他们解释,其实匈牙利语的字词与蒙古语的字词之间没有任何直接关系,因为这些词汇是我们的先祖在匈牙利人的某一原始故乡，从一种古老的、今天已失传的土耳其语借用的。这些蒙古语和匈牙利语字词的相似，原因应从土耳其语和蒙古语的亲近关系中寻找。

为了说明蒙古语和匈牙利语并不相通，只要举出布彦德尔格的例子就够了。布彦德尔格现在对这件事十分兴奋。既然匈牙利语与蒙古语如此相似，说明它是很容易学的语言。因此——仅仅鉴于我们的友谊——他决定学习匈牙利语。他的决定也落实到行动上。他取出一个很长的纸卷，大概有八层之多，折叠起来，制作一个自用的匈—藏—蒙字典。他要凭这本字典学习匈牙利语！最初我以为他只是开玩笑，并不当真，只要遇到一个比较难的作业，他就会浅尝辄止，知难而退。但事实并非如此。他天天到我这儿来，坐到小桌旁学习，艰难地摹写匈牙利语单词。很多时候他简直成了我的负担，须知我还有其他更要紧的事情要做，但是看到他的执着和勤奋，我不得不将就他。

字典是用藏文写的。虽然蒙古人也有自己的书写文字，是在12世纪末成吉思汗时期，取之于突厥人的一支维吾尔人的文字，只进行过少许改动，沿用至今。当然是会写的人。布彦德尔格——很遗憾——不会写这种文字，就像绝大多数喇嘛一样。藏文是一种印度书写文字，即天城体①的变种，是字母文字，不像汉语那样，每个词都用专门的、复杂的字符来表现。在藏语中，每个词的成分用点分开，与此相反，在字词后边没有任何分隔符号。布彦德尔格要写什么，都是用藏文给自己写下来，但由于他并不懂藏语，所以书写是用藏语字符，但拼出的语言却是蒙古语。

---

① 　devanagari，梵文等书写形式之一。

　　我还要指出，藏语的书写文字在相当程度上与今天的发音并不契和。由此可知，布彦德尔格用藏文字母写下来的匈牙利词汇也很特别，因为他力求把匈牙利语单词写得尽可能与藏语单词相似。下面看看从他的字典摘出的一些例子！

　　我不为布彦德尔格隐讳，更不粉饰。他写的第一个单词是：喝酒的喝（匈牙利语：inni），他用藏语写出来相当精确：in. ni。接着马上应用：di. jad. in. ni.，读出来的意思就是"喝茶"。下面是一句他喜欢说的匈牙利语句子：bor. din. ni. ju，就布彦德尔格来说，这句话不可能是别的意思，就是：喝酒好（匈牙利语：bort inni jó）。下面再看几个单词：

Dusz. kor = tükör（镜子）

ju = jó（好）

lu = ló（马）

man. ni = menni（走）

la. kad = lakat（锁）

usz – rced. rgag. ni = tüzet rakni（生火）

rusz = rossz（坏）

og. kor = ökör（牛）

kas. ha = kályha（炉子）

sznying. csi = nincs（没有）

tur. rul. ge. sze = törülközö（毛巾）

ci. ru. ca = ceruza（铅笔）

e. dzsi = egy（一）

mu. zsi. tar = mustár（芥末）

rban = van（有）

ta. nyir = tányér(盘子)

rgad. du = kettö(二)

gan. nyer = kenyér(面包)

这个宏大的学业突然中断了,因为裴尔切有一次在收拾东西的时候,把布彦德尔格的字典扔掉扫走了。我无意中找到了字典,抚平起皱的单词目录,收了起来。第二天,布彦德尔格发现字典没有了,狠狠地训斥了他的疏忽大意的徒弟。过了几个星期,他还耿耿于怀,抱怨不止。找到字典的事我没有说出来,后来把字典带回国,免得百年以后的某个时候,一个德国学者在西仓寺的废墟中发现了它,当作是发现了一种新的陌生的亚洲语言。

黄　殿

互相竞争的喇嘛村—神圣的黄色—大殿—经书和茶碗—怎样携带经书—喇嘛的长椅—活佛的宝座—神佛的塑像和图画—闪光的不一定都是金子—正义之神和邪恶之神—"色魔"—阴间之神厄尔里克汗—"雄魔"—"凶魔"—祭坛的象征—"八福"—"七宝"—五官的象征—禁止杀生—原先是用金银制造的—何人的头盖骨可以成为嘎巴拉—在旌旗、彩带、伞盖和宫灯的森林里—喇嘛的乐器—当乐队的奏乐声响起来的时候—在尘封已久的经书中间—荒野之声

布彦德尔格房子的右边和左边都还有一排房子，是喇嘛的住宅。有整整一条街。这些房子都有夯土造成的围墙护卫，街道的两端与其他街道衔接。但是小喇嘛村的街道无人清理。道路被沙子覆盖，在较大的沙暴过后，街道上和家家户户的大门前都可见大大小小的沙丘。我们的村子实际上只延伸到大殿，至少在感觉上，也许从达喇嘛的管辖权限的角度看，是如此。大殿以西，还有喇嘛村的一部分，就像东面我们的村子一样。那边也有独立的殿堂，还有自己的活佛。然而其居民不怎么跟我们村的住户接触。双方处于相当尖锐的对抗状态。我们这儿的喇嘛也警告过我，要我小心点。

西仓还有其他敌人。

我已提到过东仓。这个寺庙离我们的寺庙相当远。那里也形成一个独立的村庄。其首领也是级别很高的喇嘛。虽然不是活佛,但至少是堪布喇嘛。可惜我们这里没有这样级别的喇嘛。西仓和东仓很久以来就互相竞争。现在这一竞争已演变为明争暗斗和敌对行动。

我刚来不久的时候,曾访问过佛爷藏和有着盛大壮观的喇嘛村的东仓。在谈话中提到我住在西仓时,那儿的喇嘛纷纷对我说:"瞧瞧你选的住处!你知道那些人有多坏吗?他们毒死了自己的达喇嘛!"

确实,在我来喇嘛庙之前没多久,达喇嘛死了。同时死的还有厨师。城里的汉人也交头接耳,纷传什么金钱、好几千大洋的事,传得很邪乎。不过这些传闻到底有几分真实性?当然不能只靠走马观花或道听途说来判定。我看到,我们这边的喇嘛也知道这些传言,并且对此十分愤懑。传言之所以不能相信,是因为两个相邻"城堡"的历史纠纷。每当老喇嘛寺附近建成一座新庙后,这样的故事就会不断重复出现。虽然两座寺庙的僧侣都信仰同一种宗教,但是他们永远处于战争状态,以败坏对方名誉为己任。

寺院的大殿蒙古语叫"沙拉苏木"（Saraszum）,即黄殿。

黄色是高贵的、神圣的颜色:喇嘛教的颜色。黄色在喇嘛庙宇里确实比比皆是。这里的黄色有各种色调,从非常浅的黄色到橘黄色,应有尽有。黄殿的房顶覆盖着的琉璃瓦是黄色的,包裹经书的绸缎是黄色的,寺庙的旗幡、喇嘛的服装和帽子也都是黄色的。而"黄帽僧"并不只是喜欢某种时尚颜色的喇嘛的统称,而且也是被宗喀巴改革了的整个喇嘛教派的象征。

西仓是皇帝敕建的圣地，因此大殿作为皇家出资修建的建筑，比一般的大殿更宏大、更富有、更美观。其地理位置也很好。喇嘛村建在山坡上，而黄殿占据了山冈最突出部位。在山冈南面的山脚下挖了一口井，就是喇嘛村的自用水井。所有人都得到那儿打水。水井旁还有专门饮牲口的水槽，因为寺院里也养牲口。从水井往北，大约一百米开外，在大殿的主大门的对面，建有高大的护墙，即影壁，用来阻挡邪魔恶鬼。接着是两个矗立在石座上的很高的旗杆，再远一点，是两米多高的、围护庭院的砖墙，中间有大垂花门，其左右两边是一般的小门。

大殿的格局，与我关于玛尔盖喇嘛庙的殿堂的描述大致一样。

我现在不仅可以从外面，而且能从里面更仔细地观察黄殿。我把这种观察视为重要任务，因为喇嘛教主要"活"在外观形式上，喇嘛教的多数信徒即寺庙外的信众，只能从外观形式上了解与接触喇嘛教。

一个人在第一次走进喇嘛庙的大殿时，部分是由于晦暗，部分是由于过于拥挤，很难辨明东南西北，需要一定时间才能搞清自己身在何处。

在门的对面，即没有窗户的北墙前，立着一个祭坛似的高台墩，这是大殿的主体部分。大殿被3—4根甚至5根依南北方向排列的柱子分为几个部分（类似教堂的中殿、耳堂或侧廊）。柱子是木制的，大多漆成红色，上有金色、蓝色和绿色的龙凤及其他动物形象装饰。

在柱列之间，设有比较矮的座椅，大体上像我国的体操椅那样。在举行宗教仪式的时候，喇嘛们就坐在这些座椅上。与我们不同,他们不是把脚垂到地上,而是用蒙古族方式,把腿盘在身下。级别越高、年纪越大的喇嘛,离祭坛就越近,而年轻喇嘛则坐在排椅的末端和门边上。在他们的面前,摆放着高一些的长凳,上面放着经书,年轻喇嘛就是诵读里面的经文。长凳上还摆着木碗,在举行宗教仪式时,小沙弥为诵经的喇嘛倒茶水提神。喇嘛的座位不能高于摆放经书的位置,否则就是不可饶恕的罪过。也正是由于这个原因,无论在什么情况下,蒙古文和藏文的经书都不能直接放在炕上(除了因为这是不洁净的地方外),最多可以放在小炕桌上。佛经以及其他典籍大都放在柜子、箱子顶上。这些我原先是不知道的,都是负责照看我的书籍的吴喇嘛后来找机会告诉我的。把藏语、蒙古语的书籍夹在腋下带去某地,也属于“大不敬”的行为。据吴喇嘛示范,携带经书的正确姿势是:用两肘顶住身体两侧,下臂向前平行伸出,将长形的经卷置于其上,保持完全水平,用手掌把书扒向自己。这种运书的方式相当别扭,特别是因为我们可以想到,夹在两块板之间的藏语和蒙古语的经卷一般都很重,常在十公斤以上。

呼图克图(清朝授予蒙藏地区喇嘛教上层大活佛的封号——译者)、达喇嘛和其他高级喇嘛的座位要比一般喇嘛的座位高。他们的座位是单独的、带有装饰的、宝座式的座椅,不仅比其他座位高,上面铺的奥尔博克(olbok 的音译,下同——译者),即薄垫子也多。垫子的数量反映等级的高低。有九个坐垫的喇嘛是级别特别高的僧侣,而只有三个以下坐垫的喇嘛则不能有单独的座椅,要与其他较低级别的喇嘛共坐长凳或者扎布当——排椅。所有高级喇嘛,不管级别多高,都要带着其小宝座和 7 个坐垫在公共祈祷台的一端占位。格根(这个词蒙古语的意思与梵语“佛陀”

的名字一样,是"觉悟者""光明的",在蒙古族那里是"活神"或
"活佛"的称号)在庙堂里有专门的位置。格根很少来,一般只在
重大节庆日子,才会莅临寺庙。与其活佛的身份相称,他的宝座
的位置在北面,与佛像排在一起。宝座亦被称为"狮座",因座下
雕有四头或八头狮子而得名。狮子有象征性的意义。如果是四
头狮子,代表四种力量,借助这四种力量可以消灭异端邪说;如果
狮子有八头,就是所谓的"八富"的象征。在狮子的宝座上,垫子
永远不能超过五个,即使其主人配得上九个垫子。虚空通常要在
公共的排椅上为自己保留一个座位,虽然永远不会去坐(而其他
人去坐显然是亵渎神圣)。在这个座位上放着所有其应得的坐
垫。要使人人都知道,座位的主人是多么伟大的人物!

在正常的情况下,如果寺庙举行公共仪式和祈祷活动,喇嘛
和活佛在大殿里就是如此就座。

谈起拥挤的喇嘛庙大殿里的设置和陈列,我们先从神祇和魔
鬼的塑像开始。大殿里到处都是神魔的塑像和画像,正对着大殿
门口,在主祭坛上,立着一尊佛像,一般是作为寺庙守护神的那个
佛的塑像。如果寺庙没有守护神,则在主祭坛上安放释迦牟尼佛
祖的莲花台坐像。

也许翻翻我们的记忆之书不是多余的:蒙古族寺庙里的佛祖
不是历史人物,不像印度的乔答摩佛祖,而是一种所有圣者都可
以达到的"觉"的光明境界。当然,通往这一境界的道路是漫长而
艰辛的。首先要省觉,所有的存在都是受苦,苦难的原因是渴求,
结束渴求就意味着苦难的终结。结束渴求,有所谓的"八正道":
正确的见解,正确的思维,正确的语言,正确的行为,正当的生活,
正确的修行努力,正确的意念,正确的禅定。

佛陀分为两大类。第一类是具有人的秉性的毛努什佛（manusi 的音译,即真身佛——译者）,乔达摩佛及其三位前身就属于这一类佛。这些毛努什佛的变化显现之身是只有通过沉思默想才可感觉到的所谓加尼佛（dhjáni 的音译,即应神佛或法身佛——译者）。这两类佛的区分引起对佛教的哲学、玄学内容的深思。这对从草原牧民中招募的僧侣及信众来说,肯定没有多大的吸引力。

人们更了解另一种二重性,这可从画像和塑像上感觉到。据此,我们知道有慈悲的佛陀和邪恶的佛陀。后者更应该称为魔鬼（蒙古语为"多克什特",即 doksit 的音译,下同——译者）。

黄殿的守卫每天打扫神龛,保持其整洁,整理和更换蜡烛,给煤油灯添油,管理圣水,等等。他像一个七头龙似的巡守大殿,严防有人从里面拍照。每个喇嘛都有自己的偏执思想和禁忌。你不管用多少钱都不能使其背离之,因为他们坚信,如果他们这样做了,就犯了大罪孽,一旦被人知道,会被开除。遇到这种情况,我没有必要勉为其难,反正在最近的某一个寺庙里,我可以毫无阻碍地观察、拍摄一切迄今被视为禁忌的仪式、物品、画像或书籍,甚至可以买到一些物品。

实际上,我是在这个寺庙里第一次对寺庙里的陈设和设备进行深入的考察研究,因此我应该满足于,我能仔细察看设施和设备,通过打听、询问,收集到有关事物、物件的名称、材料和用途的信息资料。

先说说塑像。大部分塑像是黄铜或青铜制作的,较小尺寸的塑像中有金质的,或镀金的银制雕像。在晦暗的殿宇中,外行的参观者很容易被黄铜的熠熠金光所迷惑,猜想这些镶满宝石的铜佛像简直就是无价之宝。

我们可以想象,这种景象对于中国军队和土匪来说是多么大的诱惑! 不幸的是,黄殿也难逃厄运。张作霖的得胜之师的盗匪们,根本没有试图抗拒这一诱惑:一天凌晨,当寺庙的人还在睡梦中时,他们闯进了寺院,把一尊大黄铜佛像搬离其位,装上车拉走了。他们在走到多伦诺尔和寺庙之间的牧场时才发现,他们掠夺的这尊佛像不是他们想要的那尊。于是,他们毫不在乎地将佛像推下车,扬长而去。喇嘛们大气都不敢出,对中国兵的劫掠和为非作歹怕得要命。只是在次日夜晚,他们才敢到草原上去,偷偷地把佛像运回来。

黄殿的塑像中也有一两尊彩绘的陶制品,这是喇嘛庙里最受喜爱,又最廉价的塑像。石头、木材等制的塑像较少。

慈悲的佛很容易被认出。他们的徽记是花和月亮。在佛像上花卉特别突出,常常扩大成整个基座,如佛像立于或坐于一枝莲花的中央。这还好认,但要想在众多慈悲佛的塑像中辨认一个个神佛,就不那么容易了。在这个问题上,遗憾的是,很难指望得到喇嘛们的帮助。当然那些基座上刻着或写着名字的佛像例外,不过这很少见。还有那些众所周知的佛陀的塑像也是例外,因为连所有小喇嘛也都认得,如释迦牟尼佛,通常手持花瓶;或者弥勒(Majdari),即黄身佛,是佛教世界未来的救世主;还有十一面观音(阿利亚巴洛——örjabalo 的音译,下同——译者);或者喇嘛教最脍炙人口的女神:在白、绿和其他颜色的交汇中华丽显现的度母。其他佛像,只能在仔细研究了有关文字后才能辨识。这是一个十分艰难费时的工作,如果不是不可能的话。因为喇嘛教的神话故事异常丰富。题材的丰富超过了一定程度,造型艺术已难以胜任描绘的任务。这里我以所谓的"千佛"为例。千佛在肖像学中是一个经常的话题。所有的千佛都有名字,有自己的独特的故事,但要以一千种方式描绘他们,使人在群像中一眼看去即能叫出这个神的名字,是不可能的。

我们在佛像中看到了佛教最杰出的代表,如有传奇色彩的魔法大师——莲花生大士,他的登场通常被视为喇嘛教的发轫;或者11世纪的阿底峡尊者,他被尊为著名的所谓卡拉恰克拉(kalacsakra 的音译,即"时轮金刚教授法"——译者)体系的创始人;还有他的同代人,既是诗人又是英雄和圣人的密勒日巴。宗喀巴及其弟子的时代(弟子的数量超过七十人),达赖喇嘛、班禅喇嘛和库伦活佛等历史上有名的转世化身的雕像特别丰富,藏传佛教教会首领的画像也不在少数。很多时候,想辨认出他们并不比辨认其他神佛更容易。不过他们明显区别于其他更高级的神佛,因为他们都穿着喇嘛的袈裟,头上戴着长长的、尖顶的喇嘛僧帽。

这些都是慈善的佛,慈悲为怀,与人为善。多克什特——邪神或魔鬼就不同了!

人们害怕他们,因为他们所到之处,就要害人。需要用祷告、牺牲、奉献供品来平息他们的业火。或者,如果他们无论如何都要害人、要毁坏的话,那就请便,那就是我们的敌人!

邪神恶魔的塑像(当然还有画像等)很容易被认出。在塑像(或画像)的上部某处,总可以找到他们的标志:日头。他们在塑像和画像中,都是邪魔外道的样子。他们的姿态是躁动不安的,双脚分开,头部上仰,双手挥动,仿佛在焦躁和恼怒中随时都会跳下祭坛。

　　如我们所知,邪神恶魔也有许多种,最常见的是所谓"淫邪之神"的群体。所有较具规模的寺庙里都能看到这类恶神的画像和造像,当然黄殿里也有。然而,并不是在所有的地方,都让这些奇形怪状的神怪与信徒或好奇者见面,而是把他们隐藏在某个不起眼的角落。其意义需要做很多解释。这大体上发端于中亚和古西藏的混有性病理学元素的密教传统,又加入湿婆教的元素。也难怪,对于草原的普通牧民子女来说,这始终是难以理解的。须知,他们对神秘、怪异本来就不大敏感。更为奇特的是,内蒙古的喇嘛教的守护神就是这样一个密教神祇。也许不需我说,这不是蒙古人自己选择的,而是忽必烈时期生活在蒙古皇宫里的西藏僧侣中一个学者劝诱他们接受的。

　　在内蒙古,这些"淫邪之神"的裸体塑像,被散居在蒙古人中间的孤岛上的规矩的汉人视为特别淫荡。我从汉人口中,听说过不止一个关于这些神祇的讽喻性传说。当然,这些传说对于喇嘛们来说也不陌生。绝大多数喇嘛是文盲,没什么文化,其知识只限于照本念经,参加宗教仪式,连他们自己的宗教的基本教义都说不上来(不过也有值得尊敬的例外!),更别说解释这些成对出现、形象怪诞的神像的故事由来了。他们干脆把那些神像盖上红布、喇嘛的袈裟,或把像搬到一个阴暗的角落,否则就需要用棍子把可恶的、讪笑的蛮子从寺庙门口赶开,免得他们隔着门缝窥视,还说长道短、评头品足!

　　邪神中最有名的是阴间之神,厄尔里克汗(Erlik kán 的音译,下同——译者)。这个神是人身兽腿,手腕上镶着宝石的臂环叮当作响。他的脖颈上长的不是人头,而是可怕的、正在张嘴吼叫的、鼓眼睛的牛头(额间还长着一只眼),俯视着前面。他还变态地搂着一个明妃女神。这个神祇有多种形态和化身,各有其名。如果有谁想搞清这些邪神的区别,就需要具备相当丰富的学识。

邪神的另一大类称为"雄魔"。他们也是人身,不过是夸张的人身。可怕的獠牙、狰狞的面孔、强壮而多毛的腿,还有巨大的、鹰爪般的指甲,足以震慑善男信女们,使他们胆战心惊、诚惶诚恐。他们多头、多手和多足,更添威怖。他们通常抓着某种野兽或怪物。这些邪神都面对着参观者,不必把他们藏起来,至少不总是。

对邪神的描绘和塑造,尽可能狰狞可怖、摄人心魄。但最可怕的邪神我放在最后描述。他们被称作"恶魔"。这类邪神也有前面那类邪神的可怖特点。他们的特征是,都位于某种动物(狮子、马、老虎、大象等)之上,只是很少像骑马那样骑在动物上,而是大多侧着身,两腿分开,站在动物背上。手中持有人的头盖骨或人的其他骨头,有的骨头掉到动物脚爪边。

这些是神祇和恶魔的塑像。黄殿里也满是这样的塑像。个头大小不一,形状有繁有简,有的灰暗,有的光亮。这些塑像多次使我头疼,陷入猜测:我面前的神像到底是慈善之神还是宗教首领?

我还发现一件事。这些神佛的面貌——这里是指人首神祇的面孔——大多为汉人的面孔,也有藏族人的,只有很少是印度人的。

亚洲的黄种人把神佛的形貌也按自己的样子塑造。

再来说说祭坛。祭坛上很拥挤。祭坛本身被各种象征物、祭器覆盖。祭坛一般高一米半。在富有的寺庙大殿里,祭坛的顶部,至少是前部,罩着绸缎。

在内堂,靠墙的那面,可看到所谓的"八吉祥"象征,在寺庙殿堂的墙上也经常能看到八吉祥的图画,这也构成喇嘛教的徽记。让我们来看看喇嘛教的一组徽记:1.纯金铸造或锻造的鱼(这些是生活在雅鲁藏布江里象征幸福、吉祥的鱼);2.驱除罪恶欲念、带来幸运吉祥的白宝幡;3.白海螺;4.白莲花;5.包含所有愿望的罐,即奔巴(Bumba 的音译——译者);6.吉祥结;7.千辐轮;8.象征胜利的、名为札尔木桑(Dzsalmszan 的音译,下同——译者)的小幢。

在此地,还有另一种七件组合的象征性器物。有的地方甚至两种象征物组合同时存在。七象征物也被称为"七宝"。分别是:1.象征教义的八辐轮;2.名为"钦达马尼"(Csintamáni 的音译——译者)的八角宝石,从中喷出五色火焰:冬天给予温暖,夏天给予凉爽,其所在之处,没有疾病、没有死亡,所有愿望都会实现,有关实现一切愿望的钦达马尼,在早期佛教时代就产生很多传说;3.女神,恰克拉瓦尔提(Csakravarti 的音译——译者)大汗的妻子,她像母亲一样关心所有人的疾苦,减轻人们灵魂的痛楚,她之所以是妇女,因为要代表美丽和幸运;4.官吏,好官,对所有人都公正严明,不偏袒也不歧视;5.大象,背驮八辐轮;6.天马,背上有著名的钦达马尼,急速飞行;7.坐着的统帅,手持神勇宝剑,扶危救难。

在"七宝"前有七个黄铜盘。两个盘中一般装有带藏红花香料的圣水,其他四个盘子分别放香、花、油灯和食物(面食,糖等,但不能有肉),第七个盘子盛的也是圣水。

祭坛上有象征五个感官的镜子:眼(看)、蜗牛(听)、核桃(闻)、糖或水果(味)和丝绸(触)。

在祭坛上,数量最大的物品是黄铜盘。连最小的殿堂里也至少有一二百个。这些是盛圣水用的。其中一部分亦作油灯用。有的地方也有专门作油灯用的盘子。每座佛像前都应有八九个圣水盘,其圣水每隔一段时间就要换一次。蜡烛和香只能在主祭坛上点燃。坛上还有比普通油灯大得多的油灯。点蜡烛和油灯时要谨慎小心,以免有飞虫掉到火焰里烧死,因为在佛教徒眼中,这是杀生,是造孽。

在黄殿里,不大严格遵守这一戒律。后来我发现,其他寺庙里也不怎么遵守。杀生是不允许的。不过肉还是吃的,喇嘛们很懂得怎样自助。比如,在一次很特别的机会,布彦德尔格搞到了活的家禽。他十分兴奋,从隔壁叫来一个汉人帮他宰杀了两只母鸡,以免自己动手而受良心的谴责。他的弟子裴尔切则没这么矜持。他满不在乎。这栋房子里老鼠很多。佛祖的这个未来的门生,空闲时间大多用在抓老鼠上。老鼠会在炕上和带有抽屉的柜橱里藏身。裴尔切打开一个抽屉时,老鼠就窜到另一个抽屉里,搞得他满头大汗,十分恼火。他终于打着一只老鼠,抓起来就把它活生生地丢到烧得正旺的火炉里。什么佛教不佛教的,早丢到脑后了。

在寺庙里,还用面粉或某种白色面糊状原料捏制小塑像,主要是一种叫乔尔丹(csorten)的东西,蒙古语是苏布尔干(szuburgan),梵语是斯图巴(sztúpa)。就像许多亚洲旅行札记的读者所知道的那样。乔尔丹是一个圆锥形的小塔。在过去某个时期,寺庙的院子里都有这样的小塔(很多地方现在也有),或是为了纪念有名的事件而建造,或是某位著名喇嘛的安息之处,即圣骨冢。制作小面塔和其他放在祭坛上的象征性的供品是一种专门的艺术。例如，吴喇嘛花钱从很远的地方请来一位巧手喇嘛，在寺庙里工作了好几周。这个喇嘛在一个大托盘里，用面粉捏制了一组颇具艺术性的塑像。在塑像做好后，他趁面粉没干，用干颜料上色。上色的过程很独特：他用一个下面有细口的纸漏斗装上红色、蓝色的干颜料粉，摇晃漏斗，把摇出来的烟雾状的颜料，撒到塑像上。他可能知道干颜料对嘴和肺有害，因此用一条白手巾将口鼻罩住。

我们看到，在祭坛上，佛像的面前，放着一个长长的木容器，里面撒了一些灰，以便把汉族人和蒙古族人用的褐色的、偶尔是灰色的线香插进去。前面我提到过，线香的样子就像我们这里的铅笔，也许略为细一些、长一些。

在祭坛的右角，应该放有曼陀罗。这是用金子或银子，也许用黄铜制作的盘子，上面的图案反映着佛教的整个宇宙观。佛教世界的中央耸立着须弥山，用反映世界四大部洲的四种宝物：银子、天青石、蓝宝石和金子装饰。不过我在一年时间里，在十几座寺庙中寻找，也没看到镶宝石、黄金或白银的曼陀罗。不是因为蒙古喇嘛寺庙里没有黄金或白银的物件，而是因为那一带的喇嘛生不逢时……我只在一个地方看到过银质的曼陀罗，但没有放在祭坛上。

在绝大部分寺庙里，曼陀罗的旁边是放嘎巴拉的地方。嘎巴拉是人头盖骨的顶部，边缘镶有银子，有的还有华丽的、醒目的图案。不过，不是任何死人的头盖骨都可以成为嘎巴拉的！比如，地痞流氓、病死的人、被杀死的人或其他非自然死亡的人的头盖骨是不能用的。要知道，把遗骨做成嘎巴拉是对亡故的高僧大德、圣贤人士和正直赤诚之人表达崇敬。欲在死后获此殊荣的人,必须乐善好施、正直诚实,这样他死后,头盖骨才能镶上银边,用来盛放祭献给多克什特的动物的血。

用人的头盖骨做的银边嘎巴拉(民俗博物馆)

在某一个祭坛上,还可见到一个被称为"八供皿"的设备。八种器皿象征献给释迦牟尼佛祖的八种礼物,这些是:镜子、佛祖拯救世界于三魔障的格哈特(gehat 的音译——译者)、酸奶、干草、水果、铅丹、海螺和甘露。

在祭坛和佛像周围,不仅藏着这些小件的祭祀用品需要你去发现,还悬挂着尺幅很大的东西——首先是锻带、旗幡等——它们差不多遮盖了整个殿堂,有时还把祭坛上的主像都遮住了。这些东西使你在香客挤挤挨挨的大殿里更难辨别东西。

通常在佛像合什的双手上,搭挂着巴当(badang 的音译,下同——译者),即五色幡。它代表着五位大法力的菩萨。

菩萨是修行者在通往觉行圆满、涅槃或"圆寂"的漫长道路上,在成佛状态前修成的最后一级,地位仅次于佛。在北传佛教里,菩萨被赋予特别大的作用。在南传佛教里(如锡兰岛),人人都应靠自己的力量修行成佛,不能指望外力的帮助。而在北传佛教里,修行者在修炼过程中,会得到好心的同伴、同道人即菩萨的帮助。像佛陀一样,菩萨也分成两类:人形菩萨和法身菩萨。

通常在祭坛旁边一侧,悬挂着札尔木桑,即胜利旗,前面我已谈到过。这里我只想补充一点:在这种情况下,我们可以想象一下,在我们面前是一个大尺幅的,由黄、红、蓝色的布块儿组成的辊筒状的胜利旗,可能长点,也可能短点。三色梵语名是"三藏",即佛教圣经典籍的象征。

按照当地习俗,彩色丝绸作的哈达挂在塑像的手上。哈达通常是绣有佛画像或花朵图案的围巾。哈达不仅在寺庙里用,而且也是世俗蒙古人生活中的用品。某人去拜访蒙古上流社会人士或王爷,在刚到达时,要献上哈达。除了王爷外,所有人都要回赠哈达。这一习俗更存在于喇嘛和高僧之间。我第一次见证这一有趣的习俗,是在到达这里不久拜访东仓寺的住持堪布喇嘛巴彦吉噶尔的时候。布彦德尔格来到后,单腿跪地,献给堪布喇嘛一条白色的绢网式的哈达,而后者则回敬一条类似的哈达,当然没有屈膝。我们在拜访察哈尔的按班(满语"朝内大臣"——译者)即一个世俗蒙古当局时,也上演了同样的一幕。

大殿里还有一个或多个舒胡尔,即黄色丝绸作的伞。

在大殿的内部,特别典型的装饰是所谓的"奇玛普尔玛"。这是一种用 11 个不同颜色的、长长的、缝在一起的袋子做成的。

寺庙最主要的装饰,是晚上举办仪式时用的灯笼。这些灯笼几乎都是来自汉人,喇嘛们对它们的称呼也用汉语"灯笼"。

哦,还有那数不清的圣画像和挂在墙上、柱子上的寺旗(实际上不是旗帜,只是欧洲的旅行家们这样称呼它们,因为看上去与我们教堂的旗子非常相似）。即使我不说，人们也可以想象，这些寺庙的旗幡、哈达和札尔木桑有多么好的吸尘作用，并在多大程度上帮助人们在相当昏暗的殿堂里自由巡视。

偏殿不像主殿这么拥挤，这些殿中的某一个殿里会有邪神恶魔的塑像、神坛，或其他次要神祇的神龛。

喇嘛乐队的乐器也存放在偏殿里。

拜神和祭神都有乐队伴奏，是出动整个乐队还是只用一两件简单的乐器演奏，取决于宗教仪式的重要性。

过去，在喇嘛教的祭礼上，也演奏弦乐器，主要是汉人发明的、类似提琴的乐器，如今这些乐器已经不时兴了。大概是喇嘛们认为这些乐器太世俗化了，因为中国胡琴是剧院和茶馆里的主要乐器。

寺庙里经常使用管乐器。最知名和最普遍的乐器是毕利或说喇叭，还有拳头般大的白色海螺，寺院里每天早上都会吹响海螺，召唤喇嘛作早课。最典型的乐器是比舒尔即蒙古角，其声音类似簧管，由可以拆开的三部分组成，两端是铜制的，中间部分是硬木或角质物作的。不过最有意思、最富丽也最有名的喇嘛乐器还是毕利，即很长很长的铜号（汉语称"长角号"或"小铜角"——译者）。铜号是如此之长，在游行或送葬的队伍中，需要由一两名年轻喇嘛或是流浪儿擎着它的末端。喇嘛在行进过程中也吹奏毕利，其发出的声音低沉而悠扬，宣告这里正进行特别盛大的仪式。喇嘛们还有更特别的乐器：甘令，其声音尖细刺耳，令人不寒而栗。你要是再知道，这件乐器的两端铜头之间的连接部分，不像蒙古角的中间部分是木质或角质的，而竟然是用人的胫骨作的，更不知做何感想！

除了吹奏的乐器外,还有好几种打击乐器,如铃铛、铙钹、鼓等,一般在大呼拉尔或祭神仪式上使用。

哼哈是带小木柄的手摇铃,通常镌有神秘的文字,被指令操作的喇嘛用左手拿着。喇嘛们坐在排椅上,以单调而规范的声音、平缓的节奏诵读经文。祈祷到了预先指定的"乞求"部分时,喇嘛们突然一齐提高嗓音,中止了祈祷的喁喁低语、节奏平缓的过程。持手铃的喇嘛开始使劲摇动左手铃铛,右手高举起黄铜杵,以把魑魅魍魉远远地赶开。同时另一个喇嘛也不停地转动手中的郎巴鼓。这是一个两边绷有皮面、中间变细的圆筒。圆筒的两边有细绳拴着小铅坠,在摇转时,铅坠就击打皮面,发出鼓声。

仪式的整个过程都有单调的大鼓声相伴。就是在所有其他乐器都停奏、只有念经的嗡嗡声时,鼓声还在继续。蒙古语称大鼓为哼格勒格。漆成红色的木制鼓身,有龙形图案装饰。鼓槌的向内弯曲的末端是一个凶恶的海怪的头。在这有点杂乱的交响乐中,还混杂着三、四种铙钹的声音。特别值得一提的是名为"杜达尔马"(dudarma 的音译,下同——译者)的打击乐器(即云锣)。这是一个有四个角的木框架,中间有三至十二个方格,每个方格里有大小不一的铜盘,须用槌子敲击。

当参加祭神仪式的身着全套法衣的全体喇嘛开始一起诵经时,乐队先是分别奏响各种乐器,随后所有乐器一起响起,喧声大作,震耳欲聋。不管这个嘈杂的乐队有多么奇怪、多么不寻常,我就是笑不起来,因为知道这些祈祷的喇嘛们对平时不能进大殿、只能怀着崇敬之心从门缝窥视僧侣与神佛交流的普通蒙古人有多么大的影响。

在所有像样的喇嘛寺庙里,我们都看到了专门的图书馆,也称藏经阁。在这里,僧侣可以抄写他缺少的或已看不清楚的经文,而有学问的高僧,可以在这里找到其研究所需的资料。在大多数地方,藏经阁设在主殿或称"大雄宝殿"里,大殿堂的两侧都是书架、书格。在这方面,黄殿是少数例外之一,因为它的书籍、经卷等都放在楼上专门的图书馆里。如去图书馆,需要通过幽暗的、摇摇晃晃的木楼梯上楼。图书馆的木地板就是楼下殿堂的天花板。图书馆的墙都是木头的,如果发生火灾,整个图书馆及所有的书籍都将灰飞烟灭。

黄殿的图书馆藏书不菲。藏书包括藏人和蒙古人的两大佛教经典,即108册的《甘珠尔》和225册的《丹珠尔》,两书都是藏文的。《甘珠尔》和《丹珠尔》都是译典集锦。梵文、维吾尔文、蒙古文和布尔萨文的原始经文的绝大部分都湮没于印度和中亚佛教的暴风骤雨般的历史中。因此,对于蒙古和西藏喇嘛是圣典的这些书籍,在西方学界眼中则是迄今为止不大为人所知的丰富的佛教知识的宝库。仅仅《甘珠尔》就搜集了上千部著作。其中一部分是哲学类著作,另一部分是佛祖生平事迹片断、轮回转世的历史、僧侣的戒律和不少于25册的经咒和密教仪轨。对这些符号和咒语的理解和解释,是最使我们头疼的事。同时,这也是喇嘛教最典型的组成部分。《丹珠尔》则是论著译典,包括对原始经文的解说、诠释和后来产生的经文的译文。

当我谈到《甘珠尔》和《丹珠尔》的108册和225册的时候,任何人都不要以为,这些只不过是可以装进衣兜的手册、手札之类。前面我已说到过,西藏和蒙古的经书典籍是用大张的、长方形的册页做成的。还要说明的是,这两大藏经的册页都特别厚重,一册书的高度大约有一米,宽度约为15—20厘米,厚度在10.5厘米到20厘米之间。难怪这些书册的重量都在10—15公斤之间。特别是还要注意到,第一页和最后一页是用丝绸包裹着的或浅黄,或橙黄,或红色的木板夹封的。这些木板的扉面绘有彩色佛像画。在第一页上通常有两幅画,左右各一幅,中间则是经文的开头语,是烫金文字的。其凸起是用我所不知道的工艺做成的。最后一页上有五幅画,多为恶魔邪神,而前面的画则多为慈善的神佛。这些书册不能简单地摆放到书架上,连前后起保护作用的木板夹封,也不能确保以藏人和蒙古人的方式装订起来的书籍不风化破损。正因如此,《甘珠尔》和《丹珠尔》的书册都包裹在黄色绸缎布里,被精心捆扎在一起。在较富有的寺庙,比较精美的经书是用更高级的东西,如三层不同颜色的绸缎僧袍裹着的。

黄色的风和内蒙古的沙尘暴,使黄殿的华美和丰富的图书馆被厚厚的沙尘覆盖,褪了色的绸缎蒙布已多年无人触动,无人问津的图书和经典,默默地沉睡在木乃伊的梦乡里。

黄殿不是寺庙地界里的唯一殿堂。略去我们已经知道了的佛爷藏不表,那儿还有吴喇嘛的美观的小殿堂,在土默特仓也有一座殿堂。

在谈到生活在殿堂周围的喇嘛们时,我不能不提到某件事。黄殿的僧人都住在像我和布彦德尔格住的那样的房子里。以欧洲人的眼光看,住房子要比牧人住毡房舒适、干净得多。但是我不得不经历一种特别的情况。有那么一两个喇嘛,把僧房布置得很好,却不住在里面,而宁可在土坯墙围护的院子里用毡子搭起帐篷来住,就像紧靠着大殿住、我十分熟稔的巴图喇嘛一样。

这是对草原古老生活方式何等的思念和怀旧情绪的表现啊！

喇嘛庙。喇嘛院里的蒙古包（孟广喜坐在门口）

寺院的祸端

　　荒废的寺庙—喇嘛村的新住户—布彦德尔格的租
客—吃了吗—我的中国医生朋友—哦,那些王冠—内蒙
古马车是什么样的—废墟上的帐篷村—常客—一个更
常来的客人—禁止留辫子—有关中国女人和欧洲女人
的时尚— 一个女人怎能有这么大的脚—隐秘—昂贵的
蒙古语课本—被当场抓获的蛮子—喇嘛庙的被盗日志

　　我刚来时,布彦德尔格用两种语言告诉我,他没钱。后来,他
有时是愁眉苦脸,有时又是怨愤地不断重复这句话。这不是什么
过眼云烟似的祸患,而是当时那个毫无希望的时代的慢性痼疾。
很遗憾,所有看来挺体面的喇嘛也都患同样的病,甚至整个寺院
都在匮乏中挣扎。

　　原因很容易找,但不能改变形势分毫。寺院的收入来源已经
枯竭,即便很不容易搞到点资金,也无法应付突如其来的灾害和
祸患。寺院很难在物质和道义上不受损害的情况下摆脱危机。

　　部落不给钱,寺庙也不能再指望皇帝的恩赐。似乎俗家信徒
们也不再乐善好施,现在没有人请喇嘛去做法事。不错,由于匪
患,不管是喇嘛还是“黑人”,都不宜外出多走动。喇嘛们即使偶
尔受到邀请去做法事,也常常讨不了好,因为人家自己都穷困不
堪,无以为报。

就像所有崩溃时期一样,这里的寺庙也经历着席卷一切的炼狱之火。那些不是出于使命感献身神坛、真心实意地在喇叭、唢呐、笛子和大鼓的陪伴下朗诵藏语经文而只是为了物质利益和权力选择当喇嘛的人(须知在某个时期当喇嘛是美事)一下子走个精光,烟销云散。有的人回到部落和曾被舍弃的畜群旁,有的人去当兵,还有人——只有上帝才知道去哪儿了。这些人倒不值得惋惜。

在辛亥革命爆发之前,西仓寺大约有上千名喇嘛,而在我逗留期间,大概只有一百来人,在这摇摇欲坠、年久失修的寺庙院墙内徜徉。其他人都走了。

遗憾的是,留下来的人也并不都是虔心向佛、服膺教义的人,而是一无所长、资质平庸的人,还有已经无法自力更生、另谋生计的人。这些人与虔诚的僧侣和圣徒们留在一起,一旦有机会——当然会有机会——就试图"浑水摸鱼",以谋私利。

陷入危机的寺院决心进行激进的改革。根据佛教僧规,寺院严禁生人特别是女人逗留,更甭说居住了。这一严格的戒律被正式强行废除,寺院决定,喇嘛们可以招收房客,即把房间出租给外人。要知道,地方有的是,收取的租金一部分贴补寺院的金库,另一部分则由房东喇嘛及其弟子留用,满足生活之需。

就这样,寺院住进了不少外人,包括蒙古人和汉人,有的还携家带口。

我的朋友布彦德尔格接纳我住进他的房子,不仅是像他"出于礼貌的要求"不断强调的那样"为我们二人的友谊做出牺牲",而且是事先策划好的,是有所图的,并使他的同修们不无嫉妒。他努力做成的这桩现实买卖,在既定的情境下,具有特别意义。

几乎是不言而喻,他向我收取的租金要比一般的标准高好几倍。但我却没什么可抱怨的,因为即使这样,这些钱对我来说也是微不足道的。

在寺院,除了我之外,布彦德尔格还接纳了其他人。他的房子一侧,有一小房子相连。那只是一个简单得不能再简单的带着廊和炕的房间。王宝山(Uang Paosan 的音译,下同——译者)和他的儿子、儿媳和孙子住在这里。在很长一段时间内,我都没能搞清楚王宝山一家和我的房东到底有什么关系。在绝大多数情况下,喇嘛招收的房客都是亲戚或熟人,但王宝山显然都不是。他可能只是一个完全陌生的汉族农民。不过由于他能主动和准时地交付租金,布彦德尔格有充分理由不把他当外人。说来,王宝山一家住在房子里,从没闹出过什么大动静。他们悄无声息地来来去去,只在严寒到来时才有些变动:除了上了年纪、牙齿不全的王宝山留下看家外,其他人都搬到温暖的地方去。此外,至多是在王宝山儿子的朋友或熟人不在时,会来住一两天,闹出点不愉快。遇到这种情况,布彦德尔格便悻悻地在房子周围转悠,嘴里嘟嘟囔囔的,从牙缝里咒骂这些不道德的蛮子。布彦德尔格这样做,显然是事出有因的。

一开始,我不大理解戴着一顶破旧草帽的老王宝山到寺院来找什么,因为他一脸痴痴呆呆的神色,在房子周围转来转去。不过,他对我倒很亲切,尽量表现友好,甚至恭维似地称呼我。他第一次来找我的时候,以略显沧桑的语气,口齿清楚、彬彬有礼地问我:

"你吃了吗?"

这让我有点纳闷。后来,在一天的任何时候,他见到我时说

的第一句话都是这个问题："你吃了吗？"这使我更加愕然。后来
我渐渐意识到，对这个问题不能按语义理解，不能认真，就像在现
代文明社会，人们见面时所表示的祝愿、寒暄和问候的话不能仅
从字面意思理解一样。在王宝山和他同类人的语言中，这个问题
的意思与我国的问候语"日安"差不多。

　　但是，虽然我弄明白了"你吃了吗"的实际含义，有一次我还
是禁不住笑起来：我跟在王宝山的身后，走到一条满是尘土的小
巷子里，无意间见识了这一中式问候语的更广泛的含义。王宝山
和另一个上了年纪的汉人相遇。他们俩正朝同一个方向走。一
开始，他们一言未发，像两头拉车的吃苦耐劳的牲口，默默地并排
前行。偶然间，我听到老王说：

　　"你吃啦？"

　　一阵沉默，两位佝偻的汉族老人继续前行。过了一会，另一
个也说了一句：

　　"吃啦。"

　　这个回答含有某种欣慰和感谢关心的意味，同时也让人感到
是例行公事般的敷衍，相当于"谢谢你的问候，我很好"。

　　又是一阵沉默，他们继续往前走。老王宝山似乎并不满意这
一问一答，没话找话地又说："牛也吃啦？"

　　要知道，邻居曾有一头母牛。而王宝山很懂得如何把话说得
好听点、文雅点，即会说"婉转话"。11月初，他从某处拿来一块
黑亮的、相当大的毛皮，扔到晾台上。我小声打听：

　　"老王，这毛皮你是从哪儿买的？"

　　"黑狗死了……"他难过地说。

　　他如果直白一些，不拐弯抹角的话，回答应该是这样的：昨天

晚上,他两个不成器的儿子在距此不远的地方,大概是第三个街角,用棒子把巴德玛(Badma 的音译——译者)喇嘛的狗打死了,要在明天或后天把它的皮偷偷拿到多伦诺尔去卖个 2—3 元钱……

所有第二个、第三个房子里都住着一个耕地的王宝山。

一个偶然的机会,使我认识了一位家在离我们相当远的地方、养奶牛的汉人,一个临时房客。当时他正大声咒骂着,用缰绳拉一头倔犟的、不肯走的、骨瘦如柴的黑毛母牛。但当他看见我时,一下子忘掉了他的气恼,远远地打着手势,向我这个陌生人致意,以示友好。其实对他来说,我并不完全陌生,只是我不认识他,他却认识我。看来他早已从喇嘛们和王宝山口中知道了我这个人和一切与我有关的信息。当我走近他时,他友好地、以很舒展的动作对我表示欢迎。他一再用手比画着,同时又要拉拽母牛的头,直到它不能忍受。

"您不要以为我就是一个普普通通的人,虽然我穿的衣服破破烂烂……"牵着母牛的汉子以这句话开始自我介绍。他在上衣衬里摸索着,直到掏出一张老式的、印在红纸上的中国名片。名片上写着:赵泽军(Csao Zejun 的音译,下同——译者)。由于这个名字对我说明不了什么,我用带着询问的目光看着他。赵泽军还没等我问,就滔滔不绝地说起来。

他住得离我够远的,在最下面的那座寺庙附近。"可能您不知道我住的地方在哪儿吧? 那明天还是我来找您,喝杯茶,聊聊天。"他说。

次日,在通常的访问时间,赵泽军还真找上门来。他还抱着一个小包袱。在饮茶间,他把包袱打开来,说:听别人说我有照相机,他很想让我给他照张相。他的包袱里装着他的仪器。原来他确如昨天所说,不是什么普通的无名之辈,而是一名医生。问题只是,这儿的人都健壮如牛,要靠行医,他非饿死不可,因此他不得不养一两头母牛,搞点副业。

听到这里,我一下子也来了照相的兴致。为什么不呢!我为什么不能用中国同行的照片去取悦我的布达佩斯的医生朋友们呢!

喇嘛庙。"医生"赵泽军和他的仪器

我应该实事求是地说明,赵泽军属于老一代中医,其实不如说他是"巫医"更恰当。他的唯一技能是拔火罐,另外他还知道各种草药的疗效,偶尔也能给人治病。在大城市,如上海、北京、奉天或广州的欧洲人居住区,也有受过西医培训的医生看门诊(当然在敬业、认真负责和自我牺牲的精神方面,他们远不如西方同行），而在中国内地，只有这样的旧式医生，就是"大夫"。

在寺院里，更准确地说在喇嘛村，也住着蒙古族家庭。秋天，我在一次散步时，错走进土默特仓旁边的一个院子，见到蒙古族人哲林特（Dzserinte 的音译，下同——译者）。我想看看整个寺院的截面图。哲林特很友善地接待了我。他证明，他是个比一般中国人家庭热情得多的主人：当即端来了茶和中国糕点。他们全家的人都围过来。我们有点惊诧地互相打量起来。

女主人的发饰引起了我的特别注意。

在库伦和蒙古族大部分地区，妇女的头饰和发饰很有特色。她们缠两个大发髻，向两边伸出，呈角状，上有簪钗，与藏族妇女的头饰相似。在内蒙古东部绝大部分部落的妇女那里，时兴满族妇女的头饰。像哲林特妻子那样的头饰，我只在这里见到：冠状的头饰简单地套在头上，头圈儿是银制的。在前面较短、两侧较长的流苏中，一串串的珍珠垂挂下来。两边从耳朵处——作为古老传统的发式——各垂下一条辫子到肩膀。银制的头圈儿（在华北和内蒙古，金子很少见）以绿松石、珊瑚和其他汉地和内蒙古的宝石装饰。其中绿松石是最美的，但纯净的绿松石极为罕见，常见的是有大大小小瑕疵的绿松石。

哲林特妻子的头饰就是这样的。住在寺院领地的其他蒙古族妇女的头饰也大体如此，只不过有的华丽些，有的简陋些。妇女头饰是这些人的真正财富。逢年过节，成群的妇女聚集在一起，只见珍珠串串，宝石熠熠，珠光宝气令人眼花缭乱。

比如在灯节，大殿里举行纪念喇嘛教的大改革家宗喀巴的盛大祭祀活动。到处张灯结彩，夜晚灯火通明，绚丽多彩，美不胜收。这天僧房也都挂出了灯笼。在我们的院子里，也有大约 5 个

彩色灯笼。在圣龛里和布
彦德尔格的房间里,都点着
油灯。黄殿里则有成百的
蜡烛在闪烁。人人都急忙
点上蜡烛(这算是善举)。
祭祀大典上也有教众参加。
住在寺院领地内的蒙古族
妇女一个都不缺。每个人
都穿上自己最漂亮的衣服,
佩戴银的、宝石装饰的帽子
或盖头,似乎在争妍斗艳,

喇嘛庙。哲林特的戴蒙古族花冠的妻子

比谁更美、更高雅。在蜡烛摇曳的光影里,银饰闪着幽光,头饰和
宝石流光溢彩。还有那些眼睛。妇女们坐在大殿一角专设的拜
祭排椅上,好像每个妇女都在用眼睛偷窥,在那些身穿华丽袈裟
的喇嘛中搜寻……我注意到一两个熟识的喇嘛,看得出来,他们
唱歌比平时更卖劲,也更郑重些。

哦,那些头饰和冠冕!

一直以来,我都以为这些妇女的首饰只有在大的节庆之际才
佩戴。但我后来逐渐发现,并非如此。在最平常的日子里,蒙古
族妇女们也会戴着华丽的头饰招摇过市。我还多次看到草原的
女儿们尽管衣衫不整、头发散乱,背着干草捆,也没有摘掉头饰。

所有喇嘛院都有自己的租户,像吴喇嘛那样的不住生人或俗
世亲戚的房子,确实很罕见。房屋出租和转租的制度,显然每天
都在散发着腐败的气息,污染着寺院和僧侣的生活氛围,更不用
说,它作为滋生罪恶的温床,产生了多少道德的叛逆……

但是有什么办法，没有钱！

这里总是人来人往，混乱不堪。常有其他陌生的面孔出现。他们像付钱住店的过路客人或老熟人一样，在这里住上一段时间，然后就消失了。

现在我只扫自己门前的雪。

大概是在 9 月中，我刚在布彦德尔格的房子里住熟的时候，一阵清晰的马蹄声和密集的"嘚儿嘚儿"（这里的人如此吆喝马和其他牲口）的声音打破了寺庙所在这条街的宁静。裴尔切马上跑到大门口，把两扇大门都打开，只见五辆蒙古两轮车相继进了院子。布彦德尔格也出来了，帮助从车上接下五头黑色的牛（有意思的是，在中国，不仅人们的头发是乌黑乌黑的，而且猪、牛的皮毛也是黑色的，我还从没见到过褐色或其他较浅颜色的牲口）。车子被拉到墙边，牛也被拴到那里。

迄今为止，我还没看到过比蒙古族车子更原始的制作。轮子没有箍铁，也没有弯折，而是由多个相当原始、粗糙的零部件拼成的。轮辐很独特，轴上套着一根较粗的主辐条，贯穿全轮，两根较窄的硬木条，在大致平行

喇嘛庙。古老的蒙古族牛车

的方向上与主辐条垂直相切，将其分成三等分。就是如此简单。

在沙土地和长草的道路上,看来这种奇怪的轮子还挺管用。轮子上的抬物架结构也复杂不了多少。低矮而简单、倒 U 字形的、完全平面的结构形成车子两侧的栏杆,一个柳条筐放置其间,可以自由取下。这些结构一起艰难地支撑着运输的东西。

裴尔切拿了把扫帚,随手把车子进院时掉落的脏东西和车轮碾压造成的浮土打扫干净。布彦德尔格则把来人领进门。来人是一个步子迈得很大、说话声音更大、衣衫破旧的又高又瘦的蒙古人和他的妻子——一个浑身是水、腌臜的、瘦骨嶙峋的妇女。她引为自豪的头饰戴在她的头上却很不得体,怎么看怎么别扭。

那五辆车是从距寺院差不多 60 里地的卓纳伊穆苏木(Dzsonajmszum 的音译,下同——译者)来的。这对蒙古族夫妇运的是干牛粪,打算在多伦诺尔卖个好价钱,用赚来的钱贴补游牧家庭的迫切需要。

卓纳伊穆苏木是在一座古老城市的废墟上建起来的毡房群。废墟间一个个张口的罅隙,可能吞噬了不止一个在毡房周围钻孔或雕木头的蒙古人。在废墟被整平,建起牧民帐篷村的地方,原来曾有一座繁华的小城,有辉煌的宫殿、华丽的寺庙:这就是忽必烈的夏宫——上都。马可·波罗曾对它赞誉有加,给我们留下有关它的丰富多彩的记述。这位威尼斯的旅行家的叙述并未夸张,虽然在他的同代人中,相信者犹如凤毛麟角。我们从蒙古史书中记载的、仓皇逃出中国的最后一个蒙古族皇帝妥懂帖睦尔的凄惶的哀歌中也可以得知,威尼斯旅行家所言非虚。

卓纳伊穆苏木的天空也是阴云密布。这一带盗匪成群出没,游牧居民不怎么敢离开他们多少安全一些的简陋住所。布彦德尔格的客人也是偷偷地在夜间出发赶路的。多天来,他们不住地探听土匪的去向。返回时也是在同样小心的情况下上路,而且是等到天亮才动身的。在两个蒙古人中,那个女的是布彦德尔格的一个远房亲戚,但连他自己也说不清是什么样的亲戚关系,每次的说法都不一样。后来我从他们多次述说中才搞明白,原来这个女人是布彦德尔格过去一个弟子的嫂子的不知什么人。

卓纳伊穆苏木的亲戚常常来访,平均每三个星期来一次。后来,那个蒙古族男子不再来了,只有他妻子一个人来,赶着一辆或几辆车,也是来做买卖的。每次来,她都带着蒙古族的乌鲁木(urum,一种特别的奶制品——厚厚的干奶皮)、牛奶、黄油、奶渣、凝乳和其他出自蒙古包的好东西送给东道主。在大多数情况下,布彦德尔格会慷慨让出他住的地方给客人,自己则在夜幕下不知去向,直到第二天早上才回来,疲惫不堪,像散了架似的。但他从不忘记到不久前被他忽略的佛像前烧上一两炷香,为他对佛祖所犯的——谁知是什么罪过忏悔,祈求赦免。

另一个常客是一个汉族妇女。我没能判断出她的来意,也不知道她来找谁。我怀疑她是多伦诺尔人。我的这个猜测恐怕没错,因为我常在我们房子附近看到她,而她又不是住在寺院里的汉人中的一员。通常,我是在外出一个下午回到住处时,看到她迈着碎步走出寺院。我向布彦德尔格打听刚刚出去的汉族女人是谁,但是问了也白问,因为他说他没看见,或是看见了也说不认识。后来,他可能重新想过这件事,因为在一个小时后,在我差不多忘掉了这个不速之客的时候,他脱口说出,刚才说的那个汉族女人下午到王宝山家去了。当然我的好奇心也立即打消了。

不过有一次,我从近处端详了这个有点土气的美人。当时我正坐在屋里,她突然走进来,请我给她拍照。

她穿着棉絮衬里的、矢车菊蓝的绸缎服,独特的、高领的中式开襟上衣和同样颜色的宽大裤子,裤脚与男人的不同,是扎起来的。她按照旧习俗,缠着可怜的小脚,走起路来真正是碎步蹒跚。看她靠着脚跟——因为不能使用被紧束变形、受到损伤的脚尖——走路的样子,真是活受罪。这样的脚是不可能走远路的。

裹小脚是社会落后、黑暗的象征,被现代人视为中华民族的耻辱。南京政府禁止把女童的脚缠起来和硬塞进铁脚套里。当时还颁布命令,男人必须立即剪掉辫子——这一清朝统治遗留的耻辱产物。

我不能说,中国人认真地执行这些有关民族教化的条例命令。除了大城市,城镇乡村里一切照旧,因为天高皇帝远,中央政府的权力没有达到下面,有些偏僻乡村,甚至连改朝换代都不知道。再者,用政府的行政命令去指挥人们的审美趣味,本来就是很困难的事。怎么可能命令人们,从今天开始就认为女人的小脚不美,而只有天足,也就是天然长成的、爱长多大就长多大的脚美。更甭说,女人的小脚涉及中国人特别敏感的一面(尽管是残忍习俗的结果),因为在中国人眼中,美丽可人的西方女人唯一的不足是脚不够小。他们认为欧洲女人脚太大。

这是他们唯一不能接受的地方。确实,欧洲女人的脚很难和中国女人马蹄子样的、退化的脚相"媲美"。

有一次,我对一个中国朋友提到妇女缠足的落后习俗,试图说明,这不仅是不健康和最不舒服的,而且从美学角度看也是丑陋的、令人厌恶的。这位老学究立刻回击,反唇相讥道:如果您非要挑毛病的话,用不着走那么远!他要我好好地看看我们西方女人。她们的时髦就有益于健康吗?她们穿着高跟鞋走路也是颤颤巍巍,迈不开步,不是靠脚跟而是靠脚尖走。这种穿着是否舒适,是她们自己的事,但我要敢说那很美观,他所有的审美观点和品味都会说"不"。

在我国,人们常常表示可怜中国人,说他们落后、贫穷,不了解欧洲文化的种种好处。应该对他们进行启蒙——很多人在人类之爱的激情中提出。然而他们忘了,中国人并不是原始、幼稚的人,而是在好几千年的文明中陶冶出来的、成熟的,甚至在某些方面已经老化的大共同体。这种老化表现在他们的保守、故步自封、墨守成规上。他们不愿学习,不思进取,盲目相信自己久经历练的智慧的万能。在我们这里,人们经常嘲笑留辫子的、落后的黄种人,野蛮的中国人。而有优越感的嘲笑者可能根本想不到,中国人直到最后一个农民,同样以发自心灵深处的优越感,嘲讽和轻蔑地谈论我们这些"西方野蛮人"。因为他知道,在欧洲,就在还不太久远的过去,连最开化的民族也处于黑暗的蒙昧之中,而现今科学技术和文明的中心所在地,不久前还是空旷的牧场和荒原。今天傲慢的西方人的战战兢兢的野蛮祖先,肯定不会产生嘲笑其他人民的念头。而那时的中国已经是亚洲强国,具有高度文明、丰富的哲学典籍,而且在发达社会制度的土壤上,艺术之花也在绽放!

如此来说,我们怎敢在审美问题上教训他们!他们喜欢女人小脚,如此而已!

凭心而论,布彦德尔格——我想说的是,王宝山家——的那个神秘的汉族女人的小脚,从这个角度看也不是无可挑剔的。孟作为专家,认真地审视一番后,不屑地耸耸鼻子:一个女人怎么能有这么难看的大脚!另外两个在场的汉人也附和他的意见。喇嘛们对被批评的脚倒没有什么特别的意见,也没有表示不喜欢。当然,在这个问题上蒙古人没有表决权。因为蒙古女人都是长着"难看的大脚",这些天天在马背上生活的亚马孙人不知道、也从未体验过缠足的痛苦。

布彦德尔格的僧房还有好多其他的来访者。我现在不一一介绍他们,因为我也不甚了解他们那些混乱的、少见的阴暗事情。但即使根据已知的情况,我们也很清楚了:在寺院的"禁止入内"的围墙里,生活相当松弛,昔日威严的喇嘛戒律和旧时代其他所有古老的、美好的制度,与记忆一道——也许是一去不返地——成为历史。

布彦德尔格僧房内外的生活,并不比其他喇嘛的更散漫、更无序,甚至在清洁、整齐方面,远远超过了大部分同道的住处。我的有关外来者的叙述,忠实地反映了围绕黄殿建成的整个大喇嘛村的情况。

为了避免歪曲事实,我不能不说,有一次——就这一次——一个朝圣者来到我们的住处。这个党项流浪者,是从中国西部名为甘肃的省份的兰州来的,他的目的地是山西的五台山。他走了很多没有路的地方,还经过荒无人烟的地带,绕道来到这里,以避开通往五台山的两条主干道上的土匪。他可怜的脑袋瓜却没有料到,他躲得了初一躲不了十五,避开了库库和屯和兴安府的土匪,却要跟喇嘛庙的土匪打交道,讨价还价!

很遗憾,寺院的财务靠房客交的租金是不可能改善到令人满意的程度的。寺院的上层,试图通过不那么合法的手段和途径,纾解财务拮据的状况:他们把寺庙几幅最美的画像卖给了北京的美国人。可以理解,人们对这不怎么光彩的秘密交易守口如瓶。

我是无意之中获悉这一秘密的,而且违心地差点成为大麻烦的制造者。我的一个出色的朋友和老师、我在布彦德尔格的院子里认识的司喇嘛,在我的考察研究工作和学习过程中,曾给我以非常有益的指点。有一次,我们在讨论我的一篇研究喇嘛教中的基督教和摩尼教元素的

喇嘛庙。党项朝圣者(地上的包裹装的是他的口粮:小米粥)

蒙古语论文时,谈到"异端邪说六大师"。这时,司喇嘛无意中说出,寺院有一幅以此为题材的非常美妙的大幅画像。六位大师的画像旁边都写着名字。我问了几次,在哪儿能看到这幅画,司喇嘛又开始推搪起来:画是有的,但是他不知道放在什么地方。随后他又改口说,也许画已经没了,云云。

我有事要去达喇嘛那儿,就想正好顺便问问画的事情。不料我刚提到画的事,达喇嘛就火冒三丈:

"谁说我们卖画给美国人?"

看到可能会出大乱子,我说什么也不能说出司喇嘛的名字。有关美国人和卖画的事,我就是从这个过于敏感、火发得过大的

达喇嘛口中得知的。

我后来向我的老师叙述了这件事,他忙不迭地感谢我没有透露他的名字。得知我今后也不会把关于"异端邪说六大师"的事说出去,他很高兴。就这样,我又知道了其他被卖掉的画和祭器的事情。

但就是这样钱也不够,寺院的混乱经济状况怎么也不见好转。

在一个晴朗的日子里,一阵窃窃私语声吸引了我的注意。达喇嘛、吴喇嘛、达喇嘛的副手和另外几个人来了。开始,我不理解为什么要选在布彦德尔格这儿会晤和商讨。一时之间,开会的人好像是向布彦德尔格讨主意,或者——请上帝原谅——要钱。

他们派孟来请我去,这正合我意,我正想听听蒙古话,现在大家都是用蒙古语交谈(我前面说过,很奇特,这些喇嘛彼此之间更愿意用汉语而不是蒙古语交谈)。我毫无戒心地、高高兴兴地走进布彦德尔格的屋子。大家都非常客气地迎接我,殷勤地在炕上给我挤出一块地方坐。

稍等片刻后,他们开始用蒙古语交谈,让我实习我的蒙古语知识。在一段时间里,他们面容肃然,当着我的面辩论起来,谈的都是我不能理解或不知道的细节。最后,达喇嘛觉得有必要把会议商量的内容总结一下。

"那些一直守护寺院和殿堂的蛮子兵,不再继续留在这里,因为他们得不到寺院给的保护费。"

"可我们从哪儿出钱啊,如果根本没有钱的话!"吴喇嘛插话说。

达喇嘛不耐烦地挥挥手,制止插嘴的人再说下去,然后用不温不火的口气说：

"让他们走好了，反正他们在这儿除了偷东西没干什么好事。只是，县长那儿不好应付，他让我们付给军人应得的钱，说否则他们会抢庙里的陈设和设备。"

一阵沉寂后，达喇嘛的副手，戴得（Ded 的音译，下同——译者）喇嘛接过话茬说：

"李先生，你是从远处来的，可能花了不少钱。你还要离开这儿继续旅行，你的箱子里肯定还有点钱。你在这儿住着，不需要用钱，你可以借给我们 100 银圆，好让我们打发那些蛮子兵，我们就可以摆脱大麻烦了。三天后还你钱。我们给你开个借条，盖上大印。如果我们不还钱，你可以把我送进大狱，还有达喇嘛、吴喇嘛。"

我不能让他们太怎么求我，虽然我只有北京的银圆，先得吃些亏，换成多伦诺尔的钱，等收回借款后，再换回银圆，再吃一次亏。为了友谊，我没怎么犹豫就做出了牺牲。

不一会儿，吴喇嘛（负责寺院的财务）来了，拿了一份盖了印的"收据"。收据上用漂亮的蒙古文写着："本寺院特此证明，借了李先生 100 银圆，在本年也就是黄蛇之年的第十个月，全数偿还。"

我觉得，现在我花钱买到了练习蒙古语会话的宝贵机会。如果他们不还钱，我就得不断地追讨欠款。我无论如何也不能去找汉人抱怨，让他们来找喇嘛们的麻烦。幸运的是，我的这种担心被证明是不必要的。喇嘛们没有坑我。虽然不是三天而是两个月后，我如数收回了借款。遗憾的是，这件事传开了以后，不断有手头拮据的可敬的先生们来找我借钱，好像我是利他主义的银行似的。

　　谁是第一个借钱的人呢？布彦德尔格。当他苦着脸走进房间对我说"李先生，我没钱了"的时候，我不忍心拂逆他的请求，笑了笑，给了他要的 10 个银圆。就在当天晚上，喧闹声打破了院子的宁静。布彦德尔格钻进王宝山的住处，和他的朋友们一起吃喝玩乐。他开始时还有所克制，压低声音说话，后来则忘掉一切俗礼，声嘶力竭地喊叫起来：

　　"一个手指，三个手指……"他们又在划拳赌酒了。

　　布彦德尔格的拜把子兄弟也从下庙那边来了（中文"庙"就是"教堂"的意思）。他来借钱是为了一桩很重要的生意。他说，他借钱只到他的马群从草原来到此地为止。他也给了"收据"，甚至让布彦德尔格作担保人。说实话，正是这个担保使我有点不放心，但我最后还是心一横，把他要的 50 圆借给他去做好生意。我觉得这是值得的。既然我非常需要得到这些尊敬的大喇嘛们的友谊，只能不惜承担一点风险。结果我差点吃了布彦德尔格的拜把子兄弟的亏。他是在我已收拾好行李，发出向下一个寺庙出发的指令的时候，还上借款的最后一部分的。

　　好在没出什么事。尽管晚了些，我收回了钱，那个人则挽救了他的声誉。我连想都没有想过向放浪的老布彦德尔格讨还借款。再说，我为什么向他讨债呢！

　　在我逗留期间，他带给我莫大快乐，多亏了他，我在这里了获得很多经验。他确实无愧于这几块银圆。

　　遗憾的是，在祸患连连的寺院里，生活并不都是如此惬意、顺利。

　　喇嘛们找军人守护寺庙并非没有原因，因为现在正逢乱世，这一带也是动荡不安。现在不谈守卫寺院的中国士兵的吵闹和骚扰。有件小事我却不能不提,其主人公还是布彦德尔格。在9月的一个下午,一个蛮子士兵经过一条禁止通行的巷道潜入了吴喇嘛的房子,在他华丽的袈裟中翻寻,被我那出色的房东逮个正着。布彦德尔格的叫喊声引来了喇嘛们,大家把小偷扭送到喇嘛衙门。经过适当的"开导",那个士兵低头认罪,招供道:他吸鸦片需要钱。

看来,多伦诺尔的国民党党部写满大街小巷墙壁的"道德训诫"之类标语,在这名士兵身上没起作用。

标语之一是:

"好兵不爱钱,不怕死!"

当然,比起城外那些不负责任的"自由人"和寺院的窃贼来,这里的警卫人员还算好的,他们力求低调,举止温和,主要是比较友好。

下面让我们共同读几页我在旅行期间写的日记。

10月18日:……今天来了一个头破血流的老喇嘛。他在离这儿30里的地方遭到土匪袭击。他的衣服和身上的所有东西都被抢走。老喇嘛被送到下庙去了。他已奄奄一息。喇嘛们直耸肩,不明白老喇嘛为什么不老实呆在庙里而往外面跑。

10月26日:布彦德尔格和另两个喇嘛一道,为住在寺院另一个喇嘛院的一个汉人作担保。12天前,那个人在走访亲戚的途中,在离这儿50里的地方,被土匪劫持。土匪威胁说,如果他不尽快寄送80银圆赎金给他们,就有大祸了。

10月27日:……今天夜里,盗贼拆毁下庙的墙壁,就是医生赵泽军住的地方,把所有能拿得动的东西都拿走了……

10 月 30 日：夜里，盗匪光顾大殿，搬走了一尊非常珍贵的佛像和很多法器。寺院里人们情绪沮丧。

诸如此类。盗窃事件接连发生，但没有人侦办或采取防范措施。

最后连我也动摇了，因为有一次，布彦德尔格惊慌失措地跑进我的屋子，对我说，李喇嘛逃跑了。中国军队在找他，因为他昨天夜里勾结一伙盗匪抢了城边上一个汉人家。他们洗劫了房子，有一个抗拒的汉人被杀了。

喇嘛庙。布彦德尔格和李喇嘛（后来成为劫路强盗）

在寺院里的第三个月

　　冬天来了—解聘孟—莽小伙裴尔切—布彦德尔格
拿到钱—中国借贷者的围攻—与寒冷搏斗—烧木炭取
暖的享受—裴尔切流浪去了— 一车干牛粪和一个破
炕—我的新老师司喇嘛—中国的实物赌博—喇嘛教的
绘画技术—莫伦拓印的传说—生命之轮—十二个尼陀
那—众生六道—地狱的二十个气候—厄尔里克汗的地
狱—九个炎热地狱和十个寒冷地狱—饿鬼的国度—再
生的蛀虫— 一只母鸡和一条蛇—第一次和最后一次与
两个瑞典传教士相遇

　　9 月和 10 月,是我在喇嘛寺与人结识和熟悉环境的月份。美
好而阴郁、只有早晚凉爽的秋日一下子结束了,我们突然地、没有
过渡阶段地冲进冬天。冰、霜和雪把我锁在死气沉沉的房间里。
但随着 11 月的到来,我的整个环境,迄今为止的生活方式和工作
性质也一下子变了。我的研究工作比较顺利地展开,我结识了很
多人,了解了工作的资源、可能性和困难,我也轻易地、成功地适
应了这里的礼节习惯和人情世故,就是:在这里的社交中永远不
能摘下假面具。然而,不期而至的严寒的冬天,把我置于严峻的
考验面前。

　　10 月末,我解雇了我的仆人孟广喜。孟是个国民党员。我认

为,这解释了一切。遗憾的是,我本人是到了这儿——喇嘛庙以后才知道的。我又不能把他马上赶走,因为他早有预谋,以各种借口预支了一直到11月中的薪水。他在把钱花完了后,开始变得无赖又无耻,可能希望我立即解雇他,让他占便宜。的确,最后我不得不走这一步,因为他越来越肆无忌惮,令人忍无可忍。比如有一次,我准备去东仓寺的达喇嘛巴彦吉尔噶那里,他竟干脆拒绝服从,表示不陪我去。虽然在我的坚持下,他最后重新考虑了这件事,很不情愿地、默不作声地跟着我走了。但他的表现已注定了他的最后命运。他还有其他很多"功劳"。我不在时,他对布彦德尔格和来打麻将的喇嘛们说,在中国的所有外国人都是入侵者,现在是结果他们的时候了。当然应该从我开始。那些喇嘛只是静静地听他说,没敢多嘴,因为害怕他把国民党招来,说他们是外国走狗。但是达喇嘛刚正不阿,还是来找我,对我说:孟是坏人,他说主人的坏话,无耻地诋毁主人。

　　就这样,11月初,我不惜触虎须,摆脱了孟。他乘我们来时坐的车去张家口,再坐火车回北京。他在走之前,追回了他打麻将赢的钱,彻底得罪了那些与他无冤无仇的喇嘛。

　　孟秘书先生走了,我一个人留在寺院里。我与达喇嘛和布彦德尔格商定,从11月1日开始,由布彦德尔格的前途无量的弟子裴尔切作我的厨师和仆人。

　　裴尔切大概十八九岁的样子,在小沙弥中间享有最高权威。光看看这就明白了:其他沙弥天天挨打,已成家常便饭,或因为不学习、不守规矩提供了挨打的口实,或只是例行公事受到训诫,以免骄傲、松懈。而裴尔切在寺院里是半个主人,不管他做什么不做什么,布彦德尔格连一个指头都不会碰他。对他的最大惩处就是用蒙古语里丰富的詈辞骂他几句，而这时，裴尔切总是不声不响、神不知鬼不觉地离开房子不知去向。一个沙弥不能做的事，他做了没事。他好喝酒，像一个制刷子的工匠，自己从小商店买烧酒喝，谁也不知道他买酒的钱是从哪儿来的。他在喝醉了的时候，就抄起靠在大门口内侧的长枪，模仿多伦诺尔的汉人戏子，用大开大阖的动作，挥舞长枪，与想象中的敌人战斗。每到这时，王宝山的孙子就吓得逃出院子。而裴尔切意犹未尽，又爬上房顶，继续他在院子里平坦安全的地面上未完成的、令人赞叹的武术表演。人们每分钟都担心他会摔下来，但他没有，还在房顶上继续施展拳脚。沙弥打架，要由他来判定是非。他如果为自己的事和别人发生龃龉，他会把人家狠揍一顿。一句话，裴尔切是个小地头蛇。

当然，布彦德尔格的弟子做厨师和房里房外的事情，不是出于友谊，也不是无偿效力，而是为了当当响的中国银圆，其数目是我与布彦德尔格谈好的，并经过达喇嘛批准。布彦德尔格负责安排我的生活供给，他把我付的钱一部分留作己用，另一部分则纳入寺院的金库。

我不知道他是如何履行对寺院承担的义务的，但

喇嘛庙。布彦德尔格的出色弟子裴尔切(背景是东仓寺)

是人人都可以想得到——我认为——我肯定吃了亏。不过我从一开始就没抱多大希望，为了亲历寺院生活，取得经验，我必须承担一定风险。很快我就意识到，这个风险比我预想的还要大。

在签约时，我依例把寺院要的那部分钱点好放到布彦德尔格手中。我猜想，布彦德尔格对这桩新买卖很满意，因为当天晚上，他就在王宝山半空着的房子里（除了老农民本人，其他人都搬走了）大宴宾朋，其喧闹的声音让我很晚都不能入睡。第二天早晨，我的房东又精神饱满地出发去多伦诺尔购物。回来时，他神采奕奕，人仿佛也年轻了。他穿着崭新的、在这一带通常只有妇女才穿的浅蓝色绸裤子。

有一段时间，这里很兴大吃大喝。现在，从王宝山住宅里传出的喧闹声却越来越少了。布彦德尔格越来越沉默寡言，他的身影也越来越少地出现在房子周围。他让人觉得似乎在避开自己的家。不久人们就得知，原来他的钱花光了。

常言道祸不单行。多伦诺尔的商贩们——布彦德尔格的债主们——不知从哪儿听到风声，老头现在搞到一笔钱。拜访突然多起来了。然而大多数情况是，他们白白走七里路来寺院又走七里路返回，因为在寺院这里根本见不到布彦德尔格的踪影。他仿佛钻到地底下去了。如果有人偶然在街上什么地方遇到他，他就把人家带回家，请人家坐下喝茶，海阔天空地聊上一通，但就是不还钱。

起初，这位上了年纪的欠债者恳求我不要让他一人对付债主，要我坐下来陪他们。须知，有外人在场，债主难以启齿讨债或说出其他难听的话。在这里，礼貌是高于一切的。后来，债主们识破了老头儿的用心，结果连我在场也不管用了。当他意识到这点后,马上让我出去,免得我又成了他一件糗事的见证人。

在这些债主的没什么客套,也不讲情面的"礼貌访问"中,有某种令人忍俊不禁的东西。在头一次,我从头到尾聆听了他们的谈话,后来则只要从他们的窗下走过一两遍就够了,就可以知道,所有来访者的讨债程序都是一样的,你甚至能知道,他们的谈判正处于哪个阶段。

在开始阶段,汉族店主(没有一个债主能两次找到布彦德尔格)彬彬有礼,尽量说好话,但是当他看到这没什么用,如此下去永远别想看到自己的钱时,恭维的态度、客气的话语就会被直言不讳甚至是粗暴的,然而听起来实实在在的话语所取代。

"你是喇嘛吗?你连人都不是!"

在这相对温和的"开场白"之后,正剧开始了。中国语言在这方面特别丰富,不用求助于邻居。忿忿然的债主往往把布彦德尔格的上至祖宗八代下至后代子孙都骂一个遍,甚至连及七大姑八大姨的旁系女亲戚。

布彦德尔格对突如其来的粗暴转折并不放在心上,也不生气,但他又不能不惶惶不安,每时每刻都要担心,生怕在这戏剧性的当口,又来新的"拜访者"。

最近,从王宝山的那个空着的肮脏的房间,传出债主们指斥布彦德尔格的谈不上文雅的言语。布彦德尔格已经不把他们让进漂亮的僧房,因为他学聪明了。王宝山的住处更适合作避免不了的挨骂的场所。不过现在,他不管要什么小聪明都不能避开我了,因为我已经带着行李,从原先的房间搬到了布彦德尔格的房间。

11月的寒冷,使那个空置已久的小房间变得难以忍受。炕不能烧,残破的天花板和窗户阻挡不住寒冷的侵袭。直到现在我才明白,在我刚来时布彦德尔格慷慨地借给我的那个炉子很有必要。迄今为止,我们用这个炉子烧饭。炉火的热度使我房间的温度不至于不堪忍受。布彦德尔格倒挺会算计的,他认为把自己的炕烧热是多余的,取暖是很费钱的事,每天烧一两次炉子就足够了。过了一段时间,连这个计划也改变了,他干脆带着自己所有的东西搬到王宝山家,上了那个虽然脏却暖烘烘的炕。这个解决看来更经济一些:王宝山总是要烧炕的,不管有没有布彦德尔格住。在他那儿住不用再费钱。这样,就我和裴尔切住在老房子里。反正也要烧午饭和晚饭,这两次点火对我们取暖来说足够了。

他这后一算计——很遗憾——失算了。在没烧火时,房间里冷冰冰的,器皿里的水都能结冰。我裹着皮衣和毛毯坐在炕上,阅读神圣和英勇的米拉日巴佛如何对付不信神者的大师的斗争。由于寒冷,我的眼泪会掉落到圣书上。

只有裴尔切一人睡在炕上,老布彦德尔格的炕头空着。我用毛皮和其他厚实的褥子垫在行军床上,把行军床架到窗户对面墙边的高高的木板架上。在我用黑色的被子裹住我的床以后,它看上去像是一个灵床。其位置很高,以至我每次都要站在凳子上才能钻进毫无热乎气儿的被窝里。整个 11 月,也就是在寺院第三个月和最后一个月,我都是在这个冷冰冰的棺材架上睡觉。

布彦德尔格可能感到,作为一个收租金的房东,他这样不管不顾可能不合适,于是在踌躇一阵后,买了一车木炭给我们,用于房间取暖。起初我对这种特别的燃料比较反感,不想接受,并当着布彦德尔格的面表明自己不喜欢烧木炭。老头急忙让我放心,说没什么可担心的,他们知道怎样烧着木炭又不致熏得人头疼。小厮裴尔切会先在院子里用风箱把能引起人头疼的烟扇走。

可惜,尽管我有点相信他乐观的说法,实践却否定了我的盲信。尽管裴尔切在院子里努力把装木炭的铁盆冒出的烟扇走,但是在房间里,火盆仍旧散发出烟气。它飘飘渺渺、冉冉上升,肉眼几乎看不到,但不断引起头痛。我尽量忍受,因为我觉得,这也是我在寺院里必须体验的生活不可缺少的一部分。要知道,喇嘛们都是以这种方式取暖的。我必须习惯它,否则我怎能恰当地评价他们非同寻常的、艰辛的生活方式呢?

我已多日没见到布彦德尔格了。他常在王宝山的住处和寺院一个较远的、他也熟悉的院子之间走动,谁知道现在他在哪儿转悠呢?在受了一个星期的苦之后,我一天早上醒来时看到,老头就站在我床前。他眼神呆滞,有点惶恐不安地喃喃自语:

"布尔罕,布尔罕,佛祖,佛祖……"

这一次,布彦德尔格也感到过意不去,因为他看到,烧木炭对那些古怪的西方人确实没什么好处。当他确认我没出什么大事,很是欣慰。他松了口气,试图安慰我,说要让人把那可恶的木炭扔掉,不再让我们用它取暖。

当天下午,巴图喇嘛就来了,兴冲冲地把轻易得来的缴获物搬走了。不过,布彦德尔格也不吃亏:我们已经烧了一周的木炭,虽然消耗的不算多,但毕竟比他拉来时少了些。他把剩下的木炭以高于全部木炭买价的价钱卖掉了。我暗自庆幸,房子里不再飘散那种带点甜味儿但是呛人的木炭的烟气。我也暗暗称许老人,毕竟他对我的事情还是很上心的。

如果我不认识布彦德尔格的话,我现在已经等着他拿来新的取暖材料了。我当然知道下面是什么节目。晚上,从隔壁不断传来嬉笑和喧闹声。用卖木炭的钱热闹一下绰绰有余。他们纵情狂饮。第二天,折腾了一夜的布彦德尔格照例从院子里悄悄溜出。我看到,他面有愧色,似有罪恶感。直到第三天,他才敢接近我,而且还是隔着窗户向屋里窥探。

可怜的裴尔切已经把所有能搞到手的以及布彦德尔格杂物仓库里所有能烧的东西都烧掉了。我不忍再看他作徒然的努力,把他叫过来,和他一起到一个蒙古人的院子,用50块银圆买了一小车干牛粪。这解决了我两个星期的取暖问题。由于天气非常寒冷,取暖材料价格飞涨(价格至少涨了一倍)。一个正常的房东,这时已经无须操心取暖材料的问题,因为每个喇嘛院都堆满了干牛粪、柴火和木炭,有的地方甚至还有煤炭。只有我的房东布彦德尔格,从来就没操什么心。操什么心?车到山前必有路。当他猜想现在乌云已散,便又出现在我的面前。他讨好地说,瞧你这儿多暖和。他甚至抱怨说,这个百无一用的裴尔切不知哪辈子修来的福,跟着我吃香的喝辣的,而他只能吃老王宝山凑合着做出来的东西。

裴尔切很快就适应了新角色。他做饭还将就,有点蒙古式,但比孟做得好多了。现在只有我们两个人在房间里睡,如果再考虑到布彦德尔格夜间出游的牧民习惯,可以说安全是一个问题。根据师父的指示,裴尔切找出一杆只有演出时用的老矛枪,用一整天的时间磨那生锈的枪尖儿。夜里,他把枪拿上炕,摆在自己身边,就这样睡觉,以防土匪来袭。在一段时间里,裴尔切的举止行为没有什么值得注意的变化。我对他的工作、办事还算满意。在所有情况下,他都表现得很可靠,可说是忠于职守、胜任愉快。

　　看来，最终他还是厌烦了这种循规蹈矩和围于一地的生活。怀念游牧生活方式的强烈情感爆发了。他开始四处游荡，从一个院跑到另一个院，就像他到这儿为布彦德尔格服务之前一样。迄今为止，他只围着布彦德尔格转，照顾老喇嘛是他唯一的任务。

　　他的游荡甚至到夜间也不停止。他先是偷偷地喝烧酒，然后取出长枪，翻越房子的围墙，跑到与他同声相应、同气相求的哥们儿那打麻将，以及——谁知道还干什么。他这样出去并不是那么容易的事情。房子朝向院子的门是不能锁的，因为破旧的门早已形同虚设，不需要有什么超人的力量，谁都可以轻易把门拉开。

　　不过，我还是想试一试，至少是象征性地把门锁起来，于是我到多伦诺尔买了一把锁。白天我们两人都出门时，我就给门上锁。晚上我一人在家时，也给门上锁。自然，把钥匙藏在什么地方是个让人头疼的事，因为钥匙只有一把。需要既能让裴尔切早上回来时找得到，又要确保我晚上需要时也找得到。后来问题是这样解决的：在纸糊窗户最下面一个角的格子上，把窗纸挖个小洞，把门锁的钥匙从小孔放在屋子里面的椴木上。

　　裴尔切的总角之交的朋友们不让他有片刻安宁。如果晚上他待在家里，至迟到 11 点钟左右，我就会听到尖锐的口哨声，然后是沉闷的落地声。紧接着，只见他的一个铁哥们儿已经站在房间里了。他们喝了一会儿茶就走了。还是沿着夜客来的路线：翻墙。

　　裴尔切的外出不可能永远是秘密。毫无疑问，他的行为举止背离一个小沙弥应该遵守的清规戒律越来越远。我向布彦德尔格提起这件事，老喇嘛用蒙古语骂了一两句，然后一个劲儿地摇头说：

"末索尔纳,他不学好。但是他听我的吗?"

裴尔切确实不听布彦德尔格的话。后者徒然对他讲什么伦理道德,什么合适什么不合适,他还是我行我素,继续他每天的夜游。

不过一直以来,我倒没什么可抱怨的。裴尔切想出各种各样的办法,力求改善我的境况,让我少吃点苦。这不是轻而易举的事。虽然我的取暖材料一直没有短缺过,但是光是取暖就那么复杂,即使我一整天都烧火,也只有紧挨着炉子才能感到暖意,我必须不时把冻僵的手伸到火头上面烘一烘,才能继续写作。如果说烧干牛粪不像烧木炭那样产生很多呛人的、甚至对人有危险的烟,但烟总是有的。没多久,我的房间里就会充满浓重的野外气息。夜间取暖还是有很大危险的,我不得不放弃晚间烧火的打算。

这些夜晚是无情的、严酷的。

裴尔切从夜间出去游荡前,总是先把火炉装满燃料,在一根长棍的一端装上带有蜡油的棉絮,放到我的床边,还搁上一盒火柴。如果夜里我感到太冷,可以直接点着棍端的棉絮,再把它塞进炉子里,刚好够得着,而不用起身。我肯定不止一次在夜里被刺痛神经的寒冷激醒。在矇眬中也能看到裴尔切的床空着,不知他跑到哪儿去了。无可否认,我经常求助于我的喇嘛厨师的未经专利注册的发明:躺在床上点燃装满燃料的火炉。

后来我感到这种取暖的方法不够完善。我如果不想总是挨冻,别无他法,只好求助于早已经过验证的烧炕取暖系统。遗憾的是,我不得不再次大失所望。布彦德尔格房里的这个炕也已经老旧不堪,丧失了使用的功能。就是说,不仅我的老房子里的炕不顶用，我的蒙古族老喇嘛房东大概也有十年没烧过炕了，他宁肯到别处去度过严冬。如果他说什么东西"坏"了，那东西肯定好不了了。我试着烧过一次炕，结果弄得满屋都是烟，而且感觉不到一点热乎劲儿。需要找个泥水匠好好修一下或整治一下，炕才能正常使用。布彦德尔格不厌其烦地劝我找人修炕，但是因为我在这里就只有一两个星期好呆了，觉得完全不值得再花钱，既然我一直能够忍受得了寒冷，再挺几天也没关系。

　　11 月开始后，我有了一个新老师。我认识司喇嘛不是一两天了。他藏语的名字是格瓦扎布（Gevadzsab 的音译，下同——译者）。过去他也给我讲过一两句藏语或解释过一二事物。这次他成了我的正式老师。布彦德尔格似乎有点不以为然，起码在刚开始的时候。他肯定怪我撇了他。后来他也明

喇嘛庙。司喇嘛
（学者，商人，主要是画家）

白了，他常常东游西逛，三天打鱼两天晒网，他的讲解和阐释对我来说，已经可有可无。他不过是心疼那几个银圆，今后他不能再以"教学生"为名赚这些钱了，而司喇嘛是他的朋友，他也不好说什么。

　　我的新老师是个很有意思的人。在大剧变、大动荡的时代，在中国革命胜利后的第一年，寺院的人烟销云散，他也离开了喇

嘛庙,到俗世去碰运气。他在达里诺尔湖打鱼谋生,脱下了僧服,完全过起了世俗生活。然而他很快就厌弃了这种新的生活方式,又回到已经荒废的寺庙,还带去一大帮亲戚、兄弟及其家属。这些人就是他的房客。小孩子们在院子里乱跑,他哥哥的小儿子敖其尔(Ocsir 的音译,下同——译者)高兴地大叫,房子都颤动了。但好在至少是蒙古人而不是受人轻贱和鄙视的汉人充塞在房子里。

司喇嘛的生意头脑始终没有退化。他相继从事多种活计,可惜都不怎么成功。我认识他的时候,当地正时兴博彩游戏。多伦诺尔的中国商人来到寺庙,极力鼓动大家参加游戏,把中奖的好处和奖金的价值说得天花乱坠。

赌博游戏是这样玩儿的:博彩商把一张大约 10 厘米见方的纸片卖给大家,纸片中央粘着另一张印有中彩标记的纸片。两纸片之间口袋式的空隙里放着一张小纸片,上面写着奖品的名称。正当的猜奖办法是,要知道某一彩票代表什么奖品,需要撕开中间的纸袋,取出里面的彩券。但这要在"抽奖"的时候做。每个彩券标有一个从外面能看到的号码。由于抽奖时,所有的号码都被抽出来了,大家都赢了,只是每个人都是盲目的。显然,对中的奖保密是因为"有价物品"大多数不值什么钱,至少比买彩票的钱要少。当然如果谁抽着一张比较有价值的东西,比如手表,或 10—20 银圆,那他是幸运的,买的彩票有赚头。当然最大的受益者还是卖彩票的商人。他们越来越有兴致地出售为其带来运气的彩票,而喇嘛们也都乐此不疲,因为谁都不想看到自己没赢。

司喇嘛很羡慕中奖的人,可惜他运气不怎么好,最值钱的东西都被别人赢走了,他得了一大堆不值钱的东西。他为他的命运不佳咒骂连连,不能自已。

我无意中发现,司喇嘛的厄运是因为某人以卑劣手段操控游戏的结果。是谁呢? 就是我那出色的仆人,孟广喜秘书先生。他指使裴尔切偷窥彩票,或至少其中的二三张。裴尔切用一片布蘸上水,小心地把用面浆粘在背面的薄薄的丝纸弄湿,过一会儿,丝纸未受外力亦会自动打开,他可以看到里面的号码,确定该选抽的彩票。然后再把纸粘回去,偷偷将彩票放回原处。这一切做得不露痕迹。第二天他当然会赢。在回北京时,他竟有三块从抽奖游戏中赢得的手表!

可怜的司喇嘛怎么也搞不明白,他为什么总是那么背运。有一件事是肯定的,就是有很长一段时间,司喇嘛对赌博已兴致全无。

格瓦扎布喇嘛其实是一个聪明人,他的非常中国式的面孔常常转成讪笑的样子,但斜斜的仿佛刺开的杏核眼时而也会闪出真挚好奇和热情的火花。他有时沉浸在对某种佛教问题的阐释中,进入忘我的境界:一个得道高僧站在我面前,那个玩世不恭、好冷嘲热讽的商人无影无踪了。

司喇嘛暗地里喜欢画画。喇嘛教的绘画艺术是一种半文半野的艺术。没有进行美妙的艺术构思和艺术处理的余地。宗教绘画的戒规限制了神思飞扬的艺术家的灵感。我们切勿忘记,这种绘画不是艺术,而是宗教的工具,与做礼拜、做法事、行功德等是等价的。喇嘛教的画师不能随心所欲地画神佛、鬼怪,描绘和施彩都有一定之规,不能有一丝一毫的背离。说到其他手可抓拿的佛教器具和建筑的彩绘,其基本原则是追求准确真实。至于为什么这些绘画作品与摄影又相去甚远,主要原因可能是中国绘画艺术的独特技法。这种技法不讲究西方意义上的透视,即远景、中景和近景等(多给人以平面图的印象),也不懂阴影。喇嘛教的绘画也脱不了中国画传统技艺的窠臼。

有一次,司喇嘛来访。他拿起一本有很多插图的、著名的美国《亚洲》杂志。杂志的封面不是通常的摄影照片,而是用比较现代派的手法描绘一个俄国女人的蜡笔画的复制品。司喇嘛翻了翻这张封面画,拿近看看,推远看看,最后有点不屑地说:

"这个人画得不怎么样。"

当他取出自己的画,如十一个头的阿利亚巴洛神即十一面观音的画时,我了解了他的鉴赏力。他的画以缩微手法绘制,描画细节精致入微。

司喇嘛成为我在喇嘛教绘画艺术的"无法之法"的迷宫中游览的在行的、热心的和真诚的向导。他首先引我一窥其绘画技法。

绝大多数画是用水彩画的。最常见的是往亚麻布上涂染,在皮革或其他材料上画画很少见。绘画的程序是:四周用框把亚麻布绷紧,刷上粉底,然后整个画布两面都厚涂鱼胶。等鱼胶干了以后,用骨头或某种动物牙,仔细地把麻布要上色的一面磨平。颜料里面也要加鱼胶,并很好地搅拌。

把画好画的麻布缝到黄色或红色的丝绸上,上下边用木轴固定。借助于木轴可以把画挂到墙上(下面的木轴由于其重量而把画幅拉平)。如果不需要把画挂到墙上,可以把画幅卷到一个轴上,通常由下边卷起来,以免缝在丝绸帛上的画破损或起皱。比较稀罕的或内容比较敏感的画,要用薄纱般的黄色或白色的帷帐把画遮起来,只有在礼仪活动时才揭开。带框的画也有,但比较少见。

介绍神和鬼的名字、解释画像旁边绘出的标志或象征,对于司喇嘛来说也是很困难的任务。但是他对有关的神话传说,要熟门熟路得多。

"生命之轮"是他特别喜爱的话题,同时,他解释起佛教的轮回世界来也头头是道。

这个有名的"生命之轮"在所有的佛殿都能看到,形状或小或大,或简约或富丽,但哪儿都少不了。

"生命之轮"的画也有典故。尽管司喇嘛不了解,但是有关传说几乎是众所周知的。

乔达摩佛祖,即佛教的创始人,根据有关佛教圣迹的传统说法,有一个最喜爱的弟子摩诃目犍连,他的名字——经维吾尔语的中介——在蒙古文中变成目连托因。目连托因的母亲因在人间恶行累累而被打入阴曹地府,目连托因因而出家修行,修成罗汉。感恩戴德的儿子——如我刚才所说,由于其积德行善的生活,成为佛祖最喜爱的弟子之一——出发去找母亲,以解救受刑罚的母亲脱离苦海。他走遍了众生六道和阴间。应佛祖的垂询,他叙述和写下了他的经历。此外,他还制作了一个可围着五面轴转的转筒,也是描绘阳世的。

画的布局是这样的(我要说,后来我在其他寺院也看到过这幅画的变体画,主要是木版画,在细节上或多或少有些差别):

画是由三个套在一起的、平行的筒体组成的。在外圈,准确地说是在外环筒面上,我们看到所谓的十二尼陀那(因缘),即轮回和苦难的终极原因:呆痴的、枯瘦的老人象征愚昧无知(无明),箍桶匠象征着践行(行),猴子象征着知性(识),有四个乘客的船象征着"名和形"(梵语叫纳玛路帕,即名和色),空房子象征六个感觉器官(六处),男子和女子象征接触(触),从眼中拔箭的人象征感觉(受),喝酒的人象征欲望(爱),攀树枝的人象征抓住(取),下蛋的母鸡象征生产(生),诞生本身则象征衰老和死亡的原因——出生,最后用手保持平衡的老人象征着最后一个即第十二个因缘。

中间的环筒里,是众生六道。筒环被放射形线分成五部分。

在最下面,我们看到地狱。地狱里有二十种气候。最上层是地狱之神和判官厄尔里克汗坐镇。他手中拿着一面镜子,照出所有生灵的善行和恶业。鬼魂来到他的面前时,要供述其生前所做的一切,他从镜子里看他是否说的是实话,或有无隐瞒。在大忏悔时,其他人也到场:善鬼和恶鬼。这些鬼在阳间一生跟随、保护或作为化身追随受审的鬼魂,在这里则当着阴间法官的面进行辩护或指控。

厄尔里克汗的地狱之外还有十九个地狱,其中九个炎热地狱,十个寒冷地狱。

请看看这九座炎热地狱:

1. "等活地狱"。鬼怪用矛枪戳刺罪人,但是罪人不死,而当矛枪从身体里抽出时,伤口就愈合,然后一切苦难又重新开始,往复无穷。

2. "黑绳地狱"。罪人被火锯锯碎,然后再被黑钉子钉在一起(原文如此,应为:被黑铁绳绞勒——译者)。

3. "众合地狱"。

4. "嚎叫地狱"。

5. "大叫地狱"。

6."炎热地狱"。

7."大热地狱"。

8."阿鼻地狱"。

9. 在第九个地狱，也就是最后一个地狱里，罪人在刀、剑、钉子上跑，跌倒，遍体鳞伤，伤痕累累。

九座炎热地狱在画面上被涂成红色，难以具体描绘受苦受罪情形的地狱，如"嚎叫地狱"，画的是在火舌中间挣扎的人的身体各部分。

十座寒冷地狱也不怎么"诱人"：

1. 名字就是直白的"寒狱"。

2."疮狱"。

3."破疮狱"。

4. 罪人在这里被冻得不断发出"阿婆婆"的声音。

5. 在这里罪人已冻得发不出声，只在喉间发出"虎虎婆"之响。

6."牙呲呲作响地狱"。

7. 在这里，罪人身体冻裂如青莲花（不完全开裂）。

8. 罪人身体冻得开裂，如莲花。

9. 身体冻得完全开裂。

10. 罪人在第十座寒狱里遭受最惨烈的折磨：恶魔把罪人穿到铁叉上，再不断地劈砍。

第九个烈火地狱和第十个寒冰地狱分别被描绘成地狱中最恐怖的气候。

寒冰地狱在画上呈蓝色，这里最主要的元素是冰。

地狱不是永续存在、无休无止的痛苦，而只是存在的一种形式。

地狱就像一切存在一样是吃苦受罪,但又是特别的惩罚,因为它是在最近的托生中,作为对最邪恶的生活方式的报复而出现的。

犯较轻罪孽的人,在第二界即饿鬼的国家里再生。但在这里也有各种苦难迎候所有的来者。饿鬼,蒙古语叫"毕利特",其苦难是饥饿。饿鬼身体奇瘦,大头由细脖子连在躯干上。画像上描绘的饿鬼是这样的:从大张的嘴里喷出火来。这些可怜的人不停地追逐着食物,即使找到什么也是枉然。其中一人把渴望的东西拿起来放到嘴上,食物中却喷出火来,不仅吃不了,嘴和身体还被火烧焦。另一个饿死鬼没有火焰侵扰,但其喉咙只有干草棍那么大的口,什么东西也不能吞咽下去。第三个人从很远闻到饭菜的香味,但当他跑到跟前时,眼见着诱人的美食变成污秽垃圾,或者食物中冒出火来,在可够到之前化为灰烬。

与饿鬼的国家平行的另一面,我们可以看到畜生国。在前面奔跑的是家畜,稍后一点是野兽,背景则是各种海里的怪物。人们可以从佛经中知道,投胎畜生界是对何种罪孽的惩罚,记述非常详尽,连动物的类别都严格划分。我记得,在一本经书中我读到,那些不敬神佛的恶人,贼胆包天,不是从别处而是从僧侣们的花园偷摘瓜果,则下一辈子就会托生在他偷摘的瓜果里,变为蛆虫。

再下一面是人界。在这里投生也是受罪。只有在人世间曾出家当和尚、喇嘛的人,才有希望最后进入更高一级的世界。

下一个世界和最后一个世界是神界和阿修罗界。

阿修罗是身穿盔甲、持有武器、具有人形的半神,他们的全部存在都是在反对神的斗争中度过。

　　神的世界也不是最主要的和最理想的境界,无论如何还不是天堂。它只是一种过渡状态,比较舒适,且给人以安全感:来到这里的人,已没有堕入较低级的世界之虞。

　　最终的目的超生,还不是神的无碍界,而是从寂灭,即涅槃,存在的生死轮回中获得最终解脱。这里再没有苦难,是圆满幸福,是最理想的境界。

　　在最里面的一圈里,只能看到三个动物:一只猪、一只母鸡和一条蛇,是粗暴、恼怒和追求享受的象征。这三样罪孽是万恶之源。

　　整个世界图由死亡之主的仆人红色的蟒古思(mangusz 的音译——译者)含在嘴里。

　　司喇嘛在解释众生六界时,简直是神采飞扬。当然,他屡屡提及他知道的更多的细节,但是也诚心诚意甚至赞赏地倾听我的一两则评论,或是我介绍的西方学者有关佛教特别是喇嘛教的一些知识。当听到在巴黎、伦敦和其他西方大城市有他们的宗教宝典——藏语的《甘珠尔》和《丹珠尔》,并在国家的图书馆收藏,受到很好的保护时,他非常感动。我在回答他的问题时说,经书只能放在高桌上,有关专家要伏在高桌上,毕恭毕敬地翻阅经书。在任何情况下,都不能把经书放在低于座椅的地方。听到这里,他完全放心了。我们知道,在一个喇嘛的眼中,经书放在低于座椅的地方,不仅是大不敬,而且是亵渎神灵。

　　就这样,我在学习中,度过了寒冷刺骨的 11 月。

　　我想,在我离开之前,不会再有什么值得记忆的事情发生了。在冰天雪地中,仿佛一切生命都僵止了。

　　完全出乎我的意料的是,一个寒冷的早晨(11 月 23 日),裴尔切上气不接下气地闯进我的房间：

"快，快，两个英国人，乘汽车来的，现在就站在大雄宝殿前面！"

我对这耸人听闻的消息只是淡定地问道：

"你怎么知道他们是英国人？"

裴尔切嗫嚅起来，说不出话。

后来我才明白，对于中国人来说，英国人就是所有西方外国人的代名词，或者反过来，当说起外国人来时，指的就是英国人。这不仅仅是普通人对地理的无知！我有一本双语的孔夫子的书——是中国人在上海用欧洲方式印刷的——汉语书名是：中国—西方的孔夫子。这里，"西方的"理所当然是指的英语。

裴尔切所说的英国人也是一样——实际上是瑞典人。他们乘汽车来张家口买粮食，有两个蒙古人陪伴。当我认出其中一个蒙古人是我在北京的语言老师时，我那个惊喜劲儿就别提了！对此巧遇，我们都很高兴，好像上帝知道我们是老熟人似的。

两个瑞典人，奥兰博士和斯卡尔修，一个是医生，一个是牧师。库尔恰干（Kulcsagan 的音译——译者）的新教传教士团就是他们俩领导的。他们两个人都是携家带口，住在欧式房子里。他们的汽车出了毛病，无法开动，因此只得在此逗留一段时间。他们需要叫人从多伦诺尔带来修理汽车的工具，还有专家。我把他们请到我屋里。这两个冻得够呛的人很高兴地来了，而我在过了那么长时间后，又见到欧洲人，也很愉快。我让裴尔切搬出我的房间，把炕让给两个瑞典传教士睡，他们的两个仆人则在王宝山那儿找到下榻之处。

第二天，车修好了，他们打点停当，返回库尔恰干他们的蒙古

喇嘛庙,瑞典传教士奥兰博士和斯卡尔修拜访本书作者

人那里。他们一个劲儿地叫我跟他们一块走,可惜我不能接受他们的热诚邀请,因为我的考察计划要求我很快去另一个方向。

当他们的小型汽车顺利地沿着小丘远去时,我哪儿能想到,我再也见不到他们了!可怜的奥兰博士和斯卡尔修,我是他们在生前见到的、在蒙古草原上与他们交谈的最后一个欧洲人。

差不多一年以后,当我回到北京,向我的瑞典熟人谈到他们的同胞来访问的新闻时,才得知有关他们的噩耗:这两个瑞典传教士就在访问我一个星期后死于突发的斑疹伤寒。

在长时间的颠沛流离之后,他们在冰冷的、荒芜的蒙古土地上找到了他们永久的归宿……

在前往喀喇沁王爷寺院的路上

准备上路—我带谁走—小宋—我的新仆人的过去—多伦诺尔没人愿意干的事—官方的支持—友好的挽留—老马，我的车夫—严喜奎的魔力名片—穿越沙漠的冬天之行—土匪出现在视野里—紧张的逃亡—第一个客栈—夜间访客：土匪出身的宪兵队长裴泽远—如画的骑马随从—我在玉塔豪受到的接待—新的名片护身符—惊恐的母牛窃贼—二十一号客栈—六十棵杨树旅店—宋讨价还价—中国军队是什么样的—小宋也要成为秘书—电话线—当真的把炕烧起来的时候—我的食欲旺盛的卫队—到达喀喇沁王的大庙

11月中，我已清楚地知道，我将在喇嘛庙西仓寺度过我的最后一个月。瑞典人访问后，我就开始积极做继续旅行的准备。不小的顾虑困扰着我。我要怎样才能冲出几公里外土匪对城市和寺院的包围呢？现在唯有张家口的汽车路，就是我来的那条路是畅通的。而我认为，从原路返回是个耻辱。朝其他方向走则无异于自投土匪罗网。我如何继续旅行？一个人走完全没有可能，要有厨师和仆人同行。我带谁走呢？能找到可以承担这一角色的合适的和可靠的人吗？

长时间以来，仆人的问题一直使我担心。月初，布彦德尔格

多次向我推荐裴尔切。照说对此我不应该有什么意见,因为我对裴尔切一直是满意的,只是我的房东朝三暮四,挺气人的。有一次,他以最大的热情帮我张罗旅行的准备工作,连车子,就是轿子车都从吴喇嘛哪儿搞到了(后来我才知道,需要定做),甚至还替裴尔切做主,放弃了薪俸。谁知他后来又变了卦,像一个爱唠叨的老太婆,谈虎色变地说,我是怎么想的,怎么这么莽撞,简直就是对土匪投怀送抱,他们将劫持我,抢走我的一切,把我扣作人质,他还得琢磨从哪儿能搞到高额赎金。最近,他又替裴尔切索要高工资,使我十分惊诧,饶舌不下。当然,他还想让我把工资的一半扣下来留给他。

最终我认为,在继续旅行前,还是尽早解决这个棘手的问题为好。我去找达喇嘛,问裴尔切能否跟我走,如果能,有什么条件。经过一番商榷和思量,达喇嘛和他的领导班子决定:裴尔切太年轻了,再者现在天太冷,一路上危险重重,我还是另找一人为好。不过最好的解决办法是,我干脆返回张家口得了。想想多如牛毛的土匪吧!

就这样,我彻底放弃了裴尔切,但是要放弃考察旅行,我连想都没想过。我继续寻找仆人和厨师。毛遂自荐的人不少。想陪我考察的人中,最积极的是巴图(Batu 的音译,下同——译者)喇嘛。为此他天天来缠着我,企图说服我带他走。但是我铁着心没有答应,因为我知道他只是想回家。他正是我要去的那个地方的人。只因匪患,他没敢上路(路上要走十天)。可以肯定,他一到达目的地,就会撂下我,溜之大吉。

这时,小宋(Szung 的音译,下同——译者)出现在我面前。那是夜间,我正参加大雄宝殿里举行的纪念喇嘛教始祖宗喀巴的大型礼仪活动。当我从浸没在几百根蜡烛的光亮中的大殿走进漆黑的夜幕中时,突然小宋出现在我旁边。他手里拿着一把风灯,护送我穿过曲折的小巷,回到家里。看来在这次盛大的礼拜活动中,他酒喝得猛了点。第一个明显的迹象——我后来也常注意到他这一独特习惯——就是他的汉语知识突然离开了他。他开始用蒙古语跟我交谈起来。就是在这个时候,小宋用地道的蒙古语,有点口吃地自荐,要当我的旅伴。

现在我也看到他那神秘和高傲的微笑。他瘦骨伶仃的身材,穿着带棉絮里子的染蓝的小皮袄。袖子放下来时,他那瘦小的手就看不见了,完全被遮住。他下面穿的是厚厚的中式棉裤,裤腿在脚踝处扎起来。脚上穿着毛毡底的布鞋。他头上戴着一个小小的、不带帽檐的黑帽子,从来也不摘。这样的帽子在我国只有老先生在家里戴。区别只在于他的帽顶上还有一个红色的小疙瘩。这就是宋进财(Szung Tyincai 的音译,下同——译者),也就是大家都叫的小宋。

小宋也住在寺院里。经达喇嘛许可——当然也要交点钱——他在一所废弃的房子里开着一家小杂货店,卖蜡烛、火柴、烟卷和煤油等,最主要的是卖鸦片和烧酒给喇嘛们。在这样神圣的地方,卖这最后的两种商品是被严格禁止的。但也可以想象,这两种商品卖得最好。商店生意挺红火,也不需要顾及竞争者:想到别处买东西的人,要走4—5公里路,去多伦诺尔的汉人商店。要知道,以前建寺庙的时候,都要考虑远离俗世特别是商业生活的喧闹,以使寺庙的人在有利于沉思默想的安静环境中修行。按照宗教的规定,"寺庙要建在远离一切尘世居民点的地方,至少要在人声传不到的地方"。

最初我想,小宋只是在喜庆气氛的影响下才说了那些轻巧的话,以后静下心来就会忘掉。因为,对中国人即使在完全清醒的情况下说出的话都不能太当真! 但是这回不同,奇迹发生了。第二天,他又来了,重复了他的打算。的确,他的话是很认真的,他就是想陪我去考察。而且也没提出什么让人为难的条件。我一时有些踌躇。我感到有些费解,他为什么愿意放弃他那生意兴旺的小商店,为什么愿意参加一个前途未卜的旅行,而且又没有什么特别诱人的物质好处? 在东方,人要学会对任何事情都不要吃惊。我没有考虑太久,和他谈了谈,商定 12 月 12 日带着他出发。

小宋自此以后成为我屋里的常客。他陆陆续续地向我叙述了他迄今为止的生平经历。

他的经历,就像所有不甘寂寞到长城外碰运气的人一样,不是一帆风顺的。

他的父亲老宋曾生活在华北最富饶的省份,耕种一小块土地。自大转折——以给所有人带来幸福的共和国和民族主义统治而载入史册——以来,古老的中国农民阶级的劳动逐渐成为无效劳动,他们的辛苦成为白辛苦。连年内战和灾荒,使他们勤劳双手的劳动成果化为乌有。大家庭纷纷解体,儿女们烟销云散、天各一方。大家都各奔前程,碰运气,闯生活。

16 岁的小宋就是这样来到多伦诺尔的。

在这里,他的一位老乡,汉族商人白林全(Pai Lincsuan 的音译,下同——译者)接纳了这个背井离乡的孩子。他收小宋作商店的学徒。白在大草原上经商,每年只到多伦诺尔几次,就是在货卖光了的时候。他赶着满载丝绸、服装、面粉、糖和其他蒙古人所需要、所企望的世俗商品、日常用品的牛车,在蒙古人中走动,从一个蒙古包到另一个蒙古包,兜售货物。他从来不让牛车空着,卖掉内地的货物后,就在当地装上顶替货款的毛皮。以放牧为生的蒙古人,不太认识钱,而白林全不需要现钱,他更喜欢以物易物。他在货物都卖光了后,就带着蒙古毛皮,有时是成群的羊、牛或马,返回多伦诺尔,然后一切从头开始。

小宋和另一个小伙计跟着老板做生意,周旋于蒙古人中间。他不无辛酸地谈到这段艰苦的生活。他一年的经商和牧马生活,被异常严酷的冬季打断。雪下得是如此之大,以致牲畜不能吃到草。由于寒冷和草食的缺乏,在野外过冬的马、牛和羊成百成百地死亡。蒙古人把这样可怕的冬天称为"朱特"(dzsut 的音译——译者)。就是这样一个冬天。

老板把剩余的货物托付给小宋,和另一个汉族商人,出发去多伦诺尔。由于既没有蒙古人也没有汉人车夫愿走这一趟,他们不得不步行一百多公里。

三天后的夜间,一伙蒙古人把睡在汉族商贩毡房里的小宋唤醒。一个商人回来了,他的面孔、嘴唇、耳朵都冻坏了,整张变形的脸就是一个黑色的烧伤的大疤。第二天早晨,几个汉人和蒙古人骑着马去寻找另一个中国商人,也就是小宋的主人。他们的寻找一直持续到傍晚。终于,他们远远地看到一个人形,策马赶过去。在一块巨大的、平滑的石块前面,跪着一个人,上身衣服敞开着,双手并拢,痉挛地伸向石块上方。他就是小宋的主人,已经死了,是冻死的。

"你知道,李先生,"小宋有点迷惘和恐惧地解释道,"这是鬼附上了白老板的身体,掳走了他的思想。他肯定以为那块白色的大石头是火,所以伸过手去烤,还把衣襟敞开,以便更好地取暖。

可能他冷坏了"。

几天后，小宋和一个汉人还有一个蒙古人又上路了，用牛车把白老板的尸体拉了回来。

小宋的跌宕起伏的内蒙古生活的第一章——但绝不是最后一章——就这样悲惨地结束了。

他又回到多伦诺尔，一切又从头开始。他身无分文，白老板还欠着他一年的工钱。

"我能做什么呢？有什么是我能干的？"小宋自问道。怎样才能发财？对，做生意吧！他又找到一家商店。

时来运转，宋进财终于走上了发财的路。在一个美好的日子里，枪炮声打破了多伦诺尔沙漠的沉静。中国的将军们争竞由谁来拯救中国。冯玉祥和张作霖的军队开始争夺势力范围。多伦诺尔的不幸是，张作霖的军队在争斗中占了上风。他的得胜之军攻陷了小城。大兵们在城中大肆掠夺和敲诈勒索。一个荷枪实弹的士兵也推开了小宋经营的那个商店的门。

"钱在哪儿？"他喝问道。

"李先生，我当时被吓得跪了下来。"小宋回忆道。"我向他叩头，三次把前额磕在地上，向他求饶：'大爷，求求你饶了我，我是个孩子，没钱。'"

"什么？没钱？"大兵把枪口对着他吼叫，小宋瘫倒在地上。枪响了。

万幸的是，子弹只打中了他的胳膊。伤口慢慢痊愈了。他现在让我看到的只是枪伤的疤痕。这件事在他心灵里埋下的是无法化解的仇恨。每当看到满洲兵（这在我们旅行期间是常事），他就咬牙切齿地诅咒起来，没完没了，说自己要这样要那样，终究要找他们算账。不过,小宋也认为,最重要的是,他的积蓄没有被他们抢走,因为他把钱藏得很好,穷凶极恶、掠夺成性的大兵没有找到。他就是用这些钱在寺院里搞了个小店。

小宋也很势利。他收留了一个比他还穷的汉人,把后者当成真正的奴隶,颐指气使,让人干这干那,但只给他使他不致饿死的饭食。小宋的生活也不算怎么风光,但他的伙计(比他还大几岁)却对他的这种生活羡慕得不得了。汉人小厮的饭食是小米加咸菜,只偶尔吃上一顿煮面条,那还是用有很多麸子因而发黑的面粉做的。这不是打比方,那个中国人也称之为"黑面",在他眼里,并不比小米金贵。

小宋找了个帮手代替他工作,他只是坐在炕上指挥,成天幻想着怎样发财,何时才能成为富人,非常富有,向很多人发号施令。他毫不怀疑,他会如愿以偿,因为算卦的给他看过相,从他与众不同的、上面有突起的脑袋形状,算出他的命运就是这样。

我没怎么问他是否会做饭,因为所有中国人都是自己做饭自己吃。再说,那些乍一看不知为何物的奇怪的食品,早晚会使人反胃。

我不再为仆人和厨师的事情发愁。

但是匪患,还有车子和马仍是摆在我面前的难题。

我自己没车,也没有马,更没有专门的车夫。因为这要花很多的钱,何况也没什么意义,因为我不想考察很远的地方,不渴求得到地理大发现的桂冠。我只想从一个居民点到另一个居民点,从一个寺院到另一个寺院考察。吸引我的是寺院,而不是从甲地到乙地的旅行。遗憾的是,我不能简单地把这些旅行从我的计划中去掉,不管我多么不感兴趣。

　　就这样,我和小宋一起前往多伦诺尔,找一个愿意把我拉到喀喇沁王爷寺院的车夫。据喇嘛们说,去那儿大概得走一个星期。和车夫们的谈判结果令人沮丧。没有一个车夫愿意走这趟路。起初我以为他们拒绝是为了提高价码,即得到更多佣金。然而我这次面对的不是这种中国商人的小伎俩。他们确实是不想走。我主动提出支付比他们通常索取的价格更高的价钱也没用。

　　"你就是买了我们的马和车,再加上你答应给的那些钱,我们也不去。我们没兴致为自己向土匪交纳赎金,就因为给喀喇沁的王爷送趟东西。"

　　小宋只是眨巴眨巴眼睛,但是——这正是我喜欢的——他没有畏缩。

　　"我们去找衙门,"他建议。"县长有义务保护你不受土匪侵害。要知道,你有盖了大印的护照啊!"

　　小宋很崇信我的外国人身份,他还没有受到国民党新观念的熏染。可惜他不是县长。

　　我没别的办法,最终还是得去衙门,向官府,就是中国有关当局求助,以便继续我的考察。

　　我让人把我的一面中文、一面英文的名片送进去给县长,并预先向秘书说明了我的来意。县长是新上任的,是一名党员。这两种身份会引出两种结果:一是带着空箱子上任,当然希望尽快把箱子装满;第二——往轻了说——不喜欢外国人。

　　在短暂的等候之后,我受到接见。我刚进门,县长就迎上来,径直说出他的建议。他建议我再等几天,他替我寻找正式车夫,由衙门雇用这个人,我预交佣金的一部分。虽然他的用心明摆着是捞钱,我还是欣然接受了这位县长大人的建议。他等我高兴过了,说了一番客套话,然后以示大方地说,他会采取措施,照应我,保证我的旅途安全,因为尽人皆知,他没必要隐瞒,路途中有各色盗匪出没。因此,他要派军队来保护我。他派不出多少人,但是想,有四个武装骑兵陪同足够了,他们将送我到本县的边境,就是一天的路程。我在那儿会找到新的卫兵。当然,我能预见到,这些都不会是免费的。我要承担他们的膳食,还要付他们佣金。而且,我最好现在在衙门就付清佣金。

我没有片刻犹豫,因为我觉得,他说的话都很在理。我当即付了佣金,并让小宋给士兵们买了两袋白面。我放心地回到家里静候佳音。事情进展得非常顺利。令我十分满意的是,几天后,名叫马老绥(Má Lao hszíö 的音译,下同——译者)的车老板前来报到。他就是县长派来的。他带着两匹马、一辆车,愿意把我送到——虽然不是喀喇沁王爷府的寺院——梁八府(Liangbafu 的音译,下同——译者),或按照新的正规名称:围场县。到了那儿,很容易再找到愿意拉我继续旅行的人。从那儿出发,也不用走很远的路。县长提醒我,无论如何别骑在马背上走,因为那样容易被土匪从远处看到,有外国人旅行。他让我就坐在轿子车上。他也有这样的轿子车,已经带来了,让我看看。通常这种车子都是一匹马拉,但是鉴于将有很多东西,因此要再买一匹马。

11 月最后一天,我和老马把一切都谈妥了。衙门又一次向我保证,一切都没问题,按照谈好的,2 号就来四个骑兵。

随着我的准备工作进入越来越紧张的状态、我越来越接近实现旅行的目的,布彦德尔格房子周围也越来越安静。老头不再喝酒,裴尔切也忘掉了拉中国式小提琴(二胡——译者)和吹那把旧喇叭(最近一段时间,他的音乐才能大爆发,新的爱好如此攫住了

上海。中国城区的茶楼,黄浦江边著名的娱乐场所

他,使他对不成调的喧闹声无法忍受,因此几乎天天不在家)。极力挽留我的房东,警告我冬季旅行和土匪为恶的危险。他让我等候春天到来时再上路。再者,这座寺院还有很多我不了解的有意思的事物。在我等候的这段时间里,他会拿出一些我没看过的书籍给我看,我将连一半都看不完。如果我愿意,他会专门给我讲解一切。

我友好地向他说明,我无论如何都得动身,同时我向他保证,如果命运安排我有机会再来此地,我决不会绕开他的好客的家,我在这里感觉很愉快。裴尔切每天哭丧着脸走来走去。好日子就要结束了,他又要回到吃小米粥和咸菜的日子了!他突然大声喊叫起来:他再也不当喇嘛了,因为他不想饿死,春天快来吧!他到时候就连同他的家人和亲戚离开寺院,谁也别想再见到他。他要去大草原,做贩马的生意。

我有些怀疑,裴尔切出家修行的意志,从来就不坚定。他的宗教使命感也是很薄弱的。

　　永远都感到饥渴的老布彦德尔格搓着他冷得发抖的手,默默地走出屋,不知道是否同意裴尔切的话,还是为裴尔切对神佛不敬的话语感到耻辱。

　　当他们看出确实无法挽留我时,布彦德尔格、达喇嘛和其他人相继来到我这里,开始向我提供一个比一个有价值的主意。我的房东让人用蒙古语给我写了一封介绍信(他自己不会用蒙古文写字。为了确保介绍信的正规性、可靠性,他还在信上盖了自己的印)。信是写给裴尔切原来的师父亚林皮尔(Jarimpil 的音译,下同——译者)喇嘛的,小沙弥是几年前离开他来到这儿的。裴尔切是喀喇沁的蒙古人,住在喀喇沁王爷寺院的附近。他是在战乱时期辗转来到喇嘛庙的。他的特别的喀喇沁口音常受到嘲笑,所以特别喜欢讲汉语。

　　我还从司喇嘛那儿得到一封热情洋溢的介绍信。在喀喇沁王爷的寺庙里,他谁也不认识,虽然各个寺院之间距离不是特别远。不知从何时开始,那儿的喇嘛就不到这边来了,因为路很危险,也很难走。不过司喇嘛在年轻时与公爷府的扎米彦道尔吉(Dzsamjan dordzsi)的关系很好,他让我去找扎米彦道尔吉,说那是个很有学识的人,而且热心助人。

　　就这样,我装备齐全,一切就绪,就等着上路了。

　　在 12 月一个寒冷的早晨,老马终于来了,在车上噼噼啪啪地甩着鞭子。我们把大包小包、箱子和行李一股脑装上车。我的着装也是为了大冷天上路:我里面穿着普通的欧洲旅行服,再穿上暖和的羊皮裤和骆驼毛的外套,腰上以蒙古方式扎了一条紫色的腰带,以便更好地保暖。我的冬鞋的外面又套上一双毡靴。后来,事实验证了我的先见之明,因为即使这样,我在到达一家路边客栈时,也冻得半死。

我动身时,寺院的男女老幼都来送行,其中有达喇嘛和寺院的其他头头脑脑。当然也缺不了布彦德尔格。我们从有小商店的院子出发。在送行的人群中,还有两三个不太被信任的汉人:小宋的朋友们。小宋把他的小店托付给朋友们照管。其中一个汉人钻出人群走到我面前,在一番友好祝福后,按照汉人的习惯,给我一张印成代表快乐和好运的红颜色的名帖。我对此不能表示惊诧,因为在中国,这是很古老的习俗,每个人都有自己的名帖,可随时递上。我的车夫老马也有。当他第一次来我处时,还没等开始实质性的谈判,就毕恭毕敬地把他的名帖放到我的桌上。

宋的朋友的名帖上只有一个没有什么含义的中国姓名:严喜奎(Jen Hszi – kui 的音译,下同——译者)。看来,在当时准备行程的忙乱中,我没有对这一礼貌性的举动给予足够的重视,随随便便地把名帖塞进衣兜里。当名帖的主人看到这一幕时,就把我拉到一边,附耳说道:

"李先生,从这儿走一天路,你们可能遇上土匪。如果土匪抓住你们,你把这张名帖给他们看,保你无事。"

后来,他和他的朋友小宋谈了半天。我对严喜奎的热诚关照表示感谢。但是老实说,在他向我耳语,说他的名帖的奇妙功效时,我并没有增加安全感。

我在与喇嘛们、朋友们逐一告别后,爬上车。小宋离家,依依惜别,动了感情。他在上了车以后,瞥见布彦德尔格,就用半是生意人、半是平常人的激动声音,叫他别忘了向严喜奎偿还他所欠的酒钱17块银圆。

在大殿、布彦德尔格的房子、土默特仓,最后是整个喇嘛村渐渐远去的时候,我感到有些怅惘,好像有什么东西离开了我的灵魂。我在那儿度过了多舛的三个月,有生以来第一次接触到真正的、有血有肉的喇嘛教,它的黄色的神祇和黄色的僧侣。

我们已走到溪流那儿,离城市没多远了。我们没走摇摇欲坠的桥,两匹马小心翼翼地踏过已冻住的溪流的冰面。城门口的卫兵,作为熟人向我打招呼。我们曾多次见面。我也向他道别。我们马不停蹄地径奔衙门的大院。那四名士兵已经在等候着我们。宋在前一天采购了较大数量的肉,这时也送到了。县长还在熟睡,我留下一张名帖,毫不迟延地动身出发。

我们经由东门离开多伦诺尔。很快,不毛之地的荒原展现在我们眼前:一望无际的沙漠。在早晨离开喇嘛庙前,老马提醒我说,早饭多吃点,因为我们要经过荒无人烟的地带,一整天都没地方歇息,而且第二天恐怕无法避开土匪。我们经过荒芜地区,朝东南方前进。时间缓缓流逝,九点、十点、中午:还是同一片了无生机的荒野。我好几次以为,老天在跟我们开玩笑,让我们原地兜圈子,一步也没有前行。

蓦地,几个黑乎乎的东西出现在视野里。我们一下子紧张起来:没准是土匪!

走近了一看,原来对面来的是几个中国农民。我记得是四个人,都靠着牛车边上走。车上载着一具棺材。我的士兵大声咒骂起来,直叫"晦气"。小宋战战兢兢地问,看见土匪没有?但是没人回答。

我们默默地继续前行。周围都是小沙丘。哪儿都不见一棵树、一根草。连鸟也没见到一只,更甭说人了。我手脚发麻,哆嗦着蜷缩在车子里,试图打个盹来排解旅行的单调乏味。

我被突如其来的紧张喊声惊醒。只见我的士兵们纷纷抓起步枪,围住我的轿子车。小宋惊恐万分、面无人色的脑袋伸进车门:

"一百多个土匪,一百多个土匪!"他磕磕巴巴地说。

从轿子车的侧门向外望去,在左面约一公里外,可以看到60—70人的匪帮。一部分人骑马,另一部分人步行。还有的人既无马匹也无武器。毫无疑问,这是一伙乌合之众。

本来就不怎么舒适的中国轿子车,在飞奔中开始颠簸起来,我几乎被颠散了架。老马一点都不吝惜他的马,拼命地鞭策驱赶它们。这两匹马似乎也感到了危险,撒开蹄子猛跑,简直不像老马的那两匹驽马,而是生龙活虎的战马。我们终于逃了出来。幸运的是那帮土匪看来斗志不高,只听到左边和右边传来的一两声枪响,但是人没追上来。在 15 分钟——我感到是无休止的——奔驰后,我们到达第一个客栈。这个客栈也是破败不堪。

这时,天已经黑下来。腌腌臜臜、相貌丑陋的客栈老板接待了我们。在昏黄的煤油灯的光线中,他把我们带进年久失修的简陋客栈内。整个客栈就只有一个房间,老板住在里面,他的两个客人,多半是二流子,也住在这个房间里。见到我们,他们急忙收拾了一下离开了。污秽、恶臭令人难以想象。

大家都是又累又乏,士兵们也筋疲力尽。

"大老爷!"形容猥琐的客栈老板毕恭毕敬地讨好我,"您请坐!"他把我让到脏得发黑的炕上。

士兵们卸下马鞍子,还有点心有余悸地望着来路的方向,也就是遭遇土匪的地方。大概离这里并不太远。他们会不会趁夜来袭击这里呢？四个士兵即使不睡觉，也很难保护我，倘若土匪向我扑来的话。这回我是真正感到了担忧。不仅是我三个多月考察工作的成果可能毁于一旦，而且如果土匪劫持了我，我今后的工作也就没了着落。我到哪儿去搞这么多赎金！要知道，我是克服了最大的困难才搞到考察旅行所需的全部经费的。

我正暗自思忖，坐在炕上我旁边的一个士兵说话了：

"有这么多土匪，很是麻烦。喏，我们倒没什么！我们是安全的，不怕他们，因为我们有快马。可是你们的这又重又慢的破车子，怎么躲得开他们呢？"

看来我的这四名士兵也不比严喜奎的名帖更顶用！他们刚才一番富有哲理的议论，使我仅存的一点依靠他们的幻想也破灭了。

但是，形势看起来也不是毫无希望。我把一个士兵扶上马，让他拿着我的名帖去找最近的兵营的长官，告知我来到了沙坑（Sakeng 的音译，下同——译者）（就是这个破败的客栈的名字，也是包含几个已经荒废了的村庄的地区的名字），后面有土匪在追我们。士兵拍马而去，我们则开始做晚饭。过了一个多小时，当我们正啜饮着苦涩的中国茶时，突然从院子里传来马蹄声。我派出去的人回来了。但他不是一个人回来的。他先交给我一张名帖，上面写着："围场县西部边防宪兵上尉裴泽远（Pei Zejüan 的音译，下同——译者）"。片刻之后，这个上尉也走过来。他的穿着很是华丽，上身是披风一样的裘皮短上衣。在那一带，在这种环境里，他的装束肯定非常抢眼。我很有礼貌地走到他面前。寒暄之后，我把他请到炕边。小宋已经在炕边铺好了毛毯。这是我一直坐的地方。我用茶招待了夜间来客。

他很有礼貌地微笑着，尽力安抚我。他说，那些土匪已经知道他在这儿，绝不敢动到这儿来的念头。裴上尉在这儿待到午夜时分，与我非常友好地互相道别。我们相约明天再见。他给我留下几个人以防不测。由于我们的房间已经容不下更多的人，他们在一个倾圮过半的破棚子里过夜。

炕非常小，在上面搭行军床是不可能的。即使没有行军床，这个屋子里已经是人挤人了。除了我之外，有四个多伦诺尔来的士兵、车老板、小宋和店老板。尽管躺的地方都很脏，也不舒适，但由于疲乏和紧张，我们大家在几分钟内就都沉入梦乡。

第二天早晨（12月3日，星期二），我们早早吃了早餐。四个士兵辞别，返回多伦诺尔。不过裴泽远上尉先生带着一个马队来了。当我们从绍考（Sakaó 的音译，下同——译者）（裴的部队驻地）出发时，有大约50名骑兵送行。他们以散乱的队形围护着我，有的在我前面，有的在我后面，有的在我旁边驰行。还有一部分人赶到前面去，扫清道路。

中午时分，我们抵达了玉塔豪（Jötáhaó 的音译，下同——译者）。当然，在这里我受到热情的迎接，客栈的其他客人也投来尊敬的目光。在我们抵达之前，一个骑兵来到我们面前，交给我玉塔豪的两个队长的名帖。走出玉塔豪几里后，两个队长亲自来接我。在经过多伦诺尔的官府的繁文缛节和吹毛求疵的对待后，我实在没有预料到会享受如此尊荣。确实，很少有外国人来这里。中国人很爱面子，就是"脸"。你如果知趣，以某种方式照顾他们的脸面，你就会如鱼得水。否则寸步难行。毫不奇怪，我在绍考和玉塔豪受到的礼遇，是官方态度的另一个极端。

我对裴上尉先生的军人道德的推崇，是一笔特别好的投资。

我也许不能这样轻易就降服一个真正的军人。而裴泽远不是真正的军人。正像小宋在沙坑时以敬畏的口吻对我耳语的那样，裴泽远不久前是一个危险的匪首。在多伦诺尔，人们提到他的名字就会谈虎色变。他当上队长是对他归降的奖励。在中国，"盗匪出身的人是最好的士兵"这句古老格言仍是"放之四海而皆准"的真理。裴泽远加倍地感到踌躇满志，而我当时对他以前的身世还一无所知，把他看作一个正派人。当然，我必须坚决地继续把戏演下去。

在告别时，又重演了在喇嘛庙与小宋的朋友严喜奎发生的那一幕。裴泽远也神神秘秘地把我拉到一边，偷偷塞给我一张名帖，上面盖着两种大印，以示正规（这个好人不会写字）。他附耳说，如果我遇上麻烦、碰上土匪，只要出示他的名帖就行了，我会看到，一切都好办。我感到，仿佛一个长着铁鼻子的女巫出现在我面前，用奇怪的、难以用语言形容的魔法器具、护身符之类的东西，保护我远离危险。裴泽远的名帖，就和严喜奎的名帖一样，始终没有派上用场。但是我一直带在身上。直到今天，这个名帖还是我保存的纪念品之一。

在玉塔豪，午休的时间很短。我们只喝了点热茶，就又上路了。很多骑兵折回。裴队长又送了我很长一段路，主要是出于礼貌而不是需要。须知，我的武装随从已减少至三人，因为大家异口同声地保证，自此开始，旅行路线差不多完全清爽了。至多可能有小偷光顾，但小偷不敢攻击任何人。

令人吃惊的是，在离开沙坑的土匪窝没多远的地方，公共安全状况有极大变化。裴泽远立即解释这件事。我觉得他的解释天衣无缝。在中国，省、县之间的交界地带一般是无主地，没有一个省长或是县长敢于在边界地带驻兵,因为这会立即直接引发冲突和政治纠纷。而这是所有正常的民事官员尽可能避免的。他的麻烦事本来就够多的了。正经的、较大的匪帮,比如说100—200人的匪伙,在这些有争议的地带如鱼得水、自由自在。如在一处受到迫压,他们可以毫不犹豫地流窜到邻县或邻省,因为追逐者是不会越界的。就这样,他们与官府玩捉迷藏游戏。而自从盘古开天地,还从没有两个相邻地区的当局在同一时间协调一致地缉捕土匪。

　沙坑及其周围地区正好位于多伦和围场县的交界处,因此是闹土匪的绝佳之地,是滋生匪患的最好土壤。

　过了玉塔豪,四下景物完全变了,我们从沙土地转到多石头的山路。我每时每刻都担心车在碎石路上颠散了。可怜的马显然很受罪。这里也是一派荒芜的景象,但不像迄今为止见到的那么光秃和死气沉沉。这些路很少有人走过。看来,安全还没到让人们有兴致旅行、迁徙和做买卖的程度。傍晚时分,我们才看到三个流浪汉,赶着三头母牛迎着我们走来。当他们看到我们时,就不管不顾地扭头就跑。原来是盗贼。我的一个士兵向他们后背开了一枪。

　当我们到达下一个休息地点时,正好天黑下来。这个休息处有几座房子和一个旅店(这里也有士兵等候着我们)。这个地方的中文名字是"二十一"或"二十一号"。这一带人烟稀少,地方都用数字命名。我们在二十一号过夜。次日,就是星期三(12月4日),老卫队又陪着我走了一段路。在另一个客栈,我得到六名新骑兵。我们又得和这些人吃一顿早饭,否则,不能继续我们的旅程。道路仍然很难走,是石头铺就的,高低不平。马的力气在慢慢地耗尽。较老的一匹马,即那匹白马最后厌倦了它的光荣使命:不再拉车。它被卸掉驾辕,慢慢地走在更忠诚的同伴旁边。在傍晚前,我们不得不停下来。

我们新的休息地叫"六十棵杨树",匈语的意思也是六十棵杨树。这倒也名副其实,因为周围确实能看到很多杨树。至于是否真有60棵,我没数。这里的景致逐渐美好起来。植物多了,周围能看到更多的生命迹象。

士兵们吃了晚饭,但没有留下来和我们一起过夜。新来了四个士兵——我第二天的随从——接替他们。

前往喀喇沁王爷寺院途中(本书作者和一个随行护兵)

星期四凌晨,我们又继续我们的旅程。我们的出发和休息都是按照同一个日程表进行的。中国人一般每天吃两顿饭,在路上却要休息三次:早晨、中午和晚上。他们并不是为了休息而休息,而是因为需要喂马。我们在这种折磨人和牲口的难走地段走了这么久,戒备、谨慎小心和爱惜马匹是特别必要的。

　　我们路过的中国客栈都是又脏又乱,它们之间的区别只表现在价格上:较大的居民区附近的客栈,为了让你歇息一个或一个半小时,恨不得扒你一层皮。星期四中午,在潘家塔(Pantyata 的音译,下同——译者)就是如此。小宋在交涉时,急赤白脸甚至可说是恶狠狠地对贪得无厌的客栈老板吼叫,才使后者软了下来,恭恭敬敬地报出一个比较合理的价格。在潘家塔我拜访了警察局长。这是一个热情的、平易近人的年轻人,亲切地接待了我,并向我提供了有益的指点。我在这里还要办理换随从的事:三个新的骑兵替换了前一拨士兵,作我的武装随从。

　　在路上,我遇到很多中国军人,可能有 60 人左右,他们的队列杂乱无序,各依所好。不可否认,自我约束的纪律性差,是中国人的一大弱点。我在中国的任何地方——对,任何地方——都没见过队列整齐的军队,即所谓的"军阵"。在北京以及后来在齐齐哈尔,我参观过一两起军事检阅,参加检阅的部队也是疲疲沓沓、军容不肃。而这些城市的卫戍部队,应该是中国军队的精华。中国的军队组织工作肯定需要改革。因为——不可否认——穿着轻软布鞋或者顶多穿着凉鞋的、衣冠不整、散漫邋遢的连队和营队,给人一种乌合之众的印象,没有战斗力可言。好像一场大雨就会使这支貌似威严的部队垮掉、溃散。

　　迎面而来的中国士兵围住我们,好奇地打量着我们,抚摸我们的车子,还不住地询问我们从哪儿来,要去那儿,我是哪国人。小宋很注意维护我的威信,不让我一一回答人们的问题。他还把轿子车的布帘放下来,以免人们看个没完。他偶尔代我向好奇者喊上一句话,尽量让他们离远点儿。小宋神气十足地扮演他的角色,渐渐地——使我不无惊讶——他与中国人说话时已经自称

"我们外国人"如何如何了。在一个明朗的早晨——我几乎不相信自己的耳朵——听他在回答客栈老板的问题时说,他是我的秘书。一句话,小宋也自我提拔为秘书。

星期四傍晚时分,我们风尘仆仆、精疲力竭地到达刀把子(Taopaze 的音译,下同——译者)。在尖利的碎石铺的路面上,车子无情地颠簸着,有时我不得不下车,因为两匹被过度驱役的马已累得走不动了,甚至在上坡时,我们不得不一次次地推车。

我的前一拨士兵返回城里,又新来了两个士兵。我很难忘掉这两个人。他们在跟随时表现得过分关注,引人发笑。他们紧紧跟着我,始终不离左右,生怕出事。即使晚上,我踱到院子里察看四周是否一切安好,也有一个士兵跟着我,左手拿着一根蜡烛,右手拎着武器。

第二天,在霜浓雾重的清晨,我们继续我们艰难的旅程。过了一会儿,刮起了冷风。中午时分,我们到达小曲子山(Hsziao Csuizesan 的音译,下同——译者),没有休息,穿过村子继续前行。下午较晚的时候,我们已经身在这一路遇到的第一座较大的镇子、几乎像一座小农业城市的小曲子山里了。我的随从人员吃过午饭后与我告别,返回刀把子。

在小曲子山,我休息得比较充分。在这个小镇子的餐馆吃午饭是一件多么愉快的事啊!在旅途中,我们总是匆匆忙忙地胡乱地吃些东西充饥,因而这顿并不算丰盛的午餐简直就是宴席。在小宋一个劲儿地怂恿下,我们还去了一趟戏园子。中国人很爱看戏,可说"视若生命"。曲子山的警察局长也来拜访。小宋打理补充业已告罄的食物等事情。总地说,我们这一天过得不坏。

警察局长派来两个兵(原文如此——译者),他们一整夜都在喝茶、抽烟,为我们守夜,不准任何人靠近。

　　第二天,星期六(12月7日)的早晨,又来了两个骑着马的士兵,护送我们继续前行。我一看到车子时,立刻有一种不舒服的感觉。我强压着恐惧,爬上车子。我知道,又有一整天的罪在等着我。路已经变了。我的车子及迎面来的旅人,搅起巨大的尘土。是的,路上人来得越来越多,十匹一组、二十匹一队的满载货物的驴子,挤满了路面,互相挤撞。我的士兵没有别的事,就是呼喝着赶开迎面而来的人流。在我们穿过这个深深楔入蒙古人世界的汉人之岛时,我看到了久违了的电线——文明的先驱,尽管没有多长时间。中午我们没有停下,只是又来了新的士兵,不过这次只有一个人。我们全力赶路,想尽早到达最近的兵站。很遗憾,我们的一切好意和辛苦全泡了汤。被车老板多次诅咒和鞭打的那匹白马,又罢了工:不拉车。我们只好在路边的一个客栈广德号(Kuangtöhao 的音译,下同——译者)歇息。

　　一整夜我都非常难受:炕烧得太热,我感到仿佛被慢慢烤熟。我怎么说也没能说服客栈老板:炕烧得够热了。他还以为我只是客套,是因他的殷切关照而感动。他唯恐炕烧得还不够热,成捆成捆地往炕洞里添加干草和柴火,直到凌晨才停下来。

　　我们一早就出发了。刚走了不到15里路,一个随从士兵命令大家停下来。虽然时间还早,他就要吃午饭。他大吃了一顿,当然花的是我的钱。他吃饭不是“风卷残云”而是“浮云流水”。好不容易才等到他吃饱喝足。他去找接替他的士兵,因为他只送我到此为止。新的“护卫队”终于到了。我舒了一口气,以为可以继续前行了,谁知不是这么回事。人是不能空着肚子骑马上路的。我已经没有耐心等着新来的人从头到尾吃完饭。我和客栈老板结了账,对那个新士兵说,我不等了,如果他愿意,可以追上我们,如果不愿意,我也不介意。

我们大约走了两个小时,只见后面一个骑兵疾驰而来,扬起很大灰尘。是我的新的武装随从。他还是自愿追上来,因为不想错过以后能享受到的不错待遇,和被称之为"雇佣金"的小费。

大约是在下午两点左右,我们进入围场县。我们在这座较大的中国城镇(也是县府),找了一个比较像样的客栈。我和仆人得到一个单独房间。这里的服务也格外的周到。不过我们与当地的中国警察局发生了争执。不管我怎么说,他们也不愿意给我派出卫兵,理由是:我的护照里没有提到这一点。最后我厌烦了争论,干脆不再虚文客套,而是对警察局长简明而严正地表示:如果十分钟内还没有士兵来,我就去找省长。这句话起了作用,因为他觉得再推拖下去,会倒大霉。可怜的他要是知道,省长比他更加仇视外国人的话,他得后悔死!

我与车老板的协定效力到此为止。在围场县,我需要换车夫和马。但是老马改变了主意,既然已经到了这里,旅行最困难的关头都过去了,还不如把最后一段兔子尾巴那么长的距离走完。

星期一早晨,两个骑兵来报到。我们在他们的引领下继续行程。老马对这个县的情况不大清楚。天气很好,有利于旅行,可是道路又不好走了,连迈步都困难:一路上尽是细碎而尖利的石头。中午,我们在喀喇沁王爷领地上的夏哈拉(Hsziáhala 的音译,下同——译者)休息。我们感到路好像走不完似的。谢天谢地,在第二天,也就是旅行的第九天,我们终于看到喀喇沁王爷的寺庙,这里的人称之为"喀喇沁王的大庙"。

我取出布彦德尔格的盖有大印的介绍信,找出上面亚林皮尔喇嘛的名字。没多会儿，来了一个小孩子喇嘛，说他认识我未来的房东。在他的带领下，我们的马车轧轧地进入一座清洁、规整的喇嘛院。

在亚林皮尔喇嘛的房子里

　　当介绍信不管用的时候—王爷的亲戚进行干预—我新房东的房子及其周围—墙上的可疑斑点—中国的兄弟之爱—亚林皮尔喇嘛和他的弟子—真正的沙弥纪律—亚林皮尔为什么永远祈祷—韩大老爷的千元钱—佟喇嘛,"杰出的"学问家—蒙古族邻居的礼品公鸡—茶太好了也是问题—宋耍花招—令人陶醉的成功—比成功还令人陶醉—吸鸦片的享受—宋的吸鸦片的同伙—揭穿裴尔切

　　我跳下车,四下打量,想看看房东的住处在哪里。我们的到来,引得两只看门犬狂吠起来。不一会儿,院子里出现很多人,都围拢上来。我的车老板老马有点儿受触动,但主要是戒备地眨着眼。确实,围着我们的衣着破旧的人群,在观者眼中多少有些可疑。最后,一个三十多岁、形容猥琐的喇嘛挤到我们面前,脸上挂着勉强的笑容,邀引我们向左边一座建筑走去:

　　"白(Pai 的音译,下同——译者)喇嘛现在正准备去王爷庙做祈祷。不过没关系,你们来吧,和他谈谈。"

　　白喇嘛,也叫亚林皮尔,是一个脸刮得干干净净的大块头。我们进屋时,他正准备出门。他用低沉的声音欢迎我。他的话不多,但很有威严。看得出,他对自己的声音颇为自得。在礼貌性

地鞠躬和揖拜之后,我向他递交了
我的名帖和喇嘛庙的介绍信。介绍
信是在告别时布彦德尔格给我的。
可怜的布彦德尔格花了好几天的时
间,好不容易在下殿找到一个比较
年轻的有学问的喇嘛,请他用正式
的蒙古文,给他从未谋面的朋友、裴
尔切原先的师父亚林皮尔喇嘛,写
了一封介绍信。介绍信的内容是:
这个李先生从遥远的西方来到蒙古
人的土地,研究释迦牟尼佛祖的宗
教。李先生在他那儿度过了三个
月。请竭诚接待李先生。

亚林皮尔喇嘛,全身黄色服饰

　　我也在亲口告知我未来的房东:是的,我是在研究释迦牟尼
佛祖的宗教。如果他有地方,我想借宿于他那里,住一两个月。

　　亚林皮尔不是文盲,他大声朗读了介绍信,至少念到裴尔切
的名字为止。看到裴尔切的名字,他蹙了蹙眉头,把信撂下。看
来,他已知道了基本意思。

　　"我这儿没有什么空地方,不过你们跟我一起到王爷的府衙,
我现在正要去那儿,到了那儿,把这件事商量一下。"

　　老马赶紧从车上卸下东西,我们坐上空车(车比以前晃荡得
还要厉害),驱车前往王爷的衙门。

　　喀喇沁王爷的宫殿和衙门离寺院大约有两公里。中国的警
察局管辖权还未延伸到这里。蒙古人检查了我的护照。在宽大
的、中国式陈设的办公室里,一位取了个汉族名字的蒙古族"尊贵

先生"(大老爷)接待了我。他吸着烟袋锅,一看就知道没有多少事干。当天我可能是他唯一的"当事人"。一切都按部就班地进行,完全是例行公事。只是出于礼貌,办事持续了大概有两个小时。傅(Fu 的音译,下同——译者)大老爷闲扯了一阵,不时开个玩笑,还用茶招待我,当然也询问了关于遥远的西方的事情。在外面,小宋和老马如坐针毡。他们又累又饿。我们还没有找到休息和吃东西的地方呢,周围连一个客栈都没有。

不知不觉已是下午了。我们回到亚林皮尔的房子,但是房东还在祈祷,当然不能用这样的日常小事去打扰他。最后我还是等不及了。我打消了什么礼貌不礼貌、合适不合适的顾虑,去找寺院的住持——达喇嘛。跟在我身后的喇嘛们试图说服我放弃我的打算:

"八叶(Paje 的音译,下同——译者)达喇嘛是个大人物,是王爷的亲戚。王爷的岳父是他的弟弟。就这么去找他可不行。需要等上几天,然后送去名帖和礼物,再耐心等候他发话,何时有空。"

王爷的亲戚起初相当不情愿地接待了我。但当我向他说明了旅行的目的,并叙述了我都去过哪些地方后,他慢慢地热情起来。最后他非常友善地招待我。在知道我的来意后,立即派了一名较有权威的、身穿丝绸服装的喇嘛(他的大弟子),跟我一同回到亚林皮尔的住处,转告他的口信:务必为我安排住处。

我不在的时候,亚林皮尔从衙门回来,得知了这阵子我的去向。他在门口看到我和陪我来的喇嘛,立即满脸堆笑地说:

"有地方,怎么会没有呢,你尽管挑好了,看哪儿最好!"

然而,可挑选的地方——不必否认——很有限。但是,亚林皮尔的房子是我在喇嘛庙时的房东布彦德尔格的房子不能相比的。这里的房子宽敞、富裕、体面得多。但是人住的地方也不比那边大多少。

门窗都朝南的主建筑有三个房间，我到来的时候，没人住。中间的房屋是留给圣龛的，就像规定的那样。从进入房间的人的角度看，左手的房间陈设齐全，但从没人住过，十分冷清。这就是亚林皮尔所说的"干净的房间"。就近一看，即刻让人打消了想住在里面的念头：没有炕，只有肃杀的寒冷迎接下决心来住的人。显然，这可能是那种夏令别墅式的房间。在圣龛的右边，是亚林皮尔夏天住的房子。这里可以烧暖气，看起来是干净的、整齐的房间。朝院子开的中式窗户，嵌着两块大玻璃，阳光透射进来，使房间亮堂而温暖。我很愿意搬到这里来住，尽管这里的取暖也不是无可指摘的。在多暴风雪的严寒冬天，取暖是最大的问题，特别是住在这里的人还要工作。然而我察觉到，亚林皮尔对此有些忌讳。他虽然没有直说为什么，但他的一个弟子有一次无意中说漏了嘴：

"布尔罕，就是佛祖的隔壁怎能住一个外国人呢？要知道，连我们都不能去住，只有师尊或者地位比他还要高的喇嘛才可以住！"

布彦德尔格在宗教事务上可没有这么严苛！

最终我没有坚持要住在佛祖的隔壁，而是愿意和亚林皮尔谈其他的可能性。

面向院子看，从主建筑向左，还有另一个建筑，大体上与主建筑相同，只是更简陋、更冷清。走进房子里，景象使人触目惊心：斑驳陆离的墙壁，胡乱堆在一起的废旧杂物，由于被灰尘和蜘蛛

网覆盖,都浸在一种凄凉的灰色里。这个建筑是亚林皮尔喇嘛的
有三个房间的仓库。我们的到来,惊扰了本来悠然自得的耗子大
军,他们惊惶地四散逃走。此时,冬天凛冽的寒风在喀喇沁山中
和近处的树梢上肆虐。一阵阵劲风吹来,房顶发出尖厉的哨音,
仿佛已厌烦了现在的位置。亚林皮尔打着手势,有点踌躇地试探
道,如果我愿意,他可将整座建筑,或者这三间屋子都交由我支
配。问题肯定还存在,就是没有一间屋子里的炕能用。

　　在一番委婉说辞之后,我终于打开天窗说亮话:我最好还是
住在现在大家都住的、左面的那座建筑里。我未来的房东有些为
难,挠着头顶说:

　　"这地方肯定是唯一不必发愁被冻着的地方,问题只是,现在
我们住得已经够挤的了。"

　　亚林皮尔说的确是实话。三个房间(我们在这里也看到这么
多房间)中,有一个房间做厨房用,是烧菜做饭的地方,另两个房
间的炕就是由这里烧热的。两间卧房住着亚林皮尔本人和他的
两个年长的弟子、一个很年轻的沙弥,还有一个几乎不能动的老
喇嘛,他是亚林皮尔师父的师父,寺庙出于怜悯把他养在这里。

　　我和小宋怎么也得要个单独的房间。

　　在我委婉地表示,除了友情,也会付些费用之后,亚林皮尔做
出一个果敢的动作,做出了最终决定。

　　左面的建筑也是朝向院子的。这就是说,这三座互不相连的
建筑,构成一个有一边敞开的四边形。在这一面,有通常那种能
上锁和铁链的大门。左面建筑的走廊的左手房间,是亚林皮尔喇
嘛本人和他的一个弟子住。喇嘛把这间房让给我,他本人则搬到
主建筑供奉佛祖的房间的隔壁去住。可以肯定,一开始住时,他

会被冻得牙齿咯咯打战。其他人则都挤到走廊右边的房间去住。

在一番折腾之后，我们终于安顿下来。这时已经是晚上了。唔，最重要的是，我在这里的生活开始走上正轨。马上来了好多佛门弟子，搬弄收拾，一通忙活，以使我尽快尽可能舒适地安顿下来。他们把他们需要的东西或我搬进来后放不下的东西搬走了。

在煤油灯摇曳不定的光影里，我仔细打量了一下我们好不容易争取到的住处。房间实在谈不上舒适。这是一间被烟熏得发黑、相当腌臜的陋室。当小宋把我们的东西摆到炕席上时，我认命地四处打量了一下。我观察到四周墙上有一些可疑的斑点。可能是我脸上表现出某种吃惊的表情，让一个小喇嘛注意到了。他——就是我们刚到时在院子里接我们的那个——做出一副随时准备效劳并深谙此道的样子，试图消除我的疑虑：

"那是夏天的斑点。现在还是冬天，很冷。"

户外确实是天寒地冻，狂野的风卷起片片雪花，不时乏力地拍打着糊着白纸的中式窗户，窗户上只有巴掌大的一块玻璃，也被冰花盖住。屋里的空气有点潮湿，混有某种酸辛的烟味儿（这儿的烟也只能从房门逸出）。炕沿儿上的铁盆中，炭火正旺，让人感到一种友好气氛。我把冻僵的手，像蒙古人那样，伸到火盆上烤，真是惬意之极。我穿着骆驼毛织的蒙古袍和翻毛皮裤，皮鞋上还套了毡毛拖靴，就像在旅途中一样。就这样，我没怎么冻着。一直到开春，我一直是这么穿衣的。

老马在这儿无所事事地待了两天。他着实休息了一番，也让牲口得到了休息，特别是那匹衰老的白马，显然需要休息。但是他不大想回去，我也为他感到担忧，他怎么穿越那险恶的、盗匪为患的地带？当然，他不能指望在返回时拉到客人，也不会请到随

行护卫。最终,我只好给我的"土匪——军官"朋友们写了几行字的介绍信,请他们在危难时给予保护。可是小宋却一个劲儿地劝我:

"他有什么可怜惜的? 你管他呢。你已付了钱给他,就没你什么事了。让他自己看着办吧。"

这是典型的中国人的思维方式。不是小宋对人有多仇恨。中国人都不关心邻居,也不关心后代。他们砍伐树林,又不栽种新树。即使在林木茂盛的地方,也能看到光秃秃的巉岩。后代? 让他们自己去闯吧,能干啥干啥。邻居和朋友更不算什么了。

在新的住处,我的第一件事是与住在同一房子里的当地人结交、认识。其中一位,就是自从我抵达后老是围着我转的人,第一天我就认识了。晚上,在安家的过程中,从言谈话语之中,我连他的名字也知晓了。他叫丹巴雍丹(Damba jondan 的音译,下同——译者)。他的漂亮的藏族名字——意思是"美德",被可笑地歪曲成"Jendeng",像汉语的"烟灯",就是鸦片灯。丹巴雍丹得到这么个奇怪的名字,肯定有什么缘故。他曾有过一个老掉牙的蒙古名字,现在连狗都不用了:奥尔丹桑(Altan szang 的音译,下同——译者)。在夸大其词方面,这个名字并不落在其藏名之后。"奥尔丹桑"的蒙古语意思是"金库,金宝库"。小宋很喜欢这个挺美的名字,一下子使它流行起来。有一天,我突然发现,房子里的人都把丹巴雍丹叫成奥尔丹桑。不久后,我恍然大悟:小宋的热情是基于一种偏爱。他在草原与白林全经商时,不用让蒙古人听起来别扭的汉族名字,而是起了一个好听的蒙古族名字,而这个名字正好就是"奥尔丹桑"。

另一个弟子比丹巴雍丹年纪大,可能有 38—40 岁。作为大弟子,他负责管理其他人,师父不在时,他代理师父的职能。在很长时间里,我以为他姓洪(Hung 的音译,下同——译者),因为小宋和丹巴雍丹这两个相见恨晚、惺惺相惜的人,在我面前总是这样称呼他。我是偶然省悟,他们所说的"Hung"不是洪姓的"洪",而是红胡子的"红"。这是小宋和丹巴雍丹两人私下约定这么叫的。而"红胡子"在汉语里是"土匪"的代名词。他们两个人都很讨厌红喇嘛,什么事都瞒着他,许多秘密不让他知道。

红喇嘛吸鸦片(手拿烟锅,前面是鸦片烟灯)

丹巴雍丹的情感被妒嫉和怨恨燃烧着。如果不是红喇嘛挡着他的路,他就是这儿的巴克什(baksi),即师父之后的第二号人物,甚至按照惯例,师父亡故后,这个漂亮的大房子就归他所有了。因此,他在怨恨中采用各种——都是不被允许的——方法泄愤。小宋的仇恨则没有任何根据。他只是出于对丹巴雍丹的同情,与后者同仇敌忾,讨厌和咒骂红喇嘛。

第三个弟子,就是脏兮兮的、十岁左右的德尔戈尔桑(Delger szang 的音译,下同——译者)最倒霉。师父每隔一天,就要打他一次,因为他不能通顺地或者迅速地诵读当天的功课,或由于慌乱和对挨打的恐惧,在诵经时漏掉一个藏语的巫咒词(可怜的孩子根本不知道这些词语的意思)。这还不够,连大弟子们也在他身上泄愤。特别是,他吃尽了经常破坏亚林皮尔僧房秩序的丹巴雍丹的苦头。

隔壁房间的第四个居民是前文提到的老喇嘛。可怜的老人视力很差,与世无争,很少动窝,总是坐在炕上休息。

房子的绝对主人是亚林皮尔。他一来,人们就作鸟兽散,连红喇嘛都竭力做出一副竭诚效劳的表情。而这个红喇嘛还算是师父最宠信的人之一。

我在这里遇上的人——亚林皮尔——与以前在喇嘛庙遇上的人,如玩世不恭、什么都不在乎的布彦德尔格是多么不同啊!

亚林皮尔看起来首先是个仁慈的人。他整天在祈祷,当然并不是出于心灵的需要,也不是出于深入修行的目的。他常被邀请去这儿去那儿,有时是衙门,有时是附近的"首府"即王爷府,还有富有的或不那么富有的蒙古"黑人"家。当然都有钱入账。亚林皮尔喇嘛很爱钱。虽然十五年来,这一带的喇嘛庙和喇嘛们多灾多难、度日如年,可他什么都不缺。他的日子谈不上富裕,更谈不上奢侈,但生活大体上与造成很多寺庙毁灭的中国革命前没什么区别。亚林皮尔甚至还搞到一块土地。在我进行下一次旅行前不久,他又搞到几亩地。但他还不算是个贪婪的人。

在亚林皮尔身上,我看到顽强、坚韧和有所作为的欲望。对我来说,这始终是个独特的秘密:他是怎么来到这里,这个死气沉沉的蒙古人的世界的。

我来后不久,就给自己找到很多研究课题和任务:考察宗教仪式未知的细节和不同形式,研究那些不知名的蒙古语和藏语手写本和书札等。

然而这些计划暂时只停留在愿望上。好奇的来访者接踵而至,从早到晚缠住我不放。本来应该由我这个研究者向他们提一些问题,但是我根本插不上话,他们问个不停,仿佛有无穷无尽的问题:西方是什么样子?那儿的人啥样?钱是什么样的?还有成百个一个比一个荒唐的问题。而每个新来的到访者又都重复这些问题,令人不胜其烦。在这些"审问"中,小宋一开始也问些自己的问题。后来,听得多了,他已耳熟能详,就替我回答问题。这很自然,谁知道他都听过多少遍这样的问题及我对问题的回答?

即使这样,我还是找到了一两个有助于我考察研究的喇嘛。不过要能真正与他们一起工作是需要一些耐心的。比如我与一个喇嘛谈妥,第二天一早,他来我这儿给我解释一篇藏语经文。然而,第二天我白等了一天,他没来,但第三天甚至第四天他也没来。他最终还是来了,却好像什么事都没发生似的。他怎么也不能理解,这并不是无关大雅的小事。不就等了三四天,世界就会崩溃吗?

我想找蒙古学者的消息传开了。人们纷至沓来。不是因为这一带有那么多的学者,而是因为金钱的魅力。连王爷衙门的差不多所有毕切其(bicsécsi)即文书都来了。

有一个十分悲情的毛遂自荐者。他是一个清朝官吏。革命发生时,他被逐出官衙。他变得一无所有。挨饿受冻、艰难困苦的生活,使他几乎疯了。在这一带,人人认识韩(Han 的音译,下同——译者)大老爷。就是他,也来自荐。他为他那杂乱无章的"学识"索要天文数字的酬金。仅此还不至于使我惊诧,因为我从完全理智的人口中也听过这样的,甚至更荒唐的条件。使我吃惊的是,他突然前言不搭后语地嘟囔起来。我疑惑地望向陪他来的文书。文书俯身过来,似表歉意地小声对我说:

"他是个疯子。"

小宋总算没动粗就把驼背的韩大老爷推出门去。我听到院子里传来数钱的声音,数不存在的千元钱。钱已使他痴迷。

谁也不要以为,在内蒙古就容易找到一个蒙古文字的专家。

在一个美好的早晨,来了一个满脸皱纹的喇嘛。他第一个来,显然是要抢在所有竞争对手的前面。他表示愿意教我,而且要的也不多。我很高兴,终于有一个符合我意的自荐者,因为我确实需要一个能讲解某些写本和手抄本内容的人。我住的这所房子里没有一个通晓这类知识的人。这的确是一种专门的学问,因为书面的蒙古语言与口语的差别如此之大,就连蒙古人自己也得专门研习。经过一番中国式的寒暄之后,我终于发问道:

"尊敬的喇嘛(喇嘛爷),你能给我讲解什么样的写本?释迦牟尼佛祖的佛经还是有关成吉思汗的文字?"

"都是一样。"他轻缓而又果断地回答。

我抓住一个机会,想测试一下,因为我对他的话多少有些怀疑。在订立最终合约之前,我找出一件兔尾巴长短的与成吉思汗有关的蒙古文书札。这是我不久前搞到的。我很有礼貌地把书札放到他面前,期待着聆听他的讲解。然而这位巴克什候选人喇嘛,却摆出一副居高临下的架势,推开被烟熏得发黄的纸页,以有点尖刻、训导的口气对我说:

"你需要先学会字母。"

小宋觉得这简直是侮辱,当即说起粗话来,毫不顾忌喇嘛爷是客人。他甚至建议喇嘛爷赶快离开。最后我不得不把小宋遣开。亚林皮尔正好目睹了这一幕,也忍不住埋怨起这位杰出的蒙古文字专家来。我赶快将眼看要起风暴的考试纳入正轨。我给佟(Tung 的音译,下同——译者)喇嘛念出书札的第一段,他先是吃惊不已,然后有点尴尬,如坐针毡。

等了片刻,轮到我们吃惊了。我把书札递给他,请他念一念,好让我听听这个地方的发音时,佟喇嘛有点慌张地站起来,一边往外走一边辩解道,人家告诉他的不是这个,而是教字母。

不一会儿,小宋又回来了,解释了一番。

大门外的另两个喇嘛,半是嘲笑半是不耐烦地等着佟喇嘛出来。喇嘛爷为了满足我的要求,经过一周的艰苦努力,专门学会字母 ABC,希望能在我这儿把他的学识变成钱。

很遗憾,我不仅要耐心经受这些有学问的先生们的围攻,而且还不得不应付找上门来的其他人。大家都先从我的"贵体健康"状况问起,有的人还带来了礼物,但最后每个人都提出不靠谱的要求。后来我必须亮出我所有的学识,以免从好朋友和崇敬者变成死敌。

例如有一次,从附近的蒙古族村庄来了一个蒙古族"黑人"。他也照例像其他人一样先深鞠一躬,表现出令人眩晕的礼貌。所幸,听起来动人的恭维话早已不能扰乱我的心神。在我记忆的库房里,这类花言巧语要多少有多少。他从走廊里拿来一只活公鸡作为礼物送给我,使我的疑心达到顶点。他送这只公鸡想换取什么东西?小宋不是个生性好奇的人。当我还在表示拒绝时,他早就一把抓起活公鸡,把它送到比较可靠的地方去了。我猜想,蒙古族人不敢把礼物留在这里。

　　这个人终于转上了正题,就是他的愿望。我不能说我一下子就猜到了他的意图,因为他拐弯抹角、闪烁其词。最后他才披露了心曲:要我带上他回国,去遥远的欧洲、匈牙利。话一旦吐出口,他就开始滔滔不绝地、执拗地一再重复:我带他走。

　　是什么魔障潜入了这个草原之子蒙古族人的心灵?我开始问他,为什么想离开这儿? 他知不知道,欧洲是什么? 匈牙利是什么? 匈牙利人是何许人? 对,那里可能什么都好,当个西方人很好,有很多钱,生活过得很好,那里肯定一切都很美好。而这儿呢? 没有钱。要吃小米,水煮小米。有时小米都很难见到。

　　我不想扫这个幼稚的"黑人"的兴。就让他相信西方一切都那么好,在西方生活是那么美妙幸福好了! 只是在回国后,我才陷入深思。因为我在这里听到的是仰慕东方的西方人的感叹:当个东方人有多好! 在神话般的东方生活是多么幸福美妙! 我的上帝,我要能去那儿就好了!

　　我试图抚慰我那仰慕西方的蒙古族朋友,舒缓他的失望感。但我怎么说他都不信。我对他说并一再重复,他的愿望无论如何是不可能实现的,因为我要几年后才回国,此前还要跑很多地方。最后,他大失所望,很不情愿地离去。

　　为了补偿他旅行的花费和投资——那只公鸡,第二天我派小宋给他送去买价款,外加一盒中式糕点。因为一个人的殷切希望不能实现,总是一件可悲的事,尽管他的愿望在所有头脑清醒的人看来,都是可笑的空中楼阁,是幻想。

　　但我无论如何也不能阻止他向别人抱怨:

　　"这个外国人不是好人,不愿带我走……"

　　这种拜访的势头有增无减,已经连续两个星期了。到后来,我的访客们根本不在乎我是否正俯身进行蒙古文或藏文书籍的研究工作。他们坐在炕上，不声不响地啜饮着热茶，只是偶尔说一两句话。他们很愉快。当小宋看到，招待客人的麻烦都落在他一个人头上，他整天在那儿烧茶送水，还得用话敷衍来人，他终于失去耐心，怨愤爆发了。瞧他怎么解决这些事情吧！

他本不想外出——在这么寒冷的天气里，外出不是什么惬意的事——这时突然拿起小行囊，前往几里地之外的汉人小商埠瓦房（Uɑfang 的音译，下同——译者）。本来他还能等一个星期再去采购。

当他筋疲力尽、拖着冻僵的身子返回时，已经是晚上了。他的脸上浮现着得意的、有点狡黠的微笑。

他很快就开始实施报复计划。先拿他最好的朋友丹巴雍丹开刀。我的锡兰茶在僧房的居民中大受欢迎。到了最后，洪喇嘛和丹巴雍丹不再亲自来，按照礼仪规则在僧房啜饮几口热茶，而是派小沙弥德尔格尔桑拿着空碗来装茶。对此，小宋大为愤怒。按照他汉人狡猾的小脑瓜的想法，都是因为我的锡兰茶，使得百无聊赖的喇嘛和"黑人"们把我的房间搞成了一个地道的赌场。衙门的官员们在办完公事后也到我这里来聚会，成了惯例。

小宋认为，这一切只能用茶来改变。怎么改变呢？不管什么客人来到僧房，都必须奉茶招待，这是不可更改的待客之礼。但是礼节并没有规定用什么样的茶来招待客人。同样，这种礼数也约束着客人：不管主人上什么茶，他都要二话不说地喝下去。我自己也因为这后一个礼节，受够了罪：不管爱喝不爱喝，都得硬着头皮喝。于是，我逐渐领悟了小宋的计策是什么。由于我只有上好的锡兰茶，小宋就不辞劳苦，步行去瓦房，一个商店一个商店地找,终于找到一种特别次的中国茶。小宋找来的劣质茶,乍一看像蔫儿了的干草。

通常喝茶的时间到了。小德尔格尔桑出现在门口,手里拿着大茶碗。我还从没看到小宋这么"殷勤",连小沙弥也给茶喝。从小德尔格尔桑失望的脸上可以看出,我们的新茶不太招人喜欢。

事发了。不一会儿,丹巴雍丹把小宋叫到走廊上,对他劈头盖脸地一通责备。最后他威胁说:

"你要不想让我们喝你们的茶,你尽管上这干草汁好了!"

我不知道小宋是否把这个威胁放在心上,但我清楚地听到他们在走廊里小声争吵。我的这位出色的厨师假装无辜地辩解:

"没有法子,"他解释道,"外国茶喝光了,就是你们喝的。这种优质的国产茶,是我刚买的。"

但这"优质的"国产茶既不合丹巴雍丹,也不合洪喇嘛的口味。甚至我的访客数量也一下子减少了。小宋满意地跑来跑去,自豪地搥打着他那腌臜的胸脯。看,他是多么有用的人,没有他,我不知还要有多少烦恼呢!

在自我感觉和自信方面,小宋的确不该排在最后面。所有的中国人都有类似倾向。但是在他的身上表现得如此明显,是有其他原因的。我多次从他口中听到,一个算卦的,即中国相术师,在打量了他的头形后说,他将来是一个大人物,一个大官,会有很多钱,吃香的喝辣的,以及不需要劳作。这正是小宋梦寐以求的。在围绕着我的服务中,他已体会到"吃好的"和"不做活"的妙处,但这还不够,因为他还不能向任何人发号施令,而只能俯首帖耳,听人吆喝。

小宋就是这样,能自我安慰,自我欣赏。我已说过,在来的路上,他已把自己晋升为秘书,特别是在中国人的面前。在这里,背着我,他对不认识的喇嘛和汉人也自称"秘书""通事"。"通事"就是"翻译"。

难忘的"买茶事件"给他带来双重的荣耀,使他得意忘形。他使我摆脱了多大的麻烦啊,单凭这一点,他就有很大的功劳。同时,让我们想象一下:当他走在瓦房城里的大街上时,人们在他背后议论纷纷:这是外国人的通事,外国人的秘书。但是没人当面这样称呼他。在瓦房,人人认得他,商人们老远就跟他打招呼。

但到了晚上,他在绘声绘色地讲述他丰富多彩人生的某一段时,他又伤感起来。他徒劳地向我表示,最好能把他推荐给一个中国大人物。为照顾我的面子,那个大人物一定会满足我的请求。小宋说,他并不是一个贪得无厌的人,先在一个小地方当警察局长就行。因为他还会写字呢。

在中国,会写字可不是小事情,因为最少要认识 1000 个字。而某人想要完全懂得日常生活、报纸和官方文书的用语,至少需要认得 3000 个字。也许最大的学者也不识得所有的 45000 个汉字。这在西方人眼中是可怕的、根本不可能做到的事。45000 个字? 怎么可能学得会! 但中国人并不为此头痛。对他们来说,认识 1000 个字,或最好情况下 3000 个字,就足够了。如果懂得组字的规律,能正确地握毛笔,其他事可以借助字典。要知道,所有学过写字的中国人,至少有一本汉语字典。在字典里,按照一定的系统可以找到相当多的一部分汉字。在较大的字典里,则可以找到全部词汇,更准确地说,是全部中国字的宝库。词目:字,然后也是用汉字说明该字如何念,最后则是字的含义,通常是用几句经典的引语来解释。

　　小宋认识的汉字可能还不到 1000 个,但他仍以"识字人"自诩。虽然从他的格调看,缺了一点儿古典味,他的笔画缺乏娴熟的沉稳和鲜明的个性,但他能读懂一切,还能写简单的文书和信件。当然,他离不开字典。他的老字典已经用得残破不堪,并且由于走得匆忙,忘在喇嘛庙里了。后来,他没有事先征得我的同意,就用我托付给他的钱在瓦房买了本大字典、一支毛笔和一块有雕饰的圆墨。我总不能因为这种对写字的值得赞美的热爱而指责他吧!

　　遗憾的是,我的秘书——跟班并没有到此为止。最近一次,我给他的钱又对不上号了,而且比第一次少得更多。他交代不出钱少在那里了,我也没法与他严肃地谈这件事情,因为他半傻半醉地在房间里晃荡,站也站不稳。最终他供认,他把钱花在了鸦片上。

　　这是小宋有生以来第一次吸鸦片。

　　对第一次吸鸦片的人来说,鸦片不好抽,而且使人感到难受。第一次抽鸦片的量都很少,甚至称不上"吸鸦片"。每次吸鸦片的量是逐渐增加的,而且间隔的时间越来越短:开始时,每周吸一、二支大烟,后来每天一支。当某人每四小时吸一支烟时,这个人从身体到精神上都彻底完了。鸦片烟不像大麻制剂那样给人带来令人愉悦的、感官上的幻觉,而只是使人充满舒服、愉悦的感觉。他会忘掉一切,没有任何痛苦,包括身体和精神上的。但就像所有使人迷醉的嗜好一样,鸦片也会撕裂、破坏人的神经,使其感到头晕、乏力、嗜睡。但是真正的危险是成瘾。鸦片烟带来的满足感,持续相当长的时间,但这种满足感持续的时间逐渐缩短,在人体组织里生出中国人所说的"瘾":对下一次沉醉快感的渴望和欲求,周期性地、机械性地发作。在烟瘾得不到满足的时候,人会成为鸦片的下贱的、卑微的和可怜的奴隶,清醒的头脑、理智不再起作用,他可以为此浪掷家财;如果没有财富,他会毫不犹豫地走上邪路,为非作歹,千方百计地追求一逞其毒瘾。

然而,不要以为所有吸食鸦片的中国人都是这样。在中国,人们很清楚鸦片的危害。最初,使用鸦片只是因为患了某种令人痛苦难忍的疾病而需要,用药非常谨慎小心:因为只有开始时是危险的,如果用药过快、过量,这个人就完蛋了。

对小宋来说,第一支鸦片显然不合口味,甚至让他感到很难受。看起来,作为初学的吸毒者,他吸食的鸦片量过大。大剂量的鸦片是危险的。厌倦人世的中国妇女常用鸦片结束自己的生命。或是干吞下去,或是溶在水里喝下去,笃定地、安详地死去。

小宋是受了他的坏天使——丹巴雍丹的引诱。后者和洪喇嘛都是臭名昭著的鸦片烟鬼。他们把所有的钱都用在鸦片上。这让人有点吃惊,因为亚林皮尔喇嘛是个很理智的人,循规蹈矩地生活,没有任何恶习。弟子们都很怕师父,但却不以他为榜样,只是暗地里不守规矩,胡作非为。在吸鸦片方面,洪喇嘛和丹巴雍丹彼此谅解,相安无事。甚至在必要时,二人在亚林皮尔面前互相掩饰、包庇。二人之中,丹巴雍丹的行止更为不羁。他不仅在家里偷吸鸦片,还跑到中国小店,在那里继续吸食,其后,谁也不知道他还去哪里。这里一切都不像在喇嘛庙,在布彦德尔格的僧房里那么简单,在那里,至少在表面上,是不允许违反清规戒律的。违规会带来严重后果。我的到来,无意中为僧房带来不少欢乐,至少对弟子们来说。不仅是危险的巴克什从附近搬离,而且,来了小宋这么个好伙伴,或者说同伙。小宋作为看大门的人,每天晚上都把罪犯们偷偷放出。

　　看到这里的纪律和恐惧，我开始明白，喇嘛庙的裴尔切在这里为什么待不下去，为什么在新师父那儿如鱼得水。我还突然明白了，为什么亚林皮尔在读布彦德尔格的介绍信读到裴尔切的名字时，目光暗淡下来；为什么那些有关他心爱的弟子的溢美之词——他已经和其他上年纪的喇嘛一样在佛座前祈祷——并不使他感动。过了一段时间，有一次，大概是在喝茶的时候，小宋提到了他心爱的弟子。

　　亚林皮尔鄙夷地说："那个废物？他不想修习，从我这儿逃走了！"

活佛和其他高僧

　　"活佛阁下"身体虚弱——从印度佛教到喇嘛教——达赖喇嘛是如何成为亲英派的——班禅喇嘛，站在中国立场上的活佛——神佛命运的乐和悲——活佛见多识广的秘书——面对一个地上的神——奎宁对神佛也有益处——神佛的排名——葛根和呼毕勒罕——如果你是神，反正你也不会感到痛——八叶达喇嘛，呼图克图和王爷的亲戚——当大殿因佛祖而着火——白人医生的药物——要命的春天——你别死，先生

　　当我走进装饰华丽的中国王爷府时，穿着汉族服装、神色庄重的蒙古族秘书们迎上前来，用多样化的汉语表示歉意（他们点头哈腰，确是一副深表遗憾的样子）：

　　"活佛大人，就是佛爷病了，现在他谁也不能见。"

　　我寻找的活佛名叫图布丹扎尔木桑（Tubdan dzsalmszan 的音译，下同——译者），住在这个喇嘛村范围之内的一座华丽小宫殿里，离我们不远，大概有 100 米。图布丹扎尔木桑是他的藏语名，他是一个蒙古族人，来自忠实维持古老传统的东土默特部落。

　　喇嘛教是印度佛教的独特变种。有一段时间，世尊大师在世甚至在他去世后，人们不知道任何神仙。人的最主要目的是彻底摆脱存在即一切烦恼和痛苦的根源，实现圆寂，涅槃，这种思想指

引着人们。佛教始祖——乔达摩佛陀在他的学说中、在对他的弟子们的教导中，指明通往这一最高境界的修行道路。人在此道路上前进，按照达到圆满程度的不同等级，获得不同果位。如果能达到目的地，则变成佛，即觉行圆满。按照北传佛教的救世思想，这些佛陀并不急于进入涅槃的境界而幸福入灭，而是在自己寂灭之前，尽可能度化更多的受苦、奋争的人走上这条路。由此出发，下一步就是把佛陀和神圣拟人化，给他们冠以名称，赋予人生事迹。这一步发生了，导致各种流派甚至神话的出现和日益膨胀：在西藏的蛮荒之地兴盛的地方鬼魅、害人的和助人的魔神的军团，都潜入善良的神祇之间，甚至还产生了新的神灵。

　　在过去某个时期，佛教是作为在印度兴盛的婆罗门教教士的过分影响力、无限度的特权的对立面而诞生的。奇妙的是，在几个世纪内，这新的宗教变成了什么样子啊！在这里，佛教僧人与普通信徒相比也拥有了特权，就像以前婆罗门教的教士凌驾于其他种姓之上一样，而且僧侣的特权越来越超越婆罗门教士。大约在公元 8 世纪时，在西藏形成佛教的特殊的神权形式，即我们所知道的喇嘛教。

　　在西藏和内蒙古，喇嘛教在某种程度上意味着神权统治。以宗教眼光看，喇嘛——藏语称"上师"——是神灵和僧制之外的"黑人"之间的独家媒介，这还不够，还要把神仙从天上拉下来作他们的首领，甚至把须弥山也拉到了地上。

　　所有慈悲良善的神都落到了地上（还没轮到魔鬼），以帮助人。比这更可以肯定的是，他们在世间的化身都是以喇嘛的形式出现，在各寺庙担当首领，统治一定数量的信众。

　　人人都听说过达赖喇嘛，很多人把他当成佛教世界的首领。

也许连说都不用说,这是毫无根据的。喇嘛教今天的组织也不承认有这样的教会权力,而政治权力则取决于完全不同的因素。

也许很少有人知道,第一个使用达赖喇嘛名号的人生活在 17世纪。确实,是通过外来政权获得此名号的。库库诺尔的蒙古王公固始汗于 1640 年征服了西藏,并把它献给阿旺洛桑嘉措。达赖喇嘛的头衔也来自此人。达赖是蒙语词,意为"大海","达赖喇嘛"匈牙利语的意思就是"大海喇嘛",大喇嘛。经过十年,中国皇帝才认可了新的统治者和他的名号。虽然阿旺洛桑嘉措是第一个事实上使用达赖喇嘛尊号的人,但在他之前,他的寺庙已有过四个住持,其中第一位住持是 14 世纪生的。因此,他们都被纳入达赖喇嘛之列。

达赖喇嘛也是转世活佛,即慈悲的观世音菩萨的化身。转世学说包含这样的理论:这些地上的神的活佛身份,自他们一降生便开始具备。而这个神会出生在哪里,什么地区,不是简单的事情。然而丰富的实践在不可估量的程度上减轻了转世的程序。绝大多数活佛在故去之前,一般——如果正好有时间的话——都会宣示,他想在何处转世,有时还说出名字。他死后,人们去找著名的占卜师,根据其指示,出发寻找那位神灵的化身。要考察所有在活佛去世后一两天内出生的男孩。如果只找到一个这样的孩童,则万事大吉,活佛找到了。然后举行盛大的庆祝活动,通过适当的仪式,把灵童送到驻锡地。如果一个活佛有多个转世灵童,则由"圣命喇嘛委员会"通过抽签或卜算或其他巧妙的办法,帮助完成任务。这种巧妙的办法之一可以是:把去世的活佛生前使用过的小物件放到候选灵童的面前,如果孩子愿意去抓念珠或经书,则说明孩子认出了他前世的东西,他无疑具有神佛的禀赋。

如果灵童候选人把东西踢开，或者大声哭着背过身去，考察者则离开他另寻他人。

只不过达赖喇嘛在西藏还行使政治权力。不管遴选出来的灵童是什么神佛，人们发现，聪明的办法是为他选派一位年高德劭的僧人做监护人，以行使政治权力。围绕着这个监护权，发生了那些有名的阴谋事件。

中国皇帝总有办法做到监护人是中国人，这样不仅能确保自己的政治主权，而且赋予其代表以某种神圣性。而年幼的达赖喇嘛的中国医生要解决的问题是，年幼的神不要长成成年的神，不要想到接手权力。医生们的工作是无可挑剔的：达赖喇嘛在还很年轻——通常在长成人之前——便突然产生了一种难以抑制的愿望——重新托生，再来一次转世。

据对亚洲政治一窥堂奥的人认为，英国经过长时间的努力，最终成功地延长了达赖喇嘛的生命。这当然要以中国医生、监护人和一帮其他中国人的死亡为代价。自然，因此英国的影响、"顾问的作用"大大增加，取得优势。中国人不得不逃离西藏。这个达赖喇嘛不久前老死了，但有关他被毒死的传言还是不胫而走。人们已经习惯地认为，达赖喇嘛不可能自然亡故。

一句话，达赖喇嘛是大慈大悲的观世音菩萨转世。

然而，如果说神的庞大军团遮蔽了喇嘛教的天空，他们怎能满足于地上只有一个观世音呢？天界的居民相继在地上转世。

最着急的神看来是阿弥陀佛，他作为班禅或塔司喇嘛获得新生。他肯定是很迟才做出这个决定的，换句话说是在 17 世纪，当然是基督纪元之后。这个班禅喇嘛成为达赖喇嘛地上的最大竞争对手，尽管他们在神话的天界是那么和谐一致、相安无事。纷争当然是围绕政治权力了,甚至有外国列强在幕后干预。达赖喇嘛亲英国人,而班禅喇嘛则与中国人站在一起。他们往往轮流逃出西藏。最近这段时间,达赖喇嘛把中国人从拉萨和西藏扫地出门。班禅喇嘛则认为,他最好在中国度过他转世的一生。我在北京亲眼见过他本人。这位活佛乘汽车进入北京最大的喇嘛庙雍和宫。这部漂亮的、现代化的美国产汽车是南京政府花中国银圆买的,整个车身直到最后一颗铆钉都被涂成神圣的黄色,以免显出其非常世俗的性质。

在这里很难一一列出那些值得尊敬的神明多少有些阴暗的转世故事,因为他们的数量太多了,详细介绍需要写一本书。

无可否认,喇嘛教的博士们和高僧们时常面临非常棘手的问题,主要是辨别那些教会的大人物和各种神祇。比如,我们知道喇嘛教的新的、戴黄色僧帽的派别,即黄教的创始人宗喀巴,他的信徒最初对他的崇拜就像我们西方的基督教福音派对路德的尊崇一样。但只是最初。后来也要为他寻找神灵转世。他已不可能成为观世音的转世化身,因为他的同代人达赖喇嘛一世已获得这一殊荣。就这样,宗喀巴成为科学和智慧之神——曼殊室利即文殊菩萨的尘世化身。

围绕文殊菩萨,后来出现了新的混乱。一位伟大的中国皇帝——在西方,通常按其皇朝(统治周期)的年号称之为"康熙",17 和 18 世纪之交在位,时间长达 60 年——是蒙古喇嘛教的热心的扶植者。他作为一个学者型的皇帝,利用其权势和威望全力支持蒙古宗教文学的发展。在其治下,印制了卷帙浩繁的 108 册蒙古文《甘珠尔》,即藏文佛教经典的蒙古文本。忠诚、感恩又有学识的蒙古喇嘛,当然立即为皇帝也杜撰出某位神仙出身。一个大学者和庇护科学的伟大皇帝,不是文殊菩萨的化身还能是谁? 至于宗喀巴已被奉为文殊菩萨化身的事,已被他们完全忘记了。

所幸这位皇帝神没有想到索取神的权力,因此这件事没有造成较大的灾祸。

内蒙古既然已经信奉喇嘛教,就要有自己的神祇。

在有关我的库库和屯访问的章节里,我提到索南嘉措,他是未来佛弥勒佛的转世化身。最初他驻锡库库和屯。他是应一位蒙古王公俺答汗的邀请来到他第一个内蒙古驻锡地的。然而不久,索南嘉措把其驻锡地从库库和屯迁到蒙古的首都库伦,在那里逐渐取得像达赖喇嘛在西藏那样的地位。

在北京,中国宫廷总是以某种忧虑的心情注视活佛的挑选和寻觅。因为,尽管在喇嘛教的制度中没有规定,但是在其实践中,神佛的权力主要是指尘世的权力而不是天上的权力。对待蒙古族人这样凶险的民族,最好要特别谨慎小心。谁知道,某个不可靠的蒙古活佛会不会铤而走险、鲁莽行事?

幸运的是,中国朝廷在绝大多数情况下,成功地使小心谨慎的汉族人摆脱了对他们来说危险的神佛的控制。比如他们想方设法做到了,库伦的索南嘉措永远不能在内蒙古土地上转世,而只能在西藏。也就是说,蒙古人的教会首领永远不能是蒙古人,而只能是西藏人。西藏的神佛总不会煽动蒙古族人造汉人的反吧?

北京宫廷早就看到活佛的重要政治作用。统治者利用手中权力,以必要的感知,成功地把活佛体制改造得有利于自己。在吉日里,根据皇帝的敕令,由从北京或其他内蒙古喇嘛寺庙来的高僧组成的"圣命喇嘛委员会",在某个拥有巨大影响力的、富有的寺院住持处聚会,经过长时间祈祷,并完成包括各种占卜预言在内的认定程序,确认这个住持高僧就是某某神灵的转世。对他不能有任何怀疑,证据就在这里。新的活佛由北京宫廷册封,活佛则很清楚皇帝恩准的意义,力求以忠心耿耿的效劳取得朝廷的垂青。

按照中国的政治利益,内蒙古的活佛开始如雨后春笋般出现。而其合乎逻辑的结果是,活佛的权力和势力范围的减弱。最后,差不多所有稍有点规模的寺院都有一个活佛,甚至有的活佛不能拥有一整座寺院,而只能执掌一个殿堂。

图布丹扎尔木桑就是内蒙古神佛的天空上这样一个较小的、没有寺院的星宿。蒙古族人以前和现在都很清楚,各种权力不可或缺的道具是某种程度的神秘性、不可知性。

如果有一个蒙古族婴儿受到命运的垂青而被选为活佛(当然,有关寺院至少已历二代才有可能,因为第一代活佛是由北京的朝廷遴选的灵童),他就会在隆重的仪式过程中,被从简陋的、烟熏火燎的小牧民帐篷送到中国式的金碧辉煌、陈设华丽、极尽奢侈的活佛宫殿里,在应有尽有的舒适环境中,受到培养教育。他没有什么特别要做的事,要修习的宗教内容也不比一般喇嘛的多:藏文书写、语言和主要的祈祷经文。在蒙古族,有学问、精通文字的活佛不多。而阿拉善的阿旺·丹达尔·劳布让巴(Nagvang dandar rabzsampa 的音译,下同——译者)就是这凤毛麟角般的学者中的一员。喇嘛教的经文是藏文。所有宗教的或科学的——如语法或天文学——课题必须用藏文答辩,活佛更得如此!然而,对于蒙古族人来说,藏文必定很难,是一门外语,很难完全掌握,更甭说用藏文自由表达思想了。即便活佛也是如此。

　　小活佛得到俗世上一切好东西的供应——除非他是在一个非常贫穷的寺庙坐床——但是，他又很可怜，不能出寺。如同一个被判了无期徒刑的囚犯，他一生都要在他早已熟悉的围墙和人们中间度过。他最多可以去西藏或其他众所周知的圣地拜访。这种活佛的旅行，不仅大费周章，而且还很昂贵，一般来说活佛周围的人根本不会允许。贫穷的、缺钱的、权力也很小的内蒙古活佛，不管愿意与否，只能在家里当神佛。如果说这里没什么权力可言，至少要保留神秘的权威。如果老百姓可以随意见到活佛，或者活佛可以在人们中间自由走动，会出现什么情况呢？可怜的是，他不得不服从严格的原则，就像我的某一个喇嘛教师很通俗地阐述的：

　　"一个人当了活佛，就好好在家待着，不要乱跑。"

　　因此，我对在活佛图布丹扎尔木桑的门口被拦住并不感到特别惊诧。他们一定听到过我（这一带很少来外国人）。他们向我许诺，当活佛阁下的身心状况有所好转时，一定通知我。

　　这一段清闲的日子给我提供了有益的机会，来琢磨这个让人为难的问题：一个活佛究竟能否接待一个外国人，这是否有损其神的威信和其他种种。

　　第二天，全身上下穿着丝绸服装、动作文雅、更像汉人而非蒙古人的僧人：王（Uang 的音译，下同——译者）喇嘛——活佛的秘书来找我。王喇嘛举止大方，毫不拘谨，有点像欧洲人。他不像汉人或蒙古人那样，见面鞠躬、作揖，而是一进门就与我紧紧握手。显然王喇嘛对欧洲人有切实的概念。他没等我问就自我介绍说，他经常旅行，不仅在北京居住了较长时间，而且去过加尔各答。他又急忙补上一句：不是去办理宗教事务。他对我与其说出于好奇不如说出于礼貌提出的问题"为何去印度?"却答非所问。他的话使我感到,他是办大事去了,但办什么事他却不能对我说。我没有对王喇嘛的秘密刨根问底,我感兴趣的是他的活佛。

是王喇嘛把棘手的问题摆上了桌面,因为这正是他来的目的。他一张口就说,佛爷通常谁也不接见。有什么可见的呢?反正他也没有什么好说的。他问我,是什么使我产生了要见他的想法。王喇嘛不是一个伪善的人,可以坦率地、聪明地与他交谈,主要是无须过分讲究礼貌和浪费辞藻。而根据我的经验,这在寺院里和其他地方与人接触时是不能缺少的。

我坦言相告,我是为了科学研究的目的来内蒙古的。出于同一目的,我研究喇嘛教,以对西方学者所教授的佛教和喇嘛教的知识进行补充或进行必要的更正。王喇嘛放下心来。他在北京和加尔各答都认识这样的人。他说,那好吧,你尽管来。明天上午都行,他等着我,领我去见佛爷。

按照约定,我再次前往活佛的宫殿和寺庙。我是一个人去的,因为小宋就像第一次那样,这次也以迷信的借口,为难地说,他是汉人,怎么能去拜见一个蒙古的活佛?那只会带来晦气。

王喇嘛已在里院等我。他依然是衣着华丽,还是那样毫不拘谨,但又不失庄重。在我们走进接待厅前,他告诫我说,千万不要对活佛说出什么可能有损宗教的话。很自然,我做出明确的承诺。

我们走进指定的侧翼建筑,门是开着的。土默特部落的蒙古活佛图布丹扎尔木桑微笑着迎上来,他可能刚满三十岁。他穿着普通的汉人服装,只有上身的外套——马褂子是绸布做的,是黑色的。他头上戴着细毛帽子,足蹬中式布鞋。他那迷离的眼神、窄细的瞳孔让人联想到，他是个鸦片烟鬼。

他话讲得慢，声音拖得很长。他问我来自何方？在我回答后，他主动自我介绍说，他来自土默特部落。在这一瞬间，他脱离了活佛的角色。他开始抱怨起来，说他耳鸣的厉害，因此而忍受极大的痛苦。他还患有头痛病。他摘下皮帽让我看他的头。在他的前额，有三个大的、圆形的黑斑，这是拔火罐的痕迹。拔火罐是尽人皆知的汉—蒙治疗法，一般用此法治头痛和感冒。通常是拿一只茶碗，烧一张纸放到里面，然后马上将碗扣到疼痛处。燃烧的纸熄灭了，不会烧着皮肤，茶碗紧紧吸在皮肤上，使其充血。不可否认，这种相当原始的治病方法可缓解一时的病痛，但因此也在皮肤上留下黑色的斑痕，最少3—4天，甚至更长时间都不会消失。

可怜的、受罪的图布丹扎尔木桑的前额就有这样的拔火罐斑痕。

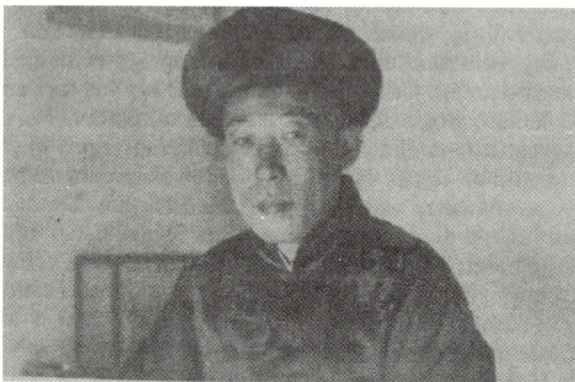

活佛图布丹扎尔木桑

在告辞前,我想给他拍个照。只见他有点疑惑地望着王喇嘛,像是求助或是讨主意。我急忙插话道,照相不应该有什么窒碍吧,要知道,班禅喇嘛被照过多少相啊。就在前不久,北京又登出一张他的照片。最终,图布丹扎尔木桑像个孩子似的高兴起来,接受拍照。不过这主要是因为王喇嘛点了点头表示赞同。活佛还问,照片洗好后,他也会能得到一张吧?

我带的药物很少,此外我很反感那种应急的和强制性的不正规治疗方法,东方人往往强行对跟他们一道旅行的西方人实施此种"巫医"的疗法。不过我还是送给抱怨自己发烧的活佛几片奎宁和阿司匹林,并向他说明用法,还让他重复一下用法要点,甚至最后让人把"使用说明"写下来。因为我怕他作为一个神,有能力一下子把全部药片吞下。我还对他说,只有在发烧或难受时才能用药。

我感到,特别提醒是很必要的。因为还是在喇嘛庙时,有一次,布彦德尔格向我抱怨,他因为经常发烧而吃尽了苦头。当时我给他十片奎宁,并郑重地对他说,一次只能吃一片,当然是生病的时候。我让他把药收好,需要时再吃。一个星期后,由于紧急事务,在很晚的时候,我去看布彦德尔格和裴尔切。只见他们两个人都坐在炕沿儿上,脸上表情十分痛苦。我忙问怎么了。布彦德尔格好不容易开口说,没出什么事,甚至可以说正相反。他们在自我治疗。他们每天晚上睡前都吃一片奎宁,期待以后永远不再生病。今天他们刚吃掉最后一片。

看来活佛对奎宁和阿司匹林采取了比较聪明的态度。几天后,王喇嘛来我处转达佛爷的谢意。他现在感觉好多了。作为感谢,他还捎来一张红色的名帖,说我旅行期间也许用得着。

在内蒙古,我不只见过转世的活佛。神佛之间是有等级差别的,当然他们在地上的肉身之间也有差别。地上的这些差别与神话相比自然要更显而易见。在人世间,根据功绩、品德来给神划分等级是成问题的,不可取的。每个神都一样有功绩和高尚品格。每个神都应该十分完美,至少在理论上是如此。

幸好正存在一个较低一级的神的范畴:西藏大圣者,教会首领的转世化身。这些人在内蒙古被称为呼毕勒汗。呼毕勒汗也记得其前生,以前的行止活动,他那时认识的人等等,就像活佛葛根一样。甚至,呼毕勒汗经过一定次数的转世后,也能成为活佛。北京朝廷有意的话,可以利用某种机会,加速这一进程。

当然,这已是明日黄花。皇帝政权,那个活佛和呼毕勒罕的支柱,今日安在? 中国革命掀翻了皇朝,那些王公、贵族星飞云散。不错,整个喇嘛教会自始至终忠于皇朝,因为皇室是他们特权、政权和权力以及财富的源泉。

在第一次革命时期(1912 年和 1913 年),蒙古反复发生当过热河省长的臭名昭著的汤玉麟(Tang Jülin 的音译,下同——译者)所做的那样的事。据说,后来他在抗日战争中因胆怯而被自己的军士杀死。喏,就是这个绿林将军、一个大字不识的汤玉麟在喇嘛庙曾经杀死一个蒙古活佛,还调侃地大声喊道:

"如果你是佛,反正也不会觉得疼!"

有名的小班登葛根(Bandeng gegen 的音译,下同——译者)也被杀死。班登葛根是个小活佛。小活佛的寿命从来没有超过18 岁的。按照教规,活佛到了这个年龄需要"在生存的永久轮回中重新转世"。这个制度照章运转,还没有一个年轻的活佛能否定这个规定的合法性。中国革命可能连这个年限也嫌过长,少年活佛班登葛根就这样被杀死了。

自然，喇嘛们不可能一声不响地容忍对转世制度的非法的、无论如何不合规范的干涉。要通过某种方式纠正转世制度所受的损害，而且还要消除对活佛的威望造成的严重打击。

活佛是杀不死的，因为他会转世，不断获得新生。班登葛根在被杀害后也顺利获得新生。然而其前生所受到的严重戕害在他身上留下印迹：在他此前最后一次生命中，那些不信神佛的汉人士兵割断了他的脖颈，留下细细的红色印痕。

在喀喇沁王爷的喇嘛村里，除了图布丹扎尔木桑之外，没有其他活佛，连呼毕勒罕都没有。

说到权威，寺院首脑八叶（Páje 的音译，下同——译者）达喇嘛也许比他还要高一级。在我刚来时就被告知，他是个很大的老爷，是喀喇沁王爷的近亲。

八叶达喇嘛的权力和威望，在很大程度上是建立在部落贵族和靠近王府政权的牢固基础上，在这个疾风暴雨的年代，单凭一个寺院的首领职位是不可能具备这样的权力和威望的。我不是说，八叶达喇嘛不是地地道道的喇嘛、僧人。他不但是，而且是比一般喇嘛更狂热、更虔诚的僧人，而且还具备专业知识、素养和学识。

王爷的亲戚：八叶达喇嘛

　　他年轻时曾走访西藏,去过拉萨,这足以使他整个一生都享有崇高的宗教威望。不过他的财产使他获得了更大的名声:他成为大施主,捐建寺庙殿堂。在其他寺院首领和他们的寺庙及僧众纷纷破产,成为既无财产又无影响的人的时候,八叶达喇嘛却一枝独秀,一直能维持其原有的舒适生活和福利。在这一带,大米是衡量富裕程度的标尺。八叶达喇嘛每天都吃大米,甚至在节庆日,他还赐米给他的属下吃。

　　正如我提到过的,我刚来这里,就需要认识这位有权有势的寺院首领。在开始时的不信任之后,他很快就释疑,与我建立起热烈友好的关系。差不多每天他都派他的大弟子来我处,问我有何需要。小宋需要去瓦房采购较多东西的时候,八叶达喇嘛会提供车辆、骡马或驴子,犹如雪中送炭。

　　他在得知我旅行的目的和以后的旅行计划后,就向我提出,我完事后,在离开喀喇沁王爷寺庙前,务必走访他年轻时的朋友——公爷府的呼毕勒罕。他们已多年没见面了。不过公爷府离这儿只有一箭之地。他们曾一起去过西藏,呼毕勒罕肯定还忆念着这件事,为了他会乐意帮助我继续旅行。他让我在离开前,无论如何说一声,他要给我开介绍信。他还要直接联系,因为公爷府离此处不远。八叶达喇嘛履行了他的诺言。

　　一个特别偶然的事件,真正加深了我与亲切和尊贵的八叶达喇嘛的友谊,并使我们之间能坦诚相待。在我第一次走访达喇嘛时,他就像我以前访问过的寺庙的所有交谈对象一样,先向我诉说他的各种疾病。我徒劳地解释说我不是医生,不会看病,然而不管是八叶达喇嘛还是其他人,谁都不相信,以为我只是出于必要的礼貌而谦虚一番。他们大都认为,即使我不能治百病,但至少有治某些病的妙药。

八叶达喇嘛的最大问题是永无休止的抱怨。从时间上看,这大概是从半年前他从西藏回来后让人在院里建造的华美小殿被烧毁后开始的。火灾可能是疏忽大意的结果,比如由燃着的线香旁落引起的。因为燃着的香作为火种保持明火,一旦接触到易燃物质,如丝绸、旗幡之类,就会引起火灾,使堆满东西的殿堂顷刻之间被大火吞没。八叶达喇嘛和寺庙僧众对火灾大为恐慌,因为这样的事是不祥之兆。他们发疯般地拼命救火,当然是徒劳无功。令人骄傲的小殿堂化为灰烬。我在那里逗留时,被熏得发黑的建筑废墟还兀立在原处。占卜喇嘛尽量把恶兆往好了说。八叶达喇嘛翻来覆去地给我讲述占卜的结果,但声音发虚,让人觉得他首先是要说服自己:

"佛祖点的火,佛祖点的火……"

喏,在救火的紧张时刻,灰星掉进八叶达喇嘛的眼中。从此,他经常眼疼,而且视物困难。他很害怕眼睛会瞎了。

当然,我尽管非常想,但也实在爱莫能助,甚至连几句宽慰的话和建议都说不出来。

我那出色的"秘书"小宋非常偶然地听到了我们的谈话。他当时正在某个角落里喝茶,无意中正好听到。他无论如何也不能错过这个讨好的机会。

我巴黎的朋友们比较了解远东的情况,知道我应该备些什么药物,其中就有某种眼药水。

然而我到了喀喇沁王爷寺院后,偶然打开装着眼药水的箱子,发现药水瓶从中间断成两截。我倒不是特别惋惜药水和瓶子,而是我小心翼翼包装这些药品用的崭新的针织套衫全毁了,流上去的药水把它腐蚀出好几个洞。我把玻璃瓶的碎片拣出来，看到残存的下半截瓶子里还剩有不少这该死的药水。我立即把破瓶子交给小宋，让他去扔掉。

后来我才知道，小宋并没有这样做。他把玻璃瓶的碎片扔掉了，但药水——当他确认里面没有玻璃碴时（至少他后来是这么说的）——被他小心地收藏起来。他觉得，白人的药物在适当的时候很有用，即使不是由于它们很有疗效，而是由于人们的盲目信任。

小宋没打一声招呼，就把我的眼药水拿给了八叶达喇嘛，并说是李先生送给他的。

当我知道了小宋私自行动后，非常恼火。要知道，他拿去给达喇嘛治病的眼药水里，很可能有残存的玻璃碴。

万幸的是，没有发生任何悲剧，而是正相反。几天后，达喇嘛亲自登门表示感谢，直夸药水好，他的眼睛已经完全好了。

不久以后，我自己也完全理解了人们对疾病的恐惧，以及在从医生角度看，恶劣如蒙古人的土地上疾病所蕴含的危险。在这里找不到近似于我们的医学的医学，病人只能靠土生土长的巫医的草药治病（并不是说在某些情况下它们无效）。更有甚者，还有一系列说不出名来的亚洲恶疾，暗中窥视着茫然无知的人们。这些疾病在污秽、腌臜的环境中奇速繁衍，差不多每个时代都有自己流行的、不可避免的传染病。当然这些疾病在当地人之间也会肆虐，但白人在这里受到的威胁更大。因为他们不像当地人一样，对各种各样的亚洲疾病有一定的适应力和抵抗力。只要想想斑疹性伤寒就够了，这些疾病在那些敢于深入内蒙古的汉人居住区传播基督教教义和人道主义的比利时天主教传教士中夺去多

少人的性命啊！这样的情况也发生在更远的西部地区那些新教
传教士中间。让我们想想可怜的瑞典人奥兰博士和斯卡尔修的
例子吧。

在 1 月份的一个雾天，一种接触性传染病也袭击了亚林皮尔
的僧房。弟子们相继患病，最后亚林皮尔也未能幸免。小宋也追
随了他们的"榜样"。在一段时间里，我照顾他，直到我也步其后
尘。我有好几天发高烧，试图用奎宁约束自己的灵魂，以免出窍。
后来，小宋尽力来照顾我，尽管他自己也还病着。他把我唯一的
药物奎宁塞到我口中。整幢房子里一片死寂，仿佛是一座医院。
在幽冥般的夜晚，只有戴着项圈的狗在院子里跑动、寻觅。在我
的眼前，一切都慢慢汇拢起来：喇嘛们在大殿里敲着铜锣，长号、
唢呐和用人腿骨雕成的哨子发出的单调的声音混成一片……我
一时感到，我不是在内蒙古，而是在巴黎。圣日耳曼德佩的钟声
在响，低沉而舒缓，是那么特别，好像那不是钟似的。我一下子清
醒过来，发现小宋在我上方哀哀哭泣，泪珠滚滚。

"你别死啊，先生。要我怎么向北京交代？他们会以为是我
杀了你！"

结果是一场虚惊。大家都慢慢痊愈，只有那个可怜的老喇嘛
依然一动不动地躺在床上。在我正要继续旅行的时候，看到亚林
皮尔和亚林皮尔的师父余（Jü 的音译，下同——译者）达喇嘛，以
及众弟子们围绕着他，默默无言。

可怜的老人，被内蒙古的死亡之春带走了……

内蒙古新年

　　韩喇嘛被抢劫一空，新年到了—"正直的"案犯—负债人哪怕偷窃、抢劫，也要还钱—净化大节—中国和蒙古纪年—老的和新的日历—两个节都过的人—负债人的朝圣之旅—丹巴雍丹被主人狠揍一顿—节日大扫除—诸葛亮的诱敌之计，以及其他节日的墙饰—新年美食成堆—亚林皮尔给女灶神上供— 一个月都过新年的地方—宴乐和作客—麻将还没有被禁的时候—蒙古人为之可走上好几里地—寺院里的新年驱鬼—但愿节日快点结束

　　1月份一个雨雪交加的早晨，小德尔格桑上气不接下气地冲进房间，几乎说不出话来，但又想一口气讲完所有的话：

　　"住在东面的邻居韩喇嘛，就是那个老爷子，夜里被人抢了！他的头被打破了！那两个小沙弥被捆起来，嘴也被堵住了！现在刚找到他们！"

　　亚林皮尔非常严肃地听着，然后点点头，好像为我释疑似地说了一句：

　　"是了，新年就要到了。"

　　确实，今天是1月22日，我们正等待30日，按照汉族人和蒙古族人的习俗，过新年。

亚林皮尔很有头脑,一语中的。新年,在汉族人和蒙古人那里有令人难以想象的象征意义。人们等待着新年的到来,以便从心灵上、肉体上,以及我特别要强调的物质上,来一番清理。新年的运气和快乐,纯粹取决于能否消除去年的罪愆、污秽和债务。应该摆脱所有旧的负担和累赘,焕然一新地开始新的一年。

"大喜,大喜",新年的头一天,相识的和不相识的中国人在街上互相道贺。但要到这一刻,需要做很多很多的准备。

汉族人和蒙古族人的新年通常在我们的 1 月和 2 月中之间的一天。在西藏和严格遵守藏历的内蒙古部分地区,藏历新年和中国新年之间相差几天。人人都知道,在西方,新年也不都是从一月份开始的。两种历法之间的根本区别不在这里,须知在世界上,在各种不同的,甚至最原始的人民那里,习惯上一年都是以大自然的更新、冬天的结束,或者春天的开始起步的。

在中国的年历和我们的计时方法之间真正的重大区别是,内地人按照月亮的运行计算月份,藏族人和蒙古族人也是。蒙古语中,一个月的头一天叫"西内"(sine),意思是"新的",月中叫"德尔格"(delger),意思是"全的",一个月的最后一天叫"霍钦"(hocsin),意思是"老的"。所有这一切,当然是与月球的形态有关:新月、满月和月弦是一个月的主要阶段。但是他们的年度也是与太阳的运行相关的。有鉴于此,阴历的月份周期性地产生第十三个月。

中国的日历还有我们所不知道的重要性。公历是基督教的计时办法,从基督诞生之时开始,构成一个不间断的、互相联系的巨大的年代学系统。犹太历和回历也是如此。但在中国不是这样。在中国这个有几千年文明的国家,人们不了解公历计时系统。现在我不谈绝对的,只谈与一个人的生命相对应的 12 年或 60 年的动物周期,我在后面还会论及。先让我们先看看正式的纪年。比如说,我们从中国人的角度看,基督诞生之后第 896 年发生了什么。中国人对这一年的感觉是,这是唐朝的这个或那个皇帝的这样或那样的国号的统治周期的第几年①。

如上所述,中国的年代学是依朝代和君主而定的。致力于搞现代化的共和国统治者可以改变诸多事物,可以废除老的阴历计时系统,能够颁令全国:今后中国也要像西方一样,实行新的计时方法,新的一年从 1 月 1 日开始。后面我们将会看到,这也不是很成功。新的统治者对改变古老的计时系统无能为力。因为,最主要的障碍扎根于中国人的心灵深处:他们觉得接受外国的日历系统意味着附庸和屈辱。因为在古代中国,这就意味着附庸。处于封建社会萌芽期的古代马札尔人(匈牙利人),根据民族传统,只知道要水、要地和要草。而古代中国人则力求把自己的日历强加于周围蛮族人的头上。如果某一突厥部落酋长说,我们现在是在唐朝开元四年②,这就等于承认他们隶属于中国皇帝和承认中国对该部落的管辖权。

就这样,这一计时制度在中国至今没有变化,当然现在用的已经不是最后一个朝代清朝的年号,而是中华民国的年号。

从以上所述史实,我得出一个结论:在中国,反对历法,就是与国家和政府作对,是造反。

南京国民政府颁布命令,1 月 1 日过新年。但在这里,在喀喇

---

① 公元 896 年正好是唐朝以乾宁为年号的第 3 年。

② 开元四年相当于公元 716 年。

沁的蒙古族人中间，我们在 1 月 22 日才开始做过年的准备，以便根据清朝流行的日历，在 1 月 30 日过旧历年，也就是阴历新年。好在我们这里远离中央政权。在南京，他们爱说什么就说什么，而他们的话在这里连狗都不予理会。忠实于中央政府的主要是处境微妙的蒙古王公，如我们的喀喇沁的贡桑诺布，也会郑重其事地过元旦 1 月 1 日，但是也过旧历的新年，而且更热闹。旧历年更合乎心意，就像我国的盖佐大公，自认为足够富有，可以为两个上帝效劳。

为避免误解，我必须说，坚持过旧历年，坚持旧日历，并不只是蒙古族人的反抗，差不多整个中国都是如此，并且至今未变。当然主要是在那些远离南京的地方，中国的内地省份也差不多都是如此，甚至在大城市包括北京，也时兴使用旧日历。清除旧的风俗习惯不是很容易的任务，要推行新制，需要有比一个名义上的中央政府所拥有的更多的力量和权力。

话说回来，我们正在积极准备过新年。

准备工作的第一阶段已由我们的邻居老喇嘛完成了，有点不友善的夜间来访表明，我们现在应该开始准备过年的最重要的一项工作，即"物质上的清理"。

"清理"的意思是，在新年前，所有人都必须还清债务，不管多少。因为谁不这样做，自新的一年开始，他就是一个不可救药的人，一个失败的人，不再有任何信用。大约在新年这个伟大又险恶的日子前两周，讨还债务的战斗就打响了。当然这场战斗不可能无惊无险、不声不响地进行：负债者和债主都很紧张不安。

在瓦房，尊敬的亚林皮尔先生也有自己的债户，这些债户都不急于偿还债款，因为他们知道，债主早晚都会来索债。在债主上门之前,他们还有几天的好日子可过。在这几天里,也许能从什么地方,比如从地里刨出点什么,攒够需要偿还的债款。但可悲的是,这是新年前夕,没处去借钱。

其中一个较穷的人,并不怎么恪守道德准则,什么事都敢做,只要能搞到还债和做年糕的钱就行。从来没有像新年前夕这样,发生过这么多的入室盗窃、抢劫、劫道和通过工伤事故进行谋杀。瞧,这里的人们对美德的独特理解和阐释:无论如何都要还清债务,哪怕是靠偷盗、抢劫!

可怜的老喇嘛也成为这一"美德"的牺牲品。最令人痛心的是,只有熟人才能进行这样"特别的拜访"。韩喇嘛的僧房位于喇嘛村的中心地段,就像所有喇嘛院一样,关得很严,只能通过重重大门和栅栏的迷宫进入院子里的人才知道谁住在房子里面及里面发生的事情。而这只有喇嘛才能做到,因为他人根本没去过那里。盗匪应该知道,韩喇嘛的债户(也都是喇嘛)正好在前一天拿来相当多的钱还债。他们一定还知道,在年纪老迈、行动不便的喇嘛身边,只住着两个尚未成年的小弟子,房子里也没有狗,这在当地可是少有的疏忽大意。

亚林皮尔和其他喇嘛只是摇头、窃窃私语。案犯只能是这里的喇嘛。对寺院里的黑社会生活非常熟悉的丹巴雍丹立刻说出了几个名字。

这样看来,佛祖的虔诚的弟子们也被潮流裹挟而去。残酷而邪恶的时代的污泥浊水,不分青红皂白地席卷了有罪的"黑人"和神佛的布道者:喇嘛们。在一两座孤岛的点缀着鲜花的岩岗和绿洲似的高坡之间,是万丈深渊,翻卷着污浊的漩涡,就像佛教为震慑有罪的"黑人"而构想出的黑暗地狱。自从大动荡以来,有多少喇嘛教的卫道士也掉进这个深渊啊!

后来,我差不多开始相信——也许是因为常有梦魇相伴——在低级僧人中,已很少有尚未堕落的喇嘛了。那些只犯有小罪过的人,看来算是最虔诚的佛子了。不完全遵守宗教戒律,不祈祷,不拜佛几乎已不算罪过。真正的罪犯不是那些不守戒规的人,而是教会、寺院或不成文的人类法律的忤逆者。对于喇嘛来说,酗酒闹事、耍酒疯、吸鸦片等都是禁忌。可在我熟悉的喇嘛中,有多少人违反了这些禁忌啊!对奢侈无度的放荡生活的唯一制约,是因为过这样的生活需要很多钱,而喇嘛们的箱柜抽屉常常是空的。麻将牌和其他赌博游戏,只有在玩的人兜里有钱时才是危险的,何况当局对没有钱而玩赌博的人并不太在意。佛教僧侣的仪轨规定其成员要禁欲和严格自律。可是我却越来越经常地遇到携家带口的喇嘛,使原本冷清的喇嘛院热闹起来。大部分喇嘛包养情妇,寺院的附近常可见到女人。他们中间还有为数不少的有反自然的病态倾向的人。在各个寺院都能见到描眉画眼、涂脂抹粉的佛门弟子,这是一副多么令人厌恶的景象啊!盗窃,抢劫,凶杀。当我在喇嘛庙第一次听到人们窃议我所住寺院的喇嘛犯了偷盗这类罪行时,我不愿相信自己的耳朵。当李喇嘛和他的同伙从郊区仓皇逃走,抢劫和凶杀的罪行大白于天下的时候,我的怀疑才变成可怕的认定。

在中国,包括内蒙古,即由中国当局管辖的地区,这种逃跑往往意味着案事的终结。主要的是,罪犯不要很快回来。但在很多时候,连逃跑都是多余。只要案子不曝光就行了。反正也没人侦查。

抢劫韩喇嘛的人安然无恙地躲在家里,毫发无损。当案件被

报到瓦房的警察局时,那里的汉人警察只是耸耸肩:

"你们抓到抢劫犯再来吧。"

在寺院里,没人有兴趣追查抢劫犯。一方面,这种人的报复可不是闹着玩儿的!另一方面,所有人都知道,目前更重要的事是,重大节日——新年就要到了。

在我们的房子里,人们也正忙碌着做过节的准备。债户一个接一个到来,有时债主也来,房子里时常响起争吵声。一些较小数额的欠款,或是债户,或是亚林皮尔已经不记得了。但是最终一切问题都得到了友好解决,债户和债主诚心诚意地互相告别。

在忙乱中,瓦房的债户始终没有来。亚林皮尔就向丹巴雍丹下令,立即打点上路,骑驴去找不遵守时间的债户。拿不到钱就别回来!丹巴雍丹起初只是推托,后来干脆直截了当地说,他不去。他说,瓦房的那些人是不会付钱的!再说现在天非常冷。片刻之后,亚林皮尔从他的房间走回来,拿着一根大皮带。他大声喝骂着,用皮带没头没脑地向丹巴雍丹打去。他把后者结结实实地打了一顿。

我好奇地等待着事态的发展。这个丹巴雍丹是个成熟的人,是个正经喇嘛,对遵守纪律和履行义务从来不怎么热忱,他会有什么样的反应?

十分钟后,丹巴雍丹到院子里搜寻起来,正好就在我窗户外边。不一会儿,他闷闷不乐地给驴子装上鞍子,垂着头,骑上驴出发去瓦房。晚上他回来了,带回了钱,送到师父哪儿。他整晚上都闷闷不乐,连吸鸦片都匆匆地,比平时更早结束。他垂头丧气地回屋睡觉。

第二天,亚林皮尔高兴起来,丹巴雍丹也转悲为喜。谁都不记得昨天发生的事了。

讨债和付债都结束后,真正的过年准备就可以开始了。首先是大扫除。

所有东西都被搬到院子里,所有地方的灰尘都要扫掉,一年来结成的蜘蛛网也被打扫干净。你瞧吧,以前什么都有:耗子,污秽,尘垢……陈旧的、被烟熏脏的壁纸换成了新壁纸。小德尔格桑撕下所有窗户上替代玻璃的白纸,贴换上新的、干净的窗纸。所有的大门都贴上写在红纸或红色布带上、祝愿吉祥幸福的对联。主要的大门、仓库和种子库的门上,都贴上颜色相同的年画,大都描绘在看守和保卫方面出类拔萃的神话人物。

跟我们这儿一样,整个喇嘛村里贴出了很多纯粹的中国神话人物的年画。住房里也贴上很多能保护墙壁的彩画纸。画的主要是预示好运的、眼睛鼓鼓的、奇怪的鱼和各种怪物。同样常见的是描绘中国历史人物,特别是著名的"三国时代"的那些半是历史半是传奇的人物的年画。这些在中国妇孺皆知的英雄人物,在半汉化的蒙古人中也不陌生。对于他们来说,这些人物就像我国民间故事中的英雄。有意思的是,在基督诞生后第三世纪发生的那些中国历史事件及传奇故事,今天在这里仍是多么鲜活、生动,脍炙人口。这些故事也活跃在上海和北京的舞台上。扮演英雄豪杰的乡镇的戏子,在相当原始的舞台上,身穿举世无双的华丽古装,用假嗓子引吭高歌,慷慨激昂。在静谧的夏夜,可以听到蹲在大门口或院子里的中国人,在一种特别的弦乐器的伴奏下,唱起歌颂刘备及其英雄事迹的歌。中国人都知道诸葛亮的著名的"空城计"。在敌人占绝对优势的大军逼近城市的时刻,诸葛亮采取了很特别的守城方法。他让城门洞开,派手无寸铁的手下在大门外扫地,他自己则高坐城头,轻衣简装,不带兵器,抚弄着一把古琴,唱起平和而欢快的歌。敌人的统帅率领着威严的大军接近了城池,看到这种不寻常的景象,顿时心生疑虑,止步不前。他很了解诸葛亮,知道他是个英雄豪杰,军事奇才,足智多谋。谁知他在搞什么计谋?敌军不敢靠近城池半步,并在片刻之后仓皇撤走。有关这段故事的唱曲数不胜数,众口传唱,在蒙古族中间也是如此。我自己也从达斡尔人那儿搜集了很多曲调。在那些彩画中,每三张就有一张是描绘诸葛亮的。他在城头抚琴而歌,城下是一个穿着破旧的仆人在扫门前的空地。这样的年画在丹巴雍丹的房间里也能看到。

蒙古族题材的画不多见。较早以前,主要是清王朝时期,蒙古族年画也很时兴。现在已经大部分散失。我曾饶有兴趣地研究了一幅旧年画,描绘的是一个王爷的随从里的蒙古族人架鹰打猎的情形。他们都骑在马上。在画中可以找到非常有教益的细节部分。遗憾的是,我无法获得这幅画,因为它挂在墙上可能已有三年多了,被煤烟熏得发黑。如从墙上取下,很可能会破碎。

亚林皮尔坚持要我们这里也做好过年的准备。小宋更喜欢表现自己是西方纪年的信奉者,不愿为过阴历年奔忙劳碌。但他还是不能幸免。在我们这儿,窗户纸也都换成了新的,墙上装了新壁挂,但是我们没有触动可能有六年历史的壁纸。

大扫除结束后,过年的准备工作进入到下一阶段。我看到大家十分兴奋,热心张罗,精心筹备,不由得相信,这比前一件事更重要。对,这就是准备各种新年食物。在这个名目下,亚林皮尔的僧房囤积了令人难以置信的大量食物。首先是宰杀了两只大肥猪。把撒上盐的猪肉放到佛殿隔壁未烧火的房间里。这样的房间不啻为一个冰库。在瓦房采购的羊肉和牛肉也都放到这个房间里。

我有些茫然，不知为什么需要这么多肉，因为在正常情况下，喇嘛是不怎么吃肉的。不是说不让吃，而是因为肉很贵，并且常常买不到。

亚林皮尔已经未雨绸缪。因为弟子们不常吃肉，他要考虑怎样防止他们一下子吃得太多而吃坏了肚子。他安排人做了些与平常吃的东西相似的食物，只不过在上面加了点节日的装饰。这种食物是一种叫"饽饽"的点心。饽饽是用小米面做成团儿，拳头般大小，用清水蒸煮，里面塞上乌兰布尔恰克，就是"红豆"。从小宋吃过一个后的怪诞表情看，肯定有比饽饽更好吃的东西。亚林皮尔让人做了不少于400个饽饽。这个数字是完全可信的，它来自丹巴雍丹。他就负责制作这一特殊的节日面食，并数个儿，400是规定的量。还有许多其他好吃的东西被送到僧房：各种米，3—4种茶叶，中国糕点等。不过这些食品主要是用于款待师父和其他高级来访者的。

准备过年的忙碌令人晕眩。在吃喝问题上，小宋显然一开始就很有远见卓识。这时，他走到我面前说，我们不用过蒙古新年，但我们也要采办东西，因为过节的十天里，所有商店都关门，你连一颗钉子都没地方买。下午，他喜气洋洋地跟在车子后面朝瓦房方向走去，晚上满载而归。

就是这样，在准备过年的第二阶段，我们也得追随蒙古族喇嘛们。我们也必须备足食粮迎候新年。

在各式各样的好东西都备齐之后，新年准备活动的第三阶段开始了，就是净化心灵。亚林皮尔和他的弟子把所有的食品，至少是象征性地——因为不可能真把所有的食品——摆到僧房的佛像前的祭坛上。他们祈祷,并向佛祖献祭。

1月22日,举行了第一个重要仪式,而这个仪式不如说意味着一年的结束。晚上,太阳西沉以后,红喇嘛在灶前将食品摆成小金字塔形,向灶台女神拜祭。看来,这个仪式——至少是部分地——保留着蒙古族在信佛教以前所信奉的萨满教的某些习俗。向火神祈祷用的都是蒙古语。也许这是他们用蒙古语祈祷的唯一机会,因为念经通常必须用藏语。这些祈祷就是向火神、灶神献颂歌,歌词意思有些含混不清。在佛教的祈祷中比较独特的是,祈祷中常提到成吉思汗和其他的蒙古族英雄,提到肯忒(Kentei 的音译——译者)和其他蒙古族圣山。

红喇嘛跪在地上行礼。他不需要诵读经文,而是倾听外面的诵经声,听到某个段落时,就把肉或其他食物一块块地扔进灶火里,或向火焰上洒酒。

从这一天开始,每天,特别是日落后,爆竹的噼啪声和火箭咝咝飞升炸开的火光,预示着盛大节日——新年的临近。主要是小德尔格桑对放炮仗兴致极高(亚林皮尔本人也不反感)。主人每天都送来新的鞭炮,而小弥沙每次都是三下五除二地放个精光。

在忙碌多日之后,我们突然发现,已经是旧年的最后一天了。明天就要过大年了。这一天是在祥和的气氛中度过的。晚上亚林皮尔来到弟子们的住处,给每个人发了大约相当于30菲林(匈牙利小币值的硬币——译者)的零花钱。这是过节的习俗之一。他提醒大家,从现在开始,五天之内不许打扫屋子。这是由于恶鬼的原因。五天里不能洗澡,也是由于恶鬼的原因(弟子们求之不得呢)。我相信,下一个戒律可能更复杂,更难为弟子们:在这五天里,所有"自然的需要"都要在日落前解决。这是因为,当夜幕降临时,各种魑魅魍魉、邪魔恶鬼都会降临人间,在院子里干这样的事的人会被他们发现,那就糟了。

新春佳节的这一天终于露出曙光。一大早,真正辞旧迎新的仪式开始了。僧房的住户们身穿节日盛装,迎候客人。连平时总是穿得破破烂烂的德尔格桑也换上漂亮的绸缎衣服。不过看得出来,衣服很不合体,肯定不是比着他的身体缝制的。大皮帽的帽檐向下垂,完全盖住了耳朵。带花纹的马褂子差不多触到膝盖,靴子也不合适,穿在里面很难抬脚,就像一个大拇指汤姆(英国民间传说中的侏儒主人公——译者)。

喇嘛村人来人往,就像一个被惊扰的蚂蚁窝。大家都要互相拜年。如果谁因有客人不能外出,就派其弟子分发名片,向大家恭贺新禧。

八叶达喇嘛的僧房也挤满了客人。大弟子突然跑进来说,王爷要来,客人们一下子散去。只见二十个穿着华丽节日服装的骑士走来,为首的是一个老者,胡须稀疏,头发花白。这就是蒙古王爷贡桑诺尔布,喀喇沁部落的王爷,也是一个部落联盟的首领。王爷来看望亲戚和寺庙住持,但访问的对象就是寺院住持。其后他走进大雄宝殿。

晚上,弟子们在院子里搭起祭坛,到处张挂宫灯。等了一会儿,亚林皮尔来了,点上香,开始诵经,祈祷,然后伏倒在祭坛前的地上。他依次向世界四方伏拜。接着是弟子们走上来,也学着师父的榜样——在地上依次伏拜。甚至从街上来的一个老年蒙古女人,也学着他们的样子拜了起来。小宋一直观望着仪式,受到感染,觉得自己也应当做点什么。他走到祭坛前,点着一支香。

　　节日第一天的日程活动到此基本结束。丹巴雍丹收起帐篷的木桩，悄悄溜出去，到小商店吸大烟，这是每日不可少的。其他人聚集到我这里聊天，因为老喇嘛还在病床上躺着，亚林皮尔回到他干净的房间祈祷，这是每天晚上必做的功课。铃铛和铙钹发出的声音比平时要响，也许这是整个仪式中不同寻常的事。这声响也许惊动了浑身的毛都脏兮兮的看家狗，作为回应，它撕心裂肺般地尖叫起来，直到洪喇嘛用棍子打得它不作声为止。

　　狂欢只是第二天才开始。在内蒙古和内地，新年不只是一天的娱乐，而是要持续整整一个月，所以才需要准备这么多的食物。在新年里，人们恨不得把全年的好东西都吃掉。

　　在瓦房，一个中国人等不及新年的到来，就将已经包好、要在第二天才上锅蒸的、让人眼馋的扁食，也就是馄饨，生着吃掉二十个。结果美食造成可悲的结果。他全身肿得像个木桶，发出可怕的呻吟，不住地央求隔壁的人，往他肚子上再踩一踩。

　　中国法律允许在新年这个月赌博。人人都可纵情欢乐，尽兴吃喝，因为新年过后是好几天的斋戒。整个寺院每天晚上都变成了麻将牌、骨牌、扑克牌游戏的天下。小宋被拉来拉去，几乎被扯散了架。他也兴奋得不得了，瞧，他多么得宠。他简直不知道该去哪儿，和谁玩儿。

　　在寺院里，只有晚上和夜间才有时间宴乐。

　　喇嘛村的大大小小的村民为节日最后一个活动做准备。活动中心就是寺院本身，将有很多虔诚的蒙古信徒，从各地，有的甚至跋涉几百公里赶来观礼。

　　这个最后的重大节日活动就是跳神。

　　准备活动在新年后的第一天就开始了。一般来说，寺院的全

体居民——无论老幼——都要参加跳神。当然德高望重又上了
年纪的喇嘛，如亚林皮尔，更甭说八叶达喇嘛，只需坐在观众中，
也就是坐在为头脑人物设置的看台上就行了。不过他们也必须
出席这个节日活动。

角色的分配是传统的。这种舞并不是新产生的。对年轻人
的教授和训练是一项重要任务，有时会令人头痛。因为小鬼怪的
扮演者是从年轻人中挑选出来的。如果以为已跳过多次神鬼舞
的年长喇嘛不会出什么问题，那就错了。他们也可能把跳法忘
了，忘得还不少。需要进行认真排练。维持演出的纪律和使用的
手段在我看来，相当特别。由于纪律性差或因健忘而迈错步子的
喇嘛，要受到导演的呵斥，当然是以神佛的名义。如果呵斥未起
作用，导演就示意两个喇嘛走上前去，抓住"蹩脚的演员"，掰开他
的十个手指。然后导演手中的皮带就响起来。可怜的演员哀号、
哭喊、求饶，但是没用，在其他人表示赞同的呼喊声中，数也不数
地被抽上二十五下，灰尘扬起。

上面的例子说明，跳神的准备是多么严肃认真。

既然跳神是一个宗教仪式的结束，首先必须要按部就班地把
仪式办好。一大早，海螺号角就吹响了，召唤喇嘛们到大殿。街
道上拥满披着红色僧袍、捧着经书、急步前行的喇嘛。每天需要
四次到大雄宝殿集合，在整个乐队的伴奏下，参加拜佛仪式。喇
叭、口笛、唢呐声压倒一切，从远处只能听到它们的声音。

丹巴雍丹也在大殿现身一两次，但很快就对顶礼膜拜的仪式
厌倦了，离开大殿去吸鸦片、睡觉或闲逛。我正在研读蒙文的佛
经大典《甘珠尔》。书册是丹巴雍丹给我搬来的，后文我还要说这
件事。即使在热闹的节日期间，我也看过很多册。看过的书册已

有一大摞，我现在需要新的资料。我对小宋说了，他马上跑去告诉正百无聊赖、无所事事的丹巴雍丹，叫后者今天下午别去大殿了，而是给李先生拿几本新书来。丹巴雍丹生气地拒绝了小宋的要求，好像受了多大委屈似的：

"今天不去大殿，难道我傻了不成？要知道，那里不仅给茶喝，还发馒头。"

在拜佛仪式结束后，为诵经喇嘛们预备的略小一点的宴席摆好了。丹巴雍丹这种时候是不会缺席的。

次日（2月12日），开始跳神。大殿门前的场地被围起来，为观众摆设长椅和其他座位。在左面，为王爷和大喇嘛设置了装饰华丽的帐篷。大概是3点钟了。广场被远近的蒙古"黑人"占满。其实今天的跳神表演只是彩排。

达喇嘛事先在看台上靠近门的地方，给我安排了座位。我想用相机把跳舞的人拍下来。尽管得到大喇嘛的许可，但那完全是柏拉图式的，实际上没有可操作性。我到大门后面的小院子里，也就是幕后，与那里等着上场的演员商谈照相的事。很快我就明白，这件事办不成。有人愿意我拍照，有人不同意。而且我连神鬼面具后面是哪个喇嘛都弄不清。当瘦骨嶙峋的小洪喇嘛来到我跟前时，我吃了一惊。只见他裹在鼓鼓囊囊的彩色绸衣服里，戴着可怕的面具。这时，当导演的喇嘛帮我解脱了困境。他看到我拿着相机和他人商议没什么结果，就走到我身边，郑重其事地问：

"你想把跳神拍照下来吗？"

我没有作声，却把几个银币塞到他手里。事情一下子改观了，犹如魔杖一点。

舞蹈首先是由五个小鬼跳起来的。我没法将他们一起摄入镜头：其中一个干脆逃跑了，另一个人在一个角落被我抓拍入镜头。导演喇嘛大声喝叫道：

"五个小鬼，站好队！"

他的命令生效了。五个动作活泼的小沙弥，装扮成魔鬼站成一排。人们把骷髅头面具戴到他们头上。面具硕大，没有鼻子，眼窝黑洞洞的，嘴里伸出吓人的獠牙。小鬼穿的衣服样式很奇怪，直盖到腰。衣服是白色的，上面有红色的条纹，表现肋骨。腰间系着深色的宽带，下面是浅色的绸缎裤子和黑色的丝绒靴子。

我刚刚示意可以拍照了，导演就招了一下手，四个新的、别样的鬼怪就站到了我的面前，有穿白衣的，有穿红衣的。他们头上戴着骷髅头面具，额头还围着一小圈骷髅，手戴血红色的手套，指头上长着长长的指甲。

一切都很顺利。

相继站到我面前的有做着挑逗性动作的长角鹿、化妆的汉族和尚及其小徒弟，还有其他鬼怪精灵。每个组只有几个人。最后出场的演员不是别人，就是身穿绸缎袈裟、头戴盖住整个面孔的宽边僧侣帽的喇嘛队伍，大约有80—100个人。导演想把他们一个个都叫到我的相机前。我不胜其烦地向他解释，对我来说，这一场景有四张相就够了。最后当我一切准备就绪，仪式正好开始。

寺院的大门打开了，人们的目光都投向直通坐满和站满观众的场地的甬道。首先进场的是乐队。鼓乐齐鸣，震耳欲聋。他们走到大门前的看台上，占住位置。整个跳神表演都由乐队指挥。

然后，四个迈着轻快步伐的小鬼进场。他们在事先用白灰画

好界线的道路上跳着刚刚学会的
舞蹈。舞蹈跳到最后,他们就开
始向场外跳去。接着各式各样的
小组就这样相继舞进场中。后来
的鬼怪迈着沉重而笨拙的熊步,
肯定会让从未见过这种表演的西
方观众忍俊不禁。可对于蒙古人
来说,这是最赏心悦目的节目,舞
蹈者则是他们崇拜的对象。

乐队入场,揭开跳神表演的序幕

　　跳神的作用和意义,与整个
新年的仪式一样,就是:净化灵
魂、驱鬼辟邪和佛祖凯旋,以使新
年的开始更幸福、更吉祥。

新年跳神的一个场面(四个化装成魔鬼的僧伽在跳舞)

　　在舞蹈结束时,鬼怪被驱逐——喇嘛跳的胜利舞蹈标志着驱
鬼结束——四位喇嘛每人抓起大门前看台上的一根宝大锦立杆,

举到刚才跳舞的地方。

这时场上秩序大乱,大家都纷纷冲向宝大锦。信徒们匍匐在地,向带有佛像的宝大锦膜拜。带有佛像的宝大锦的队伍因而行动极其缓慢,走走停停行进了两个小时。四个喇嘛举着宝大锦沿着寺院围墙游行一周,最后回到大殿。新的一年正式开始了。

第二天,同样的演员们在同样的观众们面前,重演同样的神鬼舞蹈(这次王爷也露面了),照样获得很大成功。

亚林皮尔的僧房被观看跳神的亲戚朋友、男女老幼搅翻了天。来客至少有二十个,摩肩接踵,挤挤挨挨,热闹非凡。

在节日的喧闹逐渐平息后,大家才发觉,在忙乱和热闹中,小德尔格桑不见了。但是没人去找他,只有洪喇嘛不冷不热地说了一句:

"小捣蛋鬼逃跑了。"

人们把这事报告了亚林皮尔,但是他也没说什么话,甚至当第五天德尔格桑又出现了时,他没有依照旧例打小家伙一顿(因为在节日期间,寺院里实行"神命休战",戒打戒斗),只是咬牙切齿地说:

"节日快结束吧!……"

内蒙古王爷贡桑诺尔布

清朝皇帝的亲戚—王府藏书馆里的珍宝—王爷的礼物—王府宫殿—李大老爷是王爷的心腹—王爷发慈悲—意外的麻烦—不能让马驮车载的经书—丹巴雍丹拿人钱财，替人消灾—"黑人"能否接触《甘珠尔》—连王爷也要下拜的地方—喀喇沁的"首都"，还有昔日荣光的余晖—"看门喇嘛没找到钥匙"—吉大老爷和他年轻的妻子—被诅咒的庄园

八叶达喇嘛经管的不是一个不起眼的、贫穷的寺院。在这一带，人人都以汉语"喀喇沁王的大庙"称呼它。它是一组如画的建筑群，与王爷府的宫殿毗邻，离宫殿只有两公里。

当然，在这艰难岁月里，喀喇沁王爷也无能为力。他无力回天，既不能招回清王朝，也不能挽回清朝治下的美好时光。这些早已一去不复返了。

这里喇嘛的数量也大大减少，再也不复当年熙熙攘攘的热闹景象，但也还没到皇家寺院那样荒废倾颓的程度。像内蒙古其他地方一样，这一带的信徒也更加贫困，但他们对宗教虔诚的感情丝毫未减。只要可能的话，他们就延请他们所熟悉的喇嘛进行每年一次的祈祷活动。特别是当发生什么灾愆时，人们首先想到的是请喇嘛，预卜凶吉、禳灾去祸。另外，这里喇嘛的处境也比来自

五湖四海的皇家寺院的喇嘛好很多。须知喇嘛们的亲属、家庭就在附近，因为这是他们部落的土地。只要他们还有东西吃，总不会让他们在寺庙里的喇嘛亲戚或孩子们饿着吧？

再者，王爷也尽量为寺院和喇嘛做点贡献。比如，不管吉凶福祸，需要还是不需要，都把喇嘛请到王爷府做法事。当然还会向他们提供符合其尊贵身份的待遇和酬谢金。遗憾的是，时代风云变幻，大大削弱了王爷的权利。更使喇嘛们痛心的是，时代的风暴使王爷的珍宝库受到最大的摧残。

从表面看，一切都显得安详宁静。过去丰裕时代足以令人骄傲的庙宇、殿堂建筑，受到适当的维修保养，虽然因此也欠下一些债务。

在包着铁皮、带有装饰的主大门上方，用藏文铭刻着寺庙的名字：葛尔丹朋所格·拉伯杰·以哈康（Geldan punszog rabdzse lhakang 的音译——译者）。下面则是一行蒙古文字。这相当罕见，主要是因为这可能是很久以前镌刻上去的，现在这一带没有人知道寺院的这个名字。

这座装饰华丽的主大门也是朝着院子的方向开的，只有较大的节日庆典，如跳神时才打开。喇嘛们通过两个旁门进出，就像所有喇嘛寺一样。不过院子不像其他寺庙，比如喇嘛庙那样，被墙垣隔开。其他部分大体上一样，保留着传统的建筑格局和设施。我们不可能把所有建筑都看一遍，而是立即注意到那几处独特的景致。

当我们刚走进院子，小宋表情神秘地向一座主建筑物戳指道：

"在这里看守着……"

　　这里守护着长着牛头的阴间之神和他的明妃神女。不管我们怎么许诺、讨价还价和讲经论道，寺院的守卫、我们的向导，无论给多少钱，都不肯给我们打开那道神秘的门。

　　"就是王爷也不能看。"他亮出了底牌。

　　在大殿两侧，矗立着两座细长的、雅致的圆顶佛塔。每个塔都有小台阶连通，塔顶上有黄铜的喇嘛教的象征——半圆形的月亮，里面又有吐着火舌的圆日——在苍白的冬日阳光下熠熠闪烁。作为寺庙富足的见证，在大雄宝殿里，沿着两边的墙排列的多层格架上，摆放着两部藏语的佛教经典：《甘珠尔》和《丹珠尔》。

　　王爷可能是个非常虔诚的人。他的某一个先人，不完全满意这些非常美观的殿堂，在自己的宫殿里也建造了一座庙宇。我从八叶达喇嘛和亚林皮尔那里听说，这里才有真正珍贵的、罕见的经书宝典！而且不是藏文的，而是蒙古文的。

　　这些喇嘛能对我这个语言学家说出令人兴奋的秘密吗？我之所以不顾艰险，一路坎坷地来到这些地方，就是为了考察蒙古人的宗教生活。除了我眼前进行的这些仪式外，以他们的语言撰写的宗教或宗教历史的著作，是最重要的研究资源。

　　很久以来，对蒙古文《甘珠尔》的研究是我最感兴趣的。我们知道，在忽必烈大帝时期，开始将藏语经书翻译成蒙古文。很多时候，一些经文不是从藏语而是从古代突厥语的一支——很有意思的维吾尔语转译成蒙古文的。藏文和汉文的文献资料都表明，察哈尔蒙古人的一位先人——半皇帝半活佛的莱格丹呼图克图在16世纪把已有的译作收集起来，并让一个学者翻译委员会译出缺少的部分，蒙古语的《甘珠尔》就是这样完成的。不久以后，我在前面多次提到过的著名的康熙皇帝让人把经文刻到木板上印刷,形成宏大的108册的经典。

西方学者根本不相信有这样一部蒙古文印刷的典籍。如果真的把翻译的经文印刷成册出版过,那我们至少应该知晓其中的某一套。但是迄今为止,还未在任何地方发现过。

在北京,1900年发生诸多事件,拳民暴动(义和团运动——译者)使许多珍贵的科学文献资料见到天日。被发现的就有那些刻着佛经的木板,蒙古文《甘珠尔》就是用这些木板印制的。但是正像其他许多价值难以估量的文物宝藏一样,在德国人统率下的欧洲征讨大军部分焚毁、部分瓜分了蒙古文的《甘珠尔》印刷板。无可争议的事实是,即便这部宏大的、重要的经典还有几部留存于世,也不可能再多了,因为印刷板已毁。

大约就在这一年,巴黎杰出的东方学家保罗·佩里奥在北京找到一部蒙古文印刷的《甘珠尔》,并颇有运气地把它带回巴黎,收藏在国家图书馆手书文献库。只是佩里奥说,他得到的版本也是残缺的。人们由此得出结论,可能并没有全部印出来的《甘珠尔》。最后几册的刻板和印刷可能受到我们所不知道的事件的干扰。

我每次到内蒙古喇嘛寺庙一带进行考察时——如上所述,我带着可以理解的兴趣——都致力于寻找蒙古文经书的下落。很遗憾,很长时间没有成果。无论是在库库和屯还是在北京的雍和宫,无论是在嵩祝寺还是在黄寺,我的考察都无果而终。在北京玛哈嘎拉寺,我的导师白喇嘛曾偷偷指给我看藏经阁,我总算找到一部蒙古文的《甘珠尔》。遗憾的是,这一发现对我来说并没有用处。首先,它是不可企及的。不是由于严冬的寒冷,而是因为根本不允许我碰它。还有其他一些问题。佛教经典的书册都是混杂在一起的,要想研究它,首先至少要用两个星期先把它整理出来。但从册数看,可以判定,这部经书也不完整。在这一刻,我感到非常沮丧,决定不再勉为其难。

我考察了玛尔盖庙和喇嘛庙的藏书楼,结果也同样令人沮丧。

现在,王爷府接待我的人说,我久寻不获的书册,以绸缎包裹,收藏在王爷的藏书阁,就在这个庙里!

从这一刻起,我就左思右想,琢磨着怎样去结交王爷,与他建立友好关系。因为很显然,没有他的善意和准许,我是不可能接触到蒙古文的《甘珠尔》的。

正当我为此煞费苦心时,在一个晴朗的日子,院子里来了一个骑马的人。是王爷派来的,说是要找外国先生。信使可以徒步前来,但是由于路远,加上事情的重要性,他还是骑了马。他不仅带来消息和口信,还带来王爷的礼物:乌鲁木(urum 的音译,下同——译者)和包装精美的甜乳酪。信使还传达了王爷的邀请,要我有空儿去他那儿一趟。

王爷表达的友情正中我下怀。只是我有点犯愁:如何报答或用什么回报王爷的礼物?无论如何是需要回报的,因为他是贡桑诺尔布王爷。不管他多么开通,甚至很了解西方的习俗,但这里毕竟是内蒙古,是部落的领地,外国人必须入乡随俗。最后我做了决定:我包了一些欧洲的小物件和美国的水果罐头,装到很神气的小宋的篮子里。可惜的是,事前我对这类对旅行结果不无影响的事情没有准备,以至于未带像样的、拿得出手的礼物。但我还是耐心地等待王爷对我的与王爷身份不配的礼物的答复。两个多小时后,小宋回来了。从他兴奋得放光的脸上不难看出,我捎去的礼物被高兴地接受了。小宋添枝加叶地叙述了事情的过程,他怎样被带到王爷面前,王爷都说了些什么,等等。在滔滔不绝的话语之外,他还带来了名帖,上面写着:贡桑诺尔布,喀喇沁王。他说,我在旅行过程中会看到,这张名帖非常有用。我立即就相信了,将王爷的名帖小心翼翼地收好。

我表示明天去拜访王爷。

在小宋的陪同下,我在约定的时间到达王府。只见一位瘦小的老人在门口迎候着。这是李大老爷,王爷的亲信。我们经过很多道门、配殿、翼楼和院落,好像进了迷宫似的。好不容易见到李大老爷抬手示意:我们到地方了。

王府是地地道道的中国式建筑,其格局和北京天子宫殿周围的王公贵胄的宅邸一样。在这些皇亲国戚中,有不少蒙古王公(很多人与皇家有亲戚关系)。差不多所有有身份的、当然也忠于朝廷的蒙古部落首领都在北京建造了府邸。有的王公贵胄一辈子都没见过自己的部落和祖先的牧场,而是皇城里的宠奴。

贡桑诺尔布在首都也有一个小小的宫殿。奥格努特王爷也曾

头戴花翎的总管:李大老爷

在北京住过——我只谈熟人——他每年只有很少时间在其部落领地生活。只有革命能把巴林亲王逐出北京。阿拉善亲王和他的约100人的仆从队伍一直留在京城。在这个时代,由于中国的

公共安全状况,他即使想返乡访问,也是乘坐有机枪保护的装甲汽车上路。而这位王爷只对鸦片感兴趣。巴尔塔·托尔古特(Palta torgut 的音译——译者)王爷原住在离北堂(Peitang 的音译——译者)不远的华丽宫殿里。但是艰难的时局迫使他也返回老家——祖先的土地。他卖掉了宫殿。买家是比利时传教士团,他们在宫殿里布置出一个豪华舒适的住所。王爷的家庭,特别是女眷们,这些过去盛装艳服、举止高雅的上流女士,无论如何都不想也不能离开北京。她们搬到灰色的小胡同里,从那里去出席北京的欧洲大酒店五点钟的舞会和鸡尾酒会。很难想象,这些讲一口流利法语、英语,按巴黎方式打扮的福晋、格格们会再回到烟熏火燎的蒙古包里生活……

贡桑诺尔布的一位先祖,曾试图把他北京的宫殿和豪宅搬到沉闷、昏暗的蒙古天空之下。尽管规模上小一点,但也像在北京一样,建造了那么多的殿堂、楼阁和亭榭。那些纯朴、笃诚的蒙古牧民惊羡地看着这座华丽的宫殿。可是这种两栖生活十分费钱,特别是北京的宫殿,靡费甚巨。如果没有降祸于蒙古王公和所有蒙古人的那些艰难岁月,情况又会怎么样呢?贡桑诺尔布企图利用他亲汉人的政策为自己争取较能忍受的待遇(他离北京和中国政权太近了),但是枉然。有一段时间,他甚至接受中国政府的委任,当过处理蒙藏事务的部长。但这也已成为历史。情况仍旧令人忧虑。慢慢地,连出售北京的宫殿的计划都有了。我在结束旅行回到古老的中国首都后,参加过一次北京美国天主教大学的聚会,听说王爷已开始与大学谈判卖房细节,包括报价。

李大老爷领我进入一座大殿(每座建筑都是中式的平房)。这可能是王爷的会客厅:中间是一个宝座似的台子。下面是桌子,桌子前是椅子。桌子上摆着精致的中国瓷碗,这样的瓷器,现在中国很难见到了。差不多与我同时,王爷从另一个门走进来。

他完全是一副汉族打扮。他身上的一切都是用最精美的材料做的,我没发现一件有蒙古族特点的服饰。也许他的毛皮帽子还多多少少有点蒙古族的影子,但这在北京并不少见。他鼻子上架着一副大而圆的金边框的眼镜。在中国北部,几乎看不到黄金制品。这一带不太认识黄金,怪不得中国实行银本位制。

握手后,他请我坐下,他也坐到我旁边。一个奴仆弯着腰走进来,向摆在我们面前的茶杯里倒入热气腾腾的茶水。他递上一盒烟,请我吸烟。他把烟点着。王爷抽的是雪茄。

看到蒙古王公贡桑诺尔布的现代气派,我产生一种奇特的感觉。进步是美好的,值得称赞的事情。但

喀喇沁部落过去位高权重而富有的王爷:贡桑诺尔布

我不能不产生联想:这种进步是由硬向软前进,是从游牧民族祖先的艰苦生活方式,向汉人或西方人的陌生的舒适生活方式的演进。这从来都是一个强盛的游牧民族、部落衰落、沦丧的原因。曾经威震八方的可怕的匈奴人、虎视鹰扬的突厥人和满族部落而今安在? 在来自无边无际的草原的风驰电掣、所向披靡的大军面前,汉人仓皇奔逃。汉人的所有争战、英雄壮举和策略计谋在他们的面前都无济于事。汉人的唯一胜算是:中原的丝绸,中原的

生活方式。从成功地诱使狂放无羁的游牧民族接受他们的生活方式的那一刻起,祸患就结束了。曾经的强者在历史的烟尘中消失不见,昔日的征服者无声无息地融化在汉人吮吸一切的文化的海洋中。最近的例子就是,满族人正在我们眼前消亡。

等待着蒙古人的是别的命运吗?

贡桑诺尔布识得欧洲地图,尽管他对新的国际变迁不太清楚。他甚至知道匈牙利,还忙不迭地补充说,以前匈牙利和奥地利在一起,两个国家,一个皇帝。这已不是一般的消息灵通了。他的知识令我惊讶莫名。不过很快我就明白了他的这些知识是怎么来的。贡桑诺尔布作为一个蒙古族的显贵政要,在经常走访北京的西方外交官员中,有他所熟悉和称道的奥匈帝国最后一位驻华使节。当然是在中国革命之前的年代。

他自然而然地询问了我旅行的目的,已经去过哪些地方,还想在内蒙古逗留多久。他盛情邀请我从寺院搬到王宫住,这里有的是地方。我当然不能接受他的好意,须知我必须生活在寺院里,在喇嘛们中间。对我来说,他们的生活是比任何其他东西都令我感兴趣的研究课题。

不过,这对我把话题转到我旅行的真正目的上是个好机会。贡桑诺尔布慈祥地聆听我的讲话,之后他强调说,他有蒙古文《甘珠尔》的完整版本,共 108 册,我尽管研究好了。具体问题我可以到衙门和李大老爷谈。

我的访问取得了超出预期的成功。

有了蒙古文的《甘珠尔》,我明天就可以开始翻阅。最初的兴奋一过,我又产生了疑虑。我在哪儿翻阅这些书册呢?以后李大老爷会告诉我的。李大老爷要我什么都不用操心,书会差人送到

我的住处,即亚林皮尔喇嘛的僧房。但是不久,正是在运送书籍
的事情上产生了某些困难。

李大老爷在商谈运送书籍的方法时,先是列举了可能的困
难:宝贵的经书是不能用马驮或用车拉的。这真是对宗教虔诚的
相当独特的个人理解,因为在西藏或青海的塔尔寺,中国西部的
大喇嘛教印刷所出版的藏文书籍,就是用马或骆驼运往四面八方
的。根本不可能有其他方法把这么沉重的书籍运送到几百甚至
几千里以外去。

当然这是次要问题。不能与李大老爷争论,争论也不合适。
因为他很可能知道他说的是什么,为什么这样说。

我以不坚定的语气试探着问,是不是可以让我的仆人小宋把
书背过来,每次背两册或三册。结果得到的回答是果断的拒绝:
不行,他是个"黑人",更不用说,还是个汉人……

毫无疑问,《甘珠尔》只能靠肩扛背驮运过来。李大老爷让我
找个喇嘛,他帮我解决其他问题。两公里路虽然不算长,可是天
太冷(的确如此),当然,我还应该给点辛苦费。

然而,这一切并不像我这里说的那么快、那么容易。整个一
下午,我们都在议论和琢磨这件事。大概喝了 15—20 杯茶后,最
终找到了多少让人放心的办法。

回家后,我向亚林皮尔讨主意,让他推荐一个人。在我的房
东决定此事前,丹巴雍丹不顾一切礼貌约束,大声叫嚷起来,自荐
担当这一任务。在考虑人选的时候,我怎么就没想到就住在隔壁
的这个喇嘛呢?亚林皮尔也不再费脑筋考虑。他嘴角浮出笑意,
一再证明说,丹巴雍丹喇嘛是最合适的人选。

"反正也没有什么好处可占。"他又补充了一句。

这时,我在亚林皮尔的僧房刚生活没多久,不太了解这个人,不知道他说的话是真是假。难以想象,我因此而遭遇了多少麻烦。

首先,我与他商量物质报酬的问题。对他的要求,我二话没说就答应了。遗憾的是,我提前就给了他钱。头一两次,丹巴雍丹表现正常,背来了经书。但是我发现,有关"黑人"的说法,并不像他们说的那么一回子事。一开始他就抓住小宋,让他帮助驮运沉重的图书典籍。然而这个过程也没持续太久。他有时头疼,有时腹痛,有时"没空儿",有时又"天太冷"。小宋也终于不能忍受这种"劳役"了,愤愤不平地说,他要到瓦房去报警,让警察把丹巴雍丹捆起来打一顿。我竭力平息小宋的怒火,并想到更好的办法:书运来才给钱。有了阅历,我也学精了,每运来十册书,我付一次钱,而且是事后付。丹巴雍丹的所有病痛都好了,也开始"有丹巴的时间"了,不断运来新的书册。但这样的运送也只持续了一阵子。我并不知道,丹巴雍丹和小宋每次都要经看守大典的喇嘛放行,才能进殿取书,那个看门喇嘛先把大钥匙摘下,插进锁里转两下,把门打开,放他们进去。可是掌管钥匙的喇嘛也开始罢工。丹巴雍丹有一次空手而归。

"看大门的喇嘛没找到钥匙,他还生病了。"

幸好我有治看大门喇嘛的病的药,我当即让人叫他来一趟。大病的看门喇嘛毫不犹豫就来拜访。我往他手里"塞了处方"。他马上就想起钥匙放到什么地方了,并把他的病也忘到九霄云外去了。

贡桑诺尔布关切地询问我的工作情况、进展如何等等。李大老爷也探询,人们是否遵守规则,喇嘛是否给我运去经书,是否有

"黑人"染指经书。从中我不难看出他们对我的特殊照顾。他们不仅允许我这个"黑人"接触佛教经典，而且还可以研究它。喀喇沁王爷不仅从表面看是个大施主，为他的喇嘛和寺院可以做一切事情。实际上，他也深深地尊崇他的宗教里那些值得尊敬的东西。他对我研究《甘珠尔》时遇到的困难表现出的忧虑和关注就足以证明。

我不止一次地看到他去大殿。在敞开的门前，他面对主祭坛，伏倒于尘埃，在地上叩首。喇嘛们都低头弯腰簇拥着他。无疑，他们爱戴他们的王爷。

我也体会到，"黑人"也有同样的感情。在王宫的东北方向，大约1.5—2公里的地方，有一座城市，就是首府。蒙古部落的首都、首府一般都没有自己单独的名称，只是在部落名称后面加一个"王爷府"或"公爷府"，向我们昭示，我们来到了哪个亲王或公爵的府邸。

喀喇沁王爷府看上去是个纯粹的中国式村庄，中式的房屋住着穿汉人服饰、定居于此地务农的蒙古人。在节庆之日，全村的人都涌到寺院，比如这一次的旧历年，他们也举行跳神活动。

住村庄的蒙古人与住毡房的游牧蒙古人有多大的区别啊！这里的人在一切方面都追随汉人的习惯。但是节日过后，当他们脱掉节日服装，回到自己的日常生活中，你才可以一窥他们真正的生活：贫穷和毁灭。摇摇欲坠的墙垣，倾颓的房屋，这些房子或者没有主人，或是主人没钱修缮，或是没有一双能干的手以阻止最终的坍塌。有多少衣衫褴褛的人，在无人打扫、泥泞和白雪覆盖的肮脏街道上踽踽徘徊！

还有一点财产的人则用吸食鸦片来解脱烦恼，比如年长的李大老爷。当大家沉浸在对往昔时光的缅怀中时,他突然精神焕发,滔滔不绝、如数家珍地讲起多彩多姿的传说和典故,特别是成吉思汗和古代英雄们的事迹。然后他突然又回到现实中来,两眼发直地望着前面,无可奈何地摊开双手说:

"我们没有豪杰才智之士!……"

他叼着烟枪,有点沮丧和木然地弯腰伸向烟灯的昏黄、细弱的火焰上。在这个没有生气的蒙古村庄里,我、小宋与亚林皮尔一起寻访了一家昔日风光、今日衰败的商店。吉(Ji 的音译,下同——译者)大老爷住在这里。在过去皇朝统治时期,他曾是个大贵人,也是一个大学者。寺院委托他整理和保存蒙古文的《甘珠尔》。大约在三十年前,他把散落的书页装订到一起,并制作了四册"目录"。典籍今天仍由他保管。

我们穿过残垣断壁、瓦砾和垃圾堆,突然被一群狗包围。一个年约二十岁、衣冠不整的白种女人走到我们面前:她是七十岁的吉大老爷的妻子。她有些难为情地对亚林皮尔耳语道:我们最好离开,因为吉大老爷正醉着。现在不可能让他做任何事。她让我们明天再来,她会控制吉大老爷,不给他酒喝。

我们向她说明了来意。下午,那位女士来敲门。她拿来了"书目"和其他一些书籍。她说,外国先生也许对这些书感兴趣。她可以卖给我,但要我们不要声张,以免吉大老爷知道了打她。

次日,我们终于能和吉大老爷说上话了。他简直像个大孩子似的迷恋着他的书。虽然他一无所有,但你就是拿整个世界换他的书,他也不干。那位白人婆娘有点惶恐地盯着我们,生怕我们说漏了嘴……

小宋提出,最好我们到这儿来住一两个星期。地方是有的,大门对面那座保存《丹珠尔》的建筑完全是空的。

　　包括吉大老爷在内,整个房子里的人都急忙表示反对,劝我放弃这个念头。老天作证,住哪儿都行,就是别住那儿! 那是一个不祥之地,夜里经常有鬼魂游荡。连狗都会惊叫着逃离那里。在夜里出现的鬼魂,不光是吓唬那些冒冒失失到这里过夜的人,而且还会打人、抓人。这是个老鬼了。很久很久以前,在那里有一个人在睡梦中被杀死。自那时以来,这里就闹鬼。

　　小宋正要听到这些。他不容分说地宣布,"我想来就来,不怕他来找我。"

　　蒙古村里不祥的、受诅咒的庄园……

公爷府的呼毕勒罕

　　　八叶达喇嘛的赤贫活佛朋友—在一个人间神祇住
所里的经验—小宋发火了—"上帝都摸不到他的后
背"—我的新房东爱财如命—章彦多尔吉,司喇嘛的朋
友—伊什丹桑,年轻的呼毕勒罕—师父打灵童的屁股—
保存活佛自己塑像的地方—圣人和照相机—汉人大海
中的蒙古人孤岛—我在西府庙的访问—古老的手写
本—多头的阿利亚巴洛神(十一面观音)

　　我对在喀喇沁王爷的寺庙度过的时日尚感满意。我不仅处
处受到喇嘛们的善意对待,在工作上也受到他们力所能及的帮
助,而且我还抽时间和这儿的人一起欢度了旧历新年,并参加了
他们的庆祝活动。尽管我的工作进展十分顺利,我也不能无限期
地待下去。我必须继续我的旅程。虽然我对一些基本情况就近
进行了观察研究,有了更切实的了解,但要得出正确的结论,还需
要再走访几个寺庙。可以说,访问的寺庙越多越好。现在已是2
月中旬,7月底我必须回到北京。一想到这里,我就产生不可抑制
的欲望:继续旅行、考察。
　　幸运的是,我来对了地方。这一带,大大小小的寺院、庙堂星
罗棋布。当亚林皮尔掰着手指开始数出这些寺庙时,我立即意识
到,我不可能一一走访它们。在高僧数到第八座寺庙时,我看出

来,这才刚开了个头。我当即挥挥手示意,够了。我对他的指点表示感谢,并给自己记下 4—5 个离这儿较近的寺院的名称和须知事项:怎么去,寺院离这儿有几里远,到地方后该找谁等等。我甚至仔细记下,谁有什么弱点。

我在成功进入喇嘛寺庙后,可以就近观察喇嘛的生活,甚至还可以深入他们的生活,如果我有兴致的话。我在看到面前没什么障碍时,立即变得更挑剔、更讲究了。不过大部分信息我还是从房东那里获得的,而且不管我在多大程度上深入寺庙和喇嘛们的生活,我了解最透彻的还是我的房东的生活方式和习俗。每当我想起喇嘛庙的房东布彦德尔格特别有意思的形象,或他的相反一极——亚林皮尔喇嘛的生活、举止和习惯时,就会立即感到胸有成竹,可以做出决定。

不管其中一个人有多么可笑,另一个人有多么各色,最终从人的角度去看,两人都一样有意思。在一个调查蒙古喇嘛教的组织机构的人眼中,喇嘛们可以简单地分成两大类型。亚林皮尔是个好喇嘛,至少他努力作个好喇嘛;而布彦德尔格则是个坏喇嘛(如果他听到这话,会生气的)。这类喇嘛有一个就够了。还有那些学者、活佛、医生和占星师。他们可能也是很有意思的!应该接近这样的喇嘛!

很快,有一个活佛进入我的视野。他就是公爷府的呼毕勒罕——活佛。公爷府离我们这儿很近,去一次顶多用半天时间。不过,无论如何得穿过这座完全汉化了的蒙古族村庄,因为它横亘在路上,不管你从哪个方向出发,都避不开它。我持有写给这里的寺庙的介绍信。这是我告别喇嘛庙时,我的老师司喇嘛给我的。当时我不知道这封介绍信是写给什么地方、什么人的。我也不知道,我真能在某个时候凑巧进入住着司喇嘛朋友的寺庙里。好在我把介绍信收好了。纯属无意,我在离开前的忙乱中,翻到了这个信封。信封上面写着人名、地址:章彦多尔吉(Dzsamjan dordzsi 的音译,下同——译者)尊驾,公爷府。

这个公爷府的呼毕勒罕正是八叶达喇嘛的儿时玩伴,他们还一起游历过西藏! 比他更好的推荐者打着灯笼也找不到! 我刚到时,八叶达喇嘛毛遂自荐地对我说,我要继续旅行的话,跟他说一声。主要是不要错过公爷府!

我依次去和那些大人物辞行。王爷,李大喇嘛,活佛。当然还有八叶达喇嘛。老人家当即叫一个小沙弥去找学者陈(Csen 的音译,下同——译者)喇嘛,因为他也只认得藏文字。在回家时,我的文件包里已经有了一封文辞华丽、客套话很夸张、写给公爷府呼毕勒罕的介绍信。

我把司喇嘛的信又放回其他东西中间。我暂时不打算把信拿出来用。章彦多尔吉就是章彦多尔吉,不管他可能是多么大的学者(对喇嘛之间的互相吹捧不能太认真看待,我已经领教过了),公爷府的呼毕勒罕毕竟是一个活佛,而我对这样的活佛很感兴趣。谈不上犹豫。

上路前的准备并没费多少事。经过第一座大喇嘛庙的锤炼,小宋已经毕业了。现在他已能自行其是地办妥一切。

八叶达喇嘛给公爷府的呼毕勒罕的信

现在只剩一枚难啃的核桃了：延长我的中国护照的有效期。在北京是不发时效一年的护照的，知道这一情况，我很难指望下面的小警察局敢于擅自延长我的护照有效期。主要是，如果我要去纯汉人区，还不知道有多少麻烦等着我呢！他们要做的第一件事就是仔细检查我的护照，可以看出，他们很想找茬，巴不得发现不合规矩的地方。

喀喇沁王爷——如前所述——在王爷府和寺庙里，有与中国警察当局同样的权力。不过，这个权力不如说是象征性的，因为如果真有什么事,瓦房的中国警察局就会接手办理。这个"权力"并不比王爷掌握的蒙古族军队大多少。我想说的是,衣冠不整的汉人军队与王爷的人马相比,要精悍得多。这样的军队在王宫所在地区也不过就五十来个人,当然要靠贡桑诺尔布发军饷。

　　我拿了护照,去找李大老爷。他是那种什么事都爱管的首相式的人物。老人洞悉一切。护照有效期还有一个半月。他只说了一句,让我把护照留在他那儿,他跟王爷说一下。贡桑诺尔布二话不说,就让人把护照有效期延长,而且延长的时间比我需要的还多五个月,并盖上了大印。因为大印在当时是权力的象征,王爷亲自保存。连李大老爷都不能拿走。

　　在我离开之前,亚林皮尔举办了盛大的告别宴会。当天晚上就要互相告别,因为活佛第二天一早还要去王爷府的寺庙做祷告。在我们准备上路的时候,来了两个蒙古族骑兵。他们是王爷派来的,与其说是出于安全的考虑,不如说是出于面子,就是"脸",因为这么短的路,不大可能碰上土匪。

　　中午时分,我们到达公爷府。我们没费什么劲儿就找到了呼毕勒罕的房子,因为所有中国人都认得。那座摇摇欲坠的大殿是转世喇嘛的房子。"转世"的意思与蒙古语的"呼毕勒罕"一样。我发现,犬儒主义、玩世不恭、爱冷嘲热讽的汉人,对蒙古的神灵倒不会出言不逊。相反,他们也以恭敬或不如说敬畏的语气谈论蒙古的神灵。

　　呼毕勒罕不在家。好喇嘛不着家,因为他要念经拜佛。坏喇嘛也不着家,因为他成天在外面混。因此很难在家里找到喇嘛。两个小弟子很友善地接待了我。两人是伊什尼玛(Isi nyima 的音译,下同——译者)和伊什亚林皮尔(Isi Jarimpil 的音译,下同——译者)。看来,他们很想向我表示尊敬:直接把我带到呼毕勒罕的住房,让我们等一会儿,说师父很快就回来。

公爷府。呼毕勒罕(再生的神圣)的两个弟子

不过,这个"很快"变成了晚上。在等待的这段时间里,我有了特别的发现。一时我们看不到外面有什么,而我们在里面的感受是,"够了!"

在蒙古人和汉人中间你不能抱怨寄生虫。就像小宋有一次曾言简意赅地说的,"只有健康的人身上才会有寄生虫"。因为有病的人发烧,把它们消灭了。一个西方人面对这样怪诞的卫生标准,真是哭笑不得。开始时,寄生虫在你周围集结,但不管你怎样防卫,它们还是不断地接近你,直到你最后绝望地看到,所有抵抗都是徒劳的,只有立即离开,才能摆脱它们。

然而你眼下还得待在这里。

小宋——正如前面提到的——从这点上看,不是个讲究人。一两个不速之客不会使他惊慌失措。

在长时间的等候过程中,他感到百无聊赖,便坐到了炕上(我自己则很谨慎地在一个不舒服的长凳上躺下）。后来他待得实在太烦了，干脆一下子横躺到呼毕勒罕的毯子和杂物上。看起来挺舒服，还有派头。没几分钟，就见小宋慌忙地从活佛的炕上爬起来。数不胜数的神的寄生虫的围攻，使他防不胜防，不知往哪儿躺才好。直到我们告别这个活佛的特别住所，他再也没有恢复平静。

这也决定了小宋对活佛的态度。他再也不会喜欢老活佛，只要一提到老活佛，从他嘴里冲出的就是最不堪的中式詈骂。其中最厉害的骂人话就是"王八蛋"，直译成匈牙利语就是"鳖的蛋"，而这在匈牙利人听起来不疼不痒的话，用汉语说会使人恨不得杀人。由于这个词是忌讳，我费了很大的劲儿，经过多次拐弯抹角的询问，才弄清楚"王八"就是鳖，然而这个 uangpa 还可能是另一个意思，即"忘掉了八个义务"（忘八），其中包括……对伴侣的忠诚……蛋就是"鸡蛋的蛋"，或者小子、后代。

这个特别的骂人话的神奇力量，在窘困的情况下我自己也试过。可以说，取得了意外的效果。第一次是在北京。在一条狭窄的胡同里，黄包车夫拉着我跑。在一个十字路口，10—15 个调皮的中国男孩一边追着我跑，一边声嘶力竭地叫喊：

"洋鬼子，洋鬼子……"

众所周知，这不是什么恭维话。

我转过头，对他们大喊了一声"王八蛋"。他们的喊声戛然而止。他们停下脚步，面面相觑，好像彼此在说：

"这个人惹不起。他不懂得开玩笑。"

再说小宋，他对活佛特别反感，除了口无遮拦地骂人外，他还立即给活佛改名为"老狗"。这个"毫不逊色"的汉语骂人话，可以很准确地翻译成匈牙利语,就是"vén kutya"(年老的狗)。

"老狗"终于来了。他是个老者,穿着破旧,还很脏。但是他可不是乞丐一类的人!他的眼睛血红,骨碌碌地转。松弛下垂的面皮,赋予他的面孔一副斗牛犬的表情。他格外腌臜,不仅是衣服,而且他的脸、手和所有一切都是如此。

他对我表示热诚欢迎。他是第一个没有一上来就说"没地方"的人。他的房子很大,只是需要整理一番,才能作我们的住处。很快,整个住处就属于我们了。当然整理要费一些时间。在没有整理好之前,我们可以先住他的房间,他到弟子们那儿住。

他友善的挽留却让我脊背发凉。要我待在呼毕勒罕的房间里!我的目光不经意地落到小桌子上——一个一端装有一个手指向里弯曲的木雕手、大约长 15—20 厘米的手杖。察觉到我的目光所向,他表示愿意把这个东西也留给我用。我不知道这个奇怪的东西有什么用。噢,挠痒痒用的。要知道人的手够不到背部中间。

这回我算是见识了什么是活佛。

我打量了一番呼毕勒罕的房子及其周围的环境。新住处将会是什么样的?然而展现在我眼前的一切,大大超出了我的预想。在喇嘛庙时我想,我已经见过了倾颓的庙宇和摇摇欲坠的喇嘛宿舍。见到呼毕勒罕的建筑物后,我的那些老印象一下子化为乌有。你简直不敢迈步走进一个这样的建筑。灰色的天空透过墙壁清晰可见。好像你一触摸窗户,它就会连同窗框一起掉到屋里,还伴着飞扬的尘土。天花板的纸已被老鼠啃噬得不成样子,屋顶的瓦片都清楚可见。建议最好不要往上看,特别是刮风天,因为可能会有碎片掉到好奇者的头上。看来雨水也容易大行其道。好在这一带很少下雨，而夏天还很遥远。我没有耐心，也没有必要再详细叙述我未来的住处，就像我也没有耐心从头到尾地观察它一样。我向小宋示意，还是另找住处为好，尽管这儿的人很好客。

伊什尼玛和伊什亚林皮尔的修缮工作已进行了多日，但一直不见像样的成果。

"修好房子可能还需要两个星期。"他们两个人都说。不管怎样，眼下我还得待在呼比勒罕的房间里。

在我做出任何决定、确定向左还是向右之前，还有一个重要的访问：我要去警察局报到。在中国办事，你不可能事前知道会遇到什么样的人。在大城市里，最常见的是憎恨外国人的人，他们尽可能地刁难你，让你不能痛痛快快地办成事。而在中国的腹地，在蒙古人中间，还能遇到少数值得称赞的例外：和蔼可亲、富有教养、彬彬有礼的官吏。

公爷府的警察局长也是这样的例外。他对我的访问十分看重，当天就回访我，礼貌得有点过分。

在告别的时候，警察局长忍不住问我，将来怎么与呼毕勒罕打交道。那是个人人害怕的角色，人们怕他就像怕火一样。他是个喜怒无常、脾气暴躁的人。他又穷得不得了，对钱有一种病态的嗜好。他常以神佛的权势威胁债主。

眼下我们还没有接触到他的这一面。无论如何，我会很警觉。

警察局长说得很对，因为老头儿，或如小宋所称呼的"老狗"，很快就开始了他的敛钱活动。

他要求提前支付房租，我照做了。我在大殿里开始工作。这里有两套完整的《甘珠尔》。整个星期我都在搬弄沉重的、尘封已久的书册：打开每一册，再包装回去。我先判定一册册书的位置和顺序，并把令人难以置信的散乱的书册归置好。这时老活佛出现在我面前，让我给大殿一些"布施"，就是捐赠。我给了。他又打发小伊什尼玛来，要我也给他点布施，因为他老得给我开门。我也给了他钱。老活佛又派人送来一箱子铜钱，让我换成银币。兑换当然会有损失，否则在公爷府他就换了。后来他又让伊什亚林皮尔来找我，让我借给他25枚银币。我给了他25枚银币，但立即开始与小宋商量离开这里的方法。

呼毕勒罕还没结束他的经济活动。大的动作还在后头：他让我买下一部蒙古文的《甘珠尔》。他们用了三天时间聚首商量，应该为此要多少钱。最后他们透露，让我给他们5000银币。这些喇嘛包括呼毕勒罕都是非常贫穷的人。他们知道一个银圆值350个铜钱。铜钱的大小相当于我国的两本戈硬币。他们想对我说一个很大的数目，因此说要5000银圆，大约相当于6000匈牙利本戈。不过他们的要价还是很值的。只是很遗憾，我没有这么多钱。我能顺利地旅行、支付士兵和其他必不可少的开销，已经很高兴了。

坦率地说，呼毕勒罕敛钱的嗜好，开始令人产生恶感。

我现在别提多后悔，没有决定选择章彦多尔吉！可惜已经迟了。倒不是因为他本人。他的友谊没有改变，每天都来看我，给我带来帘子等物。有时带来的是红色的窗帘，有时还拿来令我惊喜的书籍、珍稀的手写本等。这对他来说不难，因为他就住在隔壁。然而他很害怕呼毕勒罕，知道后者有多么贪婪。他频繁地往我这儿跑，表明他希望我搬到他那儿住。因为我住的不是什么好地方。章彦多尔吉从不敢通过大门到我这边来,而是从木板墙上拆下一块板,他和他的弟子都从那儿钻进来。他有一个非常棒的弟子,刚刚 24 岁的伊什丹桑(Isi damszan 的音译,下同——译者),也属于神佛的等级,他本身就是一个与"老狗"一样的转世活佛。

　　伊什丹桑是个思想开明、好学上进的年轻人,除了藏文和蒙古文外,也懂汉语。他所有闲暇时间都在我这儿度过,爱翻阅我的图书。我诚心诚意地把一切拿给他看,因为我完全信任他。作为回报,他也把他的书和札记等拿来让我看。当他发现我对一本语法类的蒙古文手写本很感兴趣时,就硬要把它送给我。我想给他钱,他感到羞辱地拒绝了。不过话说回来,礼尚往来,我不能坏了规矩。我让小宋买了一大盒中国甜点心。伊什丹桑又来时,欣然收下,拿走了。可我高兴得太早了。没多一会儿,他又回来了,难为情地说,师父把他打了一顿,因为他背着师父把书当礼物送人。当然了,我马上把语法书还给他。我可不能让自己的良心不安:一个活佛因为我而挨了打……

　　看来,年轻的活佛对被师父打并不在意。他对自己的神佛身

公爷府。年轻的呼毕勒罕:
伊什丹桑

份不是很自觉,只是个听话的、勤奋的和随时准备效劳的人。

"老狗",即老呼毕勒罕活佛就不一样了。在院落深处有一幢单独的建筑,里面有七尊他自己的雕像。是他以前七次转世时的形象。在我面前,他多次骄傲地说,现在是他第八次转世,他对自己的前几世和那时的人们还记忆犹新。

他随便怎么说,反正我不是活佛,他前几世到底怎样,看不见,摸不着……

老呼毕勒罕是个傲气十足的活佛。在他看来,他有这样的权利,因为他周围的人都会死去,谁知道这些人会以什么难堪的形式转世:有的成为丑恶的寄生虫,有的变成狗,有的又投胎成人,还有的堕入地狱受苦。只有他可以不受任何侵害,他是杀不死的,因为他是神,下次转世他还是神。也有可能到另一个有钱的寺庙当活佛……将来有一次,他会自然而然地——没人能阻挡——成为更高一级的神,是真正的天神,葛根,佛陀。甚至,他会有更多的钱……不需要再等那么长时间,三到四次转世还那么遥远……

呼毕勒罕由于眼下没什么钱,因此只能当一个小神,尽管这已经够难为他的了……

偶尔,他也会放下神的架子来看望我,对我做出一副友好的样子。他与我谈话聊天,内容无非是金钱、他的神性和前世人生。但他非常警惕,不让我给他照相。怎么能想象,让他,一个神站到或坐到照相机前面?我居然对他谈到班禅喇嘛和其他次要的神!对他来说,那些人平庸得很。

伊什亚林皮尔和伊什尼玛对老活佛怕得要命。很难说,他们是怕他的神权还是他的硬拳头。他严密地控制着他们。显然,他们的知识少得可怜,连用藏文写自己的藏族名字都不会,而师父对此漠不关心。对师父来说,重要的是他们要保持安静,做到鸦雀无声。他们不敢乱说乱动,对师父所有的话和命令都立即无条件地照办。挑水、生火、做饭……

我只有一次看到过他们参加某宗教礼仪活动,而那也多半是汉人的习俗。他们用烟灰在院子里画出两个大圆圈,每一个圈中又画两个小圈,在每个大圈里的第二个小圈上又画了三个相互叠着的长方形。我问他们这习俗的目的和意义是什么,却完全是无的放矢:因为他们根本不知道。活佛说什么,他们照做就是了。后来小宋解释说,这些奇怪的圆圈也是为了辟邪驱魔。

最初,小宋只是对呼毕勒罕的住房的状况不满或气恼。但他是个天性乐观的人,不会长久郁闷。很快他就找到解脱的办法:逛街。他一游荡就是一整天。他一个商店接一个商店地逛,不管需不需要,他与人讨价还价,买这买那。主要是为了闲扯。对这种事情他不陌生,因为就在不久前,他还在经商,做买卖。而公爷府正经是个汉人的小城镇。

公爷府,如其名称所示,以前某个时期是喀喇沁公爷的首府。就像王爷府那边一样,这里的蒙古人也都破产、消失了。外来汉人的迁入,加速了他们消亡的过程。以前的居民,大都不知所踪。留下来的人则与移民混为一体,与外来人没什么区别了。

旧世界留下来的、与新时代格格不入的唯一遗迹就是喇嘛寺和呼毕勒罕的殿堂。而汉人的房子和商店就像海藻一样,从四面八方紧紧地包围着这个蒙古人的孤岛。这里的喇嘛比我刚离开的那些喇嘛庙的人还穷。他们怎能富起来呢?发汉人的财吗?残存的蒙古人怎么会到这儿、这个汉人的巢穴来?虽然周边到处都是寺庙,但在呼毕勒罕的房子周围,很少能看到年轻的喇嘛……

在对这里的所有情况进行权衡之后,我觉得还是尽快搬走为好。在两个星期内,我已积累了足够的材料,对庞大的喇嘛教等级制度中较低级别的活佛——呼毕勒罕是怎么回事,也已有了明确的概念。我很快离去会引起呼毕勒罕对我的不满和怨恨,但是除非我再往自己身上揽新的麻烦,是没法平息他的怨愤的。

我顾不了这么多了。与这个呼毕勒罕打交道的经验,告诫我要对后边的安排未雨绸缪。在去一个寺庙前,应该好好做一番准备,事前去实地考察一下,把要住的地方打理好。哪怕只住一个月。

我无须过多考虑下一站去哪儿。章彦多尔吉已经提到过,离这儿不远处,在山里可以找到一座非常漂亮的寺庙:汉语名字是"龙泉寺",蒙古语是:阿利亚巴洛因阿贵(Arjabalojin agui),即阿利亚巴洛神(梵语音"阿唎耶·壹迦娜舍目法",解作"十一面最胜",即圣十一面观音)。这里住着一个大学问家:却尔吉(Csordzsi 的音译,下同——译者)喇嘛。的确,寺庙建在风景奇佳的地方。但是需要事先说明,附近没有任何人家。土匪会经常光顾这里。但在西方也有土匪,不是吗?

却尔吉喇嘛和老呼毕勒罕的关系很不好,简直处于交战状态。当他们知道老家伙晚上才回家,马上跑来告诉我。王爷府的李大老爷已经对却尔吉谈到过我,后者说,我尽管去找他,他会带我去阿利亚巴洛洞府。他真的来了。我们很快谈妥,几天后,就是 3 月 2 日,我们去他那里。

临走时,他颇为自信地对我说,我可以放心前去,我将会看到,他那边可不像老坏蛋这儿这么稀里糊涂的。却尔吉喇嘛也不尊重呼毕勒罕。"稀里糊涂的"是汉语,其意思和匈牙利语的 vicik – vacak(乱七八糟)差不多,听起来都有点调侃的意味。

然而由于最近一段时间我变得相当悲观,为了安全起见,我让小宋跟他一起去,先看看那儿是否真的不像这边这么"稀里糊涂的"。

小宋很满意地报告,那里的情况真的一切都很好,我们住的地方比亚林皮尔那儿要好,而且一切都安排妥当了。我明天就可以去。

看来,3 月我们将在却尔吉喇嘛那儿度过。却尔吉是寺院住持和大学者。他的年长的老师生活在西藏,他们用藏文通信!

但是现在我又有些怅惘。公爷府毕竟处于城中心位置,与山上的龙泉寺相比,从这儿更容易走访一系列其他的寺庙。现在就应该为 4 月着想了!

小宋在一个好天气里,骑着驴去了一趟牛头口门(Nyutoukoumen 的音译,下同——译者),那儿也有喇嘛寺。

我的能干的仆人在这个汉名很长、半蒙半汉的村庄里,事情办得很顺利。起初人们不让他进入寺庙。他拍门许久,一个看门的喇嘛从门里伸出头来。当他知道了小宋的来意后,二话没说,就把门关上了,差点没碰到小宋的鼻子。小宋可不是个省油的灯,他当这个"秘书"不是为了默默忍受如此粗暴的对待。他既没有再多费口舌乞求那个喇嘛,也没许诺给钱。而给钱本来立即就能成事。不。他直接去找村长(幸好村里没有警察)。让村长来教训这个有眼无珠的家伙!

小宋吓唬村长说,如果村长不立即跟他去,那个外国先生可不是好惹的,有他好瞧的。村长急忙放下手头的工作,乖乖地跟着"秘书先生"走了。看门的喇嘛吓得赶快把两扇门都打开,让他们进去。

剩下的事情很顺利就办妥了。我得说,在我结识了这位"有眼无珠的家伙"后,我对小宋这一"果敢行动"的说法产生了怀疑。他说的这个喇嘛后来还成了我的老师,无论如何看不出有粗暴的倾向。

重要的是,我在这儿也能得到住房,下一个月住。我的房东是个"大夫喇嘛",就是一个医生。

就这样,我很耐心地等待着出发的时刻。我已想好了不少考察计划,而且——至少我相信——我的想法是有前瞻性的。

然而,我不想在没有访问离这儿只有二三公里的西府庙(Hszifúmiaó 的音译,下同——译者)的情况下,离开这个地区。根据小宋费心搞到的信息,就冲在那里有大大的乌呼里(uhuri 的音译,下同——译者)像,就值得走访参观,而且那里也允许参观。乌呼里,用小宋的蒙古语说,就是地狱里的牛头神。迄今为止,我去过的寺庙都对我们保密,不让参观。

乌呼里由一个头顶到天花板的巨大塑像体现。观者只能看到它扭曲可怖的脸,牛头和一个昏迷的、向后垂的女人头。塑像的其他部分都被贴在围栏上的纸遮住。这一遮掩,激发起人们更大的好奇心。可以看到,围着塑像一圈、齐眼高的地方排列着许多小孔,是凡夫俗子们抠出来的。想必是要对这个凶神恶煞的牛头神和女神一探究竟。

在西府庙一带很难找到喇嘛。只有看门喇嘛住在建筑里,连达喇嘛也住在公爷府。其他人呢?早就走散了。看大门的喇嘛竭尽所能,试图引起我对这座喇嘛庙的兴趣。搬来住吧,你会看到,这里很好。他的热情使我有种"时来运转"的感觉。最初我面临的最大问题莫过于如何深入到他们中间。可现在呢,我刚刚在他们中间混熟了,又不得不费心思考虑如何推拒他们过分友好的邀请。

他把手写本放到我的面前。他想把一切都卖给我。他连跳神的假面具都拿给我看。这些东西放在一个角落里,满是灰尘。这些漂亮的、花花绿绿的面具恐怕不会在节日狂欢时向虔诚信徒表演的舞蹈中使用了。

在我踏上新的旅程前,他又带我去看了一座大塑像。这是牛头神的另一个化身。我站在一座巨大的、斑驳陆离的塑像前,默默观看。塑像描绘的是人们最喜爱的神祇,十一个头的阿利亚巴洛即圣十一面观音。我要去的就是供奉她的寺院。

根据神话传说,十一面观音降临人间,落到西藏的土地上,欲救赎人类。后来神认为,人人都已经改善了,就飞升天界。当她再次降临尘世时,却发现人们变得比以前更邪恶了。在痛苦中,她的头向一千个方向裂开。仁慈的阿迪佛,也就是最主要的神之一,用土块为她做了十个头,又把她原来的头装上,即第十一个头。这样她能更好地看清人间疾苦。为了使她能更好地帮助人们,阿迪佛又赋予她一百只右手,一百只左手。

但是现在看来,即使十一面观音有一千个头和一万只手,也不足以帮助陷入困境的信徒。

在十一面观音的洞窟里

　　出发麻烦重重—由乘车改骑驴—有人跟在我后面
跑，因为呼毕勒罕不让他走到我前面—逐渐毁灭的成堆
的书籍和手写本—寂寞的楼阁—新房东却尔吉喇嘛—
孔教和道教浅议—长生不老丹药—寺院里的中国文
物— 一个真正的学者和圣贤—却尔吉喇嘛的藏学知
识—全集七十册—沿着克勒希·乔马的尤加尔人的足
迹—狡黠的侯喇嘛和他的好友

　　尽管经过繁忙的准备，新的旅程仍然不顺利。小宋在启程日
期一个多星期前就预订了车、马，付了订金，甚至启程前一天还去
提醒车主第二天启程的事。我们出发的时间定在早晨七点。

　　然而别说早晨七点了，到了十一点，人、车和马还都没有影
子。我等得不耐烦了，就派小宋去看看到底怎么回事，免得干等。
小宋对秘书的工作已经驾轻就熟，甚至看来他已在为走上仕途做
准备。他直截了当地去找警察局。让警察惩治一下这种人，把他
捆起来打一顿，让他长点记性！

　　在警察局，人们让他压下火气和"斗志"。原来经过打听，警
察局的人发现，他们刚跟我们找的人打过交道。某个殡仪馆需要
用车，警察局的人匆忙之中想了个办法：在街上叫停遇到的第一
辆车，派武装人员押运去送葬。谁知那辆车就是我们订的车，车

主抗议、拒绝都没有用。

自然,我们也白等了。

又经过一番询问才搞清楚,小宋也没完成好交给他的任务。他怎能考虑坐车去龙泉寺呢? 这样的车根本无法在陡峭的山坡、峡谷和溪流间行走,在第一个拐弯的地方,车就会被摔散。不一会儿就有了和警察局谈判的结果。只见小宋和三个脚夫,牵来四匹驮货物的骡子(每头骡子背上都有载货的鞍具)和一匹骑用的马,还来了一个武装骑兵。警察局在一个小时内就为我们办妥了这件事,以弥补支走了我们的车夫造成的损失。

刚走上狭窄的山路,我就意识到警察局的人英明。在这样的山路上,乘车走真是寸步难行。山路狭窄而崎岖,结着薄冰的溪流、峡谷和悬崖峭壁,一路上比比皆是。悬崖边是深不见底的峡谷。龙泉寺,或说十一面观音的洞府,离公爷府没有多远。两地之间的直线距离最多是2—3个小时的路程。但我们的驮队从中午一直走到晚上才走到。

在大约还剩15分钟路程的时候,我们来到一个平坦的高地。这时看到一个蒙古人,向我们拼命地招手,要我们停下来。我不知是什么意思,就叫大家停下。

那个挥手的陌生蒙古族人想追赶我们,他是从西府庙那边抄小路来的。但由于他背着一包很沉的东西,走不快,到这时才看到我们。

当他终于赶上我们的时候,我才明白了他追赶我们的原因,就是为了这一包东西。包裹鼓鼓囊囊的,里面都是书。他让我看看这些都是什么书,有没有价值。他把包裹里的书都摊在地上,自己也蹲在书旁,一本本给我介绍,并夸赞他要出售的东西。好几天以前,他就想把他的全部藏书拉到我那儿,让我在住处看,挑选我喜欢的书。但是那个老呼毕勒罕把他赶走了。

"外国先生什么都不买!"

我拿起一两件蒙古文的手写本:

"这些书你是从西府庙的十一面观音像脚旁边的大堆书里拿来的!"

卖书的人怔住了,但只是一瞬间。

"你管它是哪儿来的呢?反正不是我偷的。是看大门的喇嘛让我给你捎来的。"

"后天我去找看大门的喇嘛,到那时再买。"

"但是看门的喇嘛跟我说,如果你现在不要,书也不用带回去了,让我就地扔掉。你没必要后天跑一趟西府庙。那儿没有任何人。看门喇嘛要回老师父那里。离这里大概有300多里呢。他不会回来了。"

寺院的财富就是这样一天天毁灭、遗失的。即使有很多图书典籍或手写本,像这个西府庙的蒙古族人未谈成的非法交易那样,被判了死刑,但万幸的是,总有一两件辗转流入某个西方图书馆或收藏家手里。随着寺院的衰败,首先毁灭的是图书馆和藏经阁。西府庙就是例证之一。

以前,藏经阁挤在一栋单独的建筑里。后来,风暴掀走了屋顶,一直没有修复。落满灰尘、摇摇欲坠的架子上面的书籍,由于摆放不当,被夏天落进建筑内的雨水打湿。几场雨后,藏经阁差不多泡在了水里。到了春季,藏经阁大部分已毁。残败的藏经阁里,书不成册,散乱的书页满地都是。把这些蒙古文和藏文的书页拆散不算难事,因为它们并没有粘连或装订在一起,风和雨就把这项工作完成了。如果几年后,有谁想起并走进这个上了锁的藏经阁,他看到的可能是一个废纸收集仓库。散乱的书页被霉菌和泥浆侵蚀。即使某本书有 20 页留存下来,可能其第 21 页也要在某一个祭坛下另一堆纸里找到。雨水、霉变在很短的时间内毁掉那些书法精湛的手写本或木板刻本。如果建筑不是屋顶被毁,而只是墙壁、门或窗部分或完全损坏,那就是不幸中的万幸了。在这样的情况下,雨水的破坏程度相对较轻。但是书籍还是"难逃一死",因为春天的风暴会把它们吹离原地,或急或徐的阵风,会把书页吹得更乱,要想把它们整理好,简直是难上加难。如果春天的风沙只是把书页埋起来还算好,至少书页能保存下来。沙子能长时间地保护纸张及字迹。埃及的莎草纸和中亚地区的沙坟中出土的非常古老的维吾尔语、粟特语、梵语、汉语和其他知名的不知名的文字的手写本就是这样被保存下来的。当然,其前提是埋在厚厚的沙土层里,水渗不进去。沙层在风暴的作用下会变化无常:今日的沙山、沙丘,明天可能变成了沙凹、沙坑。昨天的沙坑,今天可能无影无踪。所以,保存完好无损的书页是极其罕见的!

3 月初,多风和沙暴的春天开始了。沙暴时强时弱,但在第一场雨水降临前,我们是不可能摆脱它的。啊,这可怜的地方!要枯等到 7 月中旬才会降雨!当年的收成被风暴、干旱毁掉,在这一带是常事。

在风暴中,我们攀登在通往阿利亚巴洛寺的狭窄山路上。每走一步都要小心,以免被一阵强风吹倒。

在一个转弯处,出现两头石狮子。走到那里,又是一个弯道,山坡上的阿利亚巴洛寺突现在前面。寺庙前有片小树林,光秃秃的干树枝在风中摇曳,似乎在哀叹。从寺庙的院子里伸出三四个巨大的松树枝桠,划破苍茫的、了无生机的天空。深绿色的针叶映入渴望春天到来的人们的眼帘。

阿利亚巴洛洞窟寺院景观

寺庙不大,但其高高的松树、城堡大门般的入口,给人一种堡垒似的印象。附近没有人烟。毕竟有谁,哪一个"黑人"敢于住在这空寂寥落的地方?但是对于超凡脱俗的宗教修行者来说,没有比这更好的地方了。

却尔吉和他的两个弟子已等得不耐烦了,不知我们在哪儿耽搁了这么长时间,因为我们早该到了。

他立即把我们带到预先布置好的房间,友好地请我们喝茶、吃中国点心。我们的住处紧挨着大殿,这个大殿不如喇嘛庙或喀喇沁王爷的寺庙的大雄宝殿那么大。我还从来没有离圣龛、万佛之主这么近过。我的新房间相当温馨、敞亮,高大的窗户更给人这样的感觉。现在的寒冷天气也不像12月或1月那么难以忍受。不过,也许最使我们感到温暖的是好心情:我们正在走出冬天,春天就要到了。

只有一件事让我一开始就有些郁闷。却尔吉喇嘛把所有的东西都挪走了,为的是让我有足够的空间,但是却留下了三个大箱子。三个大箱子都装满了哈拉布尔恰克,即黑豆。这些黑豆发霉的味道令人窒息,难以忍受。但是我只要想到公爷府活佛那间僧房,又会立即感到,比较起来,这三只箱子里逸出的霉味儿简直就是天香。

"龙泉寺"的匈语意思是:龙的源泉之寺。"龙泉"不是个形容词或神话传说,而是事实上的源泉。它就在寺院墙外,紧挨着寺院。水晶般纯净的泉水汩汩流出地表。

龙泉寺不像大多数蒙古喇嘛庙是清朝时建成的。早在元朝,甚至更早,这里就有宗教寺院,名称相同。但那时不是由蒙古喇嘛,而是由内地的道士管理。

在华北地区,这种情况并不鲜见。这种事情在我国改革与反改革时期也不乏其例;同一座教堂经常易手,而且常常是落到从前敌对的宗教势力的手中。看看那些中国的佛教和孔教的庙宇吧,它们至今保留着古老的万字饰和十字。虽然不是到处都有,但至少在有铭文的石碑上可以见到。如今,只有这些老聂斯脱利式的和十字的标记在述说着已被湮灭的历史:以前某个时期(主要在11—13世纪),在这同一个地方,同一座建筑里,曾立着景教寺庙。

龙泉寺以前也曾是道教建筑,即道观。道教的历史可以解释,为何这些道观经常迅速地易主。道教像孔教一样,也是土生土长的中国宗教之一,不像佛教,是从外面传来的。但是在道教和孔教之间，也不断发生相当不平等的争斗。我这里说的是"宗教"，应理解为整个独特的东亚宗教哲学体系，而在时代的演进过程中，其本身也发生了实质性的变化。孔教最初是作为纯粹的道德伦理系统产生的，而且也不是源自被认定为创始人的孔夫兹乌斯（汉语为"孔子"或"孔夫子"），他只不过是把那个时代已存在的规则、教范和经义按自己的意愿和准则挑选出来予以整理、归纳和系统化而已。道教的名称来自于"道"（汉语的意思是"道路"），即立于体系轴心的道路，应该遵循的道德之路。这个道教的教义相当神秘，我们对道教原始形态知之甚少，因为除了创始人简短的、隐晦的论文外，我们主要是从他的弟子们与儒家论战的文章中了解一二。至于这种论战文字对了解一个陌生的宗教的本质来说作用有多小，自从不久前在中世纪拉丁文的西方论战文字资料旁边，发现大量东方资料以来，我们就知道了。

　　然而，不论孔教还是道教，现在都已不能再现其原始形态。从前者发展出纯粹的形式主义，是以对祖先的尊敬——孝为核心的道德伦理的结晶，而道教则演变成探寻长生不老的秘诀和炼金术秘密的实践。两个宗教系统相比，还是孔教更适合中国人的心灵，也使其成为历朝历代国家的正式宗教。但是，也有上台的皇帝喜欢道教，这时道教人士就会当政，被压制良久的人就会利用手中的权力来满足其欲望。

　　这种权力通常一直持续到皇帝向道士索求长生不老的丹药为止。这种灵丹妙药需要用两种对立的成分制造：给予光明、生命的"阳"和代表阴影、潮湿的"阴"。但无论道士们如何殚精竭虑，长生不老药的制作总是以杀人毒药的问世而告终。有过这样的时代，信道教的皇帝的后人没有产生要长生不老的念头，相反，把拌毒药的道士赶出宫廷。奇怪的是,中国的皇帝不懂得吸取教训,因为不止一个皇帝死于"长生不老药"。一般在这时,就会发生围绕着道观、地产和特权的动乱。

在龙泉寺的院子里,可见巨大的汉文石碑,记述着寺院当年道教鼎盛时期的历史。我拓下了记载神秘而光辉的历史遗迹的碑文,并带了回来。

在文字碑前面,我们差点撞上另一个特别的文物:从地里露出一个半截的相当原始、朴拙的石狮。在其一侧的脖颈处,可见粘接的痕迹。显然是进行过修复工作。浅尝辄止的观察不能判定这个奇特的石狮子是否有腿。却尔吉喇嘛竭力辩白说,一直以来,石狮子就只能看到这么多。他补充说,据他所知,石像是用山坡突出的岩石雕刻出来的。

阿利业巴洛洞窟。古老的石狮(公元 13 世纪)

狮子的背上,有一个缝隙,里面有一个非常矮小的字碑。石碑上刻的是汉字,但也足以引起蒙古历史的猎奇者的注意。简短的碑文,是介绍从北京到上都的路程,包括有益的、非常准确的指示。我们知道，上都是忽必烈皇帝及其蒙古后裔所钟爱的夏宫，有多条军用道路和其他道路连通北京。这些道路当然都已荒废，而对这些道路的研究，在很多实质问题上还没有头绪，如同在黑暗中摸索。

龙泉寺里还有一个文物。对于却尔吉喇嘛来说，它是比所有其他文物加起来都还要使人自豪的。在一座殿堂里，存放着著名的中国皇帝康熙的镀金绸缎马鞍。

喇嘛寺庙的外来访客都对圣地保存的鹿角、武器、矛枪、弓等赞叹不已。

这位伟大的中国皇帝对古老的习俗十分热衷，在征伐期间，喜欢在路经的喇嘛寺院里留下一两件兵器，或出于发誓的需要，或是出于胜利的喜悦。

可惜，寺院里的其他文物都已毁灭了。龙泉寺在清代改为喇嘛寺，有了新的名称：阿利亚巴洛因阿贵，即阿利亚巴洛洞府。新的神职人员，即僧侣，一如既往地在旧墙壁之间举行了新的宗教仪式。然而有一天，他们醒来时发现，古老的、濒危的寺庙再也经不起岁月的风暴了。他们开始修复工作，翻修了老建筑，使其面目一新，并加盖了配殿。十一面观音最终驱走了旧时代。

在山坡上的较小的洞窟里也摆着原始形态的小佛像，以彰显喇嘛教的普及。关于喇嘛教的现在和过去，除了那些无言的图书典籍和礼器外，我有了一个超过我所有的资料来源的、无可比拟的活资料库：却尔吉喇嘛。

在这一带，他享有"学者"的盛名。连章彦多尔吉也十分赞赏他的学问。这个判断是很有分量的。他们两人同时受教于同一个佛学大师，因此，对他来说，并非秘密的是，却尔吉喇嘛其实是个很平庸的人,就是从履行僧侣义务的角度看,他也是个没什么能力的喇嘛。

就他们两个人来说,真正有本事的是他们的学者师父。老师父是个学识渊博、虔诚和勤奋的喇嘛。他居然以七十岁的高龄,不辞劳苦、不计危险地踏上旅途,再次寻访他早先的宗教生活地点:中国西部名声显赫的朝圣地塔尔寺。因为佛祖的教导在蒙古人中间受到令人无法忍受的曲解,日渐式微。这时,他丢弃了舒适的生活和可观的财富,前往神奇的菩提树寺院。在家乡,他本是阿利亚巴洛洞府的大喇嘛,而

阿利亚巴洛洞窟
(戴着藏帽的却尔吉喇嘛)

在新寺院他只是一个普通的朝圣喇嘛,尽管他学富五车,才高八斗。

大师肯定不属于虔诚然而无知的朝圣者之列。他对藏语的精通程度丝毫不亚于他的母语蒙古语——这在喇嘛中犹如凤毛麟角!他对蒙古语字母、蒙古语语汇的熟悉,恐怕还不如他在博大精深的藏文学中那样如鱼得水。

章彦多尔吉喇嘛和却尔吉喇嘛都继承了佛学大师的藏语学问。从布彦德尔格之类学者那里,根本不可能获得这样的知识!

听却尔吉喇嘛讲解藏文经书的内容,对我确实大有裨益——当然是在他清醒的时候。他非常精通藏文书写词汇,在讲解时,

至多在遇到一两个方言俚语时会停顿下来思索,但最终这也难不住他。

我不能忘掉一个非常重要的情节。却尔吉喇嘛朗读的不是普通的、人人都知道的藏文经书!他对一般经文不感兴趣。他连《甘珠尔》和《丹珠尔》也不屑一顾,只在祈祷、礼拜时宣读那些必要的段落(当然是已背熟了的经文),这些段落他也是以相当不屑的态度念,例行公事。

他喜欢那些地道的,即不是从梵文或汉文翻译过来的藏文经典。这样的经书是有的,我在他的房间里看到过这样的书籍,而且数量不少。他所收集的藏文书足够办一个图书馆了。这些书是在塔尔寺和西藏印刷的,不像在蒙古喇嘛寺中见到的藏文书,绝大多数是在北京印刷的。

在这些书中,最珍贵的那些放在一个单独的大书橱里。大约有70册。每册都比《甘珠尔》和《丹珠尔》的书册要小。这批书册没有共同的书名,甚至书册的数量也有变化。每隔10—20年,喇嘛教的印刷所就印出一批新书,补充进来。每部书所用的纸张、字母和形状都是一样的,所有喇嘛都把这大约70部经书视为互相依存的一个整体。它实际上是一大批喇嘛作者就各种不同题材撰写的作品的集锦。每册书的封面都标有作者的名字,接着是藏文"苏木本"(Szumbum 的音译,下同——译者),即"全集"。那些听说过而且认识这些珍贵藏书的喇嘛,把这批书统称为"苏木本"。

如果我们仔细查考这些书,就会得知,苏木本不是别的,就是喇嘛教的名家著作集,也就是西藏佛教界的作家、高僧大德和活佛著作的汇编。这些著作大多是小作品,其篇幅不超过四五页。

因此一部书常常包含 50—60 个作品。

谁都不要以为,在这部喇嘛教名家著作集里,只有宗教或宗教历史的论述。这里面还有语言文法、年代学、占卜、医学等。概言之,所有藏学家、西藏学者所涉猎的学科,无一不包。在却尔吉喇嘛的帮助下,我得以深入研究这一佛学经典。整整一个月,我心无旁骛。我找到整册整册的有关蒙古佛教的书籍,这些书籍不仅为人们勾画出一幅幅有关宗教关系的有趣的图像,而且惊人详细地探讨了蒙古部落在清王朝时期的状况。

总之一句话,我对却尔吉喇嘛的学识和他的学术藏书不可能失望。

我在翻阅一部西藏宗教历史著作(只介绍西藏和内地)时,被一个奇特的民族的名字尤古尔(Jugur 的音译,下同——译者)所吸引,这是我很久以来在研究的课题。

在以前某个时期,克勒希·乔马·山道尔在寻觅古代马札尔人(即匈牙利人——译者)的遗迹时,被命运抛到了印度北部。他本人受了很多苦,遭了很多罪,落得个穷困潦倒,却没有任何发现。迫于形势,他的研究局限在藏语上。经过非常人的努力,他编写了第一部藏语语法书和第一部藏语词典。这两部书不仅是两部杰作,而且构成一门新的、迄今无人识得的学科——西藏语文学的骨干和基础。他的藏语知识,帮助他在后来的研究工作中,开发北传佛教的丰富的、迄今为止不可企及的西藏资源:他最先发掘出藏文的《甘珠尔》和《丹珠尔》的秘密,我们现在有关西藏年代学和整个喇嘛教的初步知识都应该归功于他。在这个世界上,没有哪个研究佛教和藏语的学者不知道这位伟大的匈牙利学者克勒希·乔马·山道尔的名字、不以最大的敬意缅怀他,直到他去世近百年后的今天。

　　克勒希·乔马·山道尔并不满足于对藏语和西藏文学的研究。他长久以来的夙愿,将他从远远的塞凯伊之国抛到人迹罕至的西藏这寺庙之国的土地上。他不甘心止步于此,而是对西藏文学开始进行进一步研究,并在此地探寻古代匈牙利人的踪迹。最终他有所收获,这也成为引导他奋斗终生的目标。他从西藏文献中查找到尤加尔(jugar 的音译,下同——译者)或尤古尔民族的名字,经过长期考察,他确认,这个民族就生活在中国西部,西藏的卡姆(kham 的音译,下同——译者)省的东边。

　　自此,他不再有其他欲望和梦想,就是一心一意地寻访尤加尔人的故土。他的一番心血没有白费,他的有关著作赢得了赞助者的承认。他被召唤到比较安宁的加尔各答,以便他在较好的环境中继续其研究工作。他本来可以在那儿安静地终此一生。以他的勤奋、谦虚和学识,他可以取得越来越大的成就。但是他不。

　　尤加尔民族使他不能安生。他又毅然决然地踏上新的旅程,去寻访那个他觉得和匈牙利人有亲缘关系的民族。很遗憾,他没能走多远,一种致命的热病击倒了他,使他死在去他梦想中的国家——尤加尔人的土地的旅途中。

　　一百年前,人们还不可能知道,尤加尔人就是维吾尔人,即突厥人的一支。其后裔今天确实生活在当年克勒希·乔马·山道尔寻找的地方:中国西部的甘肃省。不知怎的,人们把突厥族的维吾尔人、尤古尔即裕固人的名称与芬兰—乌戈尔人故土的名称尤格利亚(Jugria 的音译,下同——译者)和匈牙利人搞混了。与乔马同时代的学者在维吾尔人的起源问题上激烈争论,经常表现出那种令人发笑的懵懂无知。

今天我们已经知道,尤加尔人或尤古尔人与匈牙利人没有任何关系,而且从来没有过。但是乔马从西藏文献资料搜集的有关他们的著述仍然是很有意思的,须知有关裕固族后来的历史,更甭说有关西藏的资料,我们都知之甚少。

我怀着崇敬的心情追思克勒希·乔马·山道尔,循序翻阅了他收藏的西藏文献资料,专门阅读了有关的确切说法。然后我开始探寻、查找,没准能发现新的记述尤加尔人的西藏文字材料呢。在却尔吉喇嘛的西藏宗教史资料中,我找到了第一批新资料。

在适当时机,我立即造访了却尔吉喇嘛,刨根问底地请他谈谈他对裕固人都知道些什么。却尔吉喇嘛从不胡诌乱讲。这时他也说,他知道裕固人住在遥远的中国西部的甘肃省。对他来说,要搞清这个很容易,因为他的师父住得离他们很近,甚至他所住过的寺庙里,也有裕固人。他知道,他们有自己的文字,语言既不同于蒙古语,也有别于藏语。

在却尔吉喇嘛的寺庙里,这些尤加尔人差点使我卷入一场奇特的冒险。

寺院里有一个喇嘛,我曾多次见识过他的商业头脑。他自始至终倾听了却尔吉喇嘛的阐释和我的询问。第二天,他偷偷来找我,向我透露:他能帮我搞到一本有关裕固人的很有价值的著作。不是一两行字,而是一整本书,不是藏文而是蒙古文的。只是他坦承,这事不是那么容易,甚至按他的说法,非常复杂。

首先,有关裕固人的书不在附近,而是藏在一个较远的寺庙里。他在十五年前见过。据他所知,这本书今天还在。不久前,有人去过那儿,人们让他看了这本书。遗憾的是,去那个寺庙的路程很远,至少有二百五十里,可能还不止。不过他有一个喇嘛朋友,很愿意为了这本书跑一趟,两个星期可以往返。可是他的朋友是穷人,要付给他相关的费用和辛苦费。他特别强调,书不卖,只出借,可供我阅读。如果我非常想要的话,他们也可以想办法。比如说,书丢了。为了不使人们生气,可以用钱打点他们,这对我来说是完全可以做到的。

为了更有说服力,他补充说,那是个印刷本。这倒让我产生了疑窦。这说明,那本书不可能是珍藏本,也不是不为人知的作品。要知道,绝大多数蒙古文书籍都是在北京印刷的,如果书籍告罄,还有木刻原版在,可随你印刷多少本。如果这个"珍品"不是在北京而是在别的地方,比如说在库库和屯印刷的,那也能在北京找到,至少可以借阅。但是,每当我问,"这个寺庙在那儿?叫什么名字?"时,他就嗫嚅起来,而且极力劝说我别想自己去那个寺院,因为这个藏有珍宝的地方十分偏僻,常有土匪出没。听到这里,我立即恍然大悟:他完全是出于赚钱的目的,编造了这个故事。

我不想贸然拒绝他的"好意",怕他当场翻脸,说我如此看待他的友谊。我邀请他一个星期以后再来,与他具体详谈这件事。

看来不是提建议的侯喇嘛,而是他在公爷府的同伴嫌一个星期太长了。因为三天后,这个人就拿着书找上门来,相当不耐烦地问我需要不需要这本书。

侯喇嘛或许忘了教他朋友说二百五十里路及需要走两个星期的话,或许是心疼钱,不愿与人分享,反正他没有让他朋友一起参与这个秘密。可他怎么也没料到,他的朋友竟直接来找我,使侯喇嘛的计划,在正要实施的当口化为泡影。

至于他们后来是如何了结此事的,我一无所知,因为我再也没有看见过他们俩。好在我看到了这本珍贵的书。可以肯定的是,裕固人是被生拉硬扯到这个历史里来的。实际上,在书中出现的,不是裕固人而是希莱戈尔(siraigol 的音译,下同——译者)部落的名称(有关这个部落的情况也是迷雾一团)。是侯喇嘛凭着一点"诗人的自由",把这个部落的名字误念成"沙拉尤古尔"(sara jugur),即"黄色的裕固人"。其实这本书讲的不是他们,而是著名的西藏英雄格萨尔王的事迹。在北京雍和宫旁边的蒙古文图书市场,大约花三个本戈就可以买到全新的书。这不需要什么特殊的友谊、二百五十里路和两个星期的旅行。而且可以永久地拥有,而不仅仅是借阅。

现在还有一些人认为在好客的、友善的寺院里,唾手可得一本比一本精美、一本比一本珍贵的书籍和手写本,就如同它们自动掉进你的怀里!

山中的盗匪天下

却尔吉喇嘛自我揭露—酒、鸦片、赌博—礼仪是大霍尔拉或神圣的事,但生意至上—寺院里的特别朝圣者—拱吧,否则没得吃—谁赢钱,主人就用棍子打—春季:土匪横行的季节— 一个中国省级银行的金融业务—红胡子下山—房子周围的可疑人—"我的朋友"李清顺,一个红胡子—被卖的妻子—妇女市场,分期付款—宋在岔路上—当土匪给人送礼的时候—人家不告诉他,要去哪儿

在公爷府,我听到的都是有关却尔吉喇嘛的好话。一次短暂的交谈,就足以使我相信人们所说:他是一个大学者,谁与他交谈都受益匪浅,很值得。

刚刚过了二十四小时,我还没安顿下来,却尔吉喇嘛就自动找上门来。他的一番话让我不敢相信自己的耳朵。他是来自我抹黑的。很遗憾,他的话并不是自我贬损,而是句句是实。不需再过二十四小时,他的话就得到了验证。

他没有丝毫开玩笑的意思,而是非常严肃地对我坦言:

"先生,我很喜欢喝酒。我还每天吸鸦片。有时候我会很粗暴。我应该事先跟你说清楚。"

却尔吉喇嘛是个说真话的人,他没有撒谎。

　　他的确是个有价值的人和无用的人的混合体！他向我隐瞒了一个比吸鸦片和喝酒还要命的嗜好：赌博。不管是打麻将还是推牌九，反正都一样，不是赢就是输。他喝酒、吸鸦片只是为了抑制赌博带来的喜悦或苦恼。他一蹲到炕上的麻将桌旁，就开始喝起来。喝不了几口劣质的烧酒，他眼中的麻将牌就变成了双影。当然这是他输牌的开始。他在吵闹一番后开始求助于鸦片来消除他的苦恼和懊丧。如果他玩上瘾，会不舍昼夜、废寝忘食，连续三天苦战不辍，没有一点疲劳之态。

　　他的弟子们、喇嘛们不喜欢他。他们认为他是个很坏的人，也害怕他，尽可能避开他。却尔吉喇嘛是一寺之长。自从老师父迁到塔尔寺去以后，他就独揽大权。其实他的头衔只是副达喇嘛，就像西藏寺庙里所称呼的：却尔吉喇嘛，蒙古语是戴德（ded 的音译，下同——译者）喇嘛，但在这里，看来谁都不知道这一点，人人都把他的头衔看作他的喇嘛名。他自己也是这样用的。

　　在我刚搬进寺庙时，他的一个大弟子跑了。那个人不能继续忍受却尔吉喇嘛的脾气，跑到公爷府当兵去了。却尔吉喇嘛气得暴跳如雷，但是无计可施，因为他也知道，最好不要去惹那些中国土匪兵。在无奈的恼怒中，他揍了两个小沙弥，而且把他们赶走，让他们滚得越远越好，免得在这儿糟蹋小米粥。要知道他们长大后也会像那个恶棍一样坏。

　　没过两星期，又跑掉一个喇嘛。他非走不可，因为他觉得却尔吉喇嘛是个坏人。却尔吉喇嘛什么都不缺，生活阔绰，却让大家挨饿。他是个坏喇嘛，不关心寺院，净做违禁的事，喝酒、吸鸦片、赌博，在寺院里养猪，赚钱。所以，罗布桑念拉格（Lobszang nyanrag 的音译，下同——译者）不想再熟视无睹，干脆一走了之。

　　整个寺院变得鸦雀无声。喇嘛们无声无息地来来去去。很多地方的沉寂是无法改变的,因为被遗弃的僧房空空如也。

　　却尔吉喇嘛对不满意他、造他反的人并不在乎。谁不高兴,谁走好了。反正路在自己脚下。他继续养他的猪,还有驴子。有时,他还把他的牲口出租给人拉货。他在寺院里安身立命,就像任何一个会过日子的世俗财主,其最大的心思就是活得好,并且多多发财。寺院只是他生活的一个基地,一个凭借。他有五百亩土地为他生产。举目之处,什么都是他的。在山腰上以及山外很远的地方,都有汉人农民为他耕作。

　　汉人农民们对他的看法并不比他的弟子们更好,但却尔吉喇嘛对任何人的看法都不在乎,不管是寺院的人还是外人。

　　综上所述,不难想象,阿利亚巴洛洞府不属于那些模范寺院之列,在履行僧人义务和礼仪活动的准确性方面,至少有几点需要改进。

　　大殿的门差不多所有时间都是关着的,就连打扫卫生时也很少打开。我在却尔吉喇嘛的寺院住了整整一个月。让我们瞧瞧,在这一个月里,寺院都有什么宗教活动。我不隐瞒任何事实。

　　在月初,寺院举行了祈福的霍尔拉(horla 的音译,即藏传佛教的四月法会,下同——译者)仪式。在其他正常的寺庙中,这一仪式开始的时间更早些。在这里,人们不会勉为其难。大概九点以后,寺庙大殿的屋檐下响起海螺沉闷悠扬的声音。大规模招募的结果,只来了五个喇嘛和一个小沙弥。他们坐到祈祷的长椅上,在面前铺开皱皱巴巴的藏文经页,开始呢呢喃喃地念经。由于人少,每人都分到一件乐器,甚至有人分到两件。小沙弥前面摆放着海螺,但大鼓也归他管。却尔吉喇嘛在主位上端坐,手摇金刚铃和手鼓。有一个喇嘛敲着两片钹，其他人则吹蒙古角。

阿利亚巴洛洞窟（召唤喇嘛赴法会）

仪式刚开始时，门槛上出现一个陌生的蒙古人。看到他点头，却尔吉喇嘛以出奇的镇静站了起来，把一切抛诸脑后。他要去谈小米粥生意。他没再回到仪式现场。吹蒙古角的一个喇嘛放下他的号角，拿起去谈买卖的达喇嘛的乐器演奏。

诵经祈祷很快就结束了。到了中午，所有喇嘛都已经坐在家里了。他们闷闷不乐地啜饮着水煮的、没什么味道的小米粥。

第二次"大"的霍尔拉法会是在 28 日举行的。这次参加者只有三人。缺席的人中也有却尔吉喇嘛。这次法会不像上次那么花哨，诵经和祈祷活动十分钟就完事。看到我惊讶的表情，格瓦林钦（Geva Rincsen 的音译，下同——译者）喇嘛解释说：

"天太冷了。"

第三次法会比前两次都有意思得多——尽管不能归功于寺庙的人因为活动与非常古老而特别的内蒙古—西藏甚至印度的原始风俗融为一体。

却尔吉喇嘛两天以来一直唠唠叨叨地说，有朝圣者要从公爷府来阿利亚巴洛洞府。我搞不清，他为什么这样郑重其事，大肆张罗，一个劲儿地提及朝圣者。特别是在第三天中午，他说客人也许今天就能到。我有点茫然地望着他。从公爷府来的路很累人，带着牲口、大件行李可能要走一个下午。如果空手走，像这位朝圣者，应该半个下午就能走到。在过去三天里，我听到的，除了进香者要来，还是进香者要来，还有已经不远了，更近了，很快就到了，等等。三天以来都是如此。

却尔吉喇嘛终于对我透露，他们等的不是普通的步行或骑马的进香者，完全不是。

他们等的进香者是公爷府的贵人、蒙古族人宝老爷（Pao laoje的音译，下同——译者）的妻子。她的儿子不久前重病卧床，差点死去。她发下誓愿，如果儿子的病能好，她就要来阿利亚巴洛神的洞府拜谢，而且要像藏人朝圣者一样，自己走完从公爷府来的这段路。

在通向寺院大门的很陡的山路上，出现了朝圣者的身影，离大门已经不远。她每走一步后，就匍匐在地上，伸开双脚双手，然后再站起来，从她刚才手指着地处开始重复前面的动作。就这样，她差不多是用自己的身体丈量着从公爷府到龙泉寺这段路走过来的，用了三天时间。人的意志力是以一种残酷的、自虐的形式来表现的。

早些时候的习俗比现在还无情，但在那时，主要就是一伏一起地围着寺庙转几圈。也有以更严格的形式践行这一奇特的赎罪方式的。每次趴下起来再前进的不是一个身长而是更小的距离。朝圣者一次只走膝盖触地和头触地之间的距离,连身长的一半都不到。我曾听过很多有关传奇,须知这类动人心魄的宗教行为往往很快就会成为真正的传奇。然而实际上,依照严格的惯例,频繁地以额触地,伏下再站起,缓缓前行的方式,很难走远路。除了个别例外,这种朝圣方式只是在寺庙周围或寺院里时兴。

据说,有人用宝老爷妻子的这种方式,走过比从公爷府到龙泉寺远得多的路程。按照有些人的说法,以前某个时候,有信教的"黑人"以这种特殊方式从满洲走到西藏朝圣。过去曾有旅行家报道说,他们在路上遇到过这类朝圣者。从满洲出发的人可能较少,但从中国的西部或西藏各地区出发去拉萨朝圣的人相当多,有人要走上几年才能到达目的地。

要完成这样的朝圣之旅,光靠诚意和勤奋是不够的。如何旅行有其特殊的方式,否则人走不了多远。首先要有填满棉絮的厚实的衣服、保护手和膝盖的用具。陪同朝圣者本身就是一件善举(无论如何,不像朝圣那么辛苦),因此朝圣者一般带一个或多个陪同者上路。陪同者在一定程度上监督旅行方式的规范性,当然也帮助朝圣者,如采购食物。

不过用这种方式旅行不可能日夜兼程,甚至过了一段时间后,一天只能有几个小时这样艰难行走。问题的实质是,人要从最后一次停下来的地方重复匍匐—起身—匍匐的动作。

宝老爷的妻子就是这样走了三天来到阿利亚巴洛洞府。晚上,标出朝圣者已经走到的地方,然后大家都回家去了。第二天,那位朝圣的女人以正常的步伐走到标好的地方,重新开始其朝圣之旅。

尽管夜里可以回家睡觉和休息,路上还有两个仆从相陪,旅行还是充满艰辛和苦难。路上穿的那套衣服,在她到达目的地时已经褴褛不堪了。尽管她戴着护掌和护膝,没有被石块和土块蹭出血,但是膝盖被硌得生疼,以致现在一碰,她就叫了起来。

当宝老爷妻子出现在视野时,阳台上的大长号吹响了。格瓦林钦和罗布桑劲头十足地吹,后者是在失踪几天后又回来的。几乎全寺院的人都集中在大殿里(这是很罕见的机会),却尔吉喇嘛也在场。

又过了足足一个小时,那个女人才到达寺庙的大殿。喇嘛们把她举起来,然后两个仆人把她带到一个空屋子里。她脱下破烂的衣服,换上华丽的丝绸服装。然后,膝盖一弯一弯地向大殿走去。她在门口站住(因为她不能进去),倾听和观看喧闹的礼佛仪式,一直到结束。礼佛仪式传达了她对佛祖的感激之情。为此——对于却尔吉喇嘛们来说,这在整个礼拜活动中是最重要的一件事——她付给寺院当当响的银圆。

仪式结束了,朝圣者及其仆从都返回了公爷府。寺庙的门关闭了。却尔吉喇嘛钻进了他自己的房间。其他喇嘛蜂拥而上,就像一群乱民,急着去分钱。在我面前,呈现一幅极其可厌的景象:这些人为了一点钱互相算计,斤斤计较,甚至脸红脖子粗地争吵、角力,乱哄哄的足有好几个小时。分钱是构成却尔吉喇嘛和他手下喇嘛之间的龃龉、纠纷和仇恨的主要原因。不管哪儿邀请他的人去做法事,不管喇嘛们在什么样的宗教仪式中得到施舍或赏赐,却尔吉喇嘛,作为寺庙的方丈,总是立即索要他的份额。而那些喇嘛们则很不情愿,认为:拱吧,猪,否则没得吃①!他们不想分给他钱,他又没跟他们一起念经做法事。

这就是阿利亚巴洛神洞府中一个月的宗教活动。

每到晚上,钟声就响起来。当日落西山,最后一抹余晖也消失了的时候,却尔吉喇嘛仅存的弟子就走到大殿旁的铜钟边,用木槌慢慢地、小心地敲起来,时而重,时而轻。铜钟忧伤、深沉的鸣响飞向深山老林。他是个执着的蒙古"黑人",如果他突然敲钟,肯定是因为他心血来潮,想到那些正在念诵释迦牟尼佛祖的经文的高僧大德们。

我陷入了沉思。在这样的时候,亚林皮尔喇嘛的房间就会传出喇嘛那低沉、油腻、悠长的声音,其婉转起伏的旋律受到金刚铃和手鼓的有力、急骤的杂音的干扰。

而从却尔吉喇嘛哪儿,被风传送出来的是粗野的叫骂和为辨输赢而进行的激烈争论声。他生来就不是敏感的人。钟声只能由他而响。他手下的喇嘛们一个个离他而去。为了照顾他的情绪,使他有好兴致,在赌博中,他的伙伴们必须输。大家都很害怕这种高价的"好兴致"。最好在他的坏脾气爆发前逃掉。因为如果惹他生了气(比如,伙伴们无意中赢了他的钱),他不会多费口舌,马上抄起手杖,暴打他的客人或牌友。最后没人再敢坐下来与他玩牌。这时,他就会站到院子中央,扯着喉咙大声喊,叫来在坡地上耕耘的汉族农民,陪他打麻将或推牌九。

却尔吉喇嘛的寺院肯定不是块圣地,这是无疑的。

如果我只需为寺院内部的纷争而头疼,还不算什么。真正的

---

① 　匈牙利谚语,"不劳者不得食"之意。

祸患是从本来静谧、荒凉的山区以奇特的形式活跃起来开始的。当夜幕降临时，一些来历不明的人开始在四周走动、搜寻。没人认识这些人，不知他们从哪儿来，想干什么。寺院夜晚的宁静常被狗的狂吠声和枪声打破。

让我依次道来。

我们已知道，1月底偷窃、劫道、抢劫和凶杀案频发是什么原因。说到底都与即将来临的新春佳节不无关系。新年过后，那些法外之人就暂时休息了。然而新年过去没多久，匪患又重新猖獗起来。我的蒙古族和汉族朋友们忙不迭地向我解释。在中国，什么事都有说词，即使什么都解决不了。

春天来了。春季的匪患开始了。

春季盗匪猖獗，盗匪多如牛毛，这不仅有季节上的原因。虽然不可否认，冬寒过后，春季的温和气候，更适合长时间在野外驻留和活动、在路边长久埋伏或碰到追缉者时向山里逃窜。尽管这种情况很少发生，但总还是有的。不过除此之外，还有不大讲情理的原因：一般在这个时候，上一年的收成已告罄。

很早以前，在中华民国的统治之前，在可咒的清王朝时期，国家到处都有粮仓，遇到荒年的时候，就会开仓放粮，救济穷人和窘困者。当然，今天的粮仓（如果没被仇恨前朝的人毁掉的话），是被救国救民的中国将军们用来储藏武器、军粮和公粮的地方。

在春天青黄不接的时候，在谷物和小米都吃光了，饥馑将至之时，这还奇怪吗？人们可以忍饥挨饿于一时，然而无情的生命需求，把越来越多的人投入盗贼的行列。一些逃兵也加入他们的队伍（当然还带着适当的武器）。有组织的匪帮就这样形成了。但是大型的土匪组织只会在饥荒特别严重的时候产生。要知道，在这方面,单干毕竟掠获更丰……

春天又爆发了新的内战,所有财政危机、破产都等着春天的来临。

有关新内战的细节我还不知道。我需要去较远的朝阳了解情况。然而财务困难和纠纷没让我等那么久。

3月15日,一个美好的春日的早晨(连续两天喝得醉醺醺的却尔吉喇嘛连打牌的兴致都没有了),打探消息的人从公爷府来,气喘吁吁地说,那边所有商店都关了门,连一个扣子都买不到。因为前一天夜里,从热河传来正式通报,该省的钱币元由以前价值100分(菲林)变成只值40分。在这里,钱一下子贬值这么多并不新鲜,而且是说贬就贬。

狡猾一点的公爷府的狐狸们并不怎么担心投机。在这里,货币贬值不是第一次。也不会是最后一次。只要等上两三个星期,一切都会自动恢复正常。商人们把店关掉,等候时来运转。但在两三天时间里,生活停止了。

人们对货币贬值的解释——让我们承认——很是特别。贬值百分之六十的货币是由热河这个中国省份的银行发行的。这个银行的头头不是别人,就是省长——臭名昭著的汤玉麟。在这里,除了省银行发行的纸币外,还有只在北京、天津和其他地方有效的、从来都比省的货币更值钱的银圆流通。只不过在市面上根本看不到银圆的影子,因为在整个热河,谨慎的汉人都把这稀有金属藏在箱柜里。

货币贬值当然只涉及纸币,银圆并不贬值。但我不想解释中国财政金融系统的复杂的运作方式、业务等细节,以使读者生厌。我只想说明,省银行在所有这类指导性的货币贬值后,都能大赚几百万,然后再恢复正常的财政状况。我比较早地理解了,富有的中国商人或政坛上的那些百万富翁为什么不把钱存进中国的银行,而是宁愿旅行好几天、甚至好几个星期,把自己的钱财存到英国、美国或其他外国银行去,是为了安全。

热河的货币贬值一个明显特点是时机的选择:它总是发生在从社会学角度看人们心理状态最不好的时候。贬值正发生在饥荒四起、社会动荡不安、可怕景象到处可见的时候。

让我们暂时放下政治,回到我们的小山区来。这一带的人们既不是哲学家,也不是理财专家。他们惊慌失措,哀叹他们那微薄的钱财转瞬之间又大大缩水。

春天的风,令人莫测地、恶狠狠地在山间呼啸。

我们周围的环境越来越险恶。却尔吉喇嘛从密室中取出他的武器,给我一支枪,他自己留两支。这是老式的俄国军用武器。夜里我的房间也亮着灯,让人以为我还没睡。这在却尔吉喇嘛那儿不是问题,反正他晚上总是亮着灯打麻将。

夜幕降临,我们解开三条大狗身上的链子。这些狗凶猛异常,绝对不容生人靠近。其中一只狗叫"独眼龙"。在它还小的时候,一只眼睛被不友善的人打瞎了。三只狗中,"独眼龙"是最狂暴的,它在嗅出附近有生人的味道时,便发出嗜血的吠声,率领其他的狗扑向不速之客。

在山坡上,出现越来越多可疑的生人。他们窥伺寺庙,而且越靠越近,很有可能是偷柴火的人。可他们在根本没有柴草的地方找什么呢?却尔吉喇嘛每听到外面传来较大的噪音,比如较急躁的狗吠声,就走到院子里,用地道的汉语发出一长串奇特的咒骂,警告山上的人:是哪个杂种在那里爬?然后用同样不那么客气的语气喊,他马上就会打断他的腿。

越临近月末,却尔吉喇嘛越是焦躁不安:夜晚的喃喃自语多了起来,有时他失去耐心,从激烈言辞转变为动真格的了。他抄起枪,朝着传来噪音的地方就是一枪。当然没有什么结果。第二天情况照旧。

在可疑的和令人紧张的骚动之后,更严重的事情发生了。在一个清晨,我一觉醒来,得知寺院的所有铜盘和其他一些东西失踪了。这些东西是前一天放在一个小建筑内,准备予以清洗的。很可能是一个寺内的喇嘛浑水摸鱼。但谁知道呢?

又过了两天,却尔吉喇嘛的农民们上气不接下气地跑来报告一个坏消息:在通往公爷府的路上,离寺院不远、已经半坍塌的建筑里,就是那个"娘们儿"住的房子被洗劫一空。那个"娘们儿"还在,只不过已是个被绑着手的死人了。却尔吉喇嘛不作声地听了一会儿,后来不耐烦起来,轻蔑地说:

"不可惜。那是个坏女人。"

一两天后,新发生的事件打破了我们生活的安宁。在离我们不到一公里的地方,红胡子,即土匪,打劫了却尔吉喇嘛的一个老农民和他的妻子。所有拿得动的东西都被抢走了。他们的棚屋空空如也,被翻了个遍。那对夫妇也被土匪掳走当人质。要由年轻人去赎。

然而真正使我瞠目结舌的是,两个星期以来常往这儿跑的汉人李清顺(Li Cingsun 的音译,下同——译者)竟然是个众所周知的红胡子。不过却尔吉喇嘛并不怕李清顺。据他说,那是个实诚人,不会在这儿干任何坏事。如果他没钱了,就往西面去。李清顺有时一走就是几天,再回来时总带着新的衣服、用具、手表,当然主要是钱。

　　这个李清顺是如何来到寺院并找到我的呢？原来是小宋和他的一个喇嘛朋友找来的。他们不仅交朋友，还谈买卖。不过只有那个喇嘛做成买卖，因为小宋的买卖让我给搅黄了。

　　李清顺有两个老婆，他原在离此地大约两公里的山里一所破农舍里养活她们。看来他已经厌倦了她们，千方百计想摆脱她们。其中一个老婆被他打发了，不过没有通过正常程序。她被一个喇嘛买走了。喇嘛是不能娶妻的，更甭说把女人娶到寺庙里。他们决定，这件事要保密。办法是让那个女人继续住在山里。相应的地，买价也不是按照惯例一笔付清，而是分批支付，并且是用实物支付：李清顺卖老婆的报偿是，那个喇嘛每天向他提供午餐。当然这只是到他们的交易撤销为止。暂时说来，甚至直到我离开这里时，他们之间的契约一直令各方都满意，因为李清顺每天都到喇嘛家吃饭，除了他秘而不宣地离开的那几天。

小宋、土匪李清顺、罗布桑念拉格和娶亲的喇嘛

另一个老婆的事比较麻烦。李清顺原先也想把她卖了（我不知道妇女们对"卖"有何看法），就是卖给小宋。一口价，二十元中国纸币（相当于同样数目的匈牙利本戈）。我得说，这是个诱人的报价，因为即使在中国的妇女买卖市场上，李清顺要的这个价也是闻所未闻的低。但是无论小宋如何央求，让我同意这桩好买卖——这个他人生中永远不会再遇到的好机会，我始终不为所动，严辞拒绝，而且声明，如果他执意买那个女人，就立马走人，爱去哪儿去哪儿。

小宋还抱着说服我改变主意的希望，拉来了李清顺，让他也来劝我。李清顺这个土匪并不是空着手来的。他知道大白天来访问应该有所表示。他带来一大把韭菜（鲜嫩的葱类植物）当礼物，而我所在的这一带，根本不知道韭菜为何物。看到我尴尬的样子，他忙说，他是从很远的地方带来的——为了让我高兴。我却暗想，谁知道他是从哪家园子里摘的。

当然，我没答应李清顺，他后来也不再勉强把他的女人卖给别人。我尽量克制着自己，没把访问者赶出去，因为我想，宁肯让他在我的同意下大白天来访，总比他晚上偷着来要好。他来得很勤。不管是去喇嘛那儿还是从喇嘛那儿离开，他都顺道来访，无论如何不愿绕开我的房子走。

可能不用我说，这个多事之春的3月份一结束，我就要打点行囊离开。不管他表现得多么友善，我也不能向他透露，我何时走，去哪里……

医　生

　　公爷府的骆驼队—在平坦的道路上也摔跤的人—
只要一个铜子儿—在老熟人中间—牛头口门的寺院—
大夫喇嘛—妇女在佛祖前烧香、鸦片烟灯从不熄灭的地
方—喇嘛教的医学—驱鬼的灵丹妙药和其他喇嘛教的
药物—土杰扎布，"野蛮的"《甘珠尔》读者—大喇嘛想
卖掉他的书—牛头口门的书冢—格勒格扎姆索，每周都
死的人—邻居泰远明入狱—余达喇嘛的死讯—格瓦林
钦带来六个烧瓶子"当礼物"—却尔吉喇嘛的运气—中
国监狱状况—公爷府的集市

　　太阳已升得老高，人们等待良久的从公爷府来的骡马队终于
出现在视野。三只狗看到他们，都跑到大门口，列成一排，以最不
友好的态度，迎候走近的陌生人。那些人见状停了下来，决定等
等再说。马匹和骡子局促不安地摇头踏蹄。蒙古人开始喊叫起
来。小宋从凌晨以来就在一个房顶上窥望，已有好几个小时。他
盼着公爷府的来人，我们要在他们的帮助下离开这个让人不安的
阿利亚巴洛神的洞府。在那些人出现在视野里时，他已等得不耐
烦了，离开了他的观察点。听到狗的狂吠，他从一个喇嘛房里冲
出来，一步两三个台阶地跳到院子里，奔向大门口，去约束越来越
凶的独眼龙和它的两个伙伴。

　　开始装车了。因为通往山门的台阶又陡又窄，不能把马拉到院子里来，需要先将已捆好的大行李送到山门前。然后把行李搭到骡子的背上：一边两件，每边的重量差不多，免得一头沉，一头轻，影响骡子行走时的平稳。寺院里所剩不多的小沙弥也都来帮忙，还有大弟子们。连当时还清醒的却尔吉喇嘛——心情一定很沉重——也来送行。他也在马和骡子周围转来转去，指指点点。最后在相互道谢和告别之后，我们出发向山下走去。

　　下山的路也许不如上山那么累人，但却危险得多。我们走过的路，背后不断有松动的石块和土块滚下山去。如果走错一步，人就可能一脚踩空，或俯或仰地往下滑个一二十米，且不说还有可能掉下路右边的悬崖。骡子以惊人的灵巧，依照路况，或攀援或撑持，就是不失去平衡。我的驮马却没有骡子的本事，它还不适应这样崎岖的山路，经常出现险情，需要我小心地牵引，时刻注意马的脚步。就这样，我们战战兢兢、紧张兮兮地前行，直到走上比较平坦的地段。

　　从两个蹲守的石狮子开始，道路变得比较正常了。我们来时曾经过这里。我们告别了两个陪我们走到这里的喇嘛——罗巴桑和格瓦林钦。他们答应以后到我的新住所来看我。老实说，我对有点狡猾的格瓦林钦从来不大信任。不过，我对温和而安静的罗巴桑很有好感。看到他在却尔吉喇嘛那荒寂的、毫无生气的寺庙里挣扎求生，从一开始我就深感同情和惋惜。我在与他们告别的时候，有点动情。因为人在又要面临一个陌生的、不可知的世界时，才会感到那些微笑着的、熟悉的友好面孔的珍贵。谁知道，在新的环境里，会有什么奇怪甚至险恶的事情等着他呢。

　　在离别时我告诫他们，如果李清顺去寺院，千万不要声张，不能告诉他我去哪儿了。既然命运如此眷顾我，使我在离开之日免去与他见面的尴尬（谁知他在哪儿，正跟谁混在一起开他4月份的玩笑？），那么我至少不要自己惹祸上身。

我们分手后，小小的队伍继续向着公爷府进发。我发现，我的两个蒙古族随从好像走惯了起伏不平的山路，以致走在平坦的道路上也是跌跌撞撞，恢复不了正常的步履。虽然道路不完全平坦，还有点倾斜，但只有喝醉了的人走路才会这样摇摇晃晃。这两个蒙古族随从看上去与汉人没什么两样。从服饰、面孔的线条上都看不出他们是异族人。但当你走近他们时，这种印象就消失了：他们用蒙古语讲话，还是醉醺醺的。只有蒙古族人兼通这两件事，且身体力行。

当我们到达公爷府的时候，中午早就过去了。在这一小队人马经过之处，人们都站下来，吃惊地望着我们。妇女们急忙把孩子抱紧在怀里，有的钻出人群，向我要钱。要的不多，只是一个铜子儿。一个铜子儿的大小与二本戈币相同。350个铜子儿值一块中国大洋，即大约相当于一个本戈。一个本戈的350分之一不算多少钱。就是对中国乞丐的施舍，一般至少是两三个铜板。因此我对这样的乞讨感到有点奇怪，直到又有两三个妇女讨钱为止。因为她们解释说，向外国先生要铜子儿是为了讨个吉利，把铜子儿当护身符。看来她们的解释是对的，因为当小宋也想分发护身符的时候，人家并非出于礼貌的矜持拒绝了他的好意。

我很快也必须结束分发铜子儿的善举，因为我们已经到达了旅途的第一站：喇嘛庙。我们进入院子，早已熟识的喇嘛迎上前来。我们卸下东西。现在正是赤日炎炎，为躲避令人眩晕的午日阳光，我钻进友好的小僧房，真是惬意。尽管友谊和礼貌要求我去我的老房东处歇息，但一想起他那腌臜的房子和那些令人不快的小住户，我还是没有足够的力量和勇气这样做。

我们在此不能停留太久，所以匆匆地吃了午饭，喂饱了牲口，又准备上路了。扎米彦多尔吉和他的弟子、年轻的呼毕勒罕活佛伊什达木桑听说我们来了，立即走上前来，一直守在我身边，直到离别。在告别时，我们约定，可能几周后我们又会与伊什达木桑见面。即使这会儿见不着，只要我还在牛头口门的话，一个月后，我们肯定能见面。伊什达木桑如饥似渴地吸收科学知识，不满足于藏语和蒙古语文字书写，又开始致力于汉语学习。他学什么都学有所成。出于学习目的，他很想跟着我也去牛头口门。他打算去找我未来的房东——大夫喇嘛，向他求教医学知识。

我听到这个消息很高兴，不仅是因为我将在新的寺庙里会到老熟人（谁知道是在什么样的人中间），而且我被一种隐秘的希望抓住。如果这个痴迷于科学的年轻活佛到大夫喇嘛身边，当一年学徒，这说明大夫喇嘛名副其实，确实精通喇嘛教的医学。我为给新房东锦上添花而骄傲。就拿最近的事来说：公爷府的呼毕勒罕，就是活佛、大学者却尔吉喇嘛，让我了解了多少新事物、获得多少新的知识啊！我感到，我的新房东大夫喇嘛，就是医生，与他们相比毫不逊色。他跟却尔吉喇嘛是同一个级别。我只是暗自思量，这个大夫喇嘛会有什么样的恶习或怪癖呢。在活佛和学者那里得到的经验告诉我，还是做好遇到最坏情况的准备。

不管我对眼下的活佛房东有什么不好的看法，我还是敲开他僧房的门，向他辞行。可怜的、一无所有的老活佛比以前更腌臜、更邋遢、更潦倒了。多皱的、下垂的脸使他显得更加衰老，往日犀利的眼神、火辣辣的目光似乎也黯淡了。

　　不管小宋有多担心,公爷府也没有派兵护送我们。士兵护送是需要花钱的。甚至可以说,迄今为止,我旅行期间最大的支出就是付士兵保护费。我必须很好地考虑,什么时候非得花这笔钱不可。牛头口门离公爷府只有一箭之遥,两地之间的路上总有人来往。当然夜里最好不要在这条路上闲逛。但话又说回来,在夜晚,尤其是春季的夜晚,就是待在门窗紧闭的家里,也没有安全保障。

　　经过冷峻、怪石嶙峋的山坡和灰色、干枯、冬眠的树林之后,没有任何过渡,我们一下子冲进春天里。稚嫩的、黄黄绿绿的树丛,绿茵茵的草地,和煦的春风给我们送来新生命的气息。在尘土飞扬的大路上,骡马似乎也更欢快地奋蹄前行。

　　当牛头口门那些低矮的、泥抹的中式房屋和灰色破旧的喇嘛庙映入眼帘时,我已把冬天留在身后了。所有的险恶和苦难已成为一场过去的噩梦。我们有多么幸运啊! 当我们再睁开眼睛时,那一切都已无影无踪,无须再去回忆!

　　大夫喇嘛住在哪里,人所共知。他的僧房紧挨着大殿。这些喇嘛的住房很难区分,所有房子都一模一样。我已走访了不少喇嘛庙,住过许多僧房,如果不是荒废、肮脏和残破的程度赋予这些寺院各自特色的话,我一下子简直说不出我现在身在何处。如果我在某处从梦中醒来,首先要想一想,我现在何处:建筑的布局,房间的设置,炕、窗户、院子……所有地方都十分雷同。如果几年过去后,我翻出老照片,逐张端详那些我度过几周甚至几个月的寺院、殿堂的话,要不是看到一两张熟悉的面孔,我还真说不出我手中拿的是哪个寺院的照片。

　　比如,大夫喇嘛的僧房和亚林皮尔喇嘛的僧房就像两个鸡蛋那样没有区别。我正等着,不知那个严厉的大师的笨拙身影何时出现在我眼前。这时,一个瘦小单薄、喜怒不形于色、衣衫破旧的喇嘛来到我的眼前。我一时以为眼睛花了。他显得既不兴奋,也不热情,没有鞠躬行礼。他的接待与我已经习惯的方式也不一样。我差点认为他是个不友善的人,如果不是听到他热情、和蔼和轻柔的声音的话。他简短地对我表示欢迎,然后就带我去看我的住房。

房东及时地自我介绍。他以平静的声调说:

"先生,你要知道,我们是种地的喇嘛,和其他人不一样。"

这个温文尔雅的大夫喇嘛开始解释他们如何劳动自救,刨地、播种,因为总得活下去啊……。他要是知道,在其他的地方,"其他的喇嘛"在这个时候是如何"自救"的:他们肯定正在吸鸦片、喝酒,不遵守僧人的清规戒律! 其他喇嘛! 每个人都觉得他有权成为例外,由其他人代他履行义务,而在以前,他们也曾十分警觉地监督和要求遵守仪轨规则。在中国这个凡事都讲"差不多"的国家,这是多么危险啊。准确、精密在这里是多余的(一两个小时? 还有很多。一两天? 也有很多。几千个人? 如果不见了,根本不会被发现)。寺院的人也很快学会了"差不多"。一两个喇嘛不守清规? 没关系,反正会有其他喇嘛替他念经祈祷。在愁苦的蒙古族地区,越来越多的寺院等待其他喇嘛、其他寺院替他们念经礼佛,在黄色神祇的黄色仆从中间,越来越多的人吸食鸦片、酗酒、种地、做买卖、抢劫和杀人。

大夫喇嘛的僧房与亚林皮尔喇嘛的房子——正如前面我提到的——惊人的雷同。但在这里,我所住地方的位置与那边刚好相反。我现在住在佛殿的右侧,大夫喇嘛则住在右面配殿的左侧。大夫喇嘛不在乎佛祖会怪罪他把一个外国人安置在佛祖身边。

老实说，大夫喇嘛相当忽略佛祖，以前也是这样。他让寺院里那些较出色的喇嘛，比如医生、占星师、驱鬼法师等免于做僧事。这些人不需要像其他喇嘛那样进大殿念经，甚至在家里也只需默诵某些经文就够了。要知道他们已为寺院挣够了好处，大有益于寺院。大量金钱、各种农产品、牲畜、毛皮和其他被救治的病人的谢礼，都直属寺院所有。

我的房东大夫喇嘛只为他自己的厨房工作，但是没有放弃他久已有之的特权。让他和其他喇嘛坐在同一条长凳上念诵藏语经文是很困难的事，因为大夫喇嘛看不懂藏文字母。要是换成其他喇嘛，这是难以想象的事情。这是不能允许的无知，而他作为医生享有这个令人羡慕的特权。大夫喇嘛并不完全是个文盲，他会写蒙古文字，这在蒙古喇嘛中间是很少有的学识。他认真地用蒙古语完整地念几段规定的经文。没有人检查他。往往他念完一段经文，谁也不知他念的是啥。我觉得，他的祈祷只是一种自我欣赏。

祈祷是在佛祖像前进行的，一般每星期一次。说起来，佛祖并没有跟我的医生喇嘛朝过相。就是有其他的礼佛机会，比如每天两次在佛像前烧香，大夫喇嘛也是遣别人去，而且是不合适的人。

在右边的建筑里，从走廊向右的房间就是另一个寺院，亚林皮尔喇嘛的僧房里红喇嘛和其他弟子住的地方，住着大夫喇嘛的兄嫂，两位安静、慈蔼、和善的蒙古族老人。就是这个老妇人代替大夫喇嘛到佛像前烧香。她非常尽职，其勤勉、崇信和虔诚的态度,不能不令观者感动。我成为这奇怪的地方风俗的见证人。寺院原来是不让妇女踏足的。后来只是允许妇女在院墙内过夜。无论是亲戚还是非亲戚的白人,辛亥革命前,没人敢违反这一禁令。然而今天,谁会追究他们的责任呢?即使在喇嘛庙,也没人过分看重这一禁令,别的地方也不特别上心。可是像现在这样,让一个女亲戚代行僧人之职,是迄今为止我没想到的。

在经历过活佛和学者那里的风风雨雨的日子之后,大夫喇嘛僧房里的静谧和安详气氛,令人有说不出的感触。刚开始时,我还有点疑心,不愿相信。我等着看下文,因为在所有地方,最初几天日子过得都很好,甚至让我以为来到了天使和圣人中间。然而,所有地方的人都不能长久地克制自己,最多一个星期,就原形毕露,一切照旧。他们无视外国人或陌生人的存在,旁若无人,纵情享乐,吵闹争执,就像我根本不在眼前。不管我多么不习惯这种放纵无度的生活方式,说到底,这是我考察的需要,我必须预测到这一切不愉快、危险和劳苦。

在大夫喇嘛的僧房,我——说实话,不无好奇之心——耐心等待那种风风雨雨、嘈杂混乱的生活形态再现,想看看这里又有什么特殊之处。在不同的地方,人人都有独出心裁之处,怪僻和恶习都带有鲜明的个人色彩,绝不会混同。

然而在医生这里,我的预计失灵了。一个星期、两个星期过去了,什么都没有变,一切都还是那么平静、规矩,就像我刚来的第一天一样。大夫喇嘛是个大烟鬼,每天晚上我朝院子里望去,都能看到他窗户上闪跳着鸦片烟灯的火光。但是他不喝酒,也没有不正常的生活习惯。他少言寡语,很安静,很本分。他祥和的声音散发着静谧的气息,给人以安全感。他很像一个清心寡欲的贤哲。

　　他被叫去出诊时,总是戴上他那顶紫色的汉式瓜皮帽(有点像布彦德尔格的小帽),帽子下面垫着某种手帕似的、不知何种颜色的破布,其四个角挂在头上。左右各有一个小布袋挎在脖子上,一个放药物,另一个放食物。他手拿一根手杖,慢慢地、不急不火地出发了。他好像是个古代父系社会遗留下来的稀有人类个体,真不知他是怎样在这盗匪横行的乱世生存的。

　　大夫喇嘛的医术闻名遐迩。难怪公爷府的伊什丹桑想到他这儿当沙弥。不过,我在这里很难想到,是与一个医生住在同一个院子里,因为平时我看不到有任何医疗活动的迹象,最多是院子里晾晒的蛇皮、蜥蜴让人联想到医生的存在。哦,还有那放在窗台上、房檐下、壁橱顶上和里面的,散发着各种奇特味道的草药。

　　要知道,医生不仅要能说出病人得了什么病,而且要会医治,而这是离不开医药的。大夫喇嘛之所以有这么大的名气,肯定与他的这些神奇草药是分不开的。他熟知每种草药的名字,知道去何处采集(有时要走很远的路),什么时候当茶喝,什么时候要研成药末儿,哪味药该配哪味药……他笃定不是只用三四种,而是用百种以上草药治病。无疑,这并非雕虫小技,需要有大学问。

　　大夫喇嘛的医疗本领并不是无师自通的,也不是学自老巫医之流,而是作为另一个著名的医生喇嘛的徒弟,在运用古代喇嘛教中的这门医学科学的过程中,耳濡目染,日积月累,渐入门径的。喇嘛们都很清楚,虔诚的信徒更需要的是身体上的救治而不是灵魂上的慰籍。行医看病是他们手中强大的武器。在西藏有名的喇嘛教佛学院,除了神学和哲学外,很早以来就教授医学知识。在著名的高僧中间,除了神学博士外,不乏医道高深的医学博士。要想成为大夫喇嘛那样的医生,也不必都去西藏学习。在蒙古族地区也有很多喇嘛教大学和学院,这我们以后还会谈到。也许还是汉地的医学给蒙古寺庙的帮助最大。

中医和藏医主要的药物是药草或药面儿。内蒙古和西藏喇嘛都有专门记录药用植物名称的医药手册。大夫喇嘛也给我看过他的医药书,其中一本我带回了国内。可以找到每种药物的蒙古、汉和藏文的名称。在这一带,最值得记住的是药物的汉语名称,因为在较大的汉人村庄、城镇都有中药房,可以买到很好的药。

蒙古喇嘛不怎么使用中医的神奇疗法——针灸。大夫喇嘛承认,他知道一些针灸疗法,但不敢应用。在中医书籍相当原始的人体图上,有三百零几个穴位,医生可以用针刺人体的某个穴位,而对人体没有任何伤害,甚至可以缓解病人的病情。说实话,谁要想根据这些稚拙的图画来了解人体的那些穴位点,需要有相当大的勇气。我知道西方现代医学对针灸的粗浅治疗方法是怎么看待的,如果我知道,这个方法不大被看重,我是不会太失望的。不过还是值得指出,在医学水平短期内达到西方水平的日本,有一个重要大学的医学系,经过深入的研究试验后,专门建立了进一步研究和应用针灸术的研究所①。

喇嘛教医学也使用比这更隐秘的药物和医疗方法,然而其效果只在痴迷的信徒眼中是确定无疑的。具体来说,如果有谁被

---

① 乔治·苏里耶·莫兰特:《真正中国针灸术概要》,巴黎,第二版,1934 年。

"魔鬼缠住"，只需让他吞服一个——幸好比较小——写有咒语的纸团——灵符。我的大夫喇嘛有时也使用这样的"灵丹妙药"。至于他自己是否服用，我不敢说，但是我亲眼看到他给病人吞服一两服这样的"药"。

除了灵符，还有什么疗效神奇的、主要是出处特别的药丸给花了不少钱的信佛的病人服用，现在最好免谈。

有时治病连药都不必用。医生，甚至普通的喇嘛念念咒语就可以帮助病人驱逐病魔。他们的经书、典籍中充满这类藏文和蒙古文的符咒、偈语，从对付喉咙痛、牙痛、眼痛的符咒到各种各样的鼻、喉粘膜炎，应有尽有。我必须承认，当我看到喇嘛们用祭祀动物的内脏占卜吉凶的时候，非常吃惊。他们用这种奇怪的"治疗方法"糊弄信徒，但他们对此却有自己的看法。我曾说过，我带来的药在所有地方都给我带来麻烦，人人都把我看作神医，个个都发现自己有各种各样的疾病，让我来医治，而且还不用花钱！这后一点是他们找我的主要理由。这儿的医生是不会免费提供神的恩典的。有一个喇嘛，每天都在自己身上发现某种新疾病：一天发烧，次日腿疼，后来又想起，两个星期前被切掉一根手指，等等，让我不得安宁。我终于厌烦了。当他又来到我面前说他眼睛疼时，我愠恼地指着藏文经书翻开的一页对他说，这就是治眼睛疼的"咒语"。这个人对我曾给予过的帮助也毫不领情，相反，他激愤地攻击起我来：

"老师父，你当我是傻子吗？我以为你真想帮助我呢……"

我的大夫喇嘛不怎么看得上这类治病方法，如果不是他有时也向病人发放那些符咒的话，我会对他产生好感，另眼相看。不过我忽然想到，他就是想念咒语给人治病也做不到，因为他至少需要懂藏语才能念,而他不懂藏语。也许他就是由于这个原因才反对念咒治病吧?

比念咒语还原始的医治方法也是存在的:敲鼓、跳舞、吹喇叭和大叫大嚷治病。然而很难想象,上了年纪的、安静的大夫喇嘛会进行这种需要蹦蹦跳跳、闹出很大动静的活动。实际上,这类治病方法在这儿并不多见,主要是在西藏流行。在内蒙古,最多是萨满们用这种跳大神的方式治病。

随着日子一天天过去,我发现,在整个寺院里,只有大夫喇嘛还与旧日的寺庙生活和喇嘛活动有关联。

在寺院附近住着大概十五至二十个喇嘛,但是很难说清哪幢房子里住的是喇嘛,哪里住的是蒙古"黑人",哪里住的是汉人。牛头口门四分之三的人口是汉族,剩下的四分之一则,需要先刮下其汉人釉彩,才能显现出蒙古人真相来。

寺院周围就像是一块墓地。它的门永远是关着的,没有任何外人去那里。寺庙里没有洒扫庭除,到处被厚厚的尘土覆盖。为什么要去碰那些破旧的祭坛和腐朽的长椅呢?喇嘛教已经衰微败落。这里早已听不到海螺号那沉郁悠长的声音,一面已破裂的大鼓静静地卧在一个角落,地上还有一片有裂纹的钹:好像被什么人踩了一脚。牛头口门寺庙再也不见喇嘛们集体做法事的景象。

大殿由"野蛮的家伙"、喀喇沁的土杰札布(Tugdzsedzsab 的音译,下同——译者)看管。除他之外,大院里找不到其他生灵。他是那种所谓的"伪学者"。土杰札布成天无所事事,游手好闲。当我得知,他是出于虔诚从喀喇沁王爷府来到这里,为的是从头到尾读一遍藏文的《甘珠尔》,就打算拜他为师。"通读《甘珠尔》"

算是宗教的壮举和伟绩,但是在很多情况下,并不比早些年间盛
行的,尤其是在新年庆典期间举行的"集体诵读《甘珠尔》"更有
价值。那时,为皇帝的福寿安康,必须通读《甘珠尔》所有106或
108册(册数因印刷地点不同而有出入)。一个人要通读佛教经
典需要很长的时间,而大家都想早点完成这样的伟业。虔诚的僧
众的自助方法是,把卷帙浩繁的经书分册发给喇嘛们,每人一册
或不到一册。大家坐进大殿,同时高声诵念经书,但各念各的。
绝大多数喇嘛根本不知道念的是哪一部分,更甭说了解他们大声
背诵的经文的含义了。一个喇嘛即便心里想也不能做到聚精会
神于他所念的经文,因为大殿里一片喧哗、嘈杂不堪。他连自己
的声音都听不见,尽管他也想尽量发挥自己的作用。

土杰札布也是这样诵念藏文
的《甘珠尔》,任何人都不能扰乱
他的注意力。我不大明白,是什
么原因使他专门跋涉到此,因为
他在自己的寺院也能做这件事,
还可以一次诵念三套经书。开始
他为自己每天的功课感到非常自
豪,但当我们开始谈到《甘珠尔》
的一些更著名的段落时,他的自
豪感立刻消失了。恐怕他也不得
不想,到底是生硬、机械、断断续
续地诵读某些段落,还是专注、理
解地诵读全篇,这是完全不一
样的。

牛头口门。上图寺院的守护者,
"粗野的家伙"土杰札布

因为需要找到其他的喇嘛，我见人就打听是否认识村里的喇嘛。如果不是我有运气，大喇嘛亲自来访，我也不会与他相识。

65 岁的游方僧达喇嘛曾学过某些没用的学科，他既无权力又无威信。即便他有权力，又能对谁发号施令呢？村子里的年青一代，很多人根本不知道他是达喇嘛。他已从大殿附近搬走，反正那儿也没什么可找的……

他走进房间时，手里紧握着几本书。他以为我对释迦牟尼佛祖有兴趣，可能会买他的书。反正这些书对他来说已经没什么用了。

在牛头口门喇嘛寺，我可以随意选读那些经书宝典。在一个配殿里，在入口的右边，我看到所谓的"书冢"。这整座建筑满是散落的藏文和蒙古文的书页。前文谈到西府庙的书籍的命运，不难想象，这书冢还在不断扩充。在当今，所有大一点的寺院里都有类似的书冢，这在过去是不可或缺的。须知，不管什么样的经书、圣书都是不能烧掉的，而常见的情况是，很多书经过反复捧读，早已破烂不堪，不能再用。这样的书被扔到书冢里。然而在牛头口门的书冢里，不仅有古旧的、被人千百次翻阅后破烂不堪的祈祷书，而且也有稀有的珍贵书籍等待人认识。藏书阁就在人人皆知的状态中走向毁灭。当书籍文献被春天的劲风吹乱刮散的时候，人们不是花几天时间把它们搜寻、收敛起来，进行装订、整理，而是干脆把他们扔到书冢里。

可以说，没有什么比在这样的书冢中搜寻、发现和找齐书籍或册页更让人疲惫和烦躁的工作了。比如，在第一天，我就找到一本非常珍贵的、半萨满教半佛教的蒙古文手札。手札只有十六张纸。我喜出望外，正想把这个珍贵的手札收起来，突然发现缺

牛头口门。大庙

了第十二篇(每一篇只有一个号)。我又花了两天工夫不懈地查找,终于——这有不少幸运成分在内——找到了第十二篇。遗憾的是,我并不总是这么幸运。还有很多缺页缺幅的,最终也没能找到。谁知道风把它们吹到哪儿去了!

由于土杰札布的好意(当然不是无偿的),我得以选择那些在我看来最有意思的书札,予以收藏。我收藏的古籍文献又增添了新篇幅。可惜,我不得不放弃带走所有我想带走的书札的愿望,这造成的负担是我无法承受的,因为我根本没有准备。

在我已经不指望寺院里还有什么有意思的新鲜事的时候,在美好的一天,格勒格扎姆索出现在我面前。令人吃惊的是,他虽然是个"黑人",却知道得很多。他会娓娓动听地叙述很多书籍的内容。在谈话快结束时,看到我吃惊的样子,他透露,实际上他是个喇嘛,只是成了家。他抓住我的胳膊,让我去他那儿看看。他住的离这儿不远。

格勒格扎姆索规规矩矩地结了婚,成了家,甚至和他的岳父母一大家子一起住在一个巢穴式的建筑里。我看见他岳父在一只被蒙住眼睛转圈走的驴的帮助下,用大豆制造有名的、白色的豆腐。看到那种制作方法,我只能说,我的食欲全消,不再想吃这种亦为欧洲人——我认为有点过分——所赏识的美食。

有老婆的喇嘛抓住这次家庭访问的机会,当即请求我给他和他老婆照张相。我不大喜欢这种不请自来的行为。不管是蒙古人还是汉人,照相时,总是先拉来一把椅子,往自己身边放上仙人掌之类的东西,把手放到膝盖上,表情木然、眼睛发呆地盯着照相机镜头。这时,就是世界上所有的幽默大师都不能让他脸上略有生气,更甭说微笑了。

还有那个婆娘?我想,他将带进来一个丑陋、驼背、脏兮兮的、已不年轻的蒙古妇女。我可怜的照相机!等女人出来大概需要一个小时,因为她要更衣打扮。在内蒙古,更衣可不是简单的女性事务。她终于出现了。

眼前的情景令我大跌眼镜。不是我等着看的丑陋、驼背、腌臜的老妪,而是一个长着相当精致的面孔,年轻、清新、亮丽的蒙古美女,娉娉婷婷地出现在我的面前。她身穿一件浅蓝色、带黄花图案的丝绸长袍和配着丝绦和纽扣的背心,头上戴着炫丽的满族头饰,脚穿浅蓝色的绸缎靴,手上戴着永不脱下的摩洛哥皮草手套。我不得不暗自承认,这个狡黠的格勒格扎姆索做了一桩不坏的交易:他为了娶这个女人,离开了那个了无生趣、日益衰败的寺院。

不过,这个格勒格扎姆索也不简单,问题不少。最近这次来访后,他前脚走,大夫喇嘛后脚就来了。满脸忧愁的大夫喇嘛问我,知不知道这个人是什么人? 知不知道我会给他的房子和他本人带来多大的祸患?

这个格勒格扎姆索每三至四天就死过去一次。有时一整天都一动不动。在大夫喇嘛这儿他也做过这吓人的事,不是一次,而是两次。万一他不再醒来,真死了呢?

他的话不假。在按照中国法律判案的地方,这不

牛头口门。
格勒格扎姆索的满族装束的妻子

是开玩笑的事。在中国,不管是生人还是熟人死在某人的房子里或房子前面,房主都会被牵扯上官司:他要对死人负责。这是一个厌世自杀者报复其仇人的最可怕的方法:在仇人的房子前结束自己的生命。这样的事情屡见不鲜。指控的罪名是:房主对死亡事件负有直接或间接的责任。他有可能洗脱杀人罪名,但这只是一种可能,不是必然。肯定逃脱不掉的是,他会马上被抓进监狱,他的所有东西被翻个底儿掉,他会尝遍地狱里所有的苦头。

大夫喇嘛就怕惹上这样的事! 可别再放这个格勒格扎姆索进来了!

不用多举例子。就在前一天,公爷府的警察带走了我们的邻

居。他会怎么样,还是不说为妙。所有家人都如坐针毡,所有亲戚也都焦虑不安。

取了个汉人名字的蒙古族邻居泰远明(Taijuanming 的音译,下同——译者)非常害怕在这一带游荡的小偷和土匪。以前他的一个仓库曾被盗窃一空。为了安全,他在炕上放了一把磨得锃亮的矛枪,连睡觉时都放在身边。他在三更后醒来,听到院里有动静,好像有人在搜寻什么,又慢慢接近了他睡的炕边的窗户。天很黑,他什么也看不见,但是恐惧之中抓起长矛穿过窗户纸向外刺去。他感到好像刺中了什么东西。窸窸窣窣的声音消失了。他又放心地睡去。

第二天,厄运开始了。泰远明夜里刺瞎了一个公爷府的中国士兵的眼睛。这个士兵大半夜不知在牛头口门生疏的院子里找什么,那里没什么东西可找。这个士兵被刺伤后没几天就死了。这起死人的事件本来不会变成多大的事,如果死者不恰恰是公爷府一个小官吏的远房亲戚的话。而这个小官吏不肯善罢甘休。

这个士兵半夜里在泰远明的院子里确实没什么东西好找。不过这可怜的士兵也没干什么坏事,只是想看看,泰远明这儿是不是有人打麻将。他有检查的权力,而任何一个中国公民举报秘密赌博者,都会得到奖赏。由此可知,这个士兵是无辜丧命的。

死者的小吏亲戚的论据被接受。泰远明被抓走。第二天,第一笔钱500元随之而去。我的喇嘛熟人给我讲述了很多与警察有关的可悲消息。

就在月初,从喀喇沁王府的寺庙来了一位喇嘛找我。他连连叹息着告诉我一个噩耗:在我离开没多久,亚林皮尔的师父余达喇嘛被残忍地杀害。他的房子被放火烧毁。当然,先是遭到洗劫。作案的大约是 20 名骑马的土匪。周围的人家都听到了嘈杂声，但没有人敢出门。

可怜的余达喇嘛，新年时还看望过我们。他那时神采奕奕，兴致勃勃。他还试图安慰患重病而垂危的老喇嘛！呜呼哀哉，我们不敢相信，他这么快就惨遭横祸，追随他的老朋友而去。

看来，阿利亚巴洛洞府里也不是事事如意。大概在 22 日，格瓦林钦来找我。这个访问使我很吃惊。要知道，喇嘛们对许诺、誓言之类并不大当真，更甭说有关访问的许诺了。看来他很想讨好我，很快便拿出礼物：六个烧饼子。烧饼子每个要一个铜子儿。在公爷府的每条街上都有叫卖这种中国式薄饼的。这种食品特别受黄包车夫的欢迎。礼物不算什么，重要的是意图。

格瓦林钦已离开阿利亚巴洛神的洞府。他还不知道要去那儿，去投奔谁，但他再也不想回那个可诅咒的地方。格瓦林钦肯定有原因，还是重大原因，要来说道说道，因为他脸上青一块紫一块的。他可能察觉到我在观察他脸上和手上的特别的斑点和瘀伤，因此开始唉声叹气地讲述其来历。

是的，都是那个可恶的却尔吉喇嘛！事情是这样的：22 号，大家都到公爷府去做礼拜，只有却尔吉喇嘛留守在家。他喝酒，吸鸦片，和他的农夫们打麻将。众僧回来后，他一如既往地向他们要"他的份子"。这回格瓦林钦可不干了：

"你怎么敢向我们要钱？你是喇嘛吗？你酗酒闹事，打麻将，吸鸦片，在寺院里养猪。将来谁去杀那些猪呢？"

格瓦林钦话还没说完，却尔吉喇嘛已经怒不可遏。他二话不说就抄起一根木棍，对格瓦林钦劈头盖脸一顿暴打。他的棍子打在格瓦林钦的背上和脸上，只要能够得到的地方，用此来"阐述"

自己的反面意见。格瓦林钦不是一个好奇心重的人,他未等暴怒的头头说话,就立即逃走了。

听了他的这番话,我不再怀疑格瓦林钦不想回阿利亚巴洛神洞府的决心了。至少在一段时间内。

在这次来访的一个星期后,从那个神圣之地又传来更糟的消息。

小宋去公爷府采购回来后,踅进大门,满脸幸灾乐祸的表情。没等完全进入房间,就迫不及待地告诉我一个惊人的消息:

"先生,你知道我去哪儿了吗?公爷府的监狱。你猜我见到谁了?却尔吉喇嘛的大弟子。"

格瓦林钦没有逆来顺受。那天,他未等身上的青紫斑和瘀血还有其他的伤自然消失,就从我这儿直奔公爷府的警察局。当然是秘密地。他举报说,却尔吉喇嘛的僧房是个地地道道的麻将牌赌窝。

警察局里的人耐心听完他讲的所有细节,记下详细地址。就在当天夜里,警察突然来到被告发的地点。然而,却尔吉喇嘛当时恰好不在家,他去了 200 里外的一个寺庙(这不幸的巧合使格瓦林钦大为丧气)。他的大弟子,在师父远离的情况下,照旧与一帮老牌友吆五喝六地打麻将。

中国警察把牌友们一举抓获:三个喇嘛和三个汉族农夫。警察并没有行使暴力,而是和颜悦色地向他们提出建议:人人都可以留在家里,放心睡觉,自由地等待事情的结果。如果有人担心今后的命运,也可以逃走。但是为此要先数出 600 元钱放到桌子上,而且是马上。三个汉族农民和三个喇嘛面面相觑,然后平静地说:

"我们还是去公爷府,进监狱。"

警察们不再废话,把他们一一捆起来。小宋对细节记得特别清楚,一再强调说,那可不是一般捆捆,而是把他们的手捆在背后。在黑暗中,在巉岩嶙峋的山坡上,被捆着手走路,可不是什么惬意的事情。

小宋在公爷府办事时听说了抓人的消息。他可不愿错过这个大好机会,立即前往监狱去"探望"大弟子。大弟子低着头,羞愧地坐在木栅栏后面。开始时他几乎不敢看小宋,而后者幸灾乐祸但又假惺惺地问,在这儿是不是不太好。大弟子还没有完全崩溃,他听出小宋话中揶揄的意思,便恶语回击道:

"你也应该呆在这儿,因为每天晚上你都和我们一起打麻将!"

其后,他立刻觉得还是别吵架的好,不如友善一点,向来访者求点事。大弟子在监狱里是度日如年,非常难挨。这也很难怪。

中国的监狱不是按照美国的模式建造的,无论从卫生还是从人道的角度看,都大有改进的必要。囚犯们都挤在肮脏不堪、蟑螂臭虫乱爬的炕上。谁都不能从"监狱"迈出半步(当然狱警押送除外)。而这一严格的规定往往会造成不小的灾难。

要知道,中国的房子里一般没有厕所(厕所都在外面院子里),而公爷府的监狱看来也不想革新。曾有人想帮助监狱改进,但是未得到回应。牢房里放了两只大缸,供囚犯们需要时使用。每个星期让囚犯们倒一次。

狱方可能对大弟子特别生气,因为他被安排到一只大缸的边上。他百般无奈,牢房里人满为患,没有人好心与他换地方。眼下正是4月末,在炎热中,整个牢房充满恶臭。可怜的大弟子紧靠着缸边,忍受着氨的刺鼻气味,简直就像在地狱中受罪一样。他曾央求我找监狱负责人替他说情,就是让他坐一辈子牢或把他扔进什么黑暗的洞里都行,只要能离开这只大缸。

我对匪患和监狱的考察只能到此为止,因为前面还有很长的路要走。5月就要到了,我必须考虑以后的行程。我吩咐小宋——还给了他一些钱让他想法搞到车、马以便上路。我们要往东走,去朝阳,看看那古老的、著名的大寺院现在怎么样了。

在公爷府,每星期都有一天举办集市。每到这一天,从各地来的顾客和商贩就云集于此。街上到处都是骡马、车辆,人要转身都困难。我挑出集市这一天来让小宋去办事,因为集市上选择余地大,容易找到合适的车把式。晚上小宋回来了,垂头丧气,疲惫不堪。

"先生,没有一个车把式敢去朝阳。都害怕土匪……"

在途中

红色岩石的城市：哈达

从公爷府到哈达—国道上的危险—那些从饥荒中牟利的人—中国的债务人法律—公爷府的谷米骚乱—一个公正严明的大官—险恶的峡谷—红岩—哈达里的汉人世界—中国的"人口统计资料"—哈达为什么没有成为省会—从喇嘛庙传来的悲惨消息—小宋号啕大哭—李清顺不退缩—又一个熟人—没人买的皇家礼物—跟哈达的脚夫讨价还价是徒劳的—彭老爷助我脱困

好几天的寻找都无果而终，我们没有找到车把式。我们不得不做出决定，先到较近的哈达去。哈达是一座较大的中国城市，也许在那儿能找到有闯荡精神的车把式。实施计划的第一部分看来是再容易不过了。去哈达至多有半天路程，可能连半天都不要。去哈达的路上人很多，那儿毕竟是一个人口稠密、商业活跃的较大城市。

遗憾的是，正是这一状况加重了旅行的困难。这是因为，在华北地区，与国道，特别是贸易中心周围地区相比，在人迹罕至、荒凉僻静的地方旅行更安全、更顺当。大国道，特别是在峡谷、山口和急转弯地带的公路,实际上被大大小小的土匪控制,大城市、大市场简直处于各种匪帮的重重包围之中。

幸好哈达位于还不那么险恶的地段——省际交界线附近——像喇嘛庙,因此也不需要顾虑那么严重的匪患。我们没怎么听说过较大的匪帮,大多是"天马行空"的小偷、窃贼、劫道者,还有两三个人组成的小匪伙,威胁赤手空拳的旅客。

然而形势一天天恶化。春季,匪患不断扩散,小偷、窃贼和拦路强盗开始进入他们原先从未涉足过的地方。随着春天脚步的移动,粮荒越来越严重,食不果腹的人数也越来越多。当然,与1929年我在绥远及周围地区的所见所闻相比,这里的情况简直像在天堂一般,至少没饿死过人。

正像所有祸患一样,这个祸患的趁火打劫者也出现了。陷入饥馑边缘的农民,处境窘迫,很容易受制于人。他们不仅没有春播的种子,甚至连口粮都是吃了上顿没下顿。这时,那些"好心人"就来找他们,向他们放贷,不是钱——因为钱没什么用,有钱也买不到粮食——而是谷米。这些人除了得到感激和一年到期必还的债务之外,还定出每月百分之十的利息,这也要用实物偿还。可以预见,借了这样无情的高利贷,赶上庄稼歉收的年景,农民在巴掌大的一块土地上所收获的,到下一个年末还能剩下什么。

在中国没有拖欠债务一说,欠的债说什么时候还就得什么时候还。如果债主在变卖其债务人的财产后,仍收不回所有的欠款,他可以把欠债人送进监狱。在中国,为此专门制定了法律!穷困的破落户或倾家荡产的负债者,在无能力偿还债务时,就会被以"不愿还债"为由送进监狱。不过,我在北京认识一个假装破产、实际上把钱藏起来的中国银行家。他欠债两万元,不想偿还,但又不用坐监狱(虽然债主想尽一切办法让他坐牢),因为他每个月都到警察局交上一元钱,表示承认欠债、一有可能就会还债的诚意。一元钱权作分期还债款。但是我需要马上说明,这个狡猾的负债者,没有任何可见的动产和不动产,而他存在美国银行的钱没人能动。

但是在哈达和公爷府一带,谷米贸易并不是毫无风险的。

在4月18日,一些张皇失措的商贩找到公爷府的官员,说他们的商队在离城市不远的地方遭到土匪打劫,被抢去十袋小米。土匪没有伤害他们,还放过他们的驴子,只是把谷米袋子转放到他们的牲口背上,扬长而去。这些又急又气的倒霉鬼要求官员派兵去追捕那些土匪,因为他们知道土匪的去向。但是他们没能说动"官爷"。

那个官吏一副悲天悯人的样子,静静地听完他们的抱怨。他慢条斯理地捅一捅长管铜烟斗里的烟叶,以所罗门式的智慧对他们说:

"你们想对这些穷苦人怎么样?他们也要吃饭啊!"

如果事情是贩烟土、敲诈、贿赂的话,没有人相信,公爷府的官吏会有这样的社会同情心。

与谷米有关的形势越来越令人担忧。继放高利贷的事发生后,偷窃和抢劫也不再风行。这是因为,谨慎的、幸运的谷米业主不再有安全感,他们给自己的粮仓上好几道锁。有人来借米,无论亲疏,一概不借,只说没米可借。

不过他们想隐藏已经晚了,谁都知道在哪儿谁家藏有谷米。不满的人们一开始只是窃窃私语,后来结帮结伙,抱怨、争论、躁动不安。最后,吃不上谷米的人们成群结伙地来到谷米业主"富裕户"的家门口,群情激愤,大叫大嚷,"谷米暴动"一触即发。

4月的最后一天,事情发展到极限。有一个谷米业主看到聚集在他家门前的不满分子太吵,甚至隐约听到叫骂声和威胁的话语。业主立即叫来警察。十来个警察来到现场,跟他们一起来的还有那个官员。他表情严肃、一副正义的样子。他倾听了双方的意见,但对人们的叫嚷无动于衷,连眼皮都没眨一下。最后他宣布,不满者是对的,谷米的业主必须把他们藏的谷米拿出来,以出借的名义分给无米的人。每个借贷者开出谷米借据,保证一年后偿还,不拖欠。为了将事情圆满解决,他以后会派士兵来监督。谷米业主们听取了这一特别的、无论如何对他们非常不利的判决。他们必须不加利息地出借他们珍藏的粮食,已经够他们倒霉的了,而他们不得不咽下的真正的苦药是,这些由官方强制分发的借贷物,他们将再也看不到、收不回了。

谷米骚乱的参加者们可能也想到了这一点,因为不久以后,他们向官员递交了一份黑名单。谁也甭想隐瞒其谷米存货!

不满的骚动又被新的狂热所取代:分光富人的谷米!一时间,人人都想当穷人,成群结队地带着口袋向上了封条的房子进发。

4月份的最后一天,我就这样告别了牛头口门。一整夜我都不能入睡,苦思冥想。和煦的春风开始轻拂树梢。然后风越来越强劲,最后变成呼啸,仿佛飓风一般。一时之间,好像有人把一大桶细沙往窗户上撒,窗纸簌簌作响。我向外望去。黑狗发出喑哑、疲倦的声音,不时向围墙顶投射到地上的形状不定的阴影猛扑。

早晨,在两个骑兵的护送下,我动身去哈达。天色尚早,但整个牛头口门已经苏醒。人人都兴奋莫名,因为又要开始分富人的谷米了。在"富人们"的院子里摆设的大锅里,咕噜咕噜地煮着羊肉。这也许能稍稍平息群众的被煽动起来的激烈情绪,使公爷府那样的分谷事件不再发生。牛头口门是个小地方,这儿的人都彼此相熟,迄今为止大家都相安无事。

我们没等"谷米革命"结束,就继续我们的行程。我们去寻找某个比较和平、安静的世界。对面走来背着空口袋的乡民。他们是去公爷府讨免费谷子的。

我们刚走了不到50里,就得在一家汉人客栈停下来,马、旅人、士兵都需要休息、吃午饭。在这里能见到的蒙古族人越来越少,越来越多的马褂子里面裹的是真正的汉人。在动身的时候,客栈老板好意提醒我们,在最近的一个山口要当心,因为那里常有拦路劫匪。大概走了8—10里路,我们到了那个被说得很邪乎的山口,但没看到一个人。再走一会儿,树木都消失了,没有了任何植物生命的迹象,我们仿佛来到了沙漠。

"我们就快到赤峰了。"一个骑兵说。

其实,类似的沙漠地带说明,城市不远了。这个大而富裕的商业城市为沙土地带所环绕。下一分钟,在日暮余晖中,在我们的右手一边,出现了红色的岩石山,城市就紧靠着它。整座石山像是火烧的。难怪蒙古族人把它称为乌兰哈达,即红山。蒙古族人不见了,城市也有了新的汉名。乌兰哈达改名为赤峰(老名字的汉译名),但是它的老蒙古名是抹不去的。蒙古人、汉人一般都仍然说到哈达而不是赤峰购物。

在城市的原始的木制大门口,一个中国士兵迎接我们,当然马上就让我出示护照。他在翻看我陈旧的官方证件时,把他的武器支在汽车前,以免我们逃走。我的两个士兵对检查结果无动于衷。中午在客栈,他们就已经拿到了佣金。他们趁此离开。让我自己处理自己的事务吧。

最终我们皆大欢喜地完成了检查护照这件严肃而重要的事情。守门的士兵说,他不用在这里花半个钟点填写表格,我只要给他一张名片就行了。我明天尽管到警察局办手续。他拿回他的步枪。进城的路畅通了。

看来,昨天晚上,第一场春雨降临了哈达城。我们立刻体验了它的效力:这座中国大城市的主要街道上,水淹到车轴这么高,车轮的转动非常艰难。经过一番辛苦,我们终于走进一个说不上干净、整齐的汉人客栈。

哈达是热河省最大、最重要和最具商业气息的城市。虽然这只是一个一眼便可望到头的城市,相对来说,面积不大。我们没有这座城市的人口统计资料。一个消息灵通的汉人坚持说哈达的人口不会超过六万,而另一个则发誓,肯定有十万之众。

我不知道,这些数字是不是像关于中国有几亿人口的争论那么要紧。有一次,我与一个去过西方的中国年轻人交谈。我开始赞叹中国之大。为了迎合他最敏感的神经点,我冒昧地说:

"中国是个大国,有4.5亿人口。"

和我谈话的人的面孔沉了下来,就像受到极大的侮辱似的,愤愤不平地批驳起我来:

"这是西方帝国主义列强散布的说法,是为了贬低我们。这不对。中国十年前就有4.5亿人口,自那以来,已增加到7亿了。"

"自那以来"，中国失去了西藏，失去了新疆，失去了蒙古，甚至要放弃满洲了，然而在这个年轻的中国沙文主义者的眼中，人口数字一直在增长，不可抗拒地增长，就是可恶的西方帝国主义列强也不能阻挡。

有时，如果没有那些精确的统计资料有多好！

尽管我不可能知道，"哈达的十万人口"有多少是真实的，但是处在我的位置，任何人都可以判定：即便哈达城只有两万人，城市也像完全被废弃了一样。公路、石板地和其他这类从城市美学角度来看不可缺少的装饰一样也没有。电力本不属于奢侈品范畴，但这里的人们却认为夜晚的街道灯光照明是不必要的，是浪费。晚上，正经人都坐在家里，而其他类别的人，不妨让他掉进垃圾坑或泥水沟里去算了。

所有这些市政不修、杂乱无章的情况，并不影响哈达居民的商贸活动，甚至可能鞭策他们更努力地工作。这里看不到安逸、舒适和奢华的影子。受发财欲望的驱使，从中国各地来的冒险家、商人会关心市政建设这类事情吗？当中国的农民或商人在黄河的某个岸边感到命运多舛，或者由于匪患、饥馑或政治纷争的原因而在其祖先的土地上没有好日子过时，就会打点行装，带上全部家当（可能就是一个小包裹），背井离乡，向长城外，即"口外"（一般这样称呼内蒙古）迁徙，闯天下，碰运气。这样的人在哈达城有 6 万到 10 万人之多。

每座房子都有商店，向街道张开饥饿的大嘴，许多东奔西走的中国人都在谈买卖。骆驼、马、骡子和大车纷至沓来，熙熙攘攘，乱哄哄的噪音里还夹杂着卡车的轰鸣声，这一切都给街道注入生机。我有点纳闷地暗自寻思：这些人在和谁做生意呢？城里除了他们——商人们，没住什么其他的人。

哈达确实不是为自己，更不是靠自己生活。哈达是个中介点。它与其南面的省会热河，别名承德，有着非常密切的关系，尽管两地之间的公路很原始。越过承德和长城，经过古北口峡谷，就是北京了。城市是向东南延伸的、更重要的道路的卫士：这条路况好不到哪儿去的道路，向朝阳和离它不远的北票延伸。眼下，北票市是在建的铁路线的终点站。过了这里，就走上了通往奉天和满洲的路。其背后是内蒙古最富饶的、最有价值的，同时也是最没被开发的部分。

曾有很长一段时间，有计划把热河省省会从死气沉沉的承德迁到这里。可惜计划始终只是计划：省长汤玉麟阻止了计划的实施，因为他不想离开他陈设豪华舒适的官邸，而搬到蒙古族中间去。另外一个较重要的原因恐怕就是其不完善的交通状况。这里既没有铁路，也没有公路，更甭说还得经过土匪横行的险恶地区才能到达这座城市。虽然不乏远大计划，那些雄心勃勃的年轻的沙文主义者们，在很多地图上，纵横交错地画满了铁路线。然而，总是缺了实施计划最重要的东西——钱。

在这纷乱忙碌的哈达城里，我可以找到什么都愿意干的生意人。一开始我就觉得，去朝阳的路是保险的。

在决定继续旅行前，我无论如何要在这里待几天。我走街串巷，到处观光，用习惯了单调的沙漠和荒原的麻木的眼睛观赏生机勃勃的城市生活，是很愉快的事。小宋立即开始寻找车把式。这事必须委托他去办，因为我是个外国人，那些富有经济头脑的人会立即向我要三至四倍的价钱。

我连想也不敢想，在哈达城里会遇到老熟人。小宋在第二天就兴冲冲地跑来报告：他有了喇嘛庙的消息。从黄寺来了一个喇嘛，他就住在这一带。他不仅带来小宋喇嘛庙的朋友的口信，而且还给小宋带来了被褥。小宋的被褥已经破烂得不像话。这个喇嘛从喀喇沁王爷的寺院走到这儿，沿路上我们到过的寺院他都去了，一路打听到这儿，终于见到了我们。其实他差点就放弃了一切希望，哈达毕竟是个大地方，牛头口门的人都说不清我们会往哪儿走。

小宋的喜悦很快就转为悲哀，因为带信来的喇嘛给他讲了喇嘛庙里的其他新闻。起初我几乎问不出他悲哀的原因，后来他缓过劲儿来，吐露了真相。

托人给他捎来被褥的喇嘛告诉他，小宋喇嘛庙的好朋友——就是受他委托管理商店的那个人——遇到很大的麻烦。现在已不用再掩饰，他的好朋友严喜奎以前是个红胡子，做土匪营生，就在哈达这一带。说实在的，他不是个坏人，以前从没有伤害过任何人，只是拦路劫财。那两个后来被他杀死的人，纯粹是出于偶然，离开了人世。不幸的人们，竟然反抗！如果他们不与他动手的话，他们现在还活得好好的。

小宋努力吸水烟袋锅

在我面前，喇嘛不再隐瞒任何事。他看到旁边没有其他的人，就继续放心地讲下去。他说，警察从多伦诺尔去小商店，把严喜奎捆了起来，扣押了小商店的一切东西，甚至最后全部带走了。

听到这里,小宋再也忍不住,一屁股坐到门槛儿上,像个孩子似的哭嚎起来:

"小店完了,小店完了!……"

我和喇嘛尽可能地安慰小宋。幸好我们没有太伤脑筋。他平静下来,站起身,开始自言自语起来。最后他自我解嘲地说:

"幸好我离开了喇嘛庙。小店没了,至少我没事儿,没被警察捆走……"

我的脑子里突然灵光一闪。我在离开喇嘛庙时,严喜奎曾偷偷地塞给我一张名片,这张名片可能是张不坏的护身符,可以用来对付土匪。我在脑海里开始搜寻,这张名片被我放哪儿了。

在难受过后,我们去了哈达的一家餐馆,请捎信来的喇嘛吃饭。他不辞劳苦跑了这么远的路追赶我们,至少应让他把想说的话说完,尽兴而归。

我们刚转过第一个街角,我就僵住了,迈不开腿,像被钉在那里:土匪李清顺就站在我们面前,真真切切。他瞥见我,马上显出一副狡狯的样子,谄笑着向我走来。他先是装模作样地嗔怪我不辞而别离开龙泉寺。他说,他知道我曾住在牛头口门的寺院里,后来又离开了那儿。能在这里见到我是多么运气啊!

当得知我们正要去吃饭时,李清顺马上不请自来地跟上我们。他说,他今天东奔西跑,忙这忙那的,还没顾上吃饭呢。虽然我对这个不期而遇的熟人所说的"运气"不以为然,但我没法拒绝他和我们一起吃饭,顶多尽量找一个冷清的地方,赶快把饭吃完。

在饭桌上,可能是温黄酒的作用,李清顺也直言不讳地袒露心声。我试图把谈话转到其他方面,却没能阻止他大吐苦水,为自己的悲惨人生痛哭流涕。说实话,他过得一直比较顺利,只是在人生的某些阶段出现波折,而最近这几天,他进入人生最悲惨的阶段。

事情是这样的:在公爷府,有人向警察局讲了他不光彩的过去,引起警察局的注意。警察开始调查他,经常来打扰他。而这样的事从来都不会善终的。警察可以随时关押他,甚至没人知道会采用什么更坏的手段处置他。

我已从其他口风不严的人口中知道了李清顺的历史。就像大多数土匪一样,他也是在中华民国的军队开始其生涯的。有一阵子,他各方面都挺顺利。后来部队开始发不出军饷,最后连口粮都供应不上了。士兵们不得不逐渐适应自行解决每日生活所需的状况。作为当兵的,这不是那么容易的事,争抢、争斗是免不了的。一天,李清顺突然问自己:干吗要凑这个热闹?他立刻穿上衣服、戴上俄式帽子,抄起他的枪及其必要的配件,没有报告,便给自己放长假,走了。

开始时,他劫掠的方式多种多样,可以说很成功。在这些过程中,也有越来越多的人认识了他。虽然他并不执着于这种萍水相逢的熟人关系,可那些人却忘不了他,追寻他的踪迹。总有那么一两个人成功。于是,李的日子开始不好过起来,朝不保夕。找他的人有受害者、受害者的亲属,甚至公爷府的警察也向他张开了大网。

李不仅会哭诉、抱怨,而且当他认为他的故事一定打动我的时候,就急着向我说出他自救、解困的药方。他让我雇他作车夫。他跟我走,哪怕到天涯海角,只要不留在这儿。他连薪水报酬都不要,只要供他吃就行,其他东西他自己解决……我在龙泉寺时,他还没有车子,后来他认识到,没车不行,就自己搞了一辆又大又漂亮的车子,还有两头壮实的骡子。如果这还不够,我尽管说,他会立即补足所需……

这个出色的候补车夫从我良久思索的样子猜出,我对他的自荐不以为然,就马上补充一句,打断了我的思索:如果我出于某种原因不能带他走的话,至少可以帮他一个忙,把他推荐给某一个基督教传教士,吸收他加入教会。也许他们能保护他。

如果说我没有兴致带李清顺走,我更不能把这个需要经历十三种考验的坏蛋介绍给某一个优秀的传教士,给他惹麻烦。在这一带,基督教、天主教可能被穷人和乞丐,还有那些潦倒的、失意的人看作是一个给予安慰、同情和扶植的地方(那些富裕、傲慢的中国人称它为"小米子教",即谷米教)。但传教士们也警惕、防备那些小偷和盗匪钻进他们的队伍,以逃避法律的惩罚。

我也不能干脆拒绝他,摆脱他的纠缠,因为这会导致他或他的同伙的报复。一个像我这样正准备远行的人,不能冒这个险。李清顺在没有得到我肯定的答复之前,显然会纠缠不放。他一直跟到我的住处。我无计可施,只好写了一封信给附近的一个比利时的神父,坦白说明我的处境。我没有避而不谈李清顺的意图,但也没有隐瞒他的那些糗事。我请求神父根据他自己的判断,或者提请警察局注意这个人,或者放过这个倒霉鬼。很遗憾,在新的考察旅途之前,我没时间和他周旋。

当和霭的长者彭老爷(Pong laoje 的音译,下同——译者)出现在我面前时,我顿感轻松,大大松了一口气。我还是在公爷府认识他的,老人是喀喇沁公爷的左膀右臂。由于他的职务所在,需要处理很多麻烦事,因为公爷府问题成堆,而且越来越糟糕。现在他正是为了公爷府的生计,奔走于哈达的大街小巷,要把一些古董变卖成现钱。他甚至带来了公爷府的镇府之宝——著名的大珍珠。这是某朝的中国皇帝赏赐给过去一个喀喇沁公爷的妻子的宝贝。他愁眉苦脸地抱怨，他很不走运，只能空着行囊慢慢走回去了。

小宋几天来一直忙着与车老板谈判，但还没跟任何一个人签约。人们犹豫不决的原因是此行的方向让他们有所顾虑。这儿离朝阳总共只有 360 里的距离，应该说本来很容易找到承包者，不管他们如何夸大其词，说什么路难走、土匪多、危险等等。所有人都说，最多只能送我们去北票而不是朝阳。北票和朝阳离此地差不多同样远，但由于前者是一条铁路的终点，回来时也容易找到拉脚的人。但是我不想走直道，因为我计划走访敖汉的蒙古族人。

在我彷徨无计之时，彭老爷助了我一臂之力。以前，公爷很爱旅行，也常找人拉脚，运东西。在哈达，他有很多老关系，雇佣过很多脚夫。我们一起去找其中的一个。公爷介绍的车夫很痛快就答应效力，但不是他本人——他年已老迈，不中用了——而是他十六七岁的儿子送我们去。

我们终于成功了！我们就要前往东北面的王子庙和潜湖！

经过汉人的孤岛,去找敖汉蒙古人

新车夫—红庙—红庙里有老婆的喇嘛—什么都卖的地方—他们连不属于自己的东西都卖—在古代居民区的遗址上—古契丹王国—被盗掘的契丹墓冢—神秘的岩石铭文—契丹人和中国人—穿过零落的汉人村庄—渡过老哈河—在王爷府邸—在蒙古兵的保护下—玛丽洼,基督教村—潜藏的湖泊

车子上拴了三匹骡子。此行要穿越没有道路的沙漠、野地和溪流等,很不容易。特别是要渡过浑浊的老河。但愿在到达老河之前不要下雨,否则不要说乘马车渡河,就是找到渡船也无济于事。我们准备了两个星期的食物:我们要去的地方什么都搞不到,冒险者搞不好会饿死。我们对上路前的准备工作已经驾轻就熟,很快就打点停当。在离开之前,我们照例去警察局辞行。在两个武装骑兵的护送下,我们于 5 月 8 日离开了哈达城。

事先谈好,车夫只把我们送到王子庙和潜湖。他对这一带也不怎么熟悉,更甭说他连做梦都没梦到过的更远的地方了。因为有士兵护送我们,所以去的路途不用担心有土匪。可是他不希望返回时,他好不容易赚到的脚费被抢走。因为很难指望找到回哈达的旅客,因此他让我付他双倍的价钱。

在地图的问题上,我的处境不佳。我们要走的路线的一部

分,连日本地图上都没有标出。经过多方打听后,我自己制订了一个做参考用的旅程计划。我只相信那些经过他人认证的资料。当然,在现场我还要核对我自己做的资料,并根据需要进行补充。

我拿着计划图,知道我们再走 20 里路后,应该到达一个较小的蒙古喇嘛寺庙。我问到的人都说,这个寺庙附近的人都以汉语叫它为"红庙"。

到中午 11∶30 左右,我们走了 20 里路。一路上,小宋不停地抱怨,怎么内蒙古的一里路比内地比如说他们村的一里路长得多。终于,喇嘛庙突兀地出现在面前。寺庙的砖是红色的,显然是因此得到"红庙"这个汉名。不过,就像在中国的蒙古族地区,主要是寺院附近,一切事物都有别名,这座庙也别的名字。在大门口上方,有一块大匾,上书正式的汉文名字:普隐寺。寺庙紧挨着一个汉人村庄。村名是榆树林子。这一带没有什么蒙古族人,至少我这么认为。但是即使在这里,人们说汉语的时候,往往也夹杂着几个蒙古词。

红庙。带老藏书楼的红色庙宇

在红庙，我叫我的人都停下来，士兵也下了马，问我为什么停下来。然后有点儿不情愿地随我进寺。敲了半天门——两个士兵帮忙，用枪托几次猛击山门后，旁门——就是窄小的僧门打开了，门里走出一个全身穿着汉人服装的、汉族长相的人。我一路打量、张望着，随他走进寺庙的院子：

"请你叫一个喇嘛来！"我向这个汉人模样的门房请求。

"先生，这里除了我之外再没有喇嘛了。"

我们跟着他走进院子。几头猪在大殿前的地上拱土，母鸡和公鸡在神坛前追逐嬉戏。听到噪音，一个烟熏得发黑的僧房门口，出现一个脏兮兮的女人，还有一个四五岁的孩子，抓住妈妈的衣襟，怯生生又有点好奇地看着我们。除了这对母子外，没有任何人住在大殿旁边。其他喇嘛都无影无踪。给谁念佛呢？给榆树林子的汉人吗？结果，最后剩下的一个喇嘛也脱掉僧服终止了一切喇嘛活动。寺庙已多年没开门了。他还了俗，娶了妻，就是刚才见到的那个女人，并把她接到自己身边，住在庙里。他开始耕种原先属于寺庙的一块地，就像相邻的汉人农民一样。他就生活在这里，即便不当喇嘛，但看守着寺院，至少不让人把它拆了。

不过他也保留着当喇嘛时养成的爱钱、贪财的习性。在我提出想参观寺庙的愿望后，他（好像早就准备好了似的）拿出钥匙，准备领我参观年久失修的大殿，但他先机械地把手掌伸到我的面前，直截了当地提出了小费的数额：一个银圆，为此他把寺庙的一切都指给我看。

最终我对他做生意的精明并不厌恶，相反心中还闪出一个念头：值得和此人一谈。问题只是，寺庙附近还有什么值得买的东西。这个"黑人"喇嘛没有隐瞒什么。所有东西都卖。我突然想到那个发了疯的美国的瑞典百万富翁。他曾委托一个有名的亚洲旅行家，帮他买一座完整的喇嘛庙。先把建筑拆散，把所有有用的东西，包括设备、装置、陈设物品、图书典籍，都装船运到美国，在美国再按原样建起一座喇嘛庙。这个杰出的旅行家两年来一直在为这个特殊的买卖操心，寻找良久而未果。

他真应该到这儿来，不仅可以买走整座红庙，而且可以买走喇嘛和他的老婆、孩子以及猪、鸡，都装船运到美国去！

我们所到之处，可以说满目疮痍。一个建筑的墙角塌下去一块，从碎砖烂瓦的空隙中，露出一尊佛像，其庄严的面容已被风雨侵蚀，斑驳陆离。而其他建筑里，所有的一切，不是被一厘米厚的沙土，就是被一指厚的尘埃掩盖了。死寂的墙角布满蜘蛛网。

当我迈进大殿时，我的眼前一亮：我找到了寺院的藏书阁。我打开第一册书：蒙古文《甘珠尔》的印刷本。我要克制住内心的激动，装作若无其事的样子，以免喇嘛利用我的兴趣，提高要价。我装作不经意地问，这一百零几册书要卖多少钱？这个人静默了几分钟，似乎在暗暗地思考，最后有点不好意思地说：

"你给700块哈达纸币，就可以把这些书，连绸缎和木板一块都拿走。"

这是闻所未闻的优惠交易！这108册书的价值大约是他要价的十倍。然而运输有很多问题。主要的困难是我到北京以后所要面对的。

蒙古文的《甘珠尔》已经出版五十多年了，因为它是珍稀文献，要获得出口许可的可能性几乎为零。另外，我自己一个人怎么把它带走呢？

我正暗自思忖，突然注意到，两个护送我们的士兵正在激烈

地争论什么,然后开始触摸大门,测量墙壁。他们令人生疑的争吵结果是,其中一个士兵把小宋叫到一边,对他说:

"你去对你的主人说,他是个傻子,居然为这些破书肯花700元。我们用300元就可以给他搞定。现在先付一半,另一半明天晚上在那棵大树下给我们,我们把整座藏书阁都给他端来。如果他想的话,我们可以免费把书给他运到北京。"

士兵们的"倾销价"对我产生了决定性的影响,但我可不想只顾自己高兴,作为夜里争论的结果,红庙的猪和鸡突然发现它们成为无主的孤儿。我没有直接回复,而对中国士兵说:

"这个事以后再说吧!"

这句模棱两可的话,用汉语可以解释为"以后我们认真地谈谈",也可以是"去你们的吧,别烦我了!"

我让小宋对有商业头脑的喇嘛耳语说,我们很快再来,把事情敲定,不让那两个士兵来。我在离去时暗自思忖:喏,以后是能干的人保护我,对付土匪……

参观过红庙后,我们继续我们的行程。迄今为止尚可忍受的地形地貌、令人伤感而安静的气候一下子结束了。无情的黄风开始在寸草不生的沙土地上翻卷,追赶我们。我们只能看到自己的鼻尖,如同瞎子一般地行走。幸好,中午过后不久,我们在洒水坡(Szásuipó 的音译,下同——译者)见到一个摇摇欲坠的客栈。我们休息了一会儿,喂饱了牲口,然后静等。但我们等不到风暴过去,顶着风沙又上路了。晚上我们到了那青口(Nácingkou 的音译,下同——译者)。

我们在一间清冷的客栈过夜。可疑的李清顺之类的人围着我问东问西。这里没有单间,我们必须在客栈唯一的一个大通炕上挤着睡。第二天凌晨，我们早早起来，准备上路。客栈主人拿出相当贵的账单，还想和我做一笔交易。他拿出一些古代的遗骨。我如果像士兵们说的那样在进行学术考察，就会买他的这些非常古老的东西。

在这一带，确实能找到很丰富的古代遗骨。在哈达时，就有人给我看过——当然也劝我买——非常古老的、已半成化石的原始动物的遗骨。我特别惊讶的是一个公羊的头盖骨。一只犄角是完整的，另一只角有残缺。

这是一个神奇的世界。其丰富的古代原始动植物遗迹宝藏，闻名遐迩，名不虚传。对于古生物学者来说，这里到处都是真正的宝库，是金矿。美国的安德鲁也曾经来过这里，收获颇丰，直到中国人粗暴干预他的考察研究工作为止。后来他被劝离中国。

无论客栈老板的原始动物遗骨在一个古生物学者的眼中多么珍贵，我自己却还是对绿锈斑斑的契丹银币和铜钱更感兴趣。

要知道，我现在已经踏上了古代契丹人的土地。这个讲蒙古语的庞大部落，在公元11世纪曾建起很多城市，从这些城市管理被征服的中国北方属地。

根据中国人的有关契丹人起源的传说记载，契丹人的原始部落就是在这个地域诞生的。在公元5世纪，一个超级英雄骑着矫健的白马，从老哈河顺流而下，直到马盂山脉。从那里向东方走，他遇到一位仙女，当时她乘着灰母牛拉的车，沿着今内蒙古西拉木伦河前行。在两条河交汇处，他们相遇，互相爱慕，结为夫妻。他们共生了八个男孩，其后代联姻形成八个契丹部落。

并非传说的是，这八个契丹部落组成的游牧民族，后来横扫中国北方，占领了这些地方。契丹的大可汗坐上了中国皇帝的宝座,统治原"天朝"帝国的臣民,直到黄河为止的大部分领域。他们的皇位和权力,直到另一支危险的、野蛮的竞争者——女真人的出现并取代了他们为止。后来,这两个民族又都被成吉思汗统治的蒙古族扫灭。

我从赤峰转向北边,到处都是契丹人的遗迹,大大小小的遗址、废墟,还有墓冢,一般被认为是契丹上层人士的墓穴。契丹人的葬仪不是把死人埋入土中,而是把尸体装上车拉到树林里,置于高枝之上。这一独特的殡葬习俗,直到今天仍在北满洲以及西伯利亚及其毗邻地区的某些通古斯部落存在。

不过,上层契丹人很快就与其古老习俗决裂。在外族,也就是汉族的影响下,也开始实行土葬。契丹皇帝在这一习俗的改革中,自然走在最前面。他们曾统治过北京一带,饮马黄河,但这些游牧部落出身的皇帝,总想回到故土、圣山去死。

很久以来,按照传统的说法,秦岭一带的土地下,皇帝陵墓里埋葬着大量的财宝,但是谁也没看到过这些财宝,也没有人走近这些墓穴。那当然是在中国秩序良好、生活安定的年代。

在大动乱时期,中国的盗墓者建立了真正的"股份合同制"来发掘古墓的珍宝。他们要完成相当大量的工作,因为在岩石板上面有好几米深的水,保护着陵墓的入口。当然,说到寻宝、盗墓,中国人是不知道何为"不可能",更不怕"劳苦"。经过持续时间很长的工作,他们清除掉上面的一切障碍,深入到地下走廊。

这些盗墓者会惊愕地发现,这里早在几百年前,就有出于同样"神圣"动机的同胞或同行到访过,做过他们想做的事。在一座棺材周围,一个契丹皇帝的遗骸散落一地,盗掘和搜寻的痕迹,几百年后仍触目惊心。中国人失望地原路返回,但为了不至于白忙活一场，他们在墓道里到处搜寻墙壁装饰物、檀香木的木雕像等，至少不空手而归。

盗墓给学术界带来意想不到的、从某种意义上说是不可估量的好处。学术界早就从中国历史的著作中得知，契丹皇帝的陵墓上有石碑，碑文的一部分文字是契丹文，另一部分是汉文。幸运的是，一个热爱科学的比利时天主教的神父凯尔文曾在附近居住过，得到有关盗墓活动的消息。鉴于他本人不能去现场，就委托他的秘书去拓下地下皇陵的所有文字。正如预期的那样，碑文大多数是用汉文写就的，是公元 11 世纪的遗迹。除写有汉文的墓碑之外，还出土了写有陌生契丹文字的石碑，共有两个，上面总共有 1500 个契丹字。这个碑文至今无人能译解。要辨认这些文字障碍重重。契丹文字不是字母组成的，而是单音字、多音字和整个词组成的。在这一刻，借助契丹—汉语双解词典的帮助看来是不可少的，正如我们在了解女真语时遇到的问题一样。两种文字——女真文字和契丹文字——虽然有相似之处——相似之处在于，二者都是根据汉语文字编纂的——但区别很大。

汉人盗墓团伙的"到访"被住在周围的蒙古族居民群起抵抗所制止。蒙古族士兵闻讯来到墓冢，盗宝者张皇逃散。地下陵墓的入口处又被大石块堵起来，契丹皇帝又可以安息一段时间了。

在契丹帝国崩溃解体时，原先的契丹居民都融入与他们有血缘关系的游牧部落群体之中，最后消失得无影无踪，较优秀的人才则依附了新的征服者，为他们效劳。

成吉思汗也有过一个著名的契丹参谋，即伟大的人道主义者——如果在这个特殊环境下能使用这个词的话——伟大的学者耶律楚材。他多次阻止了野蛮征服者的破坏和毁灭行为，因为他向成吉思汗劝谏道,如果不屠戮被征服地区的居民,大汗只会更富有、更强大,因为被征服者会心悦诚服地为之效劳、服务,增加其荣耀。由于伟大的契丹大臣耶律楚材睿智的制约和建议,有多少中国大城市免于毁灭啊!

　　契丹的名声比这个既伟大又野蛮的民族及其帝国存留得更长久。也许,在匈牙利的读者中,有些人在听到"中国人"和"契丹人"这两个词时,会以为这是同一民族的两种不同的名称。也许契丹是带有某种贬义的、有嘲讽意味的称呼,即正式的、正经的中国人的别称。现在俄语称中国人为 Kitaj,即"契丹人"的俄语发音。

　　这是一种可以原谅的谬误——即使不必坚持这种说法——因为两个名称混淆和互换有很长历史了。不仅俄语把中国人称为"契丹人",而且蒙古语也是(准确地说是 kitat,是个复数名词),甚至 13—14 世纪的西方旅行者也称中国为"卡加依"(Cathay 的音译,下同——译者)。其解释很简单:返回契丹人地域的汉人仍被邻居、邻国人称为"契丹人",也就是说,新居民仍然是契丹人。值得特别指出的是,契丹或"卡加依"最初别无所指,而是意味着"中国北方",就是以前契丹人居住过的地域。在历史上,这样名称互换的情况并不罕见。例子比比皆是,不必走很远去找。比如,迁移到俄诺古尔(onogur 的音译,下同——译者)保加利亚人的土地上的匈牙利人,也被邻居称为俄诺古尔人,由此,经过斯拉夫语的中转,演变成昂古尔(ongr 的音译,下同——译者)、翁加鲁斯(Ungarus 的音译,下同——译者)、匈牙鲁斯(Hungarus 的音译,下同——译者)这些我们匈牙利人的别称。就像我们不会称自己为翁加鲁斯人或昂古尔人一样,中国人也不会用"契丹人"来称呼自己。

　　不管我对此有多大的兴趣，我在这儿都不能久留，不能研考这个古老的、已消失的契丹帝国的秘密，因为我没有做在此逗留的准备，时间也不允许。我应该满足于我所得到的二手资料：契丹皇帝的不为人知的契丹文书以及附带的汉语文字拓片的信息，我还记录了几座废弃古城的地点，以及他们的一些习俗。

　　我从那青口的中国客栈老板手里买了几枚契丹的钱币，接着继续向王子庙进发。我不能忘记，这一年全年我都要在内蒙古的喇嘛庙中度过。

　　一路上，我们途经一些汉人的小村庄和一些荒地，就像珊瑚礁一样散布在蒙古人的大海之中。5 月 9 日清晨，我们到达了柳风店（Liufentien 的音译，下同——译者）。我们没有停留，只是穿过这个汉人的小村落。看来这个村子是新形成的居民点，干净、鲜明。

　　我们的旅程又在沙漠地带继续。下边最近的一站是契丹传说中神奇的河流，老哈河。快到中午时分，我们面前出现了汹涌、湍急的老哈河。它像一条绮丽灵动的玉带。在中国，没有经验的旅行者才会一到河边就找桥梁。人们常戏言，在四亿五千万人口的中国，桥梁不超过四个，最后一次铺路搭桥的公共工程还是一百年前的事。这当然是夸张之词，但是确实表明，在中国桥梁非常稀少。

　　一般的溪流小河，人们都是涉水而过。如果河水较深，就会有人经营摆渡生意。摆渡船把旅客连车带马运过河去，当然这是在交通繁忙的重要路线上才会有的服务。

　　到了老哈河岸，我们连摆渡船和船夫的影子都没见到一个。

现在,由于春天的雨水不多,河流还没有涨水。但在陡峭的岸崖之间奔腾而下的河流,仍然使人望而生畏。我们伫立在岸边,茫然四顾。最终,士兵中的一个自告奋勇地说,他去找可以涉水而过的河段。以前他常走这里,模糊地记得最浅的河段就在这一带。他拍拍马的脖子,疾驰而去。只见他没跑多远就停了下来,转身向我们招手。我们朝他走去,河流越来越宽,陡岸已不见了。在那个士兵站立的地方,可见到清晰的车辙印。但是当地人都知道这些印记有多么不可靠:今天还有效,明天就难说了。

另一个骑兵立即表示,他可以先去蹚路。马在浅水中走了一段后,水越来越深,士兵没等到水浸到马的胸部,就把脚抬起来,然后伏在马鞍上,赶着、吆喝着马前行。年轻的车夫挠着耳根,紧张地看着惊险的一幕。当马周围的水位又开始下降的时候,他如释重负地松了一口气。

到达河对岸的士兵跳到地上。马抖抖身子。他回过头望向我们,示意现在轮到我们过河了。

在过河前,先得把车子整理一下。我们从车厢底部取出所有怕沾水的东西,放到车棚顶上,然后开始过河。三匹骡子起初怎么也不听话,挣扎着,抗拒着,向我们表示对河水的反感。最后车夫跨上头一匹骡子,小宋趴到最后一匹骡子的背上,我留在车里。在大声吆喝声和拍打声中,我们又前行了。一个骑兵在我们旁边涉水,另一个骑兵,就是已过了河的那个,又走回到河中间,等着帮助我们。

我们终于顺利地登上对岸。小宋尽管很努力,也没能避免水浸湿到膝盖。他差点没在水最深的地方跌下去。车子底部完全浸湿了,但没有大的损失。

到达对岸后，我们与奥格努特的蒙古人的土地告别。我们从哈达出来，走的一直是这片土地。我们又向另一支蒙古部落，敖汉人的首府进发。这个首府被称作海利（Haili 的音译，下同——译者）王府，敖汉部落的首领——王就住在那里。

晚上，我们到达海利王府。我们来到一个迄今为止比我们到过的任何一个蒙古部落的驻地都要荒凉的城市。在这里我们也找到一个肮脏的、好像要散架的客栈。我没让小宋休息，叫他马上赶上车，以我的名义去见敖汉王爷，当然得带上我的名帖和问候。我还让他带上了一些干甜点心，还有装在漂亮的、大大的、带图案的铁皮盒装的茶叶，孝敬王爷。

刚过了二十分钟，小宋就回来了，旁边跟着一个腰系皮带，配着两把左轮手枪的彪悍的蒙古兵。蒙古兵规规矩矩地走到我面前，报告说，他是王爷派来保护我的，以防意外。没多一会儿，又来了一个魁梧的、又像汉族又像蒙族的人，李大老爷。他代表地方政权，也是王爷派来的，让我立即搬到王宫去住，说不管我在海利王府停留的时间长短，总好过住在这肮脏的客栈里。他让我这个晚上就搬到王宫去。

对如此盛情相邀，我本不该拒绝，但很遗憾，我不能走。要知道，在这一带连一个寺庙都没有。我没有委托两个蒙古人转达我的意思，而是收拾妥当，与他们一起去见王爷，亲自表达我对王爷友情的感谢。他要我许诺，如果回程再路过这里，要在王宫至少住上一个星期。

当天夜里，我们在蒙古士兵的保护下进入梦乡。

次日上午，我们在蒙古士兵的护送下（想卖书的哈达来的士兵从海利王爷府返回），在这寸草不生的荒僻之地继续我们的行程。在千篇一律的灰色中，举目望去，一棵树、一棵草都见不到。眼睛倒是可以休息片刻，只是风刮个不停。在漫长的路上，一直没有人烟，从凌晨到正午，连房舍的颓垣残壁都没见过，直到平顶子庙（Pingpingzemiaó 的音译，下同——译者）出现在我们的视野里。

　　我们在平顶子庙休息。客栈里要什么没什么，由于匪患，人们不敢存放任何东西。这里的水根本没法喝，又咸又有硝石味儿，乳清样的液体，连烧茶都不行。

　　我们又饥又渴，精疲力竭，晚上到达玛丽洼（Mali ua 的音译，下同——译者）。玛丽洼是一个信奉天主教的汉人村子，是由一群一无所有的、逃荒来的移民组成的。他们白手起家，经过辛勤劳动，才过上了正常人的生活。村长是一个传教士。他管理信徒，为信众排忧解难，同时又充当某种法官的角色，为村民们评断是非。这个村庄只有天主教徒能住。如果谁犯下了严重的、不可饶恕的罪行——如抢劫——就要受到严厉惩罚：被"驱逐"，他必须搬出村子。我找到村长泰森（Teysen）神父的家，他很热情地接待了我。他感到又能与西方人交谈，是多么愉快的事，而且这个西方人还与他们在一样的房子内，睡觉过夜，是多么的不可思议啊。

　　神父——这是中国信徒对传教士的称呼——经历了很多伤脑筋的事。这个镇，玛丽洼（汉语意思是玛丽亚村）在草创之时，只有两三户人家。当初村子也不在这里，而是在南面大约两公里处。后来人们不得不逃离老地方。因为这里是暗湖之乡。夏天多雨时节，沙土之下的湖泊会喷涌而出。这样的湖泊可以在老地方平静地待上好几年，然后突然消失，又在其他地方冒出来。

　　湖泊再次对玛丽亚村形成威胁。以前完全干燥的土壤越来越湿润，水位不断上升，今年已经淹没了地下室。看来玛丽亚村又要再次逃离暗湖了。

继续向东南方行进

　　一座被烧毁的寺庙和一个乞讨的达喇嘛—德莱克
打听我的年龄—人怎么会显得比实际年龄老25岁—中
国士兵拒绝护送—我们走出了沙漠—中国正副警长的
访问—护兵溜之大吉—经过金厂沟梁山脊—中国淘金
者—一旦下雨—没有向导和陪同的盲目旅程

　　暗湖的王国是荒芜之地。在这里，人们只有经过艰苦的劳动，才能向土地讨取可以养活他们的粟米。即使这样一点耕地，也在不断扩大的荒原沙漠的挤压下日益缩小。丘陵和盆地相互更迭，在遍地沙砾的山谷，随处可见的贝壳残余物，显得比山丘还要令人生畏。在山丘上多少还能看到草地的痕迹，甚至偶尔还能看到一棵孤树。

　　玛丽亚村坐落在沙石、贝壳遍地的山谷中。自从时时需要为暗湖的喷发而担惊受怕以来，神父不止一次气恼地说，人们为何不能搬迁到凸起的、宽阔的山丘上去？在那里，无须担心湖泊的威胁。

　　玛丽亚村比较现代的居民点，很遗憾，不是因为没有注重地理因素而走向没落的。得到这个不走运的位置可以回溯到早先的、也并非不现代化的因素。在传教士来到这里时，整个地区的土地都掌握在蒙古族人的手中。当然现在所有的，连有点价值的土坷垃都落到了汉人手里。而在当时,在所有土地事务上,都得与蒙古族人谈判。虽然蒙古王公和蒙古寺庙经济上已开始拮据,但仍不轻易放手,只出售他们确信没什么价值的土地。当年的传教士们,优先考虑购买的是比谷底更适合居住的丘陵坡地,然而寺院不卖。

过去在这一地区,寺庙——王子庙是万能的统治者。今天还能看到更多西藏风格而不是汉人风格的、令人自豪的寺庙屹立在离玛丽亚村六里地的山顶上。以前的某个时期,在敖汉北寺当大施主时,它经历了黄金时代。在围墙和建筑内,供奉着活佛。做礼拜时,数量众多的喇嘛在佛像前齐声诵经,声震屋瓦。王子庙的神佛和僧侣的权力,与任何一个世俗的蒙古王爷的威望和权力相比,毫不逊色。

然而,中国革命年代的来临,给内蒙古地区带来翻天覆地的变化。在这一地区的蒙古民族的起义中,寺庙也没有置身世外。也许可以说,寺院与其说是出于强烈的民族情感,不如说是出于对旧王朝的忠诚和首先是为了维护自己的权力、影响和特权,不使其走向衰败、灭亡而加入抗争的"黑人"队伍当中的。这些无组织的此起彼伏的起义都被汉人血腥镇压了。

"黑人"们跨上马,消失在草原的天际。随之消失的,还有他们的帐篷、羊群。然而寺院没法追随他们,只能坐等获胜的、嗜血的征服者们,来焚烧神佛的驻地,杀死活佛和有影响的寺院首领。当然首先是分化瓦解了以前的喇嘛僧众,使他们堕落、臣服。在被攻击、劫掠和焚烧的寺院里,通常没什么人留下。

王子庙也是参加1913年暴动的寺院之一。

我们行路好几天,就是为了来看看在敖汉蒙古人的土地上,北寺(beisze 的音译,下同——译者)是怎么逃过劫难的。在敖汉蒙古人那里,蒙古喇嘛的生活状况如何。

我们没有多少时间接受玛丽亚村的泰森神父的热情好客的款待。我收拾好行装,继续向王子庙进发。我的车夫需要在这个地方返回哈达,因为我们的合同至此地有效。我计划从王子庙经贝子府去下洼(Hsziáua 的音译,下同——译者),在那里搞一辆新车用于继续旅行,然后向东南方,向朝阳进发。

不过我的车夫不想一个人原路返回。他和我一起来的时候有武装士兵护送,他很清楚那些地方的险恶。除了恐惧和小心,还有其他原因使他没有向我们道别,而是提出愿和我们一起去朝阳。

就这样,他没有赶着空车回哈达,而是不辞辛苦,和我们一起去朝阳。对他来说,这是纯粹的利润,因为他空车回去的钱,我在浩特已经付给他了。而从朝阳也不须空车返回,因为那里可拉的顾客要多少有多少。

我对这样的解决也不反对,因为我历来更喜欢与虽说不完全符合我的预期,但还算合格的人一起工作,总比再找一个我一无所知的新人强。何况要找到更好的车夫,对我而言简直是不可能的事。而找一个更差的,又没什么意思。

我们终于向王子庙进发了。没走六里路,我们就能见证那个昔日富有而辉煌的寺院如今已成了什么样子。我们远远地看到了老的喇嘛住宅的残垣断壁。今天,风和雨迅速而有效地继续着火和其他破坏力的工作。每年夏天的雨水,把一个个墙角、一面面墙壁冲洗掉。接着又是风卷着黄沙扑来,迅速埋没那些断壁残垣。时而肆虐的狂风横扫一切,甚至可以刮掉墙上的泥灰层。

我们走进喇嘛村时,既没有寺院从不缺少的看家卫士——狂吠的狗迎上来,也未见好奇的小喇嘛和与小孩子没什么不同的老喇嘛们拥上来。我们来到了一座死寂的村庄。从打开着的大门和小门后面,看不到一样活物。我们停下来跳下车。看来要想在这里找到人,完全没有希望。车夫、小宋,还有那个士兵扯着嗓子喊起来。小宋为得到更好的效果,用蒙古语喊话。但是他们打扰村子平静的喊叫,没有得到任何回应。

我们不再等了,向村里走去。附近的人都断言,在庙宇周围还有两三个喇嘛。我们从外面的喊叫没能将他们从废墟一样的寺院中唤出来。我们必须亲自去看一看老寺院到底还剩下什么。在道路的一个拐弯处,一个瘦骨嶙峋、拄着拐杖的老乞丐迎面走过来。他是被我们的喊声惊醒,从栖身之处走出来的。我们等着他走近。从他褪了色的、破旧的、有点发黄的衣服看,我觉得他是个喇嘛。于是我以对尊贵喇嘛的礼节向他致意,并对他说,我们找达喇嘛。

"我就是达喇嘛。"老乞丐回答说。

"说真话,我曾经是。自打蛮子把我们毁灭,这里既不需要达喇嘛,也不需要其他喇嘛。除了我之外,还有另外两个老人生活在这里。其他人都走了,把我们丢下不管了。我们没吃没喝。去年,活佛,就是佛爷也到北京去了。我们老了,哪儿都去不了了。"

老乞丐历经 70 年岁月,行动困难,但仍表示愿意承担给我们做向导的任务,领我们参观废弃的寺庙。

碑亭的顶部一半被火烧焦,一半被风侵蚀,半悬在空中,旁边是由于烟熏火燎而发黑的墙壁,兀指天空。庙宇的老护卫墙只剩下东一处西一处的残垣。大殿也未能逃脱厄运,虽然由石头和砖块砌成的墙垣比较结实,能够抗拒毁灭力,其内部却是一副破败不堪的景象,迎候访客。

　　寺庙的主要建筑在山顶上,年衰体弱的喇嘛不能陪我们登顶,就把大钥匙交给刚来会合的另一个"年轻一点"的喇嘛(在这里的兄弟们中他比较年轻,60岁)。大雄宝殿,在这一带的一般中式庙堂式建筑中,是个例外:其平缓的顶部、带立柱的入口大门和窄小的窗户,使人想起藏式寺庙。只有门窗上面的饰边

王子庙。寺院的乞丐达喇嘛

和末端上翘的瓦饰,给比较简约的藏式建筑平凭一丝汉式的风格。

王子庙。主殿

　　大殿里，是一片残破不堪的景象，犹如瓦砾场。还能发现一两尊完好无损的塑像，也都是鬼怪的形象。其中当然有鬼王厄里克汗，即小宋的乌呼里。这里的塑像比我们在西府庙里见到的要小得多，也没有任何保护。喇嘛的羞耻感让他们想出了新式的遮羞工具：给赤裸的塑像穿上红色的破布条或破喇嘛袈裟。

　　不管怎么说，在这儿看到的景象非比寻常。陪同我们的喇嘛应我的请求，一一揭下包裹塑像的发黄的破布或破衣，然后用了十多分钟时间，掸去四肢、手指上的厚厚的灰尘，以便我能拍几张这些神秘鬼怪的整体形象的照片。

　　王子庙是一座已被毁坏的，由多层藏式殿堂、喇嘛僧房构成的寺庙，当年香火很盛，喇嘛众多。它毁于暴力、铁与火。不过，究竟

王子庙。密教神像

是这种被毁灭，还是红庙、红殿的那种遭遇更令人心疼、更令人绝望呢？

　　从化为焦土、被洗劫一空的寺院到贝子庙得走差不多15里路。这个寺院也在敖汉贝子的地盘上，也在他的施舍范围内。以施主命名的寺庙，由此得到的好处却和另一个被毁灭了的寺院一样少。不过在这里，我还是看到了生命的迹象。偶尔还在大殿举

行法会,喇嘛们还去"黑人们"那里做法事。当然,往昔的荣光已一去不复返了……

我没有在贝子庙久留,只是浏览了一下。要说住下来,小宋连听都不想听,因为那只意味着会饿死,须知这一带什么都没有。就连喇嘛吃的粟米也即将告罄,何况这本来就不是什么美味佳肴。再说,连柴火也没有。用什么生火做饭和取暖呢?我们自己带的白面已被士兵们吃光了。在整个地区连羊肉都看不到。我看到玛丽亚村的神父也只吃小米。小宋知道,书是我的最爱,是我最在意的,于是他转到书的话题上。他说,这个地方除了念经用的书,没有其他书籍。而念经用的书,我都看过了。乌呼里书也有过,而且比这里的好。我们继续往前走,到朝阳去吧!这时我才想起,我们已经与车夫谈好了。

不管我们在贝子庙度过的时间多么短暂,但在没有扩充我的敖汉语的笔记之前,我是不会停下来的。我请达喇嘛帮我找一个当地人,帮我几天忙。

没过多久,来了一位德莱克(Delek 的音译,下同——译者)喇嘛。达喇嘛认为,就目前而言,他是最合适的。同样,在他身上也看不到"富裕"的影子。他和他的那些同仁一样,衣衫褴褛。他恭恭敬敬地摘下帽子。小宋对所有来找我的蒙古人和汉人都及时告知这一西方习俗。他暗暗地,但以不容置疑的口吻告诫每个来访者:

"要摘帽子……"

当德莱克喇嘛依言摘掉帽子时,我看到,他头发稀疏的脑袋上满是未完全结疤的伤痕。他见到我惊讶的样子,就解释道:一个星期前,在七里外,他遭遇了土匪。

　　德莱克喇嘛是个万事通，他可不是个初出茅庐的小伙子。

　　在中国，老年人，即使是没有学识和智慧的人，也受到尊敬。不像那些北方的蛮族，比如古代亚洲的匈奴人，在那里，没有用的老年人被认为平白消耗粮食，干脆杀掉。还有某些黑人部落，今天也保留着这样的习俗：人们怀疑某人已届老年，便让他爬上一棵摇摆很厉害的椰子树的树顶。如果他能采下果实，就算他真的很老了，也被视为无端诽谤的牺牲者，仍算一个年富力强、有工作能力的男人。如果指控得到证实，事情也就有结果了。因为衰弱无力的老年人——人们不会等到他老得爬不上树的地步——在椰子树第一阵晃动时，就会掉下来摔死。

　　在以尊敬权威和老年人为立国之本的中国，老年人是神圣不可侵犯的。家长是全家权力无限的统治者，掌握全家人的生死大权。在家庭内部，年纪小的要尊敬和服从年长的。这一规矩也适用于兄弟姐妹。家庭之上则是国家。社会也同样，严格划分等级，最高等级是皇帝。

　　这种尊重权威是古代中国另一种道德体制——尊重先人——的基础。在所有家庭，包括最简单的家庭，有专门的圣龛，存放祖先的牌位。在这些简单的，黑色、红色或黄色的祭祀木牌上，写着祖先的姓名。在完成一定的仪式后，祖先的灵魂就会随这个牌位迁入。尊重祖先在形式上也有严格的定制：与家庭有关的所有重大事件（婚丧嫁娶等）都要报知他们，并定期摆放供品、上香，等等，向他们祭拜。而这种半神父的职责，只能由男性，当然是几世同堂的大家庭里的最年长者担任。

　　亡魂在阴间的命运也取决于他在阳间受尊重的程度：如果一个人在没有男性后代的情况下亡故，他不能指望得到祖先的荫庇,而成为永远不得安宁的、可怜的饿鬼。对于中国人来说,没有比尽早结婚生子——男性后代——更重大的事了。

无须多作解释,这种观念,与叫老人爬椰子树的习俗相比,不可以道里计。当然,现在年轻的中国正在造这一老传统、老观念的反,直到不安宁的年轻革命者自己也从预言家变成渴望被尊重的老人为止。他们现在称"家庭的桎梏"不可忍受,是奴隶制度,千方百计试图摧毁之,却已经越来越不自信。

对发起反对老年和权威的第一代革命者来说,第二代革命者在他们身上"试练爪子",是十分苦涩的感受。我在北京时,偶然得到一份中文的幽默报纸,非常生动地揭示了这一令人哭笑不得的矛盾状况。一个革命者儿子对其革命者父亲解释说,根据平等的原则,他不必尊敬他:

"你是我爷爷的儿子,我是你的儿子,这就是说,我们俩都是儿子——应该是平等的。"

但即使是如此暴烈、残酷的革命——不是二十年而是在更长的时间内——也不能完全颠覆、扫除 2500 年的制度和传统。除了大城市里的革命投机分子,以及受他们煽惑影响的为数不多的居民外,中国的一切都还是建立在古老的尊重权威的基础上。今天,年龄仍然是唯一标准:谁多少岁。

中国人见面的第一个念头就是,了解对方的年龄,除非他一开始就知道。平辈朋友之间知道这一点,尤为重要。因为这里没有那种"忘年之交"。首先要搞清楚,谁是哥哥,谁是弟弟。

由此可知,在中国,不言而喻,年轻就是没有价值、没有威望、没有知识的代名词。老年人身上的所有优良禀赋、品质、美德,在年轻人身上就变成了属于同一范畴但意思相反的概念(冒失、错误、罪恶)。这就是说,在中国,是老年人把年轻人从椰子树上摇下来。

内蒙古那些我经过的地区离内地太近了,在有关年龄的问题上,不可能不受传统文明的影响。我很快就意识到,在这里要想顺利地工作,我必须尽快解决自己"年轻冒失"的问题:我连三十岁都没到。这如果被人知道,那么几乎所有人都会感到是我的"哥哥",今后我除了不得不在很多事情上忍气吞声外,再也难以有所作为,不管我是个多么纯粹的外国人。幸好我一直轻易地骗过我身边所有的人:我蓄起胡须。蒙古人和汉人一般很晚,大概在四十岁左右才长出唇上髭,再过十年长出须髯。我就这样渡过了难关。

然而,我在贝子庙差点儿露了馅。那是在我询问德莱克喇嘛多大年纪的时候:

"我痴长五十有一岁,"德莱克喇嘛、小米业主自谦地说,"那么你要比我大几岁呢?"德莱克喇嘛反问道。

在到贝子庙之前,在任何地方,我从来没有如实回答过这样的问题——如果闪烁其词不能避开问题的话,但在这里,我想冒一回险,如实说出我的年纪,然后看看有什么效果。老实说,我什么情况都设想了,就是没想到德莱克喇嘛会有这么大的反应:他像受了很大侮辱似的,愤愤不平地唠叨起来。德莱克喇嘛说什么都不相信,认为我把他当成了傻瓜。

"如果你是像你说的那个年纪,为什么你有白胡子和髭须?"他不满又不解地问。

不过他很快就恢复了常态,不再显得狐疑和气愤不平。他换成严肃的口吻,可以听出"你骗不了我"的意思,问道:

"你的属相是什么？"

不应该认为德莱克喇嘛提出这个问题——鉴于这是在蒙古族之间——是出于窥探隐私的目的或不怀好意。

我如实回答：

"我属虎。"

蒙古族和汉族一样，用十二年的周期来纪年。十二年的每一年用一种动物来命名。十二年过去，重新开始一个周期。当然，生肖纪年不适于标记间隔时间较长的事件，因为每个生肖，比如虎年，每十二年周而复始。相反，用来确定人的年纪是很合适的，因为在这里，人们还不大了解"美化年龄"的方法，一个人的年龄通常不会错算十二年。

在我说出我的本命年是虎年，即我是在虎年出生之后，德莱克喇嘛开始用手指计算起来：

鼠 牛 虎 兔 龙 蛇 马 羊 猴 鸡 狗 猪

他跳过循环的第一年和第二年，即鼠和牛，直接从第三年，即我的属相虎年开始计算。当然，首先得知道当下是什么年，否则整个轮回计算就一文不值。1934 年在蒙古人那里是狗年，1930年即德莱克喇嘛问我生肖的这一年，从过新年以来，是马年。

德莱克喇嘛掐指计算的结果是，把我的年龄——实际年龄——多算了二十五年，即两个轮回再加上一年。

多出两个生肖纪年当然要由我的胡子负责，而外加的一年则是独特的中国计算方法的结果。

在中国，不只是我而是我们——所有西方人——的年龄，都要比在国内大一岁。因为按照中国的计算方法，所有孩子一出生就算一岁。相反，所有中国人的年龄都比他自述的年龄小一岁。

其原因不像聪明或欠聪明的欧洲人所通常解释的那样。这一年的差别是因为中国人计算期限时，把起始点和界点都计算进去。比如，中国人认为，1932 年到 1934 年是过去了三年，就像在我们眼中，四是二加二一样自然。

不管我如何解释，德莱克喇嘛只是疑惑地摇头，怎么也不相信，一个人怎么能把自己的年龄少说 25 年，何况年长是好事……

我们没有耽搁，从贝子庙径直前往我一年旅程的最后一站——朝阳。

从这儿出发也必须有士兵护送。不仅是因为这段路上有土匪和盗贼，而且我需要他们在这段陌生的路线上做向导。我的车夫从来没来过这边，对怎么去朝阳一无所知。我们还不能指望在路途上向人打听，因为在这条路走上好几个小时、甚至半天也不一定能见到个人影。

这一带的道路忘了铺轧碎石，想在路上停留都不是简单的事。不过这倒也省去了我们的麻烦，不必像那些道路不熟的冒险家那样，在交叉路口或岔路口不知何去何从。

多少是由于我们自己的原因，我们走上一条比较难走的道路。两个护送我的士兵在出发时，自告奋勇地建议，不走老路去朝阳，而是带我们走一条更近的但不怎么好走、行人稀少的路。5 月 13 日凌晨，在两个士兵的护送下，我们出发了，走上这条难走的道路。

我们刚走了 25 里路，就到了附近的兵站。两个士兵由此回返。我们请求兵站派人护送我们。我把小宋派到破旧不堪的兵站，让他叫两个骑兵来。其实这里全部人员就是两个人。虽然十点钟都已过了，但他们俩还睡在炕上，是小宋叫起他们的。开始他们不愿意起床,以各种借口推托。经过半个小时协商后,他们传出口信,要我先给他们看看护照,而且护照中要写明他们"必须"护送我,他们才跟我走。

我也有点急了。我不再让人传话,而是跳下车,走进了兵站。我大发雷霆,不管三七二十一,把我知道的汉语词汇中所有谴责和詈骂的话都嚷了出来。我最后还对他们说,由于他们不履行职责,我要告到省长那里去。两个士兵慌了神,赶忙爬起来,手忙脚乱地穿上衣服,几分钟后就"整装待发"了。他们还一个劲儿地自我辩解,说他们并没有不想护送我,他们愿意。护照?他们今天压根儿就没提这个词。

他们匆匆忙忙地准备停当,跨上马后,还喋喋不休地说好话,为自己辩解,直到小宋制止他们。

中午时分,我们在哈拉本泡(Halapenpao 的音译,下同——译者)休息。晚上,我们到达哈海图(Hahaitu 的音译,下同——译者),并在此过夜。两个村子的名字原为蒙古语,不管汉人如何解释,直到今天还是很容易听出来。但是其居民几乎都是汉人或汉化的蒙古族人。我们所到之处,都被好奇的当地人围观。

第二天中午,我们终于走出荒漠之地。我们须在沙海边缘的贝子府停歇。在这个较大的汉人村庄,大大小小的警察相继来访,分别检查我的护照。等他们一个个煞有介事地研究完我的护照,时间已过去了两个半小时。在他们都确认我的护照没有任何问题后,我又得到新的护兵——两个骑兵。佣金必须预先付给他们。结果在走了 30 里地后,发现一个士兵不见了,我也没太吃惊。

"他逃走了。"留下的那个士兵不无羡慕地确认。看来,这个榜样很有吸引力。由此开始,另一个骑兵不想别的,只想着怎么才能追随他聪明的同事的榜样,悄悄地溜走。

我们终于到了雄伟的金沟梁(Cinkoliang 的音译,下同——译者)山脉有金矿的部分,名称就是"金厂",全名为"金厂沟梁"。慢慢地,淅淅沥沥下起了小雨。我们沿着一条小河谷前行,直到天色黑下来。一路上,到处可见淘金的中国人。在不停歇的潇潇细雨中,他们仍在工作,洗沙淘金。他们是为当地的官吏工作,每日的报酬相当微薄。当然,他们也偷,想偷多少就偷多少。到了晚上,我们走到一间小客栈时,雨下大了,成了瓢泼大雨。雨下到第二天早晨也没停。我的这些人都不想冒雨前行,连小宋也拒绝服从。我不得不动用我的全部权威,下令出发。这时,正好雨也小了。但这个小宋怕得要命,下雨天,连鼻子都不想伸出小小的、安全而干燥的屋子。

那个士兵趁火打劫。他自告奋勇地表示,他先行一步去探探,看哪条路好走一些。当然,他一去不复返。对我们来说,这是相当可悲的事:我们四顾茫然,没有向导,甚至连问路的人都找不到。我们只好盲目上路,走了 50 里。幸好我们没有走差。到中午,我们又到了一个客栈。那里的人给我们吃了定心丸:我们的路走对了,如果加紧赶路,今天就能到达城里。

我们又找了一个骑兵,在泥泞的道路上继续前行。晚上七点,我们顺利到达朝阳城。

大　寺

　　学者传教士亚格尔神父及其辉煌的中亚专业图书馆—佑顺寺，即大寺，仍然喇嘛如云—田丰雨，一个过于客套的警长—引出麻烦的草帽和其他"有用的"礼物—"大人来了"—令人生畏的卓昌喇嘛和他的有点痴愚的继任者—喇嘛当兵的时候—卓强喇嘛宫殿的遗珍—陈喇嘛，寺庙的财政部长—差点使寺庙破产的大官司—班禅喇嘛揭露骗子—第三座塔哪儿去了—喇嘛大学—这里讨论的不是经书佛典，而是粟米和钱

　　在城门口，没有检查护照。这并非偶然，因为朝阳的高官们——后来我有了更切身的体会——不是排外者，甚至正好相反，是另一个极端：他们的殷勤和关照令我受宠若惊，不知所措。

　　我疲惫不堪，浑身精湿，一路上担惊受怕，刚到达朝阳市时，实在不想再去一家中国客栈歇脚。但我又不敢立即去敲寺庙的门，因为我早就听说过，大寺宏大无比，今天也仍很富有。我与其冒险不受欢迎，不如慎重些，先在其他地方待上一两天，做些必要的准备工作，再入寺。

　　我对中国的客栈已经深恶痛绝。在炎炎夏日，一想起那让人难以忍受的肮脏和围追不放的好奇的"围观者"，就不寒而栗。另外，我还真需要一两天的时间好好休整一下。

　　幸运的是,对于住的地方,我还有选择的余地。朝阳城里有不只一处欧式建筑,我尽管是生人,但也可坦然入住:或去比利时的天主教传教士团的会所,或去英国新教传教士的会所。这两个传教士团来这座城市已经有好几十年了,都为自己购置了高大而舒适的房产,以便在相当艰苦的环境中工作的传教士们,一年之中有个比较安心的休憩之所。

　　我在士兵的护送下抵达目的地,人不下车,马不卸鞍,直奔比利时传教士的会所。传教士团的首领,一副长老模样、白胡子的亚格尔神父,特别友善地接待了我。尽管他们正等着传教士来,没什么地方,但还是热情地邀请我入住一夜。

　　我没有想到,在这么偏僻的地方,会遇到像亚格尔神父这样学者型的人。他在东方学的五花八门的具体课题的迷宫中,是如此轻车熟路,与职业的专家相比毫不逊色。而真正让我意外惊喜的事情是:他带我去参观了占据整个翼楼的图书馆。这里的书架上,整齐地排列着在过去的一百年间,欧洲的学者和旅行家的有关中亚,内蒙古、西藏和满洲的著作。除了人们喜闻乐见的和专业水准很高的旅行札记、游记外,还可见到英国、法国、美国和日本等国家的大规模科学考察的系列学术著作、装帧华美的画册,以及蒙古语、维吾尔语、藏语和汉语的出版物,包括读本等。以如此珍视的态度和高度专业素养编纂的、如此完备的有关中亚地区历史、语言和艺术的专业图书馆,我在西方还没有见过。

　　收藏完善的专业图书馆,对于东方学家来说就是生命必需品,如同实验室之于好医生和自然科学家一样。你有再大的发明创造能力、再高的学术修养,如果没有图书馆,你都不会取得可观的成绩,甚至连进步都难。而有好的图书馆作后盾,即使是一个资质平庸的人,也能击败在没有相应的图书馆依托下工作的最杰出学者。

　　我浏览着亚格尔神父的壮观的中亚图书馆,艳羡不已。我不禁想到,如果在布达佩斯也能有这样丰富多彩的文献该有多好!须知我们至今仍只靠两本书作学术研究工作,其他参考书要靠从巴黎、维也纳和赫尔辛基搜寻、借阅。且不说,这在很大程度上延缓了研究工作进程,致使很多人——老年人和年轻人——在为获得科学研究工具的原始的斗争中失去兴致!

　　对于我们匈牙利人来说,研究中亚地区的历史、文明应属于民族科学,而且还是能为"匈牙利"这个名字增光添彩的科学。我们有相应的科学研究史,现在也不乏热忱又有足够学养的人。

　　当然,不能一切等待国家来解决。可以由政府设立适当的基金(在大学或一个大型公共图书馆范围内),但真正的创举,应该来自热爱科学、对匈牙利远古历史有强烈兴趣的赞助者。

　　也许我们也能建立一个与朝阳图书馆相媲美的中亚图书馆,当然建馆的地点是:布达佩斯……

　　经过一番探查后,第二天我就去寻访朝阳市最有名的大寺院,其汉名叫"佑顺寺"。我找到寺院的监寺和财务总管——陈喇嘛,向他说明了我的来意。

　　尽管他们对我的接待表现了最大的友善,我的请求仍使陈喇嘛及其助理们感到为难。当我提出住宿的要求时,他们面有难色地嗫嚅道:寺院里地方相当紧张。在他带我在寺院里转了一圈,看了所有房子后,我意识到,他们说的完全是真话。寺院里设有一所汉人学校。一个院子里驻扎着很多士兵,一座大配殿则被地方卫戍部队占用了,成为军事办公室。其他地方也都人满为患,住着喇嘛和沙弥们。尽管受到汉人军队和民政机关侵犯和挤压，但寺院还是有足够的财力和地方供养其大量的僧侣。

我们最终商定，在没有更好的解决办法之前，我暂时和占星师、寺院负责维持秩序的执事德瓦钱波（Deva csenpó 的音译，下同——译者）共处一室。我要入住的地方谈不上有多好，不过我在迄今为止的旅行过程中，住过比这儿差得多的地方。

当天我就找来车夫，向亚格尔和其他比利时传教士辞行，然后进入大寺院。

我们一到朝阳，我的车夫就四处奔走揽活，以免空车回哈达，没有额外的收入。这就是俗话说的，要从一只熊身上扒三层皮。谁知，命运并不怎么眷顾他，他不得不放弃"三层皮"的幻想，而去满足于一张骡子皮。他可怜的骡子被力所不及的苦役折磨得一命呜呼了。车夫将骡子皮剥下来，扔到车上，以免涉嫌"出售牲口"。他在沮丧之余，还不得不想到他将在哈达受到的"接待"。俗话说"祸不单行"。他死了一头牲口还不够，还遇到了中国兵，不仅没揽到生意，还被抓到某个司令部。那里的人不由分说，把他的车装满了东西，对浑身瘫软的他喝道，现在去哈达。当然，有关报酬的事，他提都不敢提。还算他幸运，这些兵不是去热河或奉天公干，他至少可以跟士兵们一起返回哈达去。

人各有各的不幸。我在寺院安顿下来，把德瓦钱波这间并不舒适的住房，搞得尽可能适于居住。然后开始做研究工作的准备。我有先见之明地向小宋、德瓦钱波，甚至小沙弥丹比尼马（Dambinyima 的音译，下同——译者）都打了招呼，不管是谁来访，都要回绝。这类"拜访"我早就烦透了，没有任何益处，只是占用了我不少宝贵的时间，妨碍了我的工作。我制订的严格制度实行了一段时间,但好景不长。从某天开始,警察局的大小官员开始接踵而至,光临寒舍。这些人是不好拒绝的,德瓦钱波自然知道这一点,友善地把他们一一引到我的住处。他附耳对我提醒道,来的这些人都非同小可,即便为了他和寺院,我也应该热诚接待。这些人确实给我在寺院增光不少。后来,寺院里有头有脸的喇嘛见到我都点头哈腰的。这当然不是无缘故的。寺院非常仰仗警察局的支持和看顾。以后我会就此详谈。

这一系列的访问是由一位警察开始的。他向我行军礼后告诉我,他是受警察局长田丰雨(Tien Fongjö 的音译,下同——译者)的委托来此,说如果我愿意,他们可以每天派两个士兵到德瓦钱波门前站岗,保证我的安全。尽管我对他们的关心、重视和好意很受用,我还是拒绝了。我可不想让百无一用的中国兵成天看着我,使我得不到片刻安宁。且不说,还要由我来负责他们的薪俸和膳食。我曾到过危险得多的地方,没有士兵在门口站岗,不也活得好好的? 何况我现在住在一个大城市的中心,在一个寺院的正中,更不会有事了。

我很礼貌地婉拒了警察局长田丰雨的好意,同时立即捎去我的名帖和一个小小的礼物,以示敬意。

就在当天,田丰雨登门造访。喇嘛们毕恭毕敬地把局长带到我的住处。田丰雨看到我住的地方就火了,立即让人把陈喇嘛叫来,大声呵斥道:

"你们怎敢把李先生塞到这么脏的一个角落?!"

陈喇嘛惶惑不安,诺诺连声。想必他在暗自咒骂:他们和警察局的事本来就够多的了,现在我又给他们惹了大麻烦。我立马向陈喇嘛伸出援手,为他辩解说:他们原本让我住更好的房间,但我自己坚持要住在这儿,因为德瓦钱波是一个有名的占星师。德瓦钱波感激地向我投来一瞥。为此我也赢得了陈喇嘛的好感。田丰雨的火气消了些,可能暗想,这些外国人真够傻的,居然爱住这么肮脏的地方。

不过最糟糕的是,在这次记忆犹新的拜访中,我不只赢得了喇嘛们的尊敬和好感,也获得了警察局长的友谊。而这友谊变得非常可怕。最初我对他的不断

讲礼貌的警察局长田丰雨

来访还只是感到厌烦。他请我吃饭,给我送很多美妙的礼物,让我不得安宁。后来我简直要疯了,因为我还得给予回报,甚至要有过之而无不及。我还得时时刻刻保持戒惧,不知田丰雨又会想出什么花样来打扰我?

还有那些礼物!他在挑选礼物上可谓费尽心机。然而他送的礼物,对我来说,没一件有用。要想把大大小小的警官们以田丰雨的名义送到德瓦钱波僧房来的五花八门的礼物都列举出来,是不可能的。德瓦钱波对礼物也很好奇。有几次,他啧啧称奇,问我这个那个礼物有什么用。有件事是我每次必须做的:还礼。在第二年接近岁末时,我的经费即将告罄(我从来不带多于一年的经费),田丰雨疯狂的送礼和我不得不还礼,简直要使我破

产了。

作为代价,我都得到什么样的礼物?

最初,他派人送来一顶半中半西式的草帽。草帽是新的,但是按照中国麻雀的脑袋尺寸制作的,将将能盖住我的头顶。另外,"脸"也不让我——一个外国人——戴这顶在中国人眼中也很廉价和普通的草帽。小宋对此尤其敏感,因为草帽戴在我头上也丢他的脸。不过小宋也考虑到这样一个问题:如果在朝阳市的大街上,偶然遇见田丰雨,而我又没戴他送的这顶草帽,会有难以预见的后果。小宋灵机一动,想出一个解决办法:我上街散步时,不要戴我自己的旅行帽,而是光着头走,他则拿着那顶礼物草帽跟在我后面。

其他礼物没有使我陷入这样尴尬的窘境。但是正如我已经说过的,这些礼物也让我伤脑筋:怎么处理它们呢。我不想一一叙述,就说说6月1日我收到的那份礼物吧。

这是两盒蒸水果罐头,带有"中国制造"的标签。这不仅意味着它的价格只是美国产品的十分之一,而且它的质量准保很差,或者根本不能吃。出于好奇,我当着德瓦钱波的面打开其中一盒:"蒸水果"已经烂掉了。

"这也难怪,天这么热!"德瓦钱波为国产品辩护说。

这只是一个小例子。而在我面前,这样的盒子堆成小山。我拿出两个有蓝色装饰图案的大纸盒。从外表看,再拿起来掂一掂,我猜想里面装的是饼干之类的食品。打开一看,是泡汤用的干面条。也是"国产"。这对我也没什么用,因为我一想起小宋的那些自我欣赏的"烹饪",就没了胃口。我还是向一家中餐馆订了外卖。田丰雨很清楚这件事,因为餐馆就是他推荐的。我琢磨可能他自己也不清楚盒子里的东西的用途。有的时候,他坦率地承认不知道是什么东西。另外两个盒子显然是美国的产品,是他收到的礼物。他以为,既然是外国制造的,我一定知道有什么用,并会喜欢它。有两个筒状的盒子根本不需要打开,侧面的字母说明这是所谓的"大芦笋"。说实在的,即使小宋负责为我做饭,他也不知道怎么处置它。最后一个盒子是典型的、具有中国风味的奢侈食品。盒子的盖是用粗糙的、切割得不规整的玻璃板作的。可以看到盒里的东西,是苹果干和梨干,顶上贴有代表喜庆的红纸,红纸上烫着金字,表达中国人最良好的祝愿:长寿和发财。但是炎热的天气对烫着金字的红纸发生了作用,颜料脱色使苹果干和梨干像是纯金作的,闪闪发光。

每次收到这样的礼物,都要回送欧洲的东西。万幸的是,比利时传教士们在收集礼品方面给了我热心的帮助。

6月7日,田丰雨愁眉苦脸地告诉我,他要进山去大约两个星期。要去的地方距此地两百里左右。他要带一百名士兵去剿匪,近来土匪十分猖狂。

两个星期后,他回到朝阳。一个中尉被土匪打死,六个人负伤。他自己则安然无恙。他仍然热情不减,不断送礼来打扰我。

田丰雨还有另一个嗜好:他非常喜爱中国古董,如花瓶、雕像、玉碗等。一个警察经常到德瓦钱波的僧房来,带着两个大花瓶。他每走一步都如履薄冰,生怕跌倒,把托他拿来的宝贝摔碎。每次我都要给他介绍,瓷瓶是明朝的还是清朝的,在国外大概值多少钱。每件古董都需要我查考、研究,因为任何人都不得以"礼节"为借口欺骗田丰雨。他在这方面是个大行家。其实真正的古董爱好者不是他,而是省长汤玉麟。田丰雨根据经验知道,最好以省长的爱好为爱好,与他的兴趣保持一致。汤玉麟是个文盲,但热衷于古董收藏。当然不是因为他有什么深厚的艺术修养和鉴赏能力,而是因为可以通过他在北京的人倒卖他敲诈勒索和抢劫得来的古董文物,赚取币值可靠的美元。

朝阳的警察局长为孝敬省长,靡费甚巨,费尽心机地讨其欢心。他找到一个很好的"翻译",来传达他的忠孝之心。这个人就是朝阳县县长,也是一个善于察言观色的人。朝阳县长围着省长转,直到后者把女儿嫁给他。

县长和警察局长相知很深。警察局长对县长阿谀奉承,无所不用其极。他的友谊首先建立在效忠的基础上。恐怕也还有些恐惧的成分在内:他的大朋友可别在其岳父大人面前说他的坏话,给他带来灾祸。

话说回来,田丰雨是个非常活跃的人,他一直纠缠着我,非要带我去见县长。在我拜访县长不久之后,他仍不甘心,又把县长带来见我。

这可不是小事,县长是大官,即大人(这个词在方言中也有,中亚地区的旅行者在突厥斯坦听成"大林",darin,不完全准确)。在晴朗的一天,我突然发现寺院里像炸了窝,人们四处乱跑。后来人们都集中到我的房前。我的房东也慌了神,从炕上跳下来,只穿了一只鞋,另一只鞋子还拿在手上。他跌跌撞撞地扑进来,一进屋就说:

"大人来了,县长大人!"

显然,这是真的。寺院的所有出口都有卫兵把守,谁都不得进出。过了一会儿,沉郁的长号声和刺耳的汽车鸣笛声表明,大人到了。寺院里所有有地位的喇嘛都躬身屈背,迎接贵客。县长被直接带到我这里。其实他的官邸和衙门距寺院只有 500 步距离，但是为了"面子"即威望，他到这里来需要搞出这么大动静。当然还要坐汽车来。由于随他一起来的人中有警察局长和一个少校（团副），所以用了两部汽车。

这种张扬的来访对寺院的喇嘛，特别是我的房东、占星师德瓦钱波产生了很好的影响。他对我开始有求必应。首先，他像个看大门的，为我挡掉一些多余的来访者。当然，在他去其他地方做法事、诵经或出远门时，即在他不知道的情况下，也会有一两个好奇的汉人或蒙古人溜进来。现在很难在僧房附近找到小宋。他在这里实在没事可做，因此宁肯去找喇嘛或到城里逛街。他很享受他的"权威"，即"面子"，在人们面前昂首阔步，如同一只得胜的公鸡站在垃圾堆上。

我正在一个人工作时，那个半"黑人"、半喇嘛样的不速之客，第三次来到我这里。他表情木然，好像没什么头脑。他每次来，都被我不耐烦、不客气甚至恼怒地轰走。他的不断搅扰，使我不胜其烦。他每次来，都不厌其烦地邀请我去他那里访问。最近一次，我为了摆脱他，假意应承道，好，明天我就去看他。但很快我就把事情忘掉了，因为他每次都是心满意足地离开。

"以后有机会……"

这个机会——很遗憾——总是在"明天"。

在我假意答应去看他的第二天，他又来了。不是一个人，而是带着轿子车、马和仆从。

原来，这个执着的来访者不是别人，而是寺院的主人——寺院财产的真正所有者——卓强（dzsócsan 的音译，下同——译者）喇嘛的弟子和后代。

　　就在我到达前不久，卓强喇嘛去世了。他生前以残忍、暴戾著称。他的这一名声要归咎于他生前的行为。他在世时，人人都怕他。他的影响、力量和权势蕴藏在寺院的财富中。他紧紧地把持着财产的管理权，从不放手。他办事是不允许任何人干预的。作为一个专制老爷，一切事他都要亲自经手。其结果是，寺院的住持——达喇嘛成了与其他普通喇嘛一样的喇嘛，既没有更多的钱，也没有更大的权力。在朝阳大寺中，卓强喇嘛没什么头衔，却主宰一切。他既不想当达喇嘛，也不想当呼毕勒罕，更不想当活佛，因为没有这些身份，他照样一言九鼎。

　　现在，卓强喇嘛死了，活着的人都获得了解放。同时，钩心斗角、阴谋倾轧也开始了。寺院的财务失去管束，挥霍浪费出现了。人们料想不到的祸事也在寺院外发生。

　　很久以来，朝阳的大寺——佑顺寺应该是有东主的，至少有精神上的或神佛名义上的业主。有人认为，以前某个时期，高（Ngao 的音译，下同——译者）喇嘛即苏苏可图多尔吉（szuszuktu dordzsi 的音译，下同——译者）呼毕勒罕的先人主持大寺。但是卓强喇嘛根本不愿承认这一历史事实，甚至为了避免误解，他禁止苏苏可图多尔吉活佛踏进寺院半步，否则就"叫人打断他的腰"。很长时间以来，高喇嘛只能远远地绕开寺院，即"自己的寺院"。现在卓强喇嘛离开了人世，一切都变了。高喇嘛一下子又公开成了苏苏可图多尔吉。现在，他差不多每天都"莅临"寺院，确切地说，是到德瓦钱波的僧房来。

　　陈喇嘛受委托负责寺院的财政事务。他的名字匈牙利人听起来很特别。不过在打理寺院的财务方面，他公正、严明，也卓有成效。

　　卓强喇嘛财产的真正继承人是他的大弟子。他现在来找我，是要带我去卓强喇嘛的别墅。说到享受，这位大弟子与其师父相比，在任何方面都毫不逊色，甚至有过之而无不及。他是一个大烟鬼。他没什么个人意志，是个可笑的人物。在寺院乃至城里，谁都不知道他的正式的名字，大家都管他叫"阿弥陀佛"。他常常到了一个地方，就瞪着痴迷的眼睛，仰视天花板，半醉半痴地念诵：

　　"南无阿弥陀佛……阿弥陀佛保佑……"

　　这不是礼佛的虔诚的表达，而是他的寒暄用语，相当于"你好"。因为"阿弥陀佛"虽然是喇嘛，但对当喇嘛并不热情，在这方面，他是他师父卓强喇嘛的翻版。大约四年前，"阿弥陀佛"甚至试图走上"英雄的道路"，当了兵。由于他不缺钱，一入伍，就平步青云当上个少校。得到这个军衔的代价是，必须负责军队一个营的军需，包括服装。"阿弥陀佛"当军官这个费钱的差事没有破产。在第一次打仗时，他就"大显身手"，结果他的人被敌人秋风扫落叶般地消灭掉，连他的通信兵都差点没跑出来。如果说"阿弥陀佛"不是当指挥官的材料，那他肯定是个会"明哲保身"的人。他早就躲到安全的地方，从那里窥视危险的战斗。他目睹他的士兵像被割稻子似的一个个撂倒后，突然省悟到，这里不是他该待的地方。最终，他打了个招呼，退伍返回寺院。没多久，卓强喇嘛去世，他立刻坐到——不如说是躺到——师父的位置上。

　　确实，"阿弥陀佛"已有很长一段时间躺着而不是坐着或站着打发日子了。当我们到达卓强喇嘛华丽的小宫殿时，"阿弥陀佛"没说什么话，就一头扎倒在炕上的鸦片灯旁。一个仆人立刻拿来烟具：银盘子上托着镀银的烟枪，烟枪的磁头镶有银子作的人手形装饰。

一副可悲的破败景象迎候着来访者。昔日的秩序和奢华湮没于灰尘和污秽之下。到处躺着奴仆，都学着"阿弥陀佛"的样子。寺庙里的陈设、装备和银器相继消失。现在没什么人好怕的：卓强喇嘛已经躺在院子里，就在树后那沉重的大理石板覆盖的墓冢里。

我们要在别墅里吃午饭。在所有的下人，包括厨工、学徒都吸足鸦片后，我们坐下来吃午饭。筷子都是象骨制的（中国人认为象骨能祛除饭菜的酸和胡椒中的毒素）。这些象骨筷子还没受到"青睐"，但是银勺子肯定是找不到了。"阿弥陀佛"从桌边站起来，看着空空的桌位，对吃饭的人半开玩笑地说：

"坏蛋们，不是你们给偷了吧？"

"坏蛋们"若无其事。他们已感觉到，昔日财富的流失过程持续不了多久了。他们至少也要分一杯羹。

从这一天开始，"阿弥陀佛"光顾的次数越来越频繁。每当他口中念着"阿弥陀佛"，摇摇晃晃地迈着瘫软了的步子出现在门口时，我都不得不停下手里的工作。他总有什么建议，或急于宣布的事情，光听他一人说，就至少需要两三个小时时间。如果我表现出不胜其烦或拒绝跟他走的时候，他就跪到地上，声言如果我不与他和苏苏可图多尔吉去街角的中国餐馆吃午饭，他就跪着不起来。

可怜的"阿弥陀佛"就是这样一个半傻半癫的人。

寺院的命运就系于"阿弥陀佛"一身。管理寺院，要解决成堆的问题，处理很多麻烦事，并不是那种可以不劳而获的安逸营生。幸好，除了"阿弥陀佛"外，其他人也参加挽救寺院的工作。"阿弥陀佛"可能也感觉到他身负重任,因为常见他拖着虚弱的身体跑来跑去,处理大事小情,好像他真有本事解决什么问题似的。

佑顺寺正发生着一件大祸事,让我赶上了。这些日子,整个寺院惶恐不安,就连已经习惯于对寺院的什么事都不干预的达喇嘛也动起来。被称为寺院之主的苏苏可图多尔吉想根据星相预言,找到应对之策。财务监理陈喇嘛敲着自己的头说:如果想不出法子消弭寺院面临的越来越严重的危险,谁知道这里会发生什么事!我的房东德瓦钱波也被共同的恐惧攫住,他也首先在星辰间寻找

朝阳。"阿弥陀佛"在卓强喇嘛的住所

真理,然后整天和住持达喇嘛、陈喇嘛还有寺院其他首领在一起絮叨。

说起来,消灾祛险是"阿弥陀佛"的责任。我看着他从陈喇嘛处跑到达喇嘛处,然后又返回到陈喇嘛处,像热锅上的蚂蚁,不知道要做什么。我不想惹祸上身,就一直保持沉默,装作什么也没看到,没听到。

6月3日,我还是知悉了一切。"阿弥陀佛"禁不住把秘密说了出来。他跌跌撞撞地闯进我的房间,连"南无阿弥陀佛"都忘了

说。他精疲力竭的样子,像是走了很远的路,站都站不住了。

"快往热河给省长打电话,请他撂下这件事!你知道,为了'面子'他会听你的话……"

我费了好大劲儿,从紧张的、快站不稳的"阿弥陀佛"口中一点点探出究竟发生了什么事,需要撂下什么。

卓强喇嘛生前有一个要好的知心朋友,现在是个将军。大约十年前,这个将军借给朋友 600 墨西哥元。卓强喇嘛死后,将军开始通过法律途径,索还这 600 墨西哥元及其所有利息,以及其他费用,共计 18500 墨西哥元。听到这个钱数,陈喇嘛万分惊愕,很快算了一笔账:

"就是把整个寺庙都卖了,也许还不够还债的……"

另外,他们徒然地到处翻寻、查找那神秘的 600 墨西哥元。无论是在卓强喇嘛的笔记里还是寺院的藏书里,都没能找到这笔钱的踪迹。

警察局的人可没这么大耐性。他们不由分说地把卓强喇嘛的两个弟子抓起来,关进大狱,说只要寺院还债,他们就可以重获自由。

其他人很明智地看到,这件事根本不可能用"阿弥陀佛"之类的"临时抱佛脚"的权宜之计解决。最好是请一个大活佛介入,以排除威胁到寺院生存的危险。

计划很快变为行动。大家选出四个德高望重的喇嘛,其中就有我的出色的房东——德瓦钱波。他还被委以寺院代言人的重任。四个喇嘛前往奉天拜谒班禅喇嘛。6 月 8 日,德瓦钱波打点好行李,包起他最华丽的袈裟,把一个丝绸袋装满茶叶,与三个同伴坐上寺院的轿子车上路了。他们先到北票,从那儿再乘火车去奉天,拜访达赖喇嘛的大竞争对手班禅喇嘛,请他为寺院出面干预,否则佑顺寺的丧钟就敲响了。

这个使团一个星期后才返回寺院,而此行的成果我们是在月末才知晓的。整个寺院大大地松了一口气。一桩非同寻常的事件也真相大白。

在班禅喇嘛的斡旋下,使团去找那位将军,试图达成妥协。将军目瞪口呆地听取了他们有关和解的说辞。闹了半天,将军对此官司一无所知。卓强喇嘛生前也没有欠他一个铜板。经过追根溯源的调查,循着一条条线索,人们终于找到了发起官司的人:朝阳的一个被免职的警官。他伪造了全部卷宗,把自己装成将军委托的代表。在一段时间里,他多次成功地敲诈了寺院,得到或多或少的几笔钱。后来寺院不愿再付钱给他,他就编了个案件举报他们。这个案件的最荒唐之处是,那个骗子居然连县长都骗了。县长大人除了把寺院两个弟子作为债务人的法律继承人关进大狱外,还向寺院索取"礼物",以换取他对欠债的寺院从轻处理。

这个古老的寺院在丧失了昔日的声誉、影响和权势后,还要经历这样的祸殃,差点又失掉寺院的最后支柱:财产。

朝阳的佑顺寺,完全无愧于其"大寺"之名。它的土地和其他财富所代表的经济实力如此雄厚,以致在经过"阿弥陀佛"的挥霍浪费和中国骗子的敲诈勒索之后,仍能屹立不倒,不需要靠虔诚信众的施舍和供奉维持生存。在旅行期间,我在任何地方都没见到过身份这么尊贵、处境这么优越的喇嘛。经过多方打听,我的猜想得到证实:在整个华北地区,像这样的寺院也只有两三座。

这座寺院与迄今为止我见过的所有圣地都不一样。

　　佑顺寺不是一座喇嘛村，而是地地道道的寺院。大体上众喇嘛都住在一幢建筑里，就像西藏的喇嘛寺一样。在大大小小的院落里，坐落着风格迥异、带有原始特色的雕花窗户和墙饰的各类殿堂。喇嘛住的建筑四周没有护墙，而是一整座巨大的房子，转折处都是直角，就像造墙法规定的那样。门和窗面向院子。但在这里我必须特别说明，这里的门并不直对大院，因为前面有带遮檐的砖砌的回廊。回廊有台阶通向大约一米深的院子。我很快就体验到高入口和回廊的意义和好处：夏天多雨，院子经常成为一片汪洋。建筑的另一面不临街，而是在其三四米开外，立着大约三米高的墙壁，比建筑这一面的窗户还高出两米。这样就形成一些小的院子，建筑的住房和宿舍都有门面对这些院子。喇嘛们把房子周围所需的大大小小的物件放到这里，还在这里储存柴火。大院子里是严禁存放这类东西的，因为必须始终保持院子通畅、整洁。这座巨大的喇嘛住宅，每三个房间隔出一个单元，其中两个房间作卧室，另一个房间作门厅。每个居住单元后面附有小院。为避免吵架斗殴，这些小院也有墙垣隔开。说到底，这里的喇嘛也是互相隔开居住，就像喇嘛村一样，谁都不能干涉他人的事情，地位高贵的喇嘛也不例外。

　　我搞到一份很有意思的、原始的基建图，是一个蒙古喇嘛画的，色彩相当鲜艳：喇嘛们集中在院子里，都身穿黄色衣服，树是绿色的，墙是黄色的，砖却是红色的。这幅画算是艺术创作，是用传统中国画法画出的、带有中国式远景的画。这幅画还类似鸟瞰图，可以看到所有墙壁和建筑的后面。对我们来说，这确实能当建筑基础图来用。因此，这幅图十分珍贵，可使我们对朝阳大寺的殿堂建筑和喇嘛住宅的分布有个清晰的印象。

朝阳喇嘛寺(一个蒙古喇嘛的画)

　　不算那些宗教仪式，实际上只有共同就餐赋予佑顺寺某种真正的寺院性质。喇嘛们自己不做饭，他们的膳食由寺院统一负责（如果我以前喇嘛庙的房东布彦德尔格遇上这样的好事，该有多高兴）。寺院每天敲两次钟，宣告开饭。勤快的小沙弥把冒着热气的小米粥和咸菜装在锅里，在喇嘛和僧众之间分发。比较讲究吃的喇嘛，可以另作自己喜欢吃的菜肴，当然他要有钱。

　　以前，寺院非常兴旺，确实，寺规也严格得多。朝阳并不是那种花钱大手大脚的寺院。过去这里不仅有活佛、呼毕勒罕等高僧大德，而且还有学者，比如用藏语撰写了包括《蒙古佛教史》在内的很多学术著作的著名学者吉克迈德纳姆卡(dzsikmednamka 的音译,下同——译者)。苏苏克图多尔吉出于好意,还送了一本书给我。学者们提到这部书时,通常用它简化了的藏语书名"和尔却伊仲"(Horcsojdzsung)。这本书也介绍了朝阳的历史,当然不是用这个没有宗教意味的新式汉语名字,而是用其藏文名字:"邱尔丹松"(Csor-tenszum),即"三塔"。

很久以来,朝阳城里曾经矗立着三座巨型圆顶宝塔,据传说是契丹人时期的遗物。这里说"曾经矗立",是因为其中一座塔在中国内战期间被毁,荡然无存。当时,猛烈的炮轰一直持续到它成为一片废墟为止。

早年在三塔城里,在清王朝的庇护下,曾开办过一所喇嘛大学。藏语称这些学校为拉姆林(lamrin 的音译,下同——译者)。在西藏,至今这种学校还很兴盛。据我所知,在内蒙古,这类学校一所也没留下。这些学校教授喇嘛教学说的最重要科目,即神学、医学和哲学。在较小的地方——如朝阳——人们主要满足于对一个个大法师著作的解析和诠释。很多人从西藏旅行札记中得知,学生们也要参加诠释工作和有关辩论。这种辩论是喇嘛教学者最光彩、最吸引人的学术活动,连不懂其语言的西方旅行家也留下深刻印象。在以前某个时期,三塔城的大寺院里也常举行这样的辩论会,辩论内容是高僧大德的名言,辩论不是用蒙古语而是用藏语进行的。有些西藏的大学者也不耻下问,辗转跋涉到此,在这里生活和讲学。

在佑顺寺,现在已听不到辩论之声。在殿堂的廊檐下,不仅完全听不到藏语的说话声,连讲蒙古语也是很稀罕的事。如果今天喇嘛进行辩论,话题肯定是有关小米和金钱的……

占星师德瓦钱波

坏弟子丹比尼玛—德瓦钱波的"教育法"—当师父不在家的时候—丹比尼玛脚底抹油—一个新沙弥出现在视野里—寺院戒律的守护者—我的房东如何遵守斋戒和"勿听"戒律的—德瓦钱波的厨房—佑顺寺的干井—印神像—星相预言—对自己都不相信的人:道家占卜师的访问—阴错阳差,我也获得占星家的名声—喇嘛教的星相学的秘密

在大寺,我又有了一位不同寻常的房东。从外表看,他没有什么特别之处,穿的是破破烂烂的袈裟,就像最穷困的喇嘛庙里最卑微的喇嘛一样。他穿成这样不是出于"必须",而是因为太不讲究,也许还出于节约的目的。要知道德瓦钱波除了有很多优良品质和特权之外,还担负着重要的——还应补充一句"油水颇丰的"——占星师的职务。

他永远是红着有点斜视的眼睛,似乎一直在观察星相,而对他周围来来往往的人的地上生活却疑惑不解。

在占星师德瓦钱波这副有点令人生厌的外表下,却藏着一颗友善的心——至少对我而言。他把比较漂亮、干净的面朝小院子的房间让我住,而他与弟子丹比尼玛则住在比较小、比较脏的另一间屋里。他把他所有的书都搬来,让我随意阅读研究。德瓦钱

波的藏书对我来说是无价之宝。我打开的每一本书，都有关于星辰运行、星体位置和星相推算的翔实知识，以及有关如何消弭不良星相后果的方法。这些著作不论是用蒙古文还是用藏文写的，不论是手写本还是出版的书籍，都是德瓦钱波的财产。

对我来说，占星师德瓦钱波的好心和友善更是难能可贵（我也尽量多多送礼以表示我的谢意），因为从本性上看，他并不是一个特别友好、和善的人。

他弟子的例子就很能说明这一点。小丹比尼玛肯定不属于模范徒弟之列，他爱到大院里和其他小沙弥嬉戏、打闹，甚至打架，也不大喜欢学习。但他毕竟只是个孩子。德瓦钱波的这个小弟子，恐怕是这个寺院及其周边地区挨打最多的小和尚。占星师有"严师"之名不是没有根据的，至于他向弟子们灌输

朝阳。丹比尼玛、怒狮和契丹塔

了多少科学知识，我没听说过。我倒是不止一次听说，他原来所有的弟子，在刚到当喇嘛的年龄、还没正式获得喇嘛身份前，就都急急忙忙离开了德瓦钱波的僧房。

事实真相究竟如何，不必深究，只要看看他怎样教育丹比尼玛就行了。

例如,师父怕下雨,叫弟子丹比尼玛到院子里去,用席子把柴火盖上,以免柴火被雨水打湿。丹比尼玛跑出去执行命令,还自作聪明地专门在席子上压了两块大木头,作镇压之物。德瓦钱波是个比较认真的人,想亲自检查他的命令执行得怎样。丹比尼玛只得又跟着他走一趟。谁要以为德瓦钱波不会找茬儿就大错特错了。他一瞥见木块就火了,大声呵斥道:

"怎么回事?风会把席子连同木块一起刮走的!"

其他要说的话,他用"哑语"来表达。丹比尼玛像杀猪般地哭嚎起来。师父,就是巴沙(这里的土默特蒙古人把师父巴克什——baksi 说成巴沙——bahsa)的房间布置得像一个刑讯室。最温和的刑具之一就是鞭子,小宋曾从头到尾目睹他叫人甩鞭子的一幕,谈虎色变:

"厉害,好吓人……"

这个厉害的鞭子当然不是随身带的,因为德瓦钱波也知道,像个哥萨克队长似的总拿着个鞭子到处走,不合喇嘛身份。现在回想起来,我竭力在记忆中搜寻,我的占星师房东在教育活动中,如果鞭子不在手边,是用什么东西代替鞭子的呢。我眼前浮现出各种棍棒,在丹比尼玛的头上和背上跳着"魔鬼之舞"。还有粗绳子,德瓦钱波也知道要浸湿了用。最后还有大大小小的砖头。

丹比尼玛对这种教育忍气吞声,但可以看得出他内心的苦楚。在没有旁人的时候,他对小宋吐露,他受够了师父的虐待,正想找一个不那么受罪的出路。

他的计划的实施推迟了,因为正是在这个时候,德瓦钱波和三个同僚以及寺院其他上层人士,决定去奉天找班禅喇嘛,解决那桩有名的债务官司。小丹比尼玛是有现实感的人:这个大好机会不能错过,在师父远离寺院时,他就成为这个僧房甚至是整个大院的主人。

　　德瓦钱波等四人踏上艰难的旅程。在他们去奉天的一个星期里,他的房间委托给小宋和他的弟子照看。德瓦钱波还给丹比尼玛一些铜板,让他可以在寺院的小米粥外,增加一点花样,或给自己买点什么。

　　师父刚走出寺院,丹比尼玛就高兴得找不着北了。后来他冷静下来,认为最实在的,是先把一周的钱都买糖吃。结果吃糖吃坏了肚子。他又逐个去找跟他有过节的人算账。他先找住在他隔壁的小弟子。很久以来他就与这个小弟子有"边界纠纷",只是一直不敢大声争辩,怕这个可恶的家伙到德瓦钱波那儿去告状。为了前途未卜的结果打架、斗殴,冒这个险不值得。而现在,机会到了。

　　于是他去"拜访"邻居小沙弥。他站在对方的门口,不时用双手抓着门框,用挑选出来的污言秽语,辱骂住在屋里的人。后者在一段时间内只是反唇相讥、恶语相向,后来终于忍无可忍,不再多费口舌,而是怒气冲冲地把门"砰"的一声关上了。虽然丹比尼玛又立刻把门推开了,但鼻子被撞了一下。这不啻火上浇油。丹比尼玛立即还以颜色,抄起一根拨火棍,扑向对方。他的喊打声,引来了他的哥们儿——另一个小沙弥。而对方也有帮手。就这样,四个人打成一团。烟尘大起,还夹杂着叫骂声,就像北美达科他州的印第安人。开始时,他们还只是用棍棒互相撩拨试探,直到丹比尼玛的棍子结结实实敲在不服气的对手脑袋上。只见那个小沙弥的鼻子上、嘴上都是血,发出可怕的哭嚎声。

　　斗殴双方的火气一下了冷却下来。四个人散开逃走。

　　丹比尼玛扔掉凶器，趿拉着破鞋，没命地跑回去。他先在门缝里窥探，看有没有成年喇嘛来找他。看起来事情暂告一段落，他的其他算账计划只能推迟到最近的将来了。第二天，获胜的沙弥——丹比尼玛在大院里神气十足地走来走去。对手没敢露头，其他人似乎也比以前更敬畏他。

　　不知不觉地，一个星期过去了。寺庙里生活一切照旧，使人几乎忘掉我的占星师房东不在寺院里。然而好景不长，一天早晨，我被一阵尖利的哭叫声惊醒，是丹比尼玛。由此可知，德瓦钱波回来了。果不其然，巴沙回来了。丹比尼玛一整天都在抽抽噎噎地哭。僧房一下子鸦雀无声，丹比尼玛的哥们儿和对头都不见了踪影。

　　小家伙对丢脸和挨打忍无可忍了。两天后，他下定决心，走到巴沙面前，声言要回家。他不用走很远，他家离这儿只有20里。他家那边也有寺院，他要去那儿当沙弥。

　　德瓦钱波一开始连听都不想听，但丹比尼玛坚持要走，他也没办法。他最后一次揍了这个不争气的弟子一顿，放他走了。

　　我的房东开始慢慢习惯没人可揍的新情况。我们也开始适应听不到丹比尼玛的哭嚎声。

　　然而过了十天左右，丹比尼玛又回来了。他不是一个人，而是由他也当喇嘛的哥哥陪着来的。

　　丹比尼玛站在哥哥身后，戒惧地听着他哥哥与老喇嘛商谈，必须谈判。师父硬起心肠，坚持不要这个不成器、给他带来耻辱又弃之而去的弟子。走吧，爱去哪儿去哪儿，就是别想留在这儿。丹比尼玛的哥哥再三恳求，百般许诺，并对佛祖起誓说弟弟不再闹事，直到最终师父以慈悲为怀，再次接纳这个"回头浪子"为止。

　　说实话,在这个小家伙的身上,我没有看到悔过自新的迹象。甚至在他哥哥因劝说成功而满意离去后,还未等到挨刚刚原谅他的师父的第一顿打,就令人吃惊地宣布:他和他哥哥的想法完全不一样,他并不想再留在这个寺院。由于他家乡的寺院也不要他,所以他要去当汉人和尚,而且说走就走。

　　我们又过上没有沙弥的生活。我的房东不得不自己打水、生火取暖,做与房屋有关的活计。这使他闷闷不乐。他有理由怨愤,须知这里一切事务都由寺院负责,包括小沙弥的服务,不花喇嘛一分钱。"教育"所伴随的麻烦和不快与此相比,真不算什么。沙弥实际上就是不要钱的奴隶。德瓦钱波无论怎么打骂弟子,可没了小沙弥,他还是会感到孤单、无依和不适。

　　大约又过了十天,一个沙弥之类的访问者叩响我的房门。他是从于喇嘛寺来的,自称正要去西藏。德瓦钱波并不是一个刻板的人,他马上意识到风从哪儿来。特别是听到年轻的朝圣者说,他一文不名,而且不懂汉语,只会讲蒙古语,就心里一动。经过进一步的询问,德瓦钱波得知,年轻来客是个小沙弥,刚从师父那儿跑出来,因为受到师父的毒打。

　　小宋饶有兴致地听小沙弥的自述。听到这里,他有点狡黠地眨眨眼,心领神会地望着我,仿佛在说:

　　"您瞧,这家伙来对了地方。"

　　德瓦钱波暂时不露声色。他藏起对沙弥嗜血的嘴脸,满嘴是蜜糖和仁爱。看来他已对打水、烧火等深恶痛绝。他以长辈的口吻向年轻人建议,别再继续走了,留下来当沙弥吧。保管他不后悔。

　　德瓦钱波没再继续询问年轻僧人的出身经历。现在正是午饭时间,德瓦钱波递给年轻人一只桶,让他去打水,生火。

新沙弥为德瓦钱波服务已有两日。他表现得很沉静,一声不响,烧饭、洗涤、打水,看来已准备为释迦牟尼佛祖献身。只是我们还不知道他姓甚名谁,连德瓦钱波也不知道。德瓦钱波对此也不感兴趣。但是我很快就发现,新沙弥有一个大毛病:他喜欢漫无目的地游荡。我预感到,师父很快就要开始让他改掉这个毛病的"教育"了。

不过我错了。这件事没有发生。第三天,新沙弥游荡回来后说,他在街上碰到了原来的师父,被师父揪着耳朵要他回去。他现在就得走。他戴上破草帽,把喇嘛服夹在腋下,脱下新师父给他的绑腿,很有礼貌地道别后,往外走去。

德瓦钱波呆若木鸡地看着他远去的背影,嘴唇动了动,但什么话也没说出来。

新沙弥就这样走了,来也匆匆,去也匆匆,我们连他的名字都没弄清楚。

德瓦钱波白白地忍耐了三个整天,还没来得及开始训导工作,新沙弥就走了。德瓦钱波又失去一个可以教导、训诫和责打出气的对象。

德瓦钱波素有脾气不好的名声。正因这个名声他曾被委以维护寺院纪律的重任。他不仅是个占星师,还身兼格贵喇嘛的重要职务。"格贵"又称"格斯贵",在西藏也称为"格古",蒙古语称为——上帝明鉴——德穆奇。对,就是那个布彦德尔格,又称"段穆奇",他也是一个格古喇嘛——即负责维持喇嘛庙纪律的执事僧。

我在朝阳寺的房东可是非常严格地履行其职责的,尤其是在丹比尼玛忘恩负义地出走之后。他把所有时间都用于纪律检查，通过坚持不懈的工作，调查、寻找违法乱纪者。似乎他想以此自我安慰。

我十分幸运地见识了德瓦钱波作为一个格斯贵喇嘛，如何处理一件重大的违纪案件。大约两个月前，从寺院跑了一个喇嘛。在其后一段时间里，看来喇嘛运气不佳，没找到新的出路。他后悔离开寺院，虽然寺院的小米不够吃，但总比"自由地"挨饿强。6月底，他像一只温顺的小绵羊一样回到——不，是想回到——寺院。他刚回到寺院，德瓦钱波就把红色的褥子裹在自己身上（以显示身份），找到迷途知返的小喇嘛，不由分说，将他赶出寺院。

被赶出寺院的喇嘛意识到问题的严重性，就径直奔到警察局诉苦。他解释说，他实际上不是逃跑，而是被急电叫回家乡，参加她嫂子的葬礼。后来他又生了病，等等。然而连汉人警察也不相信他的故事。他们向喇嘛建议，回去好好说说，求寺院留下他。如果他再一次被扔出来，连县长也帮不了他。由此，喇嘛更体会到问题的严重性。他在警察局苦苦哀求，就是不走。最终警察局只得派一名警察跟他到寺院，但不是为了把他硬塞回寺院，恢复他的权利——像他所想的那样——而是到寺院作个证：这个喇嘛的求饶是真诚的，确有悔改之心。警察是帮着劝说寺院再次接受他。

他们到了寺院后，直接来到我们这儿。德瓦钱波刚出现在门口（他不想让人进屋），那个喇嘛就跪下了，在他面前一个劲儿地请求宽恕。但是德瓦钱波硬着心肠不想原谅。那个喇嘛长跪不起，一直乞求，那个警察也帮着说好话，最后德瓦钱波终于松了口，让喇嘛重列门墙。

　　德瓦钱波认为，履行喇嘛义务——作执事也是如此——是神圣的。他不仅严格要求喇嘛们尽义务、守戒律，而且自己也身体力行。不过我倒没怎么看出他有"以身作则"的欲望。就像对待沙弥和喇嘛的纪律那样，他讲求的是表象，是外观。他的祈祷好像例行公事，没有灵魂、信念和心灵的需求。

　　喇嘛们定期互相串门，为彼此的和平和幸福祈祷。5月底，轮到了德瓦钱波串门。我到达这里没多久，就见证了我的房东的宗教虔诚。喇嘛们一整天都在祷告。他们坐到炕上，中间是一个胡髭稀疏的老年喇嘛，左边是德瓦钱波，右边是他的哥哥，当时是寺院的达喇嘛。他们的面前有两张小桌子，上面摆着供品。他们一面摇铃、打手鼓、洒圣水，一面念经祈祷。

朝阳。占星师德瓦钱波（右）和另两位喇嘛

　　第二天或第三天，是喇嘛教的大节目：斋戒。作为沉思内省的表现，在这一天，喇嘛不能开口说话。德瓦钱波作为格贵喇嘛，就是天塌下来，也不会违规。但为了守斋，在斋戒的前一天，他猛吃猛喝，吃了相当于两个人三天的饭。我只是奇怪，他居然没有吃坏身体。第二天，为了不犯噤声戒，他清晨就默诵了早课经文，然后躺下睡觉，直到晚上。这样他自然没有违反守斋和噤声的规定。

在成功践行宗教戒律后的第二天，德瓦钱波大摆宴席，邀请所有与他一同念经的喇嘛参加。他也没有忘记邀请我。

遗憾的是，这次饮宴成为我记忆中的噩梦。直到现在，我想起来时都后脊梁发冷。

由于是过节，"阿弥陀佛"也和我们一起吃午餐。在僧房附近，我一整天都没见到小丹比尼玛的影子。小宋对没请他赴宴，愤愤不平，跑到城里瞎逛。德瓦钱波只好自己动手招待客人。

饮宴开始时，人们发现我没有盘子。我的房东有些尴尬，一眼瞥见地上小宋的盘子。昨天晚上的剩饭菜上，落满了苍蝇。他很高兴地拿起盘子，想找一块抹布擦拭。他的目光落到一条桌腿旁的一个报纸揉成的团儿上。这是我刚才用来擦皮鞋的废报纸团。德瓦钱波觉得他的窘境可以解决，抓起纸团儿，用它仔细地擦拭盘子。可是他没有用水洗。不一会儿，我面前的盘子里，已盛上热气腾腾的、色彩挺特别的汤汁，里面浮着肥肉块儿和几颗豌豆。在另一个用同样方法"精心清洗"过的盘子里，装着米饭。宴会就这样继续下去。

我却像躲避灾祸一样避开德瓦钱波的饭菜！

每当他谈到吃的时候，我就执拗地力图把他的注意力引离这个令人尴尬的话题，而把话转到书籍上。但愿这精神食粮能让他忘掉那些他以高超的厨艺制作的饭菜……

我的房东有大学者的名声。我慢慢地了解了，在这里，就连最不起眼的喇嘛也在某一方面有其专长，可以向其讨教。所有喇嘛都有出类拔萃的一面。德瓦钱波在其专业上很有头脑,如果谈到星相学,那他简直就是大师级的学者。不过如果想让从陈喇嘛到"阿弥陀佛"的所有人都称赞他的蒙古文字学的修养,可就勉为其难了。因为那不是他的学识范畴。

东方的印刷文字,不像匈牙利文或法文娱乐小说那么让人容易看懂。首先是文字本身就很让人费思量。你有时会对某个奇特的、陌生的仪式百思而不得其解,有时又会遇到从未见过的名称或从未听说过的事件的引用。你甚至会碰到这样的词汇,它不仅在欧洲的字典上找不到,就连西藏和蒙古语大字典上也查不到。最初我天真地以为,遇到这样的疑难字,问问某个蒙古人就能知道。

很久以来我就知道,公元8世纪的古土耳其语文字,并不一定是土耳其人最通晓,更不是什么土耳其人都知道。但要由我去向蒙古人解释蒙古文字的内容,我还从未想到过。可这确实发生了。最近一次是在我与德瓦钱波的一次交谈中。

我还在北京时,搞到一本蒙古语语法书。这样的语法书非常罕见,因此我很兴奋。当然,这本语法书里有一两处令我很伤脑筋的地方,但就总体而言,它的文字属于比较浅显易懂的文字之列。东方人不喜欢承认他有什么不知道或不懂的东西,尤其是在他还顶着学者之名的时候。因此发生了很多令人发笑的事例,比如西方学者往往虔信其当地老师的所有的话,就像最近发生在一个英国汉学家身上的情形一样。

德瓦钱波在这方面是个例外:他坦言,他对所问之事一无所知。不过他对某些科学知识,确有一定的求知欲。他向我索去蒙古文语法书。几天来,手不释卷。只是,随着对语法书研究的深入,他又不断地遇到新的疑难点,最后竟然向我讨教。最后他非常钟情我的那本语法书,要求我无论如何要卖给他。

我从干井中取出的那些手写本,也有同样的遭遇。

人们把朝阳的葬书处称作"干井"。这是一个独立的小建筑物,四面都是墙,只有一面墙上开了一个大洞,可以往里面扔书和零散的纸页。要找个门是徒劳的。喇嘛们都说,不需要任何人钻进这个小房子。虽然墙洞可容一人爬进爬出。一旦有人确实想进干井,墙洞离地面不高,爬进去很容易,爬出来也不是难事。但是喇嘛们还是想方设法杜绝任何人这样做的尝试。干井里被处死刑的书已堆得很满,连个立足之地都没有。谁要钻进去,不可避免地要踩到书,这可是不可饶恕的罪过。在喇嘛们眼里这是亵渎神灵,会受到最严厉的惩罚。

有人曾成功地从干井的书冢中拿出一两本珍贵的写本,这很不容易,因为干井不仅有喇嘛看守,而且长年累月从墙洞刮进去的沙土和灰尘已有厚厚的一层,可以说是名副其实地"埋葬"了干井。

在从干井中取出的手写本和印刷册页中,我还找到一两件印刷的圣像。

喇嘛教的佛陀、天神和魔鬼的描绘即肖像学,是一门特别复杂的科学。尽管《丹珠尔》的经文写明各种神佛的准确画法,由于300—400个神佛、魔鬼混杂在一起,需要在每幅画——特别是那些不重要的天神——下面标注上藏文和蒙古文的名称。我们知道两种或三种较大的画像集,里面是一个蒙古的神学专家搜集的300个神佛和魔鬼的画像,每幅画像下面都标有名称和简介。辨认和确定这300个天神和魔鬼的画像,标上名称和注释,是否就完事大吉了？不。须知，佛教光主神也远不止此数！更甭说，还有那些较次要的、好的坏的鬼怪。我们在蒙古文印刷的《甘珠尔》中，就找到约450个主神。你只要仔细找，肯定能找到更多。要研究这些神祇需要克服两个困难：一个是对图画的辨别和确认，另一个是厘清名称上的混乱，整理出头绪来。问题不只是，在内蒙古的喇嘛寺院中，就同一个神祇的名字，你必须了解五种语言（梵文、藏文、蒙古文、汉文和满文）的叫法；还有，你会在不同的地方接触到同一尊神祇的标注着不同汉文、蒙古文名称的塑像。再者，有时一个神祇的同一种语言的名字就有好几个。你需要了解每一个名字宗教上的出处、来历和解释。

因而我对从干井里取出来的、带有名称标志的神祇画像十分珍惜。这对我辨识《甘珠尔》中的450个神佛会有多么大的帮助啊！不过要开展这项工作，我还需要有其他文献资料。我国科学院很早以前出版的、载有300个神祇的专集还不够，从干井里取出的一两个神祇的资料也不会使这个数字大大增加。我距离450这一数字还差得太远。

德瓦钱波作为格贵喇嘛，掌管着寺院的大印和文书，甚至负有保管40—50个木刻雕版的责任。这些木刻描绘一些神祇和女神，边上有一两个神秘的文字。

特别是在新年前夕，这些木刻雕版被拿出来印刷画像。画像以很好的价钱卖给信徒。信徒们则按照传统习俗把画贴到门上，用以趋鬼辟邪。

我与德瓦钱波交朋友，把我的礼物送给他，直到他同意印30—40张神像给我为止。经过两个星期的忙活准备后，他叫我买了中国的宣纸、红色和黑色的颜料以及一公升左右的葡萄酒。制造印刷颜料花去的时间最多，虽然看起来，在整个工艺流程中这是最简单的工序。使事情变得有点复杂的是，这位身兼印刷师职务的德瓦钱波竟如此爱胡闹，他在大碗里搅拌红色颜料时，越来越经常地把葡萄酒往自己嘴里而不是往碗里倒。最后印出来的神像，那些本来只有一个脑袋的神灵有两三个脑袋。我应对此感到奇怪吗？

可怜的德瓦钱波，这是他以格贵喇嘛的身份进行的最后一次活动。不知是谁搞了什么阴谋，导致他被解除职务。他确实是被废黜的，虽然从形式上看，他是自己辞职的，借口是他一人难以再身兼两职。但是可以明显看出，他十分痛心，尤其是在喇嘛僧团选举副达喇嘛鲍文祥（Pao Uenhsziang 的音译，下同——译者）取代他的位置的时候。寺院还敲锣和放鞭炮，向佛祖报喜。然后大家一起走进大雄宝殿。前格贵喇嘛已经没有足够的心灵力量，支撑他从头至尾观看令他颜面扫地的过程，就从大殿逃走了。当人们召唤他去参加就职仪式后的宴会时，他已躺到炕上装睡。他在被叫起来时，哼哼唧唧地装病推托。

他现在只剩下占星师的头衔。从职位上看，占星师喇嘛也并非小人物。不过要想真正成为大人物，还须有个人的建树和功业。寺院里都是由占星师来宣布哪天最适于动土，修建殿堂或庙宇；王爷应该何时上路；应去何方寻找转世灵童……诚然，只有声名卓著的占星师才能有这样尊贵的客户。中等的或平庸的占星师，哪怕只能被请去为"黑人"寻找丢失的母牛指示方位或选择办喜事的日子，都是值得庆幸的。

德瓦钱波算不上真正伟大的占星师，也没有多少信徒挤在他的门前求卜问卦。他自己也更愿意走上十到二十里路，到虔诚的

"黑人"信徒家去做普通法事,念经祈祷。似乎他自己也不怎么相信他的科学水平。有一次,小宋吃惊地睁大了眼睛,因为他看到德瓦钱波从街上和一个道家"算卦的",即算命先生回家来。他把客人让到炕上,然后请客人给他算命……

我很好奇地问小宋,那位道家算命先生算的是什么命,小宋恶狠狠地回答说:

"倒真该给算个恶卦! 不过算命先生得到两个银圆! 他不敢……"

用蒙古—西藏的方法占卜很容易,只要认得藏文或蒙古文文字就行。

住在寺院附近的几个蒙古族"黑人"听说,我之所以和德瓦钱波住在一块儿,是因为我研究占卜学,有时一连好几天钻研房东的蒙古文卦书。他们一个接一个地来找我(当然是在我的房东不在时才敢来),让我给他们算命。我实在没有胡说八道愚弄他们的兴致,虽然我已掌握了不少与蒙古—西藏占卜术有关的知识和技巧。我跟他们解释说,这类事情我不懂,还是好好回家去吧。要不就去问德瓦钱波吧。尽管他们许诺给我高于德瓦钱波一倍的占卜费,我还是拒绝给他们占卜。他们只好悻悻离去。然而过了没多久,其中一个人又回来了,右手拿着一本厚厚的蒙古文古书,左手攥着一支竹签子,一根手指扣在竹签子一个切口上。他说,既然我不愿意为别人算卦,至少给他读一下这本书的第七卦,因为根据竹签,这卦与他有关。

现在我不想讲怎样根据鸟的飞行、乌鸦的鸣叫和动物的骨头来推断未来。这些是非常古老的事物。在其他地方,人们也知道占卜的方法,遥远的古代就有这个行当。

今天的喇嘛教的星相学和占卜术是建立在迥然不同的基础上的。通过某些器物的帮助，可以推断哪个时辰、日子、月份、年代带来吉、凶、祸、福。需要编制占卜日历，如果没有这样的日历，则至少应知道怎样正确编写日历或用适当的方法遴选有关的日子。

然而，占星师的任务到此还没有结束。他除了能指出良辰吉日外，还应该通晓如何规避凶险的日子或事件，以及在祸事已经发生的情况下，如何疏导妖魔鬼怪的怒火，预防类似祸事的发生。须知，信众主要是为此求助于占卜喇嘛的。占卜者坐下来，在询问的基础上，按照顺序排出一家人的生辰八字。卜卦的结果通常是凶险的，但好的占卜师不会让信众感到绝望、沮丧，而是马上补充说明，怎样才能化凶为吉。对此凶兆，用这种祈祷对付；对另一个不吉之事，则用另一种祈祷对付。遇到死亡或疾病，则要多日念经做法事，以克制星辰运行出轨造成的厄运、灾祸之源、邪魔恶鬼。不用说，预卜吉凶、纾难解困都不是无偿的……

我们已经知道，推测某一时刻的凶吉，最必不可少的基本因素之一是十二生肖。

我们现在需要做一个重要的、普遍有效的说明。每一元素组的各个元素彼此相较，应有好、更好或最好，或是坏、更坏和最坏。

比如十二生肖中最坏的遇合是鼠和马、牛和羊、虎和猴、兔和鸡、龙和狗、蛇和猪。也就是说，某人生于虎年，在猴年要特别谨言慎行，因为据喇嘛占星师说，这年可能遭遇大祸①。

---

① 对于外行人来说，神秘的是：为什么这两个生肖相逢是凶卦。解释很简单：十二周期的前半段和后半段正好相对，也就是说，第一个动物与第七个动物是死敌，第二个动物与第八个动物是死敌，以此类推。

然而这是过于简单的方法：只满足于十二生肖的吉利或凶险的预测！还需要参考很多其他元素组来推断吉凶祸福，比如其他组别之间的对比也影响或改变彼此的预兆。

让我们以"五行学说"为例：木、火、土、金、水，彼此的关系可以是好、中性、中间、坏。我们先说木。木逢水是吉，因木离开水不能活。木遇火则是中性，因为木养火。木和土是中间预兆，因为木没土不能生长。木和金在一起则是凶兆，因为金可断木。这些解释并不特别巧妙，完全可以用其他说法来代替，但是喇嘛教的占星师接受这些说法，因此我们权且接受这种学说。我要特别指出：顺序不能打乱，否则五行（五种元素）的重要性立刻发生变化。比如，木和金是凶兆，但金和木则是中间的。

除了五行外，还要注意一周七天以及与之对应的星宿。应注意中国的八卦，它表明两大对立面：阴和阳的关系，还有三四个其他元素组。我不列举出全部，因为需要写整篇论文、画图表，还要加注一系列外来的梵语和汉语词语，才能说清楚喇嘛教的占星术，构建喇嘛教的完整星相学体系。

一点小小的失误，就可能导致从预兆中推算出完全相反的结果。我常常看到德瓦钱波的星相预测完全乱了套。他苦苦思索一番，然后如释重负地随便写上一个预言了事。他说得倒很对，对于轻信的人来说，你让他信什么都一样。

对西藏和内蒙古的占星学日历的科学研究，尚有待获得重大成果。迄今为止，我们对这种日历知之甚少，但经过短时间的研究后我们发现，它对于揭开一系列中亚和中国的年代学之谜大有帮助。在中国直到近代，人们对星期系统都是完全陌生的（现在说的不是早期佛教著作的科学提示）。在很长时间里，人们一直认为十二年的生肖周期是从突厥人那里传入中国的。但是现在我们已经知道或至少推断出，在中亚发展出独特的纪年系统，其在这里那里显现的元素，很难用突厥或中国根基来解释。

沉沦的蒙古人世界

回到北京

中国城市中心的喇嘛寺—寺庙院子里的中国学童和新兵—"我是中国人"—女真国王的历史—足球场和罂粟田—喇嘛寺院里求雨的汉人游行—平息神佛愤怒的戏剧演出—如果是"戏子",荣誉在中国价值几何—天河开了—吃扁食比赛—小宋找工作—在北票—夜间查护照—重游北京—中国元市价大跌—北方和南方的对立—在北京上空投弹的飞机—到北满去

朝阳大寺完全淹没在汉人房舍的海洋中。一条条街道和建筑群从四面八方将它包围,寺院几乎看不见。人走到主大街上的庙门前,也不会想到,破旧的门槛里面就是喇嘛寺,因为在寺庙和其他住人的房舍之间,本应有一定的距离,以免人声传进寺院。然而在朝阳,这只能意味着寺院继续收缩,因为你不可能阻止这个中国城市的迅速繁衍和扩展。

在这里,古代蒙古人的世界已完全被汉人吞没。一切都是如此汉化,使人不禁要问,蒙古喇嘛在这里、在这个纯粹的汉人城市里有何作为?

一个人刚从寺院走到大街上,就会"撞上"一个个商店。街头

朝阳。大寺入口

商贩的叫卖声充斥着整个街区。他们奇特的拉长声音的吆喝声、黄铜盘或木盘的敲击声，直达寺庙最隐蔽的角落。不用出门，我就能领略中国人的熙熙攘攘的生活。

设在寺院里的学校，整天传出中国学童长长的尖叫声。他们在老师的引领下，齐声朗诵课文。现在，从小学开始，所有就学的中国青少年念的不是孔夫子几千年前的、已经耳熟能详的学说，而是"中国革命之父"孙逸仙的教导。他们不厌其烦地齐声拖长和重复同一个简短的句子，当然这不是偶然的，因为他们在用眼睛习惯于新字的形状、将其铭刻于心的同时，还要在五个起伏不一的"乐音"里选择字的发音方法（别忘记，所有中国字都是单音节的），最后还要背下来。中国文明以及总的来说东方文明，完全是记忆性的。这里不教人们思考（现在有太多的人不顾禁令追求这类危险的事情），而是把锻炼人的记忆力作为最主要的任务。

就这样,一个院子从清晨到下午都充斥着中国学童们的喧闹声。而另一个院子,被城市卫戍部队司令部征用。但是他们不满足于把喇嘛们连同他们的神一起从翼楼里赶出来,而是——看来——认为寺庙中最大的院子才是他们最合适的练兵场地。我关闭了所有的门窗,也避不开他们的嘈杂声。我在撰写最抽象的有关佛教的文章时受到口号声的干扰:一……二……三! 一……二……三! ……士兵们在院子里走来走去。我徒劳地试图把注意力集中到写作上,一个新的口令钻进我的耳鼓:"洋炮"……(西方文明是,赞赏你的祝福!)。接着是操枪练习的忙乱。在训练结束后,他们唱着革命歌曲,齐步行进,在大院里走了一圈又一圈。

在另一个院子里,小学生们被教会在游行时齐声高呼:打倒帝国主义! 当然是西方的和日本的帝国主义。帝国主义最典型的特点是——有罪的永远是另一个。

汉人的学校和军营设在蒙古族的寺庙里,有某种象征意义。在这里的学校里,蒙古族的未来和希望——年轻的一代拜倒在汉语和汉族文化的压倒一切的力量面前;而对于那些年纪已大不能上学的蒙古族人来说,汉人军队的耀武扬威,足以发生威慑作用……。

当我问一个在大寺院的汉人学校读书的蒙古族青年,他还懂不懂蒙古语时,他骄傲地挺起胸腔,并对我"侮辱性的"置疑表示抗议:

"我是中国人……"

从公元前2世纪到今天,记载天朝帝国命运的历史文献浩如烟海,但很难找到抒情的篇章。统计学家和编年史家,用枯燥的文笔向我们描述主要的历史事件,介绍国王和女王、诗人和军事统帅、江洋大盗和其他大人物。

一份用几页中国宣纸印刷的小报,记述了公元 12 世纪最后一个女真国王的生平,是很特别的读物。

一年的某一天,女真部落按照古老的习俗,生起篝火,尽情狂欢。部落派出的信使走遍乡野,寻找歌手和说唱艺人,目的是把他们带回来。但在入夜时,信使们都独自返回,因为歌手和说唱艺人已经找不到了。现在只好由老年人担任主角。他们围着篝火,尽情跳起古老的舞蹈,用女真语唱祖先的歌曲。但是连他们也不大记得了。女真族国王,这位强悍的中国皇帝及其部落酋长们,不由得大放悲声,跳进场中和长者们一起跳舞唱歌。

这悲泣的声音是无情的告白:古老的部落、古老的民族已经被湮灭在历史的尘埃中。游牧的女真人闯入中华帝国,他们的野蛮彪悍之师征服了这个文明发展过度的巨人,他们的部落酋长登上中国皇帝的宝座,但在他们忘却祖先动听的语言、歌曲、舞蹈、风俗习惯和道德修养之时,也就是他们灭亡之日。

今天,如果内蒙古的部落民想起篝火旁的聚会、引吭高歌和那早已逝去的时代,肯定会痛哭流涕,不能自已……

然而就近观察,这一切并不是这么悲惨,可能蒙古族自己最没有这样的感受和体会。因为这种毁灭不是在大灾大难中发生的毁灭,连正在沦亡的民族也意识不到。这个民族的一个个单体还在,只不过讲着其他语言,接受了其他风俗习惯而已。

观察一下寺院周围的汉人世界,是件很有意思的事情。

从南大门出去,在斑驳陆离的契丹塔和横眉立目的侧头石狮之间,可见一个相当原始的足球场。用三根木棍搭成的“建筑体”构成球场大门。中国军人们在两个球门之间跑动、跳跃。他们每次上场,都会踢坏一个球。

　　大约在500米开外,就是农田。都是种罂粟的地。5月初,你放眼望去,目力所及,都是各色的花覆盖的田野。在花刚落尽的时候,中国的妇女和姑娘们就来到田野上,切割光秃秃的、绿色的罂粟果。几天后,炎炎烈日把鸦片果的水分烤干,鸦片果变成黑褐色。在这个时候,中国的代表正在日内瓦慷慨陈词,抗议西方列强默许和纵容他们的商人用海洛因、鸦片毒害"天朝"的无辜人民。

朝阳。鸦片田(收割罂粟头)

　　炎炎烈日大发淫威,开始造成大灾大难。由于干旱,土地龟裂,在田野上,除了鸦片以外,所有植物都开始枯萎。这是特大灾害。

　　6月的一个清晨,一支游行队伍进入大寺院的院子。队伍里全是男人,每人头上戴着用树叶编的头冠。游行者敲着鼓在院子里绕行,大声乞求"老天爷"降雨。我望着祈雨的队伍,有点纳闷:

这些汉人农民到蒙古族寺庙的院子里来干什么？德瓦钱波马上为我解释说:这是他们那儿的老习俗。寺庙也愿意为他们求神拜佛。当然不是无偿的。

朝阳。寺庙院里祈雨的游行队伍

　　需要说明的是,朝阳的汉族农民不是自发来游行的,而是按照县长的指示前来大寺,祈天求雨的。县长还命令,为了感动老天爷,在求到第一场雨之前,饭馆不得做肉菜,只能蒸米饭。斋戒令就贴在街门的墙上。我也看到了有关告示。

　　游行祈天和斋戒已过去了三天,但没什么用,天眼就是不开。人们从中国的庙里搬出神像拥着走,还放到水里浸。要让神也知道,在这酷暑中,哪怕一滴水都是多么珍贵。

　　在临近月末时,天空零零星星地落了几滴雨。当然到了第二天,一点痕迹都没留下。县长——无愧于一个好官的名声——把人们的命运萦系于心,为求老天爷开恩降雨,动用了最后的、最昂贵的招数:请来一个戏班子到城里演戏。看来神仙也喜欢看戏,他们高兴了,什么事都会做,满足人们的要求。

中国人很喜欢看戏,可以说都是戏迷。当他们知道县长不吝花钱,自己出资(我想是用公款)专门请来戏班子,全城都沸腾了。一时间,人人都哼唱起那些有名剧作里的耳熟能详的老曲子。此时,朝阳城就像一个被搅扰的蚂蚁窝。

剧团来了。寺院里空无一人,喇嘛们都跑出去,和汉人挤在一起,张大嘴巴,目不转睛地观看演出,尽得其乐。自从我在朝阳住下来以后,平常很难看到小宋的身影,现在他更痴迷地连回家吃饭都不顾了,好像普天之下、大千世界除了看戏,再没什么令他感兴趣的事情了。白天他偶尔回来,我看到他的青色棉袍湿漉漉的,还以为外面下大雨了呢。不,他只不过一上午都站在大街上看戏,不顾酷热,忘乎所以。

很遗憾,美好的享受没能持续多久。

邻城的一个戏班子的出现,打乱了朝阳的欢乐气氛。他们未经邀请,就把他们的活动场所迁到这座干燥的、几乎被烤焦的城市。这当然不能不引起两个戏班子之间的争斗,甚至仓库里做道具的刀枪剑戟都派上了用场。已经发生了多次械斗,有人被打得鼻青脸肿。县长见事情闹到难以收拾的地步,为避免情况进一步恶化,干脆把两个戏班子都赶出了城市。

小宋哭丧着脸带来了坏消息:由于戏班子打架,今后没戏可看了。他用粗鄙的、很难翻译成匈牙利语的污言秽语表达对戏子的蔑视。

中国人非常喜欢看戏,但却在最大程度上看不起戏剧演员。一个人是戏子,会给他的全家带来耻辱。被瞧不起的戏子没有任何权力，不管付出多大的代价，终其一生都得不到救赎，要在三代人之后才能摆脱人们的轻视。

中国现代最负盛名的戏剧大师梅兰芳，在西方亦很有名。我第一次到北京的时候，他正在美国访问，轰动一时。他载誉而归，行李箱中装满了美元。生活在北京的美国妇女们欲举行盛大宴会欢迎梅兰芳从美国归来。被邀请出席宴会的不仅有北京的欧美侨界的杰出成员，还有当地的中国上层人士和社会名流。后来让她们难以理解的是，为什么中国的官方人士纷纷婉言谢绝邀请，而且几乎是众口一词。最终在宴会上欢迎梅兰芳的，是清一色的美国人和欧洲人。不管他有多么伟大，在中国人眼里，他始终是一个卑贱的戏子，因此耻与同席。

不过小宋的心情很快就好受了一点。7月的头几天，大雨频频，在露天演出的戏班子，本来也没法演戏了。

中国的神仙似乎都很爱开玩笑，甘霖雨露很快就变成了洪灾的前兆。中国的农民开始仰望苍穹，怪怨老天爷的恩惠给过了头。

寺院的院子里的道路、石砖地、台阶都渐渐消失不见了，整个院子就像一个大湖，只有高大的树木挺立其中，湿漉漉地抚摸着天空。只有小沙弥们敢于出屋。晚上，他们去领小米，需要卷起裤腿，涉过齐膝深的水泊。寺院里一下子显得那么安静，只能听到豆大的雨水珠击打水面的噪音。士兵们停止了操练。商店都关张了，走街串巷的商贩也不见了踪影。饭馆干脆熄了火，反正下雨天也没客人。

雨停了，难以忍受的湿热天气持续了两三天之后，一切又再来一遍。夯土的围墙和寺庙殿堂的房顶都开始发绿，插在地上的木桩、木棍都开始生根。最可怜的是德瓦钱波，每次雨来，他的花苗首当其冲，被水冲得七零八落。雨停后，他以为剩下的花苗没事了，结果又遭到一个来访的"黑人"的驴子的践踏。

很自然，好天气的到来，首先伴随着寄生虫的活跃：蚊子大军袭击我们的住所。这是一个令人两难的季节，你要同时对付闷热、令人窒息的夏夜和蚊子的袭扰！如果你为了凉快揭下窗户纸，就要受到饥饿、噬血的蚊虫的叮咬！我不知道中国的蚊子与在我国肆虐的蚊子有什么种群关系，但我可以证明，这里的蚊子更可怕。

我买了纱网装到窗户上，可是很遗憾，没什么效果。蚊子的叮咬在继续。我至多在月光明亮的夜晚，欣赏在纱网的细丝上做着令人眼花缭乱的高难动作的肥大蜘蛛，聊以自慰。

潮湿而炎热的日子刚过，几乎没有间歇的雨季就又到来了。隔壁的房子完全被水浸透，泡酥的砖灰不断掉进我们的院子。

道路都不见了，只能从齐膝深的淤泥推断道路的走向。炎热天气的持续时间不足以烤干泥泞的道路。即使路面的情况有些好转，紧接着又被下一场暴雨毁掉。

对我来说，情况变得严重起来。已经是 7 月末了，按计划我应该回北京了，筹备下一年的旅行考察。如果我继续陷在这朝阳的泥潭里，秋天前，我是没法脱身的。

小宋暗自庆幸没有上帝保佑的天气，这么好的运气是不会再有了。他唯一要操心的是挑选饭菜。这两个月来，我一直让他从一家餐馆打饭，他略施小计，就做到不必自己跑路，而是让餐馆的人把饭菜送来。

他试图用各种把戏来抵消每天无所事事的枯燥和单调。比如他叫来四个中国朋友,比赛吃扁食,就是馄饨。小宋自吹自擂,说要让别人瞧瞧,他在这类比赛中是所向无敌的。

比赛开始了。小宋吞食了五十个馄饨,可还没有他的两个朋友吃得多。他不仅赌输了,而且他比常人大的胃也给吃坏了。他大病一场,在炕上辗转反侧,痛不欲生。我一提到"扁食",他就龇牙咧嘴起来。当然这次也不是他的错(中国人从不承认在什么问题上有错),而是肉或面有问题。我只是不明白,他的朋友们吃了六十个扁食怎么都没事。提到这件事,小宋就格外痛苦:别人夺去了他的桂冠。但是他又不服气地说,吃六十个扁食算什么,他喇嘛庙有一个朋友,毫不费力就能吃它一百个……

从5月中到7月末,小宋除了吃扁食比赛、看戏、打麻将外,对什么都不感兴趣。我不能说,他跟着我非常愉快,只是他对我一点用都没有。偶尔我需要派他出去办事,他却不见踪影,不知跑到哪儿去了。他每次出去时都许诺,他只是到院子里的大树下乘个凉……

当我开始做回北京的准备的时候,他突然省悟到,这可不是开玩笑:他的好日子就要结束了。他甚至开始疑神疑鬼,认为我去北京,就是为了把他遣走,虽然这是我们当时在喇嘛庙就已说好的。到时候他怎么办?

小宋急如星火地到处奔走,找工作。看来,他很快找对了人,因为这些天他总和一个被开除的警察临时工在一起。他天天都请他的新朋友来作客,后者则花言巧语,做出一个比一个动听的许诺。小宋终于兴冲冲地跑来,让我付清他的工资,放他走,说他的朋友给他介绍了一个特别好的工作:作平泉县县长的秘书。我急忙把他的工资付给他,希望他快点走,反正有他不多,没他也不少。他要能当上县长的秘书,的确是好事。

　　谁知小宋刚走了一天就回来了。他一脸的沮丧,央求我再雇用他,因为他可耻的朋友,那个"王八蛋"骗了他,中午就跑得没影了。

　　鉴于"友谊",小宋那个帮助找工作的朋友连他的手表也骗走了。看到如此劣行,我也不禁骂了起来。小宋却有些自我解嘲地说,他不心疼那块手表,因为那是他喇嘛庙的朋友严喜奎送给他的。手表是那个人在这一带当土匪的时候"搞到的"。手表没了也好,否则被人认出来咋办?

　　后来,我也得到命运的意外垂青:正当我为怎样脱离朝阳的泥窝而发愁的时候,来了一个中尉军官告知,7月的最后一天,有一辆军车去北票的火车站,如果我同意就可以跟他走。

　　我大喜过望,欣然接受了他的建议。我匆匆告别了寺院的朋友们,包括我可爱的房东、占星师德瓦钱波。除了付他房费外,我把我的行军床及其全部配属件、我的骆驼毛坎肩、皮裤、毡鞋和所有我不得不带在路上但现已不再需要的东西都留给了他,以作纪念。

　　在我离开的那天早晨,寺院里的喇嘛熟人们帮我做上路的准备,把我的箱子扛上汽车。他们围在那里,等着看汽车怎样开动。其中有德瓦钱波,陈喇嘛和四五个住在隔壁的喇嘛也来了。这是关心和友谊的表现,令我感动又愉快。

　　当老旧的卡车开动起来时,穿着黄色僧服的喇嘛们与我做最后的告别。我向他们挥手,一直到拐弯看不到他们为止。就这样,我告别了我一年考察之旅的最后一个寺院及其喇嘛们。

　　按照规定,军车应在上午11点到达北票。我对中国人的精

440 · 黄色的神祇 黄色的人民

确性一向不敢恭维,所以我对到达的时间也不太在意。考虑到道路状况不佳,我预计会迟到两三个小时。尽管我们的车辆是军用汽车,有军队的各种标记,但车子开得很慢,好像在爬行。刚走了十几里路,司机就把车开进了耕地一侧的泥淖之中。当然,我们也陷在了里面。两个司机下了车,一个手指头都没动——我毫不夸张——差不多讨论了整整一小时该怎么办。

不过还好,晚上总算好端端地到了北票。我们白天出发时天就阴了,现在刚进入一家客栈的院子,天就又下起了大雨。

早晨和下午都有车从北票出发去锦州。当然这两趟车我都错过了,需要在这里过夜。我本想找一个正规点的旅馆住,但找不到,不得不满足于这类我已比较熟悉的中国客栈。就像连接各寺院的道路边上那些小客栈一样,还没等我们入睡,客栈老板就来要店钱。夜晚很长,不能冒险……

北票已是一座地地道道的汉人城市,有警察局、卫戍部队和国民党的党部。他们"耐心"地等到我刚进入梦乡,就以两小时为间隔,相继到客栈来检查我的护照。第一个人是夜里 11 点来的,最后一个人是凌晨两点。

次日,我终于又坐上了火车,前往锦州。铁路在锦州分岔,一条线通奉天,另一条线经过天津到北京。下午我到达锦州,第二天中午,我到了北京。

经过一年的奔波跋涉之后,我又来到北京。那些建筑就像老熟人一般,亲切地望着我。富有情调的、张挂灯笼的一条条胡同也在向我打招呼。我有一种回家的感觉。我入住法国大酒店"北京饭店"(Hotel de Pékin),有舒适、清洁的浴室、卫生设备。在经历过喇嘛寺的"神圣的腌臜"之后,我一下子还真难以承受这些俗世的福祉。

　　还有,在北京城,有多少消息、新闻、奇闻轶事在等待着我啊!我在整整一年的时间里,远离文明世界,收不到信件,看不到西方报纸。这一年发生了多么多的事情,只有需要一下子了解所有事情的人,才能理解!

　　国内的消息使我安下心来。那里一切正常,生活沿着常轨运行。

　　中国的消息则有些乱糟糟的。我在朝阳就隐约听说,北方将军冯玉祥和阎锡山结成同盟,向南方的独裁者蒋介石宣战,要推翻他。当我抵达北京这座北方人的首都时,就在靠南边一点的河南省,战事正酣,形势变幻莫测:那些副将次官们,为了金钱,今天背叛这个军阀,明天又对那个军阀倒戈。

　　形势的严峻,我从没多久就飞临北京上空的南京方面的飞机就能猜出个一二。这些飞机轰炸了北海一带的城区。北方的飞机还以颜色,也轰炸了南京。当听说两边的飞机都是由俄国的老军官驾驶,在北京的整个外国使团都不禁莞尔。

　　另一个特大新闻是,中国货币元狂贬。众所周知,中国货币没有黄金作后盾,而是银本位。在世界市场上,白银价值下跌,中国的银圆也随之贬值,而且贬得厉害:贬值一半。

　　在此期间,俄中纠纷在剑拔弩张之后,得到和平解决。中国人迅速归还了一切,并做出郑重承诺,尊重对方的即得权利。

　　但是有关重大政治事件的消息,对北京人影响不大。中国人继续做着买卖,生活一如既往。欧洲人和美国人当然更是"适逢其时"。中国的内战需要武器、大炮、飞机,双方都需要。不愧为精明商人的他们,争先恐后地往南京和北京跑,做成一笔比一笔好的买卖,美元和血肉的交易。

8月盛夏的夜晚,在饭店顶上大约六层楼高的屋顶花园(roof garden)里,爵士乐响起,在幽暗的灯光下,一对对身穿雅致晚礼服的舞伴,翩翩起舞。在大楼周围那无边黑暗的深处,在闪着昏暗灯光的寂静的胡同里,土生土长的北京人正在沉睡……

我没有太多时间苦思冥想。我计划的三周休息时间已过。我把在喇嘛庙里获得的手写本和书籍妥善装箱,运回布达佩斯。我办好了新的文书、证件,做好了新的一年旅行考察的准备。在考察了内蒙古的喇嘛庙宇之后,让我看看北满的更自由、更世俗化的蒙古族生活。

在我眼前,浮现出烧荒的草原向暗夜吐放火焰的画面。我仿佛看到那些带着帐篷、羊群和全家人不断迁移的蒙古族人,他们时常缅怀成吉思汗和彪悍的先辈们。那是我应该去的地方。在那里,他们不是用学自西藏的科学方法来救治病人和病畜,而是迷信穿着色彩斑斓、带有流苏的服装,随着异教徒的鼓声手舞足蹈,沉入忘我境界的萨满……

到北满去!